Nic Leonhardt (Hrsg.)

Theater-Wissen quer denken

Facetten szenischer Künste aus drei Jahrzehnten

Festschrift für Christopher B. Balme
zum 60. Geburtstag

Neofelis Verlag

Gedruckt mit freundlicher Unterstützung von BMW Group
und Ristorante Limoni, Cucina italiana

Bibliografische Information der Deutschen Nationalbibliothek
Die Deutsche Nationalbibliothek verzeichnet diese Publikation in der Deutschen Nationalbibliografie; detaillierte bibliografische Daten sind im Internet über http://dnb.d-nb.de abrufbar.

Umschlaggestaltung: Marija Skara
Lektorat & Satz: Neofelis Verlag (mn/ae)
Druck: PRESSEL Digitaler Produktionsdruck, Remshalden
Gedruckt auf FSC-zertifiziertem Papier.
ISBN (Print): 978-3-95808-147-5
ISBN (PDF): 978-3-95808-195-6

Nic Leonhardt (Hrsg.)

Theater-Wissen quer denken
Facetten szenischer Künste aus drei Jahrzehnten

Inhalt

Theater-Wissen quer denken

Einführende Bemerkungen

In einem Video, *Albert in the Land of Vikings, Part 13: Helsinki. Wagner and the Goths* aus dem Jahre 2006, das sich auf YouTube findet, führt ein nicht-menschliches Wesen ein Interview mit einem Theaterwissenschaftler.[1] Ausgangspunkt des knapp achtminütigen Gesprächs sind die Walküren, jene weiblichen Geisterwesen der nordischen Mythologie. „What is a Valkyrie?", fragt der Interviewer den Interviewten zu Beginn; und von dieser einleitenden Frage ausgehend, entfalten die beiden unterschiedlichen Gesprächspartner einen illustren Bogen der Theater-, Literatur- und Kulturgeschichte, der bis in die Populärkultur der Gegenwart reicht. Während des Interviews entwerfen sie für die Zuschauer ein regelrechtes Assoziationspanorama. Es spannt sich von den Walküren zu Mythologien, zu Opern und Werk Richard Wagners, zum *Ring des Nibelungen* und *Herr der Ringe*, zum Eurovision Song Contest, zu Krieg, Frieden, Liebe und Tod, zu europäischer Popmusik, Film, Video, Mode sowie zu den Dresscodes der Gothic Culture. Ohne Umschweife überschreiten die beiden in ihrem Dialog historische Zeiten, spielerisch bauen sie Traversen über Ländergrenzen – zwischen Skandinavien, Europa, fiktiven Räumen und: Neuseeland.

Der nicht-menschliche Interviewer in diesem Video: ein Teddybär in Biker-Kluft namens Albert. Der beredte Interviewte: der in Deutschland

1 https://www.youtube.com/watch?v=Ob008mu-5p4 (Zugriff am 01.07.2017).

tätige und aus Neuseeland stammende Theaterwissenschaftler Christopher B. Balme. Produziert wurde das Video von Ken Newman in Helsinki 2006, im zeitlich-räumlichen Kontext des World Congress der International Federation for Theatre Research (IFTR) ebendort. Albert und Christopher B. Balme denken in diesem kurzen Film, so ließe sich formulieren, Theater-Wissen quer und entwerfen Facetten szenischer Künste, die das so (und zu Unrecht so) genannte „Orchideenfach" Theaterwissenschaft zu einem unvergleichlich reichen machen.

Balme, der (ebenfalls seit 2006) den Lehrstuhl für Theaterwissenschaft an der Ludwig Maximilians-Universität in München innehat, ist seit mehr als drei Jahrzehnten wissenschaftlich in Deutschland tätig. Er hat die Theaterwissenschaft und ihre Gegenstandsbereiche immer wieder mit neuen Paradigmen bereichert und in innovative Richtungen lenken können, die heute grundlegend sind für die Erforschung von und Beschäftigung mit zeitgenössischem und historischem Theater und interdisziplinären Ansätzen. *Theater-Wissen quer denken. Facetten szenischer Künste aus drei Jahrzehnten* versteht sich als eine Festschrift für Christopher B. Balme. Sein 60. Geburtstag im Jahr des Erscheinens ist Anlass für diese Schrift.

Der Einblick in das kurze Interview-Video steht demnach berechtigt am Anfang dieses Bandes; es steht symptomatisch für die fachliche Vielseitigkeit Christopher B. Balmes, seine interdisziplinär zuweilen kühnen, doch durchweg fruchtbaren Schneisen, die er visionär für die Theaterwissenschaft geschlagen hat, für seine transregionale und transkulturelle biographische und professionelle Expertise. Es steht aber auch für sein ungewöhnliches Talent in der Vermittlung komplexer Sachverhalte für heterogene Publika.

Was ist Theater? Eine Kunst? Viele Künste? Ein Medium? Eine Institution? Ein wenig von allem, ließe sich sagen. Es verfügt, gegenwärtig wie historisch, über einen Facettenreichtum, den wohl keine andere Kunst, kein anderes Medium, keine andere Institution für sich behaupten könnte. Theater ist ein Verhandlungsspielraum: ein Ort und Raum des Spiels, der Gleichzeitiges mit Ungleichzeitigem konfrontiert, Gegenwärtiges mit Historischem, ästhetische Konvention und Subversion paart, subjektive Konflikte – politische und globale – gemeinsam in den Raum stellt. Sich mit dieser ‚Verbandelung' von Fragen und Pfaden zu befassen, macht die Arbeit von Christopher B. Balme aus und prägt sie weiterhin.

Der vorliegende Band unterteilt sich – heuristisch – in fünf Schwerpunktfelder, die Christopher B. Balme befördert und gefördert hat und die weiterhin wesentlich sein wissenschaftliches Tun in Forschung und Lehre markieren: „In die Szene setzen", „Theater machen", „Kultur(en) vermitteln", „(Theater-)Geschichte schreiben", „Wissen schaffen, lehren, mehren". Liest und denkt man diese Felder quer, so wird ersichtlich, dass sie sich an Themengebieten und (inter-)disziplinären Herangehensweisen des Wissenschaffens über Theater orientieren. Balme war an diesen Richtungsänderungen und Querdiskursen maßgeblich und oft gar federführend beteiligt, wie sie heute für die Theaterwissenschaft längst etabliert und grundlegend sind. Hierzu gehören

- Theater-Anthropologie
- Theater und (Post-)Kolonialismus
- Theater-Ikonographie
- Theater und Medien/Intermedialität
- Theater-Ökonomie
- Theater und Öffentlichkeit
- Transnationale Theatergeschichte
- Theater und Globalisierung
- Theater und/als Institution
- Neue Vermittlungsformen theaterwissenschaftlicher Lehre

Die Kapitel des Bandes stammen exklusiv aus der Feder ehemaliger Doktoranden und Habilitanden, die Balme seit seiner ersten Professur 1994 auf ihren akademischen, künstlerischen oder medienpraktischen Wegen begleitet hat. Die hier versammelten Beiträge fokussieren auf Begriffe, Leitlinien, Konzepte, Inspirationen, die die jeweiligen ‚Schüler' aus ihrer Zusammenarbeit mit Balme beschäftigt/beeinflusst haben; sie tragen ferner die je individuelle wissenschaftliche wie künstlerisch-praktische Handschrift ihrer Verfasser, sind also ebenso wissenschaftliche Artikel wie Essays oder Bildbeitrag. Der internationalen Ausrichtung Balmes ebenso wie der Autorinnen trägt die bilinguale Anlage des Bandes (Deutsch & Englisch) Rechnung.

Nicht alle durch Christopher B. Balme Promovierten und Habilitierten konnten dem Aufruf, dieser Festschrift einen Beitrag beizusteuern, nachkommen. Sie sind aber diesem Unterfangen eingedenk und teilen Referenz und Reverenz, Dank und Gruß.

Die Arbeit am Buch wurde wertvoll unterstützt durch die redaktionelle Co-Betreuung von Gwendolin Lehnerer, die biographischen Ergänzungen durch Michaela Perlmann-Balme sowie das akribische Lektorat von Matthias Naumann und die saubere Behandlung des Satzes durch Annika Ermel vom Neofelis Verlag. Die Graphikdesignerin Marija Skara ersann die kreative

Gestaltung des Einbands, auf dessen Fläche sie, einem Stationendrama gleich, Christopher B. Balmes Tätigkeiten und Funktionen sowie auch das Interview-Video zitiert. Ihnen allen sei an dieser Stelle herzlicher Dank für die gemeinsame Arbeit ausgesprochen. Mein Dank gilt ebenfalls der Theaterwissenschaftlerin Erika Fischer-Lichte, die nicht einen Moment zögerte, das kollegiale Grußwort für diese Festschrift beizusteuern.

Die Autorinnen und Autoren dieses Bandes widmen ihre hier versammelten Beiträge Christopher B. Balme zum Dank für sein Geleit durch ihre akademischen Jahre, quer durch die Zeiten, quer durch die Regionen, quer durch das Theater-Wissen.

Nic Leonhardt, München im Juli 2017

Grußwort

Gern habe ich der Bitte der Herausgeberin entsprochen, für den vorliegenden Band ein Grußwort zu schreiben. Seit mehr als 20 Jahren kooperieren Christopher Balme und ich im Zusammenhang wissenschaftlicher Programme ebenso wie in wissenschaftsorganisatorischen Kontexten. So begann unsere Zusammenarbeit, als ich Präsidentin der IFTR war und er dem Executive Committee angehörte. Zwölf Jahre später übernahm Chris selbst die Präsidentschaft – nach einer fulminanten World Conference der IFTR 2010 in München, die ihren Teilnehmern sogar den Besuch der nur alle zehn Jahre stattfindenden Oberammergauer Passionsspiele ermöglichte. Bereits 1998 war Chris auf den Mainzer Lehrstuhl für Theaterwissenschaft berufen worden, den ich seit seiner Gründung zu Beginn der 1990er Jahre bis 1996 innehatte. Dort fand er das von mir initiierte DFG-Graduiertenkolleg „Theater als Paradigma der Moderne" vor, dem er nun wichtige neue Impulse gab. Ich habe mich gefreut, als ich sah, dass ein Drittel der Beiträge zum vorliegenden Band von Autoren und Autorinnen stammt, die bereits im Abschlussband des Graduiertenkollegs *Theater als Paradigma der Moderne?* vertreten sind.

Chris Balme und mich verbindet ein gemeinsames Forschungsinteresse, dem wir allerdings mit ganz unterschiedlichen Schwerpunktsetzungen nachgehen – Austauschprozesse zwischen verschiedenen Theaterkulturen. Bereits seine Habilitationsschrift *Theater im postkolonialen Zeitalter* war auf diesem Forschungsfeld angesiedelt. Es war die erste grundlegende Untersuchung zum postkolonialen Theater im deutschsprachigen Raum. Ihr folgte das Projekt zu „Pacific Performances: Theatricality and Cross-Cultural Encounter in the South

Seas", das im Kontext des (von mir initiierten und 1995 bewilligten) DFG-Schwerpunktprogramms „Theatralität. Theater als kulturelles Modell in den Kulturwissenschaften" durchgeführt wurde. Sowohl Chris Balmes Reinhart-Koselleck-Projekt „Global Theatre Histories: Modernization, Public Spheres and Transnational Theatrical Networks (1860–1960)" (2010–2016) als auch sein jüngstes ERC-Projekt „Developing Theatre: Building Expert Networks for Theatre in Emerging Countries after 1945" (seit 2016) gehören in diesen Forschungszusammenhang. Während in meinen Forschungen zum „interkulturellen Theater" bzw. zu Verflechtungen von Theaterkulturen vor allem ästhetische und kulturtheoretische Fragestellungen im Vordergrund stehen, gilt Chris Balmes Interesse, insbesondere in den vergangenen zehn Jahren, eher institutionellen Aspekten, wie zum Beispiel Expertennetzwerken, epistemischen Gemeinschaften oder den Routen der weltweit agierenden reisenden Schauspielkompanien. Aus meiner Sicht ergänzen sich unsere Schwerpunkte auf geradezu ideale Weise.

Es nimmt daher auch kaum Wunder, dass ich bei der Gründung des BMBF-Käte-Hamburger-Kollegs „Verflechtungen von Theaterkulturen" Chris Balme gebeten habe, Mitglied in unserem Advisory Board zu werden. Ich freue mich, dass er seine Mitgliedschaft bis heute beibehalten hat – unterbrochen lediglich von seinem Aufenthalt als Fellow am Kolleg, der ihm Gelegenheit bot, intensiver seinen eigenen Forschungen nachzugehen.

Es ist kaum zu glauben, dass der ‚junge Mann', mit dem ich seinerzeit zu kooperieren begann, in diesem Jahr seinen 60. Geburtstag feiert. Lieber Chris, ich wünsche Dir aus diesem Anlass alles Gute – vor allem noch viele Jahre produktiver Forschung in bester Gesundheit!

Erika Fischer-Lichte

In die Szene setzen

Der Nürnberger Prozess – Ein weltweit medial rezipiertes Gerichtsdrama

Astrid Betz

O. Von der Theaterwissenschaft zum Memorium Nürnberger Prozesse

Was macht eine Theaterwissenschaftlerin an Orten der NS-Geschichte? Einer der Analyseschwerpunkte des Theaterwissenschaftsstudiums ist die Analyse des Theaters als Kommunikationssystem, wie Christopher B. Balme dies in seiner *Einführung in die Theaterwissenschaft* erläutert.[1] Als wissenschaftliche Mitarbeiterin des Dokumentationszentrums Reichsparteitagsgelände hatte ich die Gelegenheit, mich eingehend mit den Selbstinszenierungen der NSDAP auf den Reichsparteitagen in den Jahren 1933–38 zu beschäftigen. Diese zielten darauf ab, die deutsche ‚Volksgemeinschaft' für sich zu begeistern. Mehr als eine halbe Millionen Menschen reisten aus dem ganzen Deutschen Reich zu den aufwändig inszenierten Reichsparteitagen, die einmal im Jahr für eine Woche in Nürnberg stattfanden. Die Ausstellungsmacher gaben der Dauerausstellung, die im Jahr 2001 in der ehemaligen Kongresshalle eröffnet wurde, den Namen *Faszination und Gewalt*.[2] Der Titel reflektiert die Faszination, die von diesen

1 Christopher Balme: *Einführung in die Theaterwissenschaft*. 5. Aufl. Berlin: Schmidt 2014, S. 121.

2 Diesen Namen erhielt bereits die erste Sonderausstellung in der Zeppelintribüne, die von 1985 bis 2001 in den Sommermonaten geöffnet war, und er wurde beibehalten, als die Dauerausstellung im November 2001 vom damaligen Bundespräsidenten Johannes Rau eröffnet wurde.

Inszenierungen ausging. Es gelang den Nationalsozialisten, zahlreiche Ehrengäste aus dem Ausland nach Nürnberg einzuladen, was als „Prestigegewinn erster Güte" galt.[3] Leni Riefenstahl schuf in dem Film *Triumph des Willens* (D 1935) den idealtypischen Reichsparteitag, der im Deutschen Reich überall gezeigt wurde. Die Filmregisseurin erhielt zahlreiche Preise, darunter 1935 den Nationalen Filmpreis und den Preis für den besten ausländischen Dokumentarfilm in Venedig und schlussendlich noch den Großen Preis der Pariser Weltausstellung im Jahr 1937.[4] Rund 20 Millionen Deutsche sahen diesen Film. Leider konnte Charles Chaplins vorausschauendes Meisterwerk *The Great Dictator* (*Der große Diktator*, US 1940) Hitlers menschenverachtende, verbrecherische Politik nicht stoppen, obwohl der Film bereits 1940 eine messerscharfe Parodie Hitlers darbot.

Mein Wechsel in das im Jahr 2010 eröffnete Memorium Nürnberger Prozesse bot ebenfalls enge Anknüpfungspunkte an die Theaterwissenschaft. In diesem Fall inszenierten nicht die Nationalsozialisten, sondern die Siegermächte des Zweiten Weltkriegs, die USA, Großbritannien, die Sowjetunion und Frankreich, ein mediales Großereignis, an dem die ganze Welt teilhaben sollte. Im Nürnberger Prozess ging es um weit mehr als um die Urteilsfindung über die Angeklagten, allesamt hochrangige Vertreter des nationalsozialistischen Staates. Es ging um die Auseinandersetzung mit den Gewaltverbrechen im Zweiten Weltkrieg und in hohem Maße um die Umerziehung der Deutschen im Zuge der Entnazifizierung.[5] Eine der zentralen Fragestellungen in der Vorbereitung des Prozesses war die Frage, wie sich die Gewaltverbrechen visualisieren ließen. Die Annahme war, dass das Sichtbarmachen die Authentizität derselben nicht länger in Frage stellt. Im Rahmen von Christopher Balmes DFG-Forschungsprojekt „Theatralität und Kolonialismus" hatte ich meine Doktorarbeit *Die Inszenierung der Südsee. Eine Untersuchung zur Konstruktion von Authentizität im Theater*[6] geschrieben. Der Frage nach der Konstruktion

3 Siegfried Zelnhefer: *Die Reichsparteitage in Nürnberg*. Nürnberg: Nürnberger Presse 2002, S. 124.

4 Jürgen Trimborn: *Riefenstahl. Eine deutsche Karriere*. Berlin: Aufbau 2002, S. 223.

5 Vgl. Richard Overy: The Nuremberg Trials: International Law in Their Making. In: Philippe Sand: *From Nuremberg to the Hague*. Cambridge: Cambridge UP 2003, S. 1–29, hier S. 26: „The political purpose of the trials was also evident in the efforts to use them as part of a more general programme of re-education in Germany, and, by implication, in the rest of Europe."

6 Astrid Betz: *Die Inszenierung der Südsee. Untersuchung zur Konstruktion von Authentizität im Theater*. München: Utz 2003; Christopher B. Balme: *Pacific Performances. Theatricality and Cross-Cultural Encounter in the South Seas*. Hampshire: Palgrave Macmillan 2006, hier insb. Kap. 2 „Staged Authenticity: The South Seas and European Theatre, 1785–1830".

von Authentizität im Theater begegnete ich nun in einem anderen Zeitkontext und anderem Rahmen, nämlich dem eines Gerichtsprozesses, und doch ging es auch hier um die Re-Konstruktion von Geschichte auf einer Bühne. Die NS-Verbrechen, die verhandelt wurden, waren so unvorstellbar grausam, dass die Delegationen der vier Siegernationen daran feilten, wie diese Monströsität nicht hinter dem juristischen Verhandlungsgebaren verdeckt bleiben, sondern offen gezeigt werden würde. Es sollte um „visible justice" gehen,[7] damit das Urteil der Richter für die Öffentlichkeit begreifbar würde. Auch eine deutsche Öffentlichkeit, die diesem „Siegertribunal" wenig positiv gegenüberstand, sollte dem Gerichtsbeschluss folgen können.[8] Insofern widmet sich dieser Beitrag der Frage, inwiefern im Gerichtssaal Authentizität konstruiert wurde und was den Nürnberger Prozess zu einem Gerichtsdrama und mehr noch als dies zu einem „world-spectacle" machte.

I. Der Gerichtssaal als Kulisse

> Das Geschehen im Gerichtssaal wird in Nürnberg zum globalen ‚Courtroom-Drama' und beeinflusst so die Dramaturgie anderer Verfahren der Rechtsprechung in weltweit wahrgenommenen gesellschaftlich-politischen Übergangssituationen. Das Nürnberger Militärtribunal installierte einen bis dahin beispiellosen Medienverbund aus Mikrophonen und Kopfhörern, Simultandolmetschern, Zuhörern und Verhörten, Leinwand, Richtern, Kameras, Prozessbeobachtern und Beobachteten. Die Endformalisierung macht die Gerichtsszene zum Tribunal. Gerichtsöffentlichkeit wird in Nürnberg Weltöffentlichkeit. Im Gerichtssaal 600 des Nürnberger Justizpalastes begann ein neues Zusammenspiel von Justiz und Bild, genauer gesagt: Justiz und Bildgebung des Holocaust.[9]

Vom 20. November 1945 bis zum 1. Oktober 1946 trafen sich die juristischen Delegationen der vier Siegernationen USA, Großbritannien, Sowjetunion und Frankreich um 22 führende Vertreter des nationalsozialistischen Regimes[10] vor Gericht zu stellen, unter ihnen ehemalige hochrangige Politiker, Parteiführer,

7 Cornelia Vismann: *Medien der Rechtsprechung*. Frankfurt am Main: Fischer 2011, S. 243. Vismann bezieht sich in ihrer wissenschaftlichen Analyse des Medieneinsatzes in Gerichtsprozessen und des Verhältnisses von Aktion und Zuschauer in diesem Kontext auch auf Overy: The Nuremberg Trials, S. 4.

8 Als Zeichen, dass die Moralität mindestens vorübergehend hergestellt wurde, mag die Enttäuschung vieler Deutscher gelten, dass es in diesem Verfahren zu drei Freisprüchen kam. Vgl. Thomas Darnstädt: *Nürnberg. Menschheitsverbrechen vor Gericht 1945*. Berlin / München: Piper 2015, S. 305–307.

9 Vismann: *Medien der Rechtsprechung*, S. 9.

10 Telford Taylor: *Die Nürnberger Prozesse. Hintergründe, Analysen und Erkenntnisse aus heutiger Sicht*. München: Heyne 1994, S. 88; *Memorium Nürnberger Prozesse*. Ausstellungskatalog. Nürnberg: Museen der Stadt Nürnberg 2011, S. 32.

Militärs und Polizei sowie führende Vertreter der Wirtschaft.[11] Das Verfahren dauerte beinahe ein Jahr und gilt heute als die Geburtsstunde des Völkerstrafrechts. Es gehört weltweit zu den bekanntesten Verfahren, das mehrfach in Filmen nachgespielt wurde.[12] Im Anschluss an das Internationale Militärtribunal (IMT) fanden in Nürnberg im selben Gebäude und zum Teil ebenfalls im Saal 600 zwölf weitere Verfahren, die Nürnberger Militärtribunale (NMT), vor einem amerikanischen Militärgerichtshof statt, häufig als die Verfahren „gegen Eliten des ‚Dritten Reiches'"[13] bezeichnet. Nicht selten werden diese Verfahren miteinander verwechselt.[14]

Nürnberg wurde ausgewählt, da der Justizpalast überwiegend intakt war und genügend Platz bot. Hinter dem Justizpalast befand sich das Gefängnis, so dass die Gefangenen auf kürzestem Wege und ohne großes Sicherheitsrisiko in den Verhandlungssaal gebracht werden konnten. Zusätzlich kam der Stadt der Reichsparteitage, in der Hermann Göring 1935 die Nürnberger Gesetze verkündet hatte, als Ort des Internationalen Militärgerichts eine symbolische Bedeutung zu. Der Hauptgrund war allerdings, dass die Amerikaner sich bereit erklärt hatten, diesen Prozess vorzubereiten. Im Gegenzug aber verlangten sie, ihn in der amerikanischen Besatzungszone zu organisieren. Die Alliierten einigten sich auf Berlin als permanenten Sitz des Gerichtshofs, das Verfahren hingegen fand in Nürnberg statt.

Sobald der Prozessort für den Internationalen Militärgerichtshof der vier Alliierten bestimmt war, machten sich die Amerikaner an die Vorbereitung der Gerichtsverhandlung. Der Ort musste den logistischen Anforderungen eines

11 Martin Bormann, der Leiter der Reichskanzlei war zu diesem Zeitpunkt nicht auffindbar und wurde in Abwesenheit angeklagt. Insofern waren 22 angeklagt, jedoch nur 21 auf der Anklagebank in Nürnberg tatsächlich anwesend.

12 John J. Michalczyk: *Filming the End of the Holocaust. Allied Documentaries, Nuremberg and the Liberation of the Concentration Camps.* London / New York: Bloomsbury 2014; Ulrike Weckel: The Power of Images. In: Kim C. Priemel / Alexa Stiller (Hrsg.): *Reassessing the Nuremberg Military Tribunals. Transitional Justice, Trial Narratives and Historiography.* New York / Oxford: Berghahn 2014, S. 221–248; Vismann: *Medien der Rechtsprechung*, beziehen sich in ihren Aufsätzen auf verschiedene Verfilmungen der Prozesse. Micalczyk gibt auch einen Überblick über diverse Verfilmungen.

13 So beispielsweise bei Annette Weinke: *Die Nürnberger Prozesse.* München: Beck 2006, Kap. III „Die zwölf Nachfolgeprozesse gegen Eliten des ‚Dritten Reiches'", S. 59.

14 Michael R. Marrus weist in seinem Vorwort zu dem Band über die Nachfolgeprozesse oder Nürnberger Militärtribunale darauf hin, dass bereits Telford Taylor, der Chefankläger der Nachfolgeprozesse seinen Beitrag zu diesem Verwirrspiel geleistet hat, indem er seinen Rückblick auf den Hauptkriegsverbrecherprozess als *Die Nürnberger Prozesse* bezeichnet, obwohl er sich ausschließlich auf den Hauptkriegsverbrecherprozess bezieht und obwohl er selbst Chefankläger der Nachfolgeprozesse war. Michael R. Marrus: Foreword. In: Priemel / Stiller (Hrsg.): *Reassessing the Nuremberg Military Tribunals*, S. xi–xii, hier S. xi.

groß angelegten Verfahrens mit 21 anwesenden Angeklagten, acht Richtern, vier Anklageabteilungen, Verteidigern, Dolmetschern und Sekretärinnen genügen. Der Nürnberger Justizpalast bot einen großen Verhandlungssaal, der allerdings noch vergrößert wurde, über weitere 80 Verhandlungssäle sowie über 650 Büros.[15] Der umgebaute Justizpalast mit Druckerei, eigenem Supermarkt (px-store), medizinischer Versorgung, einem Friseur und vielem mehr glich einem eigenen Stadtstaat.[16]
Die Rückwand des im Ostflügel befindlichen Saales 600 wurde herausgenommen, so dass im Gerichtssaal Platz für mehr als 230 Journalisten geschaffen wurde. Im Dachgeschoss wurde eine zusätzliche Zuschauertribüne eingebaut, die über dem Bereich für die Journalisten lag und Platz für andere Prozessbeobachter bot. Diese kamen aus aller Welt: internationale Regierungsvertreter, Angehörige der Angeklagten, deutsche Mitarbeiter des Gerichts. Die Eintrittskarten wurden einzeln vergeben. Viele Beobachter nahmen nur an einem einzigen Tag an der Verhandlung teil.[17] Die Umgestaltung des Saales 600 oblag dem amerikanischen Architekten Dan Kiley, dessen Erinnerungen folgendermaßen lauten:

> I had a letter from President Truman authorizing me to take anything I wanted in the whole war zone, which was wonderful. I remember I went down to one of the German towns, and I went to this theatre, and there were a lot of wonderful theatre seats, all red plush. I said, 'Boys they're beautiful. Just what I need for the courtroom.'[18]

Der Saal 600 wurde mit roten Plüschsitzen ausgestattet, auf denen unter anderem die Verteidiger, die vor den Angeklagten Platz nahmen, saßen, um an der Verhandlung teilzunehmen. An der Stirnwand des Saales wurden die Richtertische herausgenommen und Platz geschaffen für eine Leinwand (Abb. 1), die bei Bedarf für Filmvorführungen genutzt wurde:

15 Der Architekt Dan Kiley hatte auch das Deutsche Museum in München sowie Bad Kissingen vorgeschlagen. Die Alliierten schlossen sich der amerikanischen Empfehlung für Nürnberg an. Der permanente Sitz des Gerichtshofs war Berlin, die Sowjets, Briten und Franzosen erklärten sich einverstanden, Nürnberg als Ort für den tatsächlichen Prozessverlauf zu wählen. Er lag in der amerikanischen Besatzungszone, was es für die Amerikaner vereinfachte, den Prozess logistisch vorzubereiten. Bruce M. Stave / Michelle Palmer / Leslie Frank: *Witnesses to Nuremberg. An Oral History of American Participants at the War Crimes Trials.* New York: Twayne 1998, S. 24.

16 Ebd., S. 23: „It was like planning a whole town. I made a plan of the whole building. There were 650 offices in the building, on several stories. [...] And then we had to have restaurants. We had a PX – that's army stores. We had to have a dental and medical clinics. We had all those kind of facilities like a little town – over two thousand people, really."

17 Markus Urban: Unveröffentlichte Interviews mit Zeitzeugen des Nürnberger Prozesses, Privatbesitz.

18 Stave / Palmer / Frank: *Witnesses to Nuremberg*, S. 24.

Abb. 1: Besichtigung des Schwurgerichtssaals vor Beginn des Umbaus. Die Kronleuchter und das Mobiliar wurden für den Prozess ausgebaut.

> Noch bevor das Innere des Gebäudes renoviert wurde, stellte die amerikanische Besatzungsmacht eine Projektionsfläche auf und sichtete schon das Filmmaterial, das im Prozess gezeigt werden sollte. [...] Dem Medium, das selbst keinen Sinn hat, das aber Sinngebungsprozesse einleitet, überantworteten die Alliierten die Macht über das Verfahren, ganz so, als sollte die leere, ‚inhaltslose Leinwand' noch bevor sie mit Narration gefüllt wird, [...] sich hier in der konkreten Praxis bewähren.[19]

Die acht Richter saßen gegenüber von den Angeklagten und Verteidigern vor den Fenstern. Die Leinwand war für alle gut sichtbar.

Der Nürnberger Prozess ist als Lehr- und Lernprozess bezeichnet worden.[20] Er erfüllte zwei Kriterien: die Weiterentwicklung der Internationalen Völkerrechtsprechung und die Einleitung der Umerziehung der Deutschen.[21] Es sollten

19 Vismann: *Medien der Rechtsprechung*, S. 243.

20 Alfred Döblin veröffentlichte 1946 unter dem Pseudonym Hans Fiedeler das Buch *Der Nürnberger Lehrprozess*. Vgl. Steffen Radlmeier: *Der Nürnberger Lernprozess. Von Kriegsverbrechern und Starreportern*. Frankfurt am Main: Eichborn 2001, S. 11.

21 Michalczyk erklärt hiermit die Verwendung von Filmen als Beweisdokumente als politische und erzieherische Maßnahme: „The Allied prosecutors attempted to utilize visuals as graphic

Abb. 2: Saal 600 nach dem Umbau für den Gerichtsprozess. Die Anklagebänke befinden sich auf der linken Seite, der Tisch der Richter auf der rechten Seite. Zwischen den beiden Türportalen in der Mitte des Saales wurde die Leinwand aufgestellt.

die Angeklagten mit den von ihnen verantworteten Verbrechen konfrontiert werden. Diese Konfrontation fand öffentlich statt.[22] Die Historikerin Ulrike Weckel konstatiert in ihrer Untersuchung *Zeichen der Scham*:

> Wohl selten zuvor oder danach sind Filmzuschauer so intensiv observiert, belauscht, befragt, interviewt und beurteilt worden wie die Deutschen, die 1945/46 einen der zehn KZ-Filme gezeigt bekamen. Die 21 Angeklagten im Nürnberger Hauptkriegsverbrecherprozess sahen erst den Film der amerikanischen, dann den der sowjetischen Ankläger unter der aufmerksamen Beobachtung der auf der Pressetribüne versammelten Journalisten und Journalistinnen; deutsche Kriegsgefangene in britischem und amerikanischem

proof of the evil deeds of the Nazi perpetrators for pedagogical and political reasons, educating Germans about the evils of their National Socialist past." (Michalczyk: *Filming the End of the Holocaust*, S. 3.)

22 Neben der öffentlichen Auseinandersetzung fand auch eine individuelle Auseinandersetzung statt. Die Angeklagten führten privat regelmäßig Gespräche mit dem Gerichtspsychologen Gustave Gilbert, der diese Gespräche bereits 1947 als *Nürnberger Tagebuch* publizierte. Vgl. Gustave M. Gilbert: *Nürnberger Tagebuch. Gespräche der Angeklagten mit dem Gerichtspsychologen*. Frankfurt am Main: Fischer 2012.

> Gewahrsam sollten sich nach ihrem obligatorischen Filmbesuch in vielen Prisoner-of-War-(POW-)Camps schriftlich über das Gesehene äußern; und die Amerikaner machten ihren KZ-Film „Die Todesmühlen" zu einem wesentlichen Bestandteil der Reeducation-Politik in ihrer Besatzungszone und beschäftigten sozialwissenschaftlich geschulte Intelligence-mit der Erhebung und Auswertung von Zuschauerreaktionen.[23]

Die Neuartigkeit des Verfahrens sowie die besondere Aufgabe der später von Dan Diner als „Zivilisationsbruch"[24] bezeichneten Verbrechen sichtbar zu machen, bedingte eine Reihe von technischen Lösungen, die in dieser Weise noch nie Teil eines Gerichtsverfahrens gewesen waren. Hierzu zählt neben der bereits erwähnten beinahe ‚theatralischen' Ausstattung des Gerichtssaals eine neu entwickelte Dolmetscheranlage von IBM. Damit Richter, Ankläger, Verteidiger und Angeklagte jedes gesprochene Wort verstehen, saßen für jede der vier Gerichtssprachen drei Dolmetscher im Gerichtssaal, die jeweils in eine der vier Verhandlungssprachen übersetzten. Ein weiteres technisches Novum war das Abspielen von Filmen, drei seitens der amerikanischen Anklageabteilung, ein sowjetischer Anklagefilm und ein französischer. Das Abspielen dieser Dokumentarfilme bricht die Einheit und somit auch die Geschlossenheit des Ortes auf.

Zur Überlieferung in den Wochenschauberichten wurde der Nürnberger Prozess auch selbst gefilmt. Hierfür musste der Saal gut ausgeleuchtet sein. Grelle Scheinwerfer ersetzten die Lichter, die bislang dort hingen, um geeignete Filmaufnahmen für die Ausstrahlung des Verfahrens weltweit zu sichern. Über der Anklagebank wurden kurzfristig Lampen angebracht, damit die Angeklagten beobachtet werden konnten, während die Filme von der Befreiung der Konzentrationslager im Saal 600 gezeigt wurden. Die Alliierten hatten sich im Londoner Statut auf ein an die angloamerikanische Verfahrensordnung angelehntes Verfahren geeinigt. Dies erlaubte, „Medien zuzulassen, die in dem klassischen Stimme-Schrift-Verbund der Justiz"[25] nicht zugelassen waren.

Das Internationale Militärtribunal selbst spielte auf mehrfache Weise mit der medialen Präsenz von Scheinwerfern und Kameramännern, die versuchten, den historisch authentischen Moment der Zeugenaussagen etc.

23 Ulrike Weckel: Zeichen der Scham. Reaktionen auf alliierte *atrocity*-Filme im Nachkriegsdeutschland. In: *Mittelweg 36* 23,1 (2014), S. 3–29, hier S. 7: „Die ungewöhnlich reichhaltige Quellenlage, die sich aus alldem ergibt, habe ich für eine qualitative historische Rezeptionsstudie genutzt. Im Gegensatz zu den seit Jahren die zeithistorische Kulturgeschichtsschreibung dominierenden Arbeiten zum kollektiven Gedächtnis beziehungsweise zu Erinnerungskulturen geht es mir dabei gerade nicht um den vermeintlich gemeinsamen Nenner des gesellschaftlichen Redens über die NS-Menschheitsverbrechen, sondern vielmehr um die Stimmenvielfalt".

24 Dan Diner: *Zivilisationsbruch. Denken nach Auschwitz*. Frankfurt am Main: Fischer 1988

25 Vismann: *Medien der Rechtsprechung*, S. 224.

einzufangen bzw. zu kreieren. So bestand die Hoffnung, die unvorstellbaren Verbrechen der Nationalsozialisten mit Hilfe von Filmaufnahmen aus befreiten Konzentrationslagern zu zeigen und diesen Verbrechen ein Gesicht zu geben.[26] Widerlegt werden sollte hier die von Primo Levi wiedergegebene Drohung von SS-Befehlshabern:

> If we survived no one would believe us and even if some proof should remain and some of you survive people will say that the events you describe are too monstrous to be believed: they will say that they are the exaggerations of Allied propaganda and will believe us, who will deny everything, and not you.[27]

Die sowjetischen, US-amerikanischen und britischen Militärs dokumentierten die Verbrechen deutscher Soldaten und Polizisten, indem sie die Verbrechen filmten, sobald sie auf sie stießen.

II. Die Trias im Nürnberger Prozess: Angeklagte, Beweisfilm und Zuschauer

> We will not ask you to convict these men on the testimony of their foes. There is no count in the Indictment that cannot be proved by books and records. The Germans were always meticulous record keepers, and these defendants had their share of the Teutonic passion for thoroughness in putting things on paper. Nor were they without vanity. They arranged frequently to be photographed in action. We will show you their own films. You will see their own conduct and hear their own voices as these defendants re-enact for you, from the screen, some of the events in the course of the conspiracy.[28]

Im Nürnberger Prozessverfahren erhob zunächst die amerikanische Delegation Anklage, dann die britische, gefolgt von der französischen und schlussendlich der sowjetischen Anklage. Im Anschluss daran kamen die Verteidiger und die Angeklagten zu Wort. Im Juli erfolgte die Anklage der NS-Organisationen und Ende August erhoben sich die Angeklagten zum Schlussplädoyer. Die Richter

26 „The filmic witness could offer pictures where speech failed; it could produce visual knowledge of atrocities that resisted summary in the words of eyewitness testimonials. Such a view echoed an understanding that both saw documentary film as capable of offering a more complete and transparent window upon the 'real' and anticipated the crisis of representation that has come to characterize efforts to find an idiom capable of capturing the Holocaust's central horror." (Lawrence Douglas: Film as Witness: Screening 'Nazi Concentration Camps' before the Nuremberg Tribunal. In: *Committee for Open Debate on the Holocaust*, 11.01.1995. http://codoh.com/library/document/526/ (Zugriff am 22.06.2017).)

27 Primo Levi: *The Drowned and the Saved*. New York: Vintage 1989, S. 11–12, zit. n. Douglas: Film as Witness.

28 Robert H. Jackson zit. n. *Nuremberg Trial Proceedings*, Second Day, Wednesday, 21 November 1945. http://avalon.law.yale.edu/imt/11-21-45.asp (Zugriff am 19.07.2017).

hatten einen Monat Zeit, ihr Urteil zu fällen. Es wurde am 30. September und 1. Oktober 1946 im Saal 600 bekannt gegeben. Die Todesurteile wurden am 16. Oktober in der Turnhalle des Nürnberger Gefängnisses vollstreckt.
Nie zuvor waren in einem Prozess Filme als Beweismittel zugelassen. Das Londoner Statut, das die Anklagepunkte und die Prozessordnung festlegt, orientierte sich an der anglo-amerikanischen Rechtsordnung, enthielt aber einen Paragraphen, den es so weder in der britischen noch in der amerikanischen Verfahrensordnung gegeben hatte. In Artikel 19 des Londoner Statuts heißt es:

> The tribunal shall not be bound by technical rules of evidence. It shall adopt and apply to the greatest possible extent expeditious and nontechnical procedure, and shall admit any evidence, which it deems to be of probative value.[29]

Die amerikanische Anklageabteilung beschloss bereits Ende November, zehn Tage nach Prozesseröffnung, ihren Film über die Verbrechen der Nationalsozialisten zu zeigen. Zahlreiche Pressevertreter waren zu diesem Zeitpunkt kurz davor abzureisen.[30] In diesem Moment beschloss die amerikanische Anklageabteilung, ihre Anklagerede über die Annexion der Nachbarländer zu unterbrechen. Sie zeigte stattdessen den einstündigen Beweisfilm *Nazi Concentration Camps* aus Filmmaterial der britischen und amerikanischen Armee, in dem Bilder aus zwölf verschiedenen befreiten Konzentrationslagern zu sehen waren. Die Bilder waren so erschreckend, dass die Richter im Anschluss an die Vorführung ohne weitere Worte, selbst ohne Ankündigung der Fortsetzung der Verhandlung, den Raum verließen. Am nächsten Tag wurde die Verhandlung fortgesetzt, ohne sich direkt auf den Film zu beziehen.
Die juristische Bedeutung des Films war fragwürdig und hatte kaum Auswirkungen auf die Urteilsfindung. Christian Delage sieht dahinter die Motivation „to reinfuse drama“[31], dem Gerichtsverfahren den dramatischen Gehalt zurückzugeben, den es über der juristischen Kleinarbeit zu verlieren drohte. Neben der Hauptbühne, auf der der Film gezeigt wurde, erhielt der Gerichtssaal einen zweiten Schauplatz. Es waren die Anklagebänke, auf denen die Kriegsverbrecher saßen. Am Abend vor der Ausstrahlung der Filme wurde das Personal aufgefordert, Lampen über den Anklagebänken anzubringen.[32]

29 Michalczyk: *Filming the End of the Holocaust*, S. 13.

30 Vgl. Weckel: The Power of Images, S. 226.

31 Ebd. Weckel bezieht sich hier auf Christian Delage: L'Image comme preuve. L'expérience du procés de Nuremberg. In: *Vingtième Siècle. Revue d'Histoire* 72 (2001), S. 63–78, hier S. 63.

32 „The American prosecution team ordered US Army technicians to install neon tubes in the dock the evening before showing Nazi Concentration Camps“ (Weckel: The Power of Images, S. 226).

Während der Filmvorführung ermöglichten diese Lampen allen anderen Prozessbeteiligten wie Berichterstattern und Zuschauern, die Reaktion auf den Film in den Gesichtern der Angeklagten zu beobachten. Allerdings war es ein schwaches Licht, das Interpretationshorizonte zuließ.
Und obwohl die Beobachtungen der Reaktionen der Angeklagten sich teilweise stark voneinander unterschieden, waren die Kommentatoren sich in ihrer schlussendlichen Bewertung der Situation einig:

> [T]he public shaming had been successful. With unmistakable satisfaction, nearly all reported that the judges had left the courtroom after the screening without a word, skipping even the usual announcement of when the tribunal would reconvene, and then the audience had looked the defendants over in silent contempt. At least some of the defendants, most commentators were sure, finally had realized in this moment how shameful their deeds were.[33]

Die Bilder sollten als Beweis für die unbeschreibbaren Gewalttaten dienen. Cornelia Vismann kommentiert den Kameraeinsatz im Nürnberger Justizpalast folgendermaßen:

> Nürnberg ist als Bildgebungsverfahren angelegt. Überbrücken die Simultandolmetscher im Verbund mit der Konferenzschaltung im Nürnberger Prozess die Sprachlosigkeit, die nach 1945 herrschte, so verstellen die Filme, die im Gerichtssaal gezeigt werden, die Undarstellbarkeit der Graueltaten. Sie geben ihnen ein Bild. Zumindest den amerikanischen Alliierten ging es vom Anfang des Endes darum, Krieg und Vernichtung ein Bild zu geben. Den Übergang von Krieg und Faschismus in eine demokratische Nachkriegsordnung vertrauten sie der Kamera an.[34]

Gleiches gilt für die sowjetische Anklagebehörde, die ebenfalls im Februar einen Beweisfilm über die Gräueltaten der deutschen Faschisten in Ost- und Südeuropa zeigten. Die Alliierten engagierten noch im Krieg ihre besten Filmleute, John Ford und Samuel Fuller bei den Amerikanern und Roman Karven bei den Sowjets.
Der Versuch, die Bilder als authentisch auszuweisen, wurde unternommen, indem die Affidavits der Kameraleute jeweils zu Beginn der Aufnahmen verlesen wurden. Ironischerweise wurden sie von professionellen Sprechern gelesen, die die Aussagen möglichst authentisch widergeben sollten. Darüber hinaus,

> damit auch jeder Zweifel an der Echtheit des Filmmaterials ausgeräumt wird, zeigt der Vorspann zum Film Nazi Concentration Camp die Versicherung des bis 1941 amtierenden Filmdirektors der 20th Century Fox Studios John Ford. Auch sein Eid wurde verlesen. Wie

33 Ebd., S. 227.
34 Vismann: *Medien der Rechtsprechung*, S. 241–242.

> ein Sachverständiger erklärte der mit dem Zusammenschnitt beauftragte Westernregisseur Ford, dass der Film in keiner Hinsicht manipuliert worden sei – so als würde nicht schon der Umstand, dass dieser Film aus Filmen, die eigens für Beweiszwecke angefertigt und nachträglich zusammengeschnitten worden war, eine ‚Manipulation' darstellen.[35]

Im Folgenden zeigt der Film zahlreiche Ortsnamen auf einer Landkarte, die auf Orte verweisen, an denen die Nationalsozialisten Konzentrationslager eingerichtet hatten. Darauf folgen eine Landschaftsaufnahme sowie das Bild eines Stacheldrahtzauns. Die Szene wird von einer Stimme kommentiert, die den Anwesenden erklärt, was auf den Bildern zu sehen ist. Vismann weist zu Recht darauf hin, dass die Kamera hier als „idealer Augenzeuge"[36] eingesetzt wird, ein Augenzeuge, der nicht vergisst oder hinzudichtet. Vismann stellt die Zeugenschaft an sich in Frage, Jackson die juristische Beweiskraft: „The public showing of the film certainly hardened sentiment against the defendants generally, but it contributed little to the determination of their individual guilt."[37]
Warum wurde dieser Film sowie Monate später ein weiterer Film, diesmal von der sowjetischen Anklage, im Nürnberger Prozess dann eigentlich gezeigt? Ulrike Weckel stellt die These auf, dass die Angeklagten, auch wenn ihre individuelle Verantwortung in diesen Filmen nicht nachgewiesen werden konnte, aufgrund der Posten, die sie gehabt hatten, alle grundsätzlich über das System der Konzentrationslager Bescheid wussten, sofern sie nicht sogar in engem Arbeitszusammenhang damit gestanden hatten:

> Most of the people gathered in the courtroom [...] had almost certainly either seen pictures from liberated concentration camps [...] or seen camps in person. [...] My thesis is [...] that the screening of images of Nazi atrocities in the courtroom primarily served to shame the twenty-one men in the dock publicly. [...] It was particularly because Nazi Concentration Camp could not prove any individual defendant's involvement in the camp system and, therefore, was free of this juridical burden that it could help answer a question that the court was not to decide but that the unprecedented crimes had raised.[38]

Die alliierten Anklageparteien suchten mit einer Fülle an Dokumenten juristisch die Straftaten der Angeklagten zu belegen. Die Lücke zwischen schriftlichen und mündlichen Darlegungen der mörderischen Befehle, die die angeklagten Kriegsverbrecher zu verantworten hatten und die dennoch unvorstellbar blieben, füllten die Filme.

35 Vismann: *Medien der Rechtsprechung*, S. 248.

36 Ebd., S. 249.

37 Robert H. Jackson: *The Anatomy of the Nuremberg Trials.* New York: Little, Brown 1992, S. 187.

38 Ebd.

III. Das Urteil

> Rechtsprechen findet statt, es hat eine Stätte und es vollzieht sich nach einem geregelten und wiederholbaren Ablauf. Dieser wird von zwei Anordnungen grundlegend bestimmt, einer theatralen und einer agonalen. Die Genese des Gerichthaltens aus der Versammlung um ein Ding prägt dem Gerichthalten performative Züge auf. Die Herkunft des Rechtsprechens aus dem Wettkampf betont den Akt des Entscheidens. Diese zweifache Grundmodalität gerichtlicher Verfahren, seine Rahmung als Theater und Kampf, bestimmt die Technik des Rechtsprechens.[39]

Die Handlung im Gerichtsaal weist mannigfaltige Bezüge zu einer Theatervorstellung auf. Der Unterschied zu einem Theaterstück und einem Gerichtsprozess bildet das Urteil, dass maßgeblich das weitere Leben der Akteure verändert. Diese Veränderung ist nicht dem Zuschauer und seiner Entscheidungskraft überlassen. In einem Prozess entscheiden Richter über Angeklagte und deren weiteres Leben.

Dem Zivilisationsbruch der Nationalsozialisten begegneten die Alliierten mit einem Internationalen Militärgerichtshof, vor dem die Verbrechen und ihre Verantwortungsträger zur Anklage gebracht wurden. An 218 Tagen erhielten die Ankläger, die Verteidiger, die Angeklagten und schlussendlich die Richter das Wort. Im Schlussplädoyer ging der amerikanische Chefankläger Robert H. Jackson auf die angeklagten Kriegsverbrecher der ersten Reihe im Nürnberger Gerichtssaal ein:

> Wenn wir nur die Erzählungen der vorderen Reihe der Angeklagten zusammenstellen, so bekommen wir folgendes lächerliche Gesamtbild von Hitlers Regierung; sie setzte sich zusammen aus: einem Mann Nummer 2 (Göring), der nichts von den Ausschreitungen der von ihm selbst eingerichteten Gestapo wusste, und nie etwas vermutete von dem Ausrottungsprogramm gegen die Juden, obwohl er Unterzeichner von über 20 Erlassen war, die die Verfolgung dieser Rasse ins Werk setzten. [...][40]

In Nürnberg erhielten zwölf der Angeklagten ein Todesurteil, drei wurden freigesprochen, drei erhielten lebenslang und vier unterschiedlich lange Haftstrafen. Der Anspruch des Prozesses war allerdings ein weitaus größerer, wie die Ausstellungseinheit im Memorium Nürnberger Prozess, „Die Welt schaut auf Nürnberg", veranschaulicht.

39 Vismann: *Medien der Rechtsprechung*, S. 17.

40 Protokolle des Nürnberger Prozesses. Einhundertsiebenundachtzigster Tag, Freitag, 26. Juli 1946, Vormittagssitzung. http://www.zeno.org/Geschichte/M/Der+N%C3%BCrnberger+Proze%C3%9F/Hauptverhandlungen/Einhundertsiebenundachtzigster+Tag.+Freitag,+26.+Juli+1946/Vormittagssitzung (Zugriff am 15.02.2017).

Die Inszenierung vor Ort mittels eines hohen Medieneinsatzes hatte zum Ziel, die Verbrechen des NS-Regimes glaubwürdig sichtbar zu machen, um letztendlich die Akzeptanz des Gerichts zu erreichen und neue Wertmaßstäbe zu setzen. Der Anspruch der Alliierten war ein Appell an die Vertreter zivilisierter Völker, die Verantwortungsträger menschenunwürdiger Handlungen vor Gericht zu stellen und zu verurteilen. Jackson formulierte in seiner Eröffnungsrede:

> Die Untaten, die wir zu verurteilen und zu bestrafen suchen, waren so ausgeklügelt, so böse und von so verwüstender Wirkung, dass die menschliche Zivilisation es nicht dulden kann, sie unbeachtet zu lassen, sie würde sonst eine Wiederholung solchen Unheils nicht überleben.[41]

Das Filmmaterial leistete einen entscheidenden Beitrag zur Akzeptanz des Gerichtes in der Öffentlichkeit, auch wenn es juristisch keine Individualschuld der einzelnen Angeklagten beweisen konnte.[42]

IV. Nürnberger Prozesse im Spielfilm

Filmische Bearbeitungen des Topos Nürnberger Prozess griffen den moralischen Gedanken der Auseinandersetzung über die nationalsozialistischen Untaten auf und entwickelten ihn weiter. Besonders deutlich wird dies in *Judgement at Nuremberg* von Stanley Kramer aus dem Jahr 1958. Der Film reflektiert in einer Starbesetzung mit Spencer Tracy, Marlene Dietrich, Judy Garland und Maximilian Schell die Nürnberger Prozesse und setzt auch neue moralische Maßstäbe. Inhaltlich bezieht er sich auf den „Juristenprozess", den dritten Nachfolgeprozess in Nürnberg, der vor einem amerikanischen Militärtribunal stattfand. Angeklagt sind in diesem Prozess Richter und hohe Justizbeamte. Im Gegensatz zu der tatsächlichen Anzahl von 14 angeklagten Juristen im Juristenprozesses sitzen im Film vier Angeklagte auf der Anklagebank: der Staatsanwalt Emil Hahn, Friedrich Hofstaetter, Werner Lampe und Ernst Janning, der ganz dem historischen Vorbild entsprechend die Zuständigkeit des Gerichts nicht anerkennt. Im Prozessverlauf, in dem der Verteidiger Rolfe eindrucksvoll darlegt, warum dieses Gericht seinen Mandanten eben nicht schuldig sprechen dürfe, erhebt sich der ehemalige Justizminister Jannings und legt ein volles

41 Protokolle des Nürnberger Prozesses. Zweiter Tag, Mittwoch, 21. November 1945, Vormittagssitzung. http://www.zeno.org/Geschichte/M/Der+N%C3%BCrnberger+Proze%C3%9F/Hauptverhandlungen/Zweiter+Tag.+Mittwoch,+21.+November+1945/Vormittagssitzung (Zugriff am 22.02.2017).

42 Die Fortsetzung und Weiterentwicklung der Medienpraxis in den internationalen Strafgerichtshöfen wird erörtert in Vismann: *Medien der Rechtsprechung*, Kap. „Fern-Justiz/Remote Justice", S. 333.

Schuldbekenntnis ab. „Jannings, gespielt von Burt Lancaster, von Reue geplagt, zeigt genau die Reue, auf die man in Nürnberg vergeblich gewartet hatte."[43] Keiner der Angeklagten in Nürnberg, und es waren insgesamt 207, zählt man den Hauptkriegsverbrecherprozess und die Nachfolgeprozesse zusammen, hat je ein solches Bekenntnis abgelegt.

Judgement at Nuremberg ist ein weiterer Beitrag in der Umerziehung der Deutschen zu westlichen Wertmaßstäben. Der Film spielt nicht in der unmittelbaren Nachkriegszeit, sondern zwei Jahre später. Der beginnende kalte Krieg und die sich aufbauende deutsch-amerikanische Freundschaft sind wesentlicher Teil der Handlung. *Judgement at Nuremberg* ist nur eine von vielen Verfilmungen der Nürnberger Prozesse. Die Filme, die in dem Prozess gezeigt wurden, sind heute auf YouTube-Kanälen leicht zu finden. Auch die Spielfilme sind weitgehend leicht zugänglich. Sie alle sind substantielle Bestandteile des medialen Gedächtnisses, das das internationale kulturelle Gedächtnis entscheidend geprägt hat.[44]

Die Hoffnung auf ein ‚Never Again' konnte allerdings nicht eingelöst werden, betrachten wir die derzeitige Weltsituation mit ihren anhaltenden Menschenrechtsverletzungen und Kriegen in verschiedenen Teilen der Erde. Die Zahl der Völkerstrafrechtler und internationalen Gerichtshöfe, wie beispielsweise das im Januar 2017 in Den Haag eingerichtete Kosovo-Tribunal, wachsen langsam und stetig. Auch sie unterliegen politischen Entscheidungen und werden medial rezipiert. Immer noch ist das höhere Ziel dieser Gerichtsverfahren, eine präventive Wirkung zu entfalten und das hohe Ausmaß an Völkerrechtsverbrechen zu reduzieren.

43 Ebd., S. 260.

44 Tobias Ebbrecht: *Geschichtsbilder im medialen Gedächtnis. Filmische Narration des Holocaust.* Bielefeld: Transcript 2011.

Titanic oder die ‚bioskopische Unendlichkeit'?

Versuch über das Ozeanische

Alexander Jackob

Der Begriff des Ozeans steht heute gemeinhin für die großen Wasserflächen zwischen den Kontinenten. Doch er bezeichnet mehr. Von seiner Wortgeschichte her verstanden, verweist er zunächst auf den Titan Okeanos, den für Menschen unerreichbaren, mythologischen Urquell allen Wassers der Erde. In diesem Sinne beschreibt das Ozeanische jene Momente, welche das menschliche Dasein und Fassungsvermögen herausfordern. Versteht man den Kinosaal bzw. die Filmprojektion wiederum als Quelle eines unendlichen Bilderflusses, dann deutet sich in dieser Metapher die sublime Kraft an, welche das Kino für die menschliche Wahrnehmung darstellt. Kaum ein anderer Film als James Camerons *Titanic* (US 1997) verdeutlicht besser, dass es damit ebenfalls ein Ort moderner Mythenbildung ist. Wenn Leonardo DiCaprio in der Rolle des Jack schließlich im Atlantik versinkt, dann ahnt der/die erfahrene Zuschauer*in, dass die Leinwand das eingefrorene Bild des Schauspielers an anderer Stelle wieder preisgeben wird. Insofern überrascht es auch nicht, dass Christopher Nolan zu Beginn seines Films *Inception*[1] (engl. *Einpflanzen*, *Beginn*) DiCaprio in einem maschinell gesteuerten Traum an einen Meeresstrand spülen lässt. Mag die Schiffsruine am Meeresgrund verharren. Die unendliche Fahrt geht weiter.

1 *Inception* (US / GB 2010, R: Christopher Nolan).

Ungeheuer ist viel, doch nichts
Ungeheurer als der Mensch.
Durch die grauliche Meeresflut,
Bei dem tobenden Sturm von Süd,
Umtost von den brechenden Wogen,
So fährt er seinen Weg.[2]

Das Ozeanische

In der *Ilias* wird der Titan Okeanos als weltumfließender Ringstrom geschildert, als Ursprung aller Götter, Flüsse, Meere, Quellen und Brunnen. Diese unendlich strömende, erdumfassende Wasserwelt des Ozeans ist für Poseidon, der „über die graue Salzsee"[3] des bewohnten Weltinnenraums herrscht, unverfügbar. So erscheint der Mythos des Okeanos als „Ahn der Götter" bei Homer, wie Klaus Alpers bemerkt, „wie ein Einsprengsel aus einer anderen Weltvorstellung, ein Relikt einer altertümlichen Kosmo- und Theologie", das „nicht in die sonstige homerische Göttergenealogie passt." Möglicherweise ist es diese ursprüngliche Entfernung und Isolation des Titans von der „wohlgegliederten und sinnvollen Welt"[4] der homerisch-olympischen Götter, die gleichzeitig besondere Freiräume des Imaginären geschaffen hat. Zumindest haben der Begriff des Ozeans und die mit ihm verbundenen Phänomene – im Gegensatz zu vielen anderen Götternamen – zahlreiche und nachhaltige Metamorphosen in der Kulturgeschichte durchlaufen. Schon in der Antike finden sich Interpretationen des homerischen Ozeans, in denen die den menschlichen Sinnen letztlich entrückte titanische Wasserwelt Bestandteil einer zwar irdischen, aber gleichwohl jedes menschliche Maß übersteigenden Geographie wird. „Der Okeanos wird zum großen Weltmeer, das die bewohnte Erde außerhalb des Mittelmeeres umgibt."[5] Bei Homer bezeichnete der Ozean noch eine Sphäre der prinzipiellen, unhintergehbaren Unsichtbarkeit, die den menschlichen Sinnen unzugänglich war – eine Sphäre der göttlichen Übersinnlichkeit, mit der sich der Mensch (und natürlich auch Homer) als Symbole und Bilder schaffendes Wesen freilich nie abgefunden hat. Mit der weiteren Entwicklung unterschiedlicher geographischer Weltbilder

2 Chorlied aus der *Antigone* des Sophokles in der Übersetzung aus d. Altgriech. v. Heinrich Weinstock. Hier zit. n. Klaus Alpers: Wasser bei Griechen und Römern. Aspekte des Wassers im Leben und Denken des griechisch-römischen Altertums. In: Hartmut Böhme (Hrsg.): *Kulturgeschichte des Wassers*. Frankfurt am Main: Suhrkamp 1988, S. 65–98, hier S. 77.

3 Zu den folgenden Zitaten aus der *Illias* siehe Alpers: Wasser bei Griechen, S. 66–67.

4 Bruno Snell: *Die Entdeckung des Geistes. Studien zur Entstehung des Europäischen Denkens bei den Griechen*. Göttingen: Vandenhoeck & Ruprecht 1975, S. 29.

5 Alpers: Wasser bei Griechen, S. 72–73.

öffneten sich andere, nicht minder überwältigende Imaginationsräume des Ozeanischen. Die Vorstellung der Weltmeere als gefahrvolle und wundersame Geozonen reichte so zwangsläufig weit über die *actualitas* der sichtbaren, phänomenalen Welt hinaus. Immer blieb eine undurchschaubare Tiefendimension von unendlichen und unüberwindlichen Entfernungen und die bedrohliche und wundersame Unergründlichkeit der verborgenen Unterwasserwelt.[6] War schon bei den Griechen das offene Meer ein beständiger Quell von Furcht, so blieb es auch in christlichen Weltvorstellungen eine „Behausung und Medium unheimlicher und verschlingender Dämonen."[7] Dabei stellten die Überquerung und die fortschreitende Durchmessung der Ozeane nicht nur einen entscheidenden Schritt bei der Weltnahme der westlichen Zivilisation und der Eroberung der Welt dar. Zugleich erwiesen sich die Meere als ausgedehnte Ressource für die Darstellung von menschlichen Grenzsituationen, in denen mal Seemonster, Stürme oder auch Untiefen als Ursache für den möglichen Schiffbruch geschildert wurden.[8] Gerade hier scheint der Begriff des Ozeanischen dafür prädestiniert zu sein, klare Unterscheidungen zwischen Vorstellungen und Darstellung oder auch zwischen Unsichtbarkeit und Sichtbarkeit immer wieder aufs Neue ins Wanken zu bringen. Aus einer wirkungsgeschichtlichen Perspektive erweisen sich so gesehen der Begriff des Ozeans und die mit ihm verbundenen Vorstellungswelten selbst als Teil einer scheinbar ungeheuren und unerschöpflichen Symbolwelt.

Das Bioskopische

Die absorbierende Kraft bestimmter, kinematographisch erzeugter Bilder steht auch heute noch in einem eigentümlichen Spannungsverhältnis zur Theatralität oder auch Theaterhaftigkeit der Schauräume, in denen sie in der Öffentlichkeit präsentiert werden. Die Attraktion bewegter Bilder scheint auf zwei Formen der Zeiterfahrung zu beruhen. Einerseits ist es die subjektive, unmittelbar erlebte Zeit der bioskopischen Bewegungsbilder, welche sich einer objektiven Messung oder Bestimmung entzieht. Andererseits ist es physikalische Zeit, die sich unter anderem durch den konkreten Aufenthalt im Kinosaal, die Dauer des Films als Projektionszeit oder auch durch die projizierten, sich von Sekunde zu Sekunde überlagernden Einzelbilder im Filmganzen bemisst und gleichsam den Rahmen

6 Horst Bredekamp: Wasserangst und Wasserfreude in Renaissance und Manierismus. In: Böhme (Hrsg.): *Kulturgeschichte des Wassers*, S. 145–188, hier S. 147.

7 Ebd., S. 147–148.

8 Ebd., S. 148.

oder die Bühne der subjektiven Zeit- und Bilderfahrung abgibt. Dabei hat die potenzielle Überlagerung der beiden Begriffsdimensionen in der sprachlichen Reflexion auf die bioskopische Zeit- und Bilderfahrung dazu geführt, dass oft auf Metaphern wie ‚Fluss der Bilder' oder auf den ‚Fluss der Zeit' zurückgegriffen wird. So schildert auch Hans Belting das Verhältnis von Filmbildern und Kinozuschauer*innen als einen Fluss der Bilder.[9] Dieser besteht für ihn in einem Austauschverhältnis zwischen subjektiv-imaginären Bildern des/der einzelnen Betrachters*in und den intersubjektiven Filmbildern. Diese können – sofern es sich um eindrückliche Bilderfahrungen handelt – gegebenenfalls als Erinnerungen im Gedächtnis des/der einzelnen Zuschauers*in „zurückbleiben". Den Kinosaal wiederum, den er als eine Art Erbe des bürgerlichen Theaters versteht, beschreibt Belting in Verbindung mit der Anwesenheit der Zuschauer*innen als einen öffentlichen Ort der Bilder. Dabei beschränkt er sich nicht darauf, die visuelle Erfahrung eines Kinofilms in einer bestimmten theoretischen Disposition oder anhand eines bestimmten Filmbeispiels zu thematisieren. Vielmehr beschreibt er die Bilderfahrung des Films mit einem anderen, intermedial inszenierten Bild des Kinosaals. Es handelt sich um eine bekannte Fotoserie von Hiroshi Sugimoto.[10]

Ab 1978 fotografierte Sugimoto Filmvorführungen in alten Kinosälen in den USA – mal mit, mal ohne Zuschauer*innen.[11] Die Belichtungszeit der Schwarz-Weiß-Fotografien umfasst die ganze Filmvorführung. Dadurch erscheint das gesamte, auf die Kinoleinwand projizierte Licht des Kinofilms bzw. des Filmprojektors als weiße, also alle Lichtfrequenzen umfassende rechteckige *Lichtspur* auf dem Foto bzw. dem Fotopapier. Der Kinosaal tritt im Rückblick eines *anderen*, medial inszenierten Blicks ins Bild. Er und seine Zuschauer*innen – sofern vorhanden – werden nur in der Reflexion dieses in der Belichtungszeit aufgenommenen Lichts sichtbar. So scheinen die Aufnahmen Schemen oder Spuren der Erinnerung an einen verblassten Kinofilm festzuhalten, die in der hellen Kammer der Kamera und schließlich im Bild der Fotografie aufgehoben sind. Aus seiner beschreibenden Betrachtung schließt Belting wiederum auf eine ins Bild gebrachte Spannung zwischen einem Ort der Bilder, der Zeit der Bild(-Erfahrung) und einer sowohl persönlichen als auch kollektiven *Erinnerung* an die körperliche Bilderfahrung im Kinosaal:

9 Hans Belting: *Bild-Anthropologie. Entwürfe für eine Bildwissenschaft*. München: Fink 1994, S.76–79.

10 Ebd., S.78–79.

11 Vgl. neben den zahlreichen Abbildungen im Internet Sugimotos offizielle Homepage: http://www.sugimotohiroshi.com (Zugriff am 25.06.2015).

> Die filmische Zeit verschwindet in der Photographie, die immer nur einen Ort erfassen kann und ihn dann in ein bleibendes Bild verwandelt. [...] Die schlafende Zeit, die sich in den Innenräumen eingerichtet hat, löscht die lineare Zeit des Films aus und verwandelt sie in die Erinnerungszeit der Photographie.[12]

Versteht man Beltings metaphorisches Spiel als eine Gelegenheit oder Bühne für die Erprobung und Erweiterung der bildgebenden Kraft der Sprache, dann könnte man mit dem Bild einer kollektiven, photographisch-intersubjektiven Erinnerungszeit der Kino-Fotografien Sugimotos von einer Art Bilder-Ozean sprechen. Auch hier stehen Sichtbarkeit und Unsichtbarkeit in einem unauflösbaren Spannungsverhältnis. Dieser Ozean würde dann gleichsam das ungeheure Auffangbecken zahlloser Flussbewegungen individueller und intersubjektiver Zeit- und Bilderfahrung darstellen, welche sich im Erfahrungsraum des Kinos oder des Bioskops abspielen.

Die Titanic und die Spaltung des Blicks

Fast scheint es, als hätte die Titanic nach ihrem Untergang ihre Fahrt durch eine fortwährende Verwandlung in eine Flut von Bildern bis heute fortgesetzt. Nur wenige Wochen nach ihrem Untergang 1912 entstand in Deutschland mit *In Nacht und Eis* (1912) von Mime Misu eine ihrer ersten filmischen Dramatisierungen. Höhepunkt der zahlreichen Film-Adaptionen bildete bislang bekanntermaßen James Camerons *Titanic* (US 1997). Hinzu kommen zahlreiche Dokumentationen, Sachbücher, Erinnerungsberichte und technisch-wissenschaftliche Untersuchungen. Auch in diesem Sinne hat die Titanic bis heute die Lebensläufe und Erfahrungshorizonte von zahllosen Kinogänger*innen, Zeitungsleser*innen und nicht zuletzt auch Wissenschaftler*innen aus den unterschiedlichsten Forschungsrichtungen gekreuzt bzw. durchkreuzt.[13]

Ein besonderes Beispiel jüngeren Datums stellen die Unterwasseraufnahmen des Wracks der Titanic von der Woods Hole Oceanographic Institution (WOHI) dar. Sie wurden 2012, also 100 Jahre nach dem Untergang des Ozeanliners, in *National Geographic* und *National Geographic Germany* veröffentlicht und zeigen unter anderem detaillierte Gesamtansichten des auf dem Grund des Atlantischen Ozeans liegenden Wracks der Titanic aus verschiedenen

12 Belting: *Bild-Anthropologie*, S. 78.

13 Als ein möglicher Beleg von vielen, soll hierfür das Symposium „Titanic 1912: Global- und medienhistorische Echolote. Ein interdisziplinäres Symposium 100 Jahre nach dem Untergang des Luxusliners" dienen, das von Nic Leonhardt 2012 an der LMU in München organisiert wurde.

Perspektiven. Das Besondere dieser Aufnahmen beschreibt Hampton Sides in *National Geographic Germany* folgendermaßen:

> Die neuen Bilder sind das Ergebnis einer ambitionierten, viele Millionen Dollar teuren Expedition im August und September 2010. Sie wurden von drei hypermodernen Tauchbooten aufgenommen, die in verschiedenen Tiefen und in langen, vorprogrammierten Bahnen eine Fläche von fünf mal acht Kilometern scannten. Die Daten wurden digital zu einem gewaltigen Bild zusammengefügt und mit Geocodierung versehen.[14]

Auf den ersten Blick scheint die Attraktion dieser mosaikartig zusammengesetzten Bilder vor allem darin zu liegen, dass die Entstehung bzw. Zusammenführung dieser Aufnahmen durch ein digitales Koordinaten- und Verarbeitungssystem überdeutlich mit dem Index einer wissenschaftlich-technologischen Herstellung oder Hervorbringung verbunden sind. Diese Schöpferkraft kreiert Bildmontagen eines Schiffsgrabes, das in der Realität keine Entsprechung findet. Erweitert man jedoch den Blickwinkel, dann erweist sich eine andere Dimension als grundlegende Bedingung ihrer Entstehung und Wirkung. Den Blick des/der Betrachters*in vermögen die Bilder des WOHI nur deshalb auf sich zu lenken, weil sie selbst wiederum Teil einer komplexeren, gleichsam in der Zeit entstandenen Montage bzw. Re-Montage von zahllosen Bildern, Filmen, Texten usw. zum Thema Titanic sind. Erst so vermag sich in ihrem Anblick eine Erfahrung einzustellen, die George Didi-Huberman als Anachronismus bezeichnet und mit Walter Benjamins Begriff des dialektischen Bildes präzisiert hat. Es ist ein Moment, in dem das Gewesene blitzhaft mit dem Jetzt zusammenfällt, sich „Vergangenheit und Gegenwart wechselseitig umorientieren, umwandeln und kritisieren, um zu bilden, was Benjamin eine *Konstellation* nannte, eine dialektische Konstellation heterogener Zeiten."[15] Dabei liegt es nahe, dass eine wesentliche Qualität solcher dialektischen Erfahrungen auf einem Affekt beruht, der mal auf eine Durchbrechung, mal auf eine Bestätigung bestimmter, symbolischer Deutungsmuster abzuzielen vermag. Hier stellt sich die Frage, ob solche Erfahrungen im Reich des Imaginären verbleiben oder ihren Weg in die Sprache finden.

Die Spaltung des Blicks

Vertreter*innen der Visual Culture Studies oder auch der Bildwissenschaft haben immer wieder darauf hingewiesen, dass verborgene oder verschwiegene

14 Hampton Sides: Mythos „Titanic". In: *National Geographic*, 14.03.2017. http://www.nationalgeographic.de/reportagen/mythos-titanic (Zugriff am 16.03.2017).

15 George Didi-Huberman: *Ähnlichkeit und Berührung. Archäologie, Anachronismus und Modernität des Abdrucks*. Köln: DuMont 1999, S. 7.

Formen des Bilderglaubens zum Grundbestand der aufgeklärten westlichen Kulturen und deren Wissenschaftskultur gehören. So sieht Didi-Huberman den scheinbar objektiven Blick westlicher Prägung von einer unausweichlichen Spaltung betroffen. Diese erörtert er in der Betrachtung einer zum Abbild eines Leichnams verarbeiteten steinernen Grabplatte. Sie zeigt, ergänzt durch Kopf und Füße, den verstorbenen Abt Isarnus in reliefartiger Form. Die Spaltung des Blicks vollzieht sich hier in der Erfahrung einer zwingenden Vorstellung. Sie ist auf die Frage gerichtet, was das Grab, sofern es sich dem Blick als das Bild eines Toten zeigt, enthält.

> Daher blickt mich das Grab, wenn ich es sehe, in dem Maße mit einem durchbohrenden Blick an – und wird dadurch im übrigen meine Fähigkeiten, es meinerseits einfach und ruhig anzusehen, beeinträchtigen – wie es mir zeigt, daß ich den Körper, den es in seinem Inneren birgt, verloren habe.[16]

Diese beängstigende Spaltung zwischen Leere und Volumen fordert zwei Einstellungen oder Haltungen heraus. Die erste Einstellung ist das tautologische Sehen. Es bleibt diesseits der Spaltung, hält sich ausschließlich an das, was ‚man' sieht. Alle anderen Aspekte sind irrelevant: „Dieses Objekt, das ich sehe, *ist* das, was ich sehe, ein Gegenstand, das ist alles."[17] Dieses Sehen leugnet die Leere, die im Anblick der Grabplatte lauert. Das Volle, das, was das Grab ausfüllt, wird dabei insofern ebenfalls geleugnet, als es nur als ein nüchternes, sichtbares Volumen anerkannt wird. Hier siegt die Sprache über den Blick, indem sie ihn zu der Aussage erstarren lässt, dass es dort nichts als bloßes Volumen gäbe. Was sich hier nach Didi-Huberman ereignet, ist eine Übung der Tautologie.

Die zweite Einstellung ist ebenfalls ein Mittel, die Angst zu eliminieren, die mit der Erscheinung des Grabs verbunden ist. Sie will sich jenseits der Spaltung ansiedeln, „jener Spaltung, die dadurch entsteht, daß das, was wir sehen, uns anblickt".[18] Diese Form des Sehens geht in eine andere Richtung: „Es sucht *sowohl* über das, was wir sehen, *als auch* über das, was uns anblickt, – imaginär – hinausgehen zu wollen."[19] Das Volumen verliert so seine harte Evidenz, das Leere entbehrt der beunruhigenden Anwesenheit des Todes. Auch hier wird das „Volle" des Grabs geleugnet: „als wäre dieses Grab nur ein leeres und desinkarniertes Volumen, als hätte das – in diesem Fall *Seele* genannte – Leben diesen Ort bereits verlassen, der entschieden zu konkret, zu materiell, uns zu nah,

16 George Didi-Huberman: *Was wir sehen blickt uns an. Zur Metapsychologie des Bildes.* München: Fink 1999, S. 21.

17 Ebd., S. 23.

18 Ebd., S. 24.

19 Ebd.

zu beunruhigend ist, um etwas Unvermeidliches und Definitives zu bedeuten."[20] Das Leben wird gleichsam an einen anderen Ort gedacht, der Körper bleibt als Traum wohlgestaltet, die Materialität des Grabs wird geleugnet. Aus dieser Erfahrung des Sehens wird so eine Übung des Glaubens. Insbesondere geht es um einen „zwanghaften Sieg" der Sprache über den Blick und damit letztlich auch über die Wirkung des Bildes. Statt Volumen oder Leere wird nun „etwas Anderes" behauptet, etwas, was dem Anblick einen metaphysischen Sinn gibt. Das Unsichtbare hebt hier auf dem Weg der Sprache und des Aussprechens das Sichtbare in einem (sprachlich-metaphysischen) Sinngeschehen auf und transzendiert es in höhere, körperlose Sphären; so wird z. B. in zahllosen Bildern in der Welt des christlichen Glaubens das leere Grab Christi zum Motiv des Glaubens selbst: Der Jünger kam ans Grab, sah (nichts) und glaubte.

Diese zweite Abwehrreaktion kann gleichsam als Gegenstück zur ersten verstanden werden. Beide Einstellungen zum Sichtbaren, die erste zynisch, die zweite ekstatisch, gehören zusammen wie zwei Seiten einer Medaille. Stellt man sie kritisch gegenüber, dann wird das Sehen selbst zum Thema. Damit betrifft diese Form des kritischen Blicks in besonderer Weise Bilder, in denen das Sehen und das Sehen von Bildern selbst thematisch werden. In diesem Zusammenhang ist darauf zu achten, dass Didi-Huberman eine instabile und problematische Dialektik zwischen Sprache und Bild offenlegt. Dabei geht es unter anderem darum, die verschwiegene Macht von Texten in Bildern und die unterschwellige Beglaubigung von (ideologischen) Texten durch den kaschierten Einsatz von Bildkonzepten herauszuarbeiten und deutlich zu machen. Zudem lassen sich, im Sinne einer modernen Mythologie der Bildsprache, gerade in Filmen besondere Bilder und Erinnerungsbilder aus anderen Kontexten, Gattungen oder Genres als verschwiegene Bezugspunkte und als Teil von gezielten Beglaubigungsstrategien ausmachen. Bilder werden hier nicht bloß zum Material in einem veränderten bzw. ‚anderen' narrativen Gewebe. Im Sinne von bestimmten bekannten Motiven oder von kollektiven Bildern vermögen sie, unabhängig von narrativen Stoffen und von den Medien, in denen sie erscheinen, eine Form des Eigenlebens zu entwickeln, ein Eigenleben, das Aby Warburg als Nachleben der Bilder charakterisiert hat.[21] Statt um eine ausschließlich erkenntnistheoretische Dimension, in der Bilder lediglich als Objekte oder Träger von Informationen dienen, geht es hierbei vor allem darum, Bilder als

20 Didi-Huberman: *Was wir sehen blickt uns an*, S. 24.

21 George Didi-Huberman: *Das Nachleben der Bilder. Kunstgeschichte und Phantomzeit nach Aby Warburg*. Frankfurt am Main: Suhrkamp 2010.

eigenständige Akteure sozialer Interaktionen und als wirkungsmächtige Projektionen bestimmter Wünsche und Ängste anzuerkennen.
Mit welchen Formen des Sehens und mit welchen Intentionen und Vorstellungen im Wahrnehmungsakt lassen sich nun die Bilder der Titanic in Verbindung bringen? Und in welcher Weise lässt sich die oben genannte theoretische Perspektive Didi-Hubermans als integraler Bestandteil des gestellten Themas, das eigentümliche Fort- und Nachleben der Titanic in einer unendlich-ozeanisch scheinenden Bildökonomie des bioskopischen Sehens zur Sprache bringen?

Kinosehen – Bioskopie
Vor dem Hintergrund dieser beiden Fragen möchte ich auf den oft zitierten Zusammenhang zwischen der technischen Entwicklung des Kinos und einigen Theoremen der Psychoanalyse bzw. der theoretischen Konstruktion des psychischen Apparats verweisen (Traumdeutung), wie sie von Siegmund Freud formuliert und in Frankreich insbesondere von Jacques Lacan weiterentwickelt wurde.[22] Als Teil der ideologiekritischen Debatten um die 68er-Generation wurde das Verhältnis von Filmtheorie und Psychoanalyse in den 1960er und 1970er Jahren vor allem in den Filmtheorien von Jean-Louis Baudry und Christian Metz untersucht. Der Einfluss Lacans machte sich bei Baudry unter anderem darin bemerkbar, dass bei ihm die Leinwand gleichsam zu einem Spiegel wurde, in dem sich das grundsätzliche Begehren nach Identifikation und Anerkennung des (Zuschauer*in-)Ichs mit den gezeigten Bildern kreuzte.[23] In diesem Stadium der Wahrnehmung nimmt das Ich die Bilder des Anderen auf der Leinwand in sich auf, als seien es „einzelne Züge des Ich im Spiegel".[24] Damit durchdringen sich der Wunsch nach Anerkennung mit dem gezeigten – aber als real genommenen – Begehren und Wünschen der gezeigten anderen Bilder auf der Spiegel-Leinwand. Das wahrnehmende Subjekt, so die Theorie, wähnt sich im projizierten Fluchtpunkt der zentralperspektivischen Kameraeinstellungen auf der Leinwand somit in einer gottgleichen Position. Von daher lag der ideologische Keim des Kinos für Baudry unter anderem darin, dass dem/der Zuschauer*in bloße Warenfetische als scheinbare Selbstbilder präsentiert wurden, welche einer narzisstischen, befangenen Lust kompensatorische

22 Hierbei beziehe ich mich der gebotenen Kürze wegen auf den Aufsatz: Hermann Kappelhoff: Kino und Psychoanalyse. In: Jürgen Felix (Hrsg.): *Moderne Film Theorie.* Mainz: Bender 2014, S. 130–167, hier S. 130.
23 Ebd., S. 137–138.
24 Ebd., S. 138.

Größenphantasien vermittelten. Ohne auf dieses komplexe Thema hier weiter eingehen zu können, so soll hier zumindest angedeutet werden, wie sich der Einfluss Lacans bei Christian Metz bemerkbar machte. Metz konzipierte das Kino als ein Dispositiv, in dem sich das Imaginäre bzw. die imaginative Aktivität eines durch das Spiegelstadium charakterisierten, vorsprachlichen Zuschauer*in-Ichs (Ich als *moi*) in die symbolische, sprachlich strukturierte Ordnung konkreter Filmtexte (Ich als *je*) überführt wurde.[25] Der imaginäre Selbstbezug des *moi*, der nicht nur in der alltäglichen Welt, sondern auch im Kino nach (vorsprachlichen, gleichsam frühkindlichen) „Bildern des Ähnlichen" sucht, bildet ein Medium für andere, sprachlich strukturierte Ordnungen. Diese Ordnungen, also Sprache, Gesetze, das Soziale oder eben auch die symbolische Struktur des Films, nisten sich in das Imaginäre des Ich-als-*moi* ein, überlagern es und organisieren es. Entscheidend ist, dass Metz zufolge dieser Prozess der Einschreibung in die homogene, fiktionale Welt des Films nicht mehr als eine symbolische Struktur zugänglich (erkennbar) ist. Gleich einem Traumerlebnis erscheinen die Geschichten „‚wie die Wahrnehmung einer äußeren Realität' und nicht als symbolische Darstellung".[26]

Kinobilder werden in dieser theoretischen Disposition nicht als Abbilder der Realität begriffen. Vielmehr produzieren sie Realitätseffekte. So wie, sehr verkürzt gesagt, Traumbilder für den/die Träumende*n real sind, so werden Kinobilder für den/die Zuschauer*in zu Realitäten, in der Innen und Außen verschmelzen. Insofern mag es mehr als ein Zufall sein, dass James Cameron die fiktionale Titanic-Passagierin Rose im Rückblick über den Luxusliner sagen lässt: „Man nannte sie das Schiff der Träume. Und das war sie auch." Unter diesem Gesichtspunkt ist nicht verwunderlich, wenn der imaginäre Kamera-Blick der gealterten Rose (oder des Zuschauer*in-Ichs) am Ende des Films in das in Blau getauchte Wrack der Titanic schwebt und die digital animierte Wiederauferstehung des Schiffs im lichten, ozeanischen Bildermeer des Kinosaals behauptet bzw. beglaubigt. Der filmisch wiederbelebte, zum Leben erwachte Imaginationsraum des titanischen Ozeanriesen wird so jedoch nicht nur zur Kulisse der symbolischen Vermählung eben jenes Liebespaares (Rose und Jack), das sich während des Films bis zum trennenden Untergang etliche Male zu verlieren und wiederzufinden scheint. Sieht man den von Cameron in Szene gesetzten Schiffskörper der Titanic selbst als Metapher (oder auch als metaphorische Bühne) für das Kino als prägenden Mythos der Moderne im 20. Jahrhundert an,

25 Kappelhoff: Kino und Psychoanalyse, S. 141.
26 Ebd.

dann erscheint das Kino hier nicht nur als ideologischer Raum eines verschleierten Bildkonsums,[27] sondern auch als Einladung, in erweiterten Horizonten der Mediengeschichte zu sehen und zu denken. Ohne die Geschichte und die verschiedenen Weltreisen des Theaters- und der Theaterwissenschaft ist eine solche Mediengeschichte nicht vorstellbar.

James Camerons Kino: Untertauchen, um aufzuerstehen?

James Cameron tauchte selbst mehr als 30 Mal (auch für den Dokumentarfilm *Die Geister der Titanic*[28]) zum Wrack der Titanic an den Grund des Ozeans hinab. Seine Faszination für diese wiederholte Reise beschrieb er in einem Interview folgendermaßen: „Und dann taucht plötzlich die ‚Titanic' aus dem Dunkel auf wie aus einer Jenseitswelt, man kann sie besuchen, aber man kann nicht bleiben. Sie sieht aus wie ein verwunschenes Schloss."[29] Das ruft den mythologischen Ozean auf, dem man nur in Bildern begegnen kann. In der Schilderung des entrückten Schiffskörpers erinnern seine Aussagen an eine Form des Sehens in Bildern, in der sich Ebenen der Traumerfahrung, des Kinobilds und des gläubigen Sehens nach Didi-Huberman verschränken. Auf die Frage, ob er nicht auch manchmal die Bedrohung des Wassers, also des Ozeans, gefühlt habe und manchmal nicht unsicher gewesen sei, ob er es wieder nach oben schaffen würde, antwortete Cameron in einem *Spiegel*-Interview vom 26. März 2012:

> Oh ja, an einem Tag hatten wir ein technisches Problem, und wir setzten auf dem Deck der „Titanic" auf. Auf einmal wurde mir klar, das war die Stelle, an der die Musiker der Bordkapelle spielten, als das Wasser sie holte. Und wo die Passagiere zu den Booten liefen. Als wir nachher wieder auf unserem Mutterschiff waren, setzte ich mich hin und weinte. Alles, was ich über die Dramen an Bord wusste, kam da hoch. All die Männer zum Beispiel, die sich opferten, die zurücktraten von den Rettungsbooten und wussten, dass sie ihre Frauen und Kinder nie wiedersehen würden.[30]

Auf die anschließende Frage, was die Titanic für uns heute bedeute, antwortet Cameron: „Wir haben es leichter, wir haben 100 Jahre Abstand. Aber jeder kann sich fragen: Wie und wer bin ich eigentlich? So etwas macht die Geschichte der ‚Titanic' groß."[31] Und wenn Cameron schließlich gefragt wird, warum auch heute noch, nach einem Jahrhundert der viel größeren Katastrophen,

27 Guy Debord: *Gesellschaft des Spektakels*. Berlin: Tiamat 1996.

28 *Ghosts of the Abyss* (*Die Geister der Titanic*, US 2003, R: James Cameron).

29 James Cameron: Es geht um Liebe und Tod. Regisseur James Cameron über die Faszination der ‚Titanic'. In: *Der Spiegel*, 26.03.2012, S. 64–65, hier S. 64.

30 Ebd.

31 Ebd.

das Schiffsunglück der Titanic so eine enorme Bedeutung habe, dann lässt sich seine Antwort als ein Hinweis auf die letzte Text- oder Bedeutungsebene lesen, die sich unterschwellig aus der ästhetisierenden und gleichermaßen unter den Vorzeichen der Wissenschaftlichkeit erstellten Darstellung der Titanic herauslesen lässt.

> Es geht nicht um Zahlen. Es geht um die Hybris der Besitzer des Schiffes, es geht auch um die Zeit damals, eine sehr optimistische Zeit: Flugzeuge wurden gebaut, die Menschen hatten elektrisches Licht, vieles sah nach einer großartigen Zukunft aus, dafür stand die „Titanic".[32]

Die unendliche Fahrt der Titanic

Es ist gerade dieser, mit Hybris durchsetzte Optimismus, der mit der Rezeption und Re-Produktion des Untergangs der Titanic einhergeht, den Manfred Frank in seiner Studie *Die unendliche Fahrt. Ein Motiv und sein Text* untersucht hat.[33] Vor allem in der Romantik wird das Motiv der unendlichen Fahrt zum Ausdruck einer Technologie- und Wissenschaftskritik, die sich gegen eine fortschreitende Rationalisierung der menschlichen Lebenswelt richtet, in der sich der Mensch selbst in den Schöpfungsmittelpunkt rückt und die christliche Ökonomie der Erlösung durch eine negative Theologie der Unendlichkeit und Immanenz ersetzt. Zwar macht Frank das Motiv der unendlichen Fahrt bereits in der Antike und der frühen Neuzeit aus, also zu jenen Zeiten, in der die Überquerung der Ozeane nicht nur mit dem Gefühl des Triumphs, sondern auch mit den Ängsten eines Tabubruchs und des Untergangs besetzt war. Doch seine eigentliche und folgenreichste Gestalt gewinnt es für Frank erst im 19. Jahrhundert. Diese nimmt er mit folgender Formulierung zum Ausgangspunkt seiner Untersuchung:

> Die kollektive Phantasie der Seefahrer erblickt eines Tages das Gespenst des Fliegenden Holländers auf den Meeren der neuen Welt: „blutrot die Segel, schwarz der Mast". Ziellos, mit beschädigtem oder weggespültem Ruder und zuweilen ohne lebende Besatzung, geistert es – düsteres Mahnbild in einer optimistischen Zeit – über die Fluten und verhängt über den, der es kreuzt, den Fluch der Ziellosigkeit und des Todes bei Lebzeiten.[34]

Dabei zeichnet das Motiv der unendlichen Fahrt in besonderer Weise aus, was strukturell letztlich allen Motiven eigen ist. Sie alle besitzen ihre eigene

32 Cameron: Es geht um Liebe und Tod, S. 64.

33 Manfred Frank: *Die unendliche Fahrt. Ein Motiv und sein Text*. Frankfurt am Main: Suhrkamp 1979. Zu den folgenden Ausführungen siehe insb. ebd., S. 10–16.

34 Ebd., S. 13.

Zeitlichkeit und Beharrungskraft gegenüber den jeweiligen Kontexten, in denen sie in Erscheinung treten. Sie sind in der Lage, die distinkten Grenzen von Texten oder Medien zu überschreiten. In dieser Eigenschaft widerstehen sie einem linearen Geschichts- und Zeitverständnis und können auf unabsehbare Weise gegenwärtig werden. In dieser Form des Nachlebens vermögen sie als Seismographen für bestimmte Krisensituationen innerhalb eines kulturellen Überlieferungsprozesses oder eines bestimmten historischen Zeitpunkts zu fungieren, also auch als Sinnbild für eine noch nicht abgeschlossene Aufgabe eines größeren Kollektivs. Auch die Titanic scheint unauflöslich mit dem Motiv der unendlichen Fahrt in Verbindung zu stehen. Gerade ihr Nachleben in den unterschiedlichsten Medien gewährt sowohl eine uneingeschränkte Identifikation mit den Produkten der industriellen Technologien als auch eine fortwährende Kritik an den sozialen und kulturellen Konsequenzen dieser Technologiegläubigkeit. Von daher kann dieses Nachleben auch als Ausdruck des Wunsches verstanden werden, diese paradoxe Spannung nicht auflösen zu wollen.

Wie bereits im letzten Zitat angedeutet, stellt Richard Wagners Bearbeitung des Motivs in der schauerromantischen Oper *Der fliegende Holländer* (1843) den eigentlichen Ausgangspunkt von Franks Untersuchung dar. Somit wählt er einen Zugang zu dieser Thematik, der deutlich pathetisch-erhabene Züge trägt. Er blendet jedoch dadurch eine ganz andere Möglichkeit aus, und das ist, das Motiv der unendlichen Fahrt bzw. das mit ihm bezeichnete Problem zu verstehen. Denn mit dem Zeitalter der Romantik ist auch eine deutlich gelassenere Form der Zeitkritik verbunden. Die Rede ist von einer ironischen, nicht minder kritischen Haltung, wie sie von Friedrich Schlegel im Kontext seiner frühromantischen Poetik entwickelt wurde. Die romantische Ironie besitzt für ihn ebenfalls die Form des Paradoxen, obgleich hier die Akzente ganz anders gesetzt werden. Sie ist erfüllt von dem „Bewußtsein des ewigen Widerspruchs zwischen dem Endlichen und dem Unendlichen, begleitet von dem Gefühl der Notwendigkeit einer Überbrückung dieses Widerspruchs."[35] Mit dem Begriff geht eine Haltung einher, die sich des „Grundzwiespalts der Welt bewußt geworden ist und sich die Aufgabe gestellt hat, diesen Widerspruch in der Kunst und der Philosophie zu überwinden."[36] Für Schlegel liegt damit in der Ironie eine Möglichkeit zur unbedingten Freiheit und zur Selbstschöpfung.

35 Armand Nivelle: *Frühromantische Dichtungstheorie*. Berlin: de Gruyter 1970, S. 139.
36 Ebd., S. 140.

Leonardo DiCaprio und der Ozean: *The Revenant*

Wenn die Filmfigur Jack Dawson in Camerons *Titanic* auf immer in den eisigen Tiefen des atlantischen Ozeans zu versinken scheint, dann kann dieses zur Ikone gewordene Bild von Leonardo DiCaprio als Beginn einer unendlichen Fahrt der besonderen Art verstanden werden. Martin Scorseses Film *Shutter Island* (US 2010) beginnt mit weißer Schrift auf schwarzem Grund: „Boston Harbor Islands. 1954". Die Schrift verschwindet, die Leinwand wird weiß und aus dichtem Nebel löst sich die Silhouette eines Transportschiffs. Am Bug ist der Umriss eines Mannes mit Mantel und Hut zu erkennen. Nach einem harten Schnitt ins Innere des Schiffs zeigt die Kamera einen Toilettenspiegel. Der Seekranke DiCaprio richtet sich unter Würgen auf, betrachtet sich im Spiegel und sagt, er solle sich zusammenreißen, es sei ja nur Wasser. Nach einem Blick nach draußen bemerkt er, dass es jedoch sehr viel Wasser sei. Anschließend schleppt er sich durch einen Raum mit Handschellen an herunterhängenden Ketten zu der am Bug stehenden Person. Im folgenden Dialog wiederholt er, dass er das ganze Wasser nicht mehr ertragen könne und stellt dann fest: „Du bist also mein neuer Partner." Die Anspielung auf zwei bekannte Szenen aus Camerons *Titanic* ist kaum zu übersehen und kann gleich in mehrfacher Hinsicht als eine Art ironischer Ikonoklasmus gesehen werden. Wenn DiCaprio in *Titanic* als Jack Dawson mit ausgebreiteten Armen auf dem Geländer des Schiffsbugs steht und ruft, dass er der König der Welt sei, wird er von einem italienischen Freund begleitet. Später steht Kate Winslet in der Rolle von Rose DeWitt Bukater an seiner statt am Bug und ruft aus, von Jack gehalten, in den romantisch-kitschigen Sonnenuntergang, dass sie fliegen würde. Das Spiel mit den Bildern des scheinbar zurückgekehrten Jack verschärft sich, wenn der/die Zuschauer*in im Laufe des Films erfährt, dass DiCaprio nicht der ermittelnde US-Marshall ‚Teddy' Daniels ist, sondern der an dissoziativer Identitätsstörung leidende Andrew Leaddis, der seit zwei Jahren auf Shutter Island in psychiatrischer Behandlung ist. Sein neuer Partner ist nicht ein Kollege, sondern sein behandelnder Arzt. In einem groß angelegten Rollenspiel auf der Insel soll er seine verdrängte Identität aufdecken und anerkennen, ein Vorhaben, das letztlich nicht gelingt, weil damit das Eingeständnis einer unerträglichen Schuld verbunden wäre.

In Christopher Nolans *Inception* wiederum, ebenfalls 2010 erschienen, wird DiCaprio zu Beginn des Films von Wellen an einen Strand gespült, ganz so als habe der Ozean Jack wieder freigegeben. Was der/die Zuschauer*in nicht weiß: Der Strand und die ganze folgende Szene spielen nicht in der Realität, sondern sind Teil eines vorab designten Traumsettings, das mittels eines Apparats im

Kopf eines (scheinbar) ahnungslosen Schläfers implantiert wurde. Die Aufgabe des in den Traum eingeschmuggelten DiCaprio (als ‚Dom' Cobb) besteht darin, eine Information aus dem Unterbewusstsein des Träumenden zu stehlen. Insofern wird DiCaprio in mindestens zwei Welten aktiv. Einmal in der Welt des Films und einmal in der Welt filmischer Träume.

Den vorläufigen Höhepunkt von DiCaprio als filmischer Wiedergänger stellt Alejandro G. Iñárritus *The Revenant* (US 2015) dar, der um 1823 im amerikanischen Norden spielt. Als Trapper Hugh Glass entgeht er gleich mehrfach dem sicheren Tod, um den Mord von John Fitzgerald an seinem Sohn zu rächen. Auf der Suche nach Fitzgerald führt ihn seine Reise durch schneebedeckte Winterlandschaften, mal wird er von tosenden Flüssen mitgerissen, mal wandert er auf gewaltigen Eisflächen, um sein Schicksal zu erfüllen. Doch als der gestellte Mörder schließlich leblos im Wasser davontreibt, deutet sich nur für einen kurzen Moment eine Erlösung für den Trapper DiCaprio an. Als er mit letzter Kraft, ein gewaltiges Bergmassiv im Hintergrund, einen verschneiten Abhang hochkriecht, erscheint ihm das Bild seiner verstorbenen Frau. Ihr Lächeln deutet Zuneigung an, dann wendet sie sich ab. Zurück bleibt Glass, der mit aufgerissenen Augen aus der weißen Leinwand gleichsam hinaus in den Kinosaal starrt. Als die Leinwand schwarz wird, hört man noch einige Sekunden seinen Atem. Das verschwindende Angesicht der Filmfigur – deutlich unterstützt von der Musik Ryūichi Sakamotos – erinnert nicht nur daran, dass die geglückte Rache sein Schicksal nicht ändern kann. Wer über diesen pathetisch-erhabenen Moment hinaus an das im Ozean verschwindende Gesicht DiCaprios denkt, dem bleibt die Möglichkeit, dem unendlichen Fluss der Bilder im Kinosaal, ausgelöst durch den *Titanic*-Film, eine ironische Note abzugewinnen. Diese kann man jedoch nicht als Ersatz, sondern als eine Ergänzung der Bilderfahrung im Kino verstehen, einer Erfahrung, die auch vor dem Theater nicht haltmacht. Sie kann als eine der zahlreichen Möglichkeiten verstanden werden, das Wissen über das Theater quer zu denken.

Theater als Medienkritik oder Medienkritik im Fernsehen?

Die dänische Politserie *Borgen* im TV und auf der Bühne

Julia Pfahl

Die dänische Politserie *Borgen*, deren Titel sich vom Spitznamen des dänischen Regierungssitzes in Kopenhagen, Schloss Christiansborg, ableitet, begeisterte Fernsehzuschauer wie Kritik gleichermaßen.[1] Der internationale Erfolg dieses Quality-TV-Produkts[2] scheint dabei nicht lediglich im Sog des Seriellen

1 2010–2013 produziert und erstausgestrahlt vom dänischen Fernsehsender DR (Danmarks Radio), wurde allein die erste Staffel der Serie in Dänemark von zwei Millionen Zuschauern gesehen. 2010 wurde sie mit dem *Prix Italia* für die beste Fernsehserie und 2012 mit einem *BAFTA*-Award für die beste internationale Fernsehserie ausgezeichnet. 2011 erhielt Hauptdarstellerin Sidse Babett Knudsen für ihre Rolle der Birgitte Nyborg die *Goldene Nymphe* beim Festival de Télévision de Monte Carlo. Vgl. Jochen Hieber: Die erste Frau im Staate Dänemark. In: *Frankfurter Allgemeine Zeitung*, 09.02.2012. http://www.faz.net/aktuell/feuilleton/medien/daenische-fernsehserie-die-erste-frau-im-staate-daenemark-11642451.html(Zugriff am 31.03.2017). Im deutschen Fernsehen war *Borgen* mit dem Zusatztitel „Gefährliche Seilschaften" von 2012 bis 2013 auf Arte zu sehen. http://sites.arte.tv/borgen/de (Zugriff am 31.03.2017).

2 Mit dem Begriff des Quality-TV werden Fernsehserien bezeichnet, die komplexe große Erzählbögen über viele Episoden entfalten und dadurch die Rezeption der Handlung – im Vergleich zu als trivial und künstlerisch minderwertig qualifizierten Formaten wie Daily Soaps oder Telenovelas – erheblich komplizieren. Das Personal dieser Serien hat eine „meist liberale und humanistische Haltung und beschäftigt sich mit kontroversen Themen." (Daniel Chamberlain / Scott Ruston: 24 and Twenty-First Century Quality Television. In: Steven Peacock (Hrsg.): *Reading 24. TV Against the Clock*. London / New York: Tauris 2007, S. 13–24, hier S. 15, zit. n. Herbert Schwaab: Reading Contemporary Television. Das Ende der Kunst und die Krise des Fernsehens. In: *Zeitschrift für Medienwissenschaft* 1,2 (2010), S. 135–139, hier S. 136.)

begründet zu sein,[3] sondern hat seine Ursache vielmehr im spezifischen Narrativ, das im Wechselspiel von politischen Entscheidungsprozessen und medialer Berichterstattung die machtpolitischen Verstrickungen und das Spiel zwischen Idealismus, Desillusionierung und Intrigen seiner Repräsentanten in den Fokus rückt. *Borgen* erzählt die Geschichte von Birgitte Nyborg, die als Parteivorsitzende der Moderaten überraschend zur ersten Ministerpräsidentin Dänemarks gewählt wird und fortan den Spagat zwischen ihrer Rolle als Staatsoberhaupt einerseits und Ehefrau und Mutter zweier halbwüchsiger Kinder andererseits, zwischen politischen Idealen und Realpolitik, zwischen Öffentlichkeit und Privatem lebt.

In der Spielzeit 2015/16 zeigte die Berliner Schaubühne in der Regie von Nicolas Stemann eine vierstündige Theaterfassung von *Borgen*. Während das Fernsehoriginal von der Presse für die Differenziertheit der Darstellung politischer Entscheidungsfindung im Ränkespiel von Partei- und Wirtschaftsinteressen gefeiert wurde,[4] wollen Stemann und sein Dramaturg Bernd Stegemann die Behauptung, „*Borgen* erzähle davon, wie reale Politik funktioniert"[5], widerlegen. Ihre Inszenierung will *Borgen* als ein „Produkt der Unterhaltungsindustrie"[6]

Durch die Veränderung der Rezeptionsbedingungen, die auch eine bestimmte Art von Publikum fordert oder ‚konstruiert', werden diese Serien eher als geschlossene Werke aufgefasst und das Fernsehprodukt mit dem Verweis auf seine quasi epische, also literarische Struktur nobilitiert. Vgl. hierzu Jens Schröter: Die Fernsehserie, ihre Form und ihr Wissen. In: *TV diskurs* 16,4 (2012), S. 28–31, sowie ausführlich zum Begriff des Quality-TV Lea Gamula / Lothar Mikos: *Nordic Noir. Skandinavische Fernsehserien und ihr internationaler Erfolg*. Konstanz / München: UVK 2014, bes. S. 25–30.

3 Zur Faszination der Fernsehserie und zur Bindung des Zuschauers vgl. Knut Hickethier: *Die Fernsehserie und das Serielle des Fernsehens*. In: *Beiträge zur Kulturwissenschaft* 2 (1991), bes. S. 30–39.

4 Vgl. Wolfgang Höbel: House of Kabarett. Erfolgsserie „Borgen" als Theaterstück. In: http://www.spiegel.de/kultur/gesellschaft/berliner-schaubuehne-tv-serie-borgen-auf-dem-theater-a-1077455.html (Zugriff am 29.06.2017); Rabea Weihser: Macht festhalten, Prinzipien loslassen. In: *Die Zeit*, 19.11.2012. http://www.zeit.de/kultur/film/2012-11/borgen-gefaehrliche-seilschaften (Zugriff am 14.03.2017); Peter Sich: Macht um jeden Preis. In: *Süddeutsche Zeitung*, 09.02.2012. http://www.sueddeutsche.de/medien/polit-serie-gefaehrliche-seilschaften-auf-arte-macht-um-jeden-preis-1.1279083 (Zugriff am 29.06.2017); Markus Ehrenberg: Spannende Reflexion über den Einfluss der vierten Gewalt. Dänische Fernsehserie ‚Borgen' geht in die letzte Staffel. In: *Der Tagesspiegel*, 30.10.2013. http://www.tagesspiegel.de/medien/daenische-fernsehserie-borgen-geht-in-die-letzte-staffel-spannende-reflexion-ueber-den-einfluss-der-vierten-gewalt/9007104.html (Zugriff am 22.09.2016).

5 Höbel: House of Kabarett.

6 Ebd.

entlarven und den „Nyborgschen Idealismus als Pose und als kalkulierte Erzählung“[7] ihres Spindoktors Kaspar Juul aufdecken.

> Die Möglichkeit des Theaters [...] ist, dass wir hier nicht in der Lage sind, die oberflächliche Realität einer Fernsehserie zu reproduzieren. [...] Man sieht immer, dass es fragmentiert ist, dass es nicht zusammenhält, dass hier für uns eine Realität produziert wird. Und das eignet sich dazu, uns auf die Geschichten aufmerksam zu machen, die uns aus ideologischen Zwecken von Politikern verkauft werden. Wir können hier die Frage stellen, welche Ideologie hinter der Serie Borgen steht.[8]

Fernsehen wird hier zum mit zweifelhaften Illusionstechniken operierenden Massenunterhaltungsmedium stilisiert, dem das Theater als Forum politischer Aufklärung und ästhetischer Reflexion gegenübertritt. Entsprechend dieses medienkritischen Ansinnens der Entlarvung der Illusionsmechanismen, die dem Fernsehzuschauer das Handeln der dänischen Ministerpräsidentin als authentisch glaubhaft machen sollen, situiert sich die Bühnenversion von *Borgen* in einer szenischen Anordnung, die das Theater – in gewohnt Stemann'scher Manier – als einen Arbeits- und Reflexionsraum zeigt.[9] Schon vor Beginn der Handlung wird deutlich, dass hier die „Vorgänge hinter den Vorgängen“[10] sichtbar gemacht werden und dem Zuschauer in jedem Moment bewusst bleiben soll, dass es sich (nur) um Theater handelt.

Vier Schauspieler sowie einige Assistenten und Videotechniker sitzen zu Beginn der Inszenierung um den großen Konferenztisch, der mit Requisiten und Rollentexten beladen und mit Mikrophonen und Bildschirmen bestückt ist. Man sieht die blanken Metallwände der Seitenbühne, einen rückwärtigen Vorhang, Beleuchtungsgerüste mit Scheinwerfern, unverdeckte Kabel, mehrere große Bildschirme und später kommen zwei Treppenwagen, ein Sofa, ein

7 Anne Peter: Glotzt nicht so romantisch! In: *nachtkritik.de*, 14.02.2016. http://www.nachtkritik.de/index.php?option=com_content&view=article&id=12141:borgen-nicolas-stemann-bastelt-sich-an-der-berliner-schaubuehne-aus-der-erfolgreichen-daenischen-tv-politserie-ein-postdemokratie-seminar&catid=38:die-nachtkritik-k&Itemid=40 (Zugriff am 22.09.2016).

8 Joseph Pearson: Borgens Vorhang lüften. In: *schaubühne*, 10.02.2016. https://www.schaubuehne.de/de/blog/borgens-vorhang-lueften.html (Zugriff am 22.09.2016).

9 Vgl. bspw. die Inszenierungen Stemanns von Stücken Elfriede Jelineks, etwa *Ulrike Maria Stuart* (UA: 28.10.2006, Thalia Theater, Hamburg) oder *Kontrakte des Kaufmanns* (UA: 02.10.2009, Thalia Theater, Hamburg).

10 Ulrich Seidler: „Vorgänge hinter Vorgängen“. Bernd Stegemann über die Serie ‚Borgen‘ und seine Adaption für die Schaubühne Berlin. In: *Frankfurter Rundschau*, 08.02.2016, S. 22; vgl. auch Bertolt Brecht: Über eine nicht-aristotelische Dramatik. In: Ders.: *Schriften zum Theater*, Bd. 3. Frankfurt: Suhrkamp 1963, S. 7–149.

Klavier dazu: Eine klassische Probenraumatmosphäre, die den Blick hinter die Kulissen, hinter die Illusionsmaschine freigibt.
Vom Tisch aus führen die Darsteller nacherzählend in das Handlungsgefüge der ersten Folgen von *Borgen* ein. Ihre Ausführungen werden durch Projektionen aus der Fernsehserie ergänzt, die auf den Bildschirmen zu sehen sind. Jeder der vier Schauspieler resümiert die Handlungszusammenhänge der Figur, die er verkörpert. Es folgen sequenzartige Szenen, in denen die Fernsehhandlung nachgestellt wird. Alle Darsteller spielen mehrere Figuren, der Rollenwechsel wird immer auf offener Bühne und explizit durch das Anlegen anderer Kleidung oder das Aufsetzen einer Perücke markiert. Rollentexte erscheinen in Anspielung auf den Teleprompter auf den Bildschirmen sowie als Riesenprojektion auf dem Vorhang; einige Spielszenen werden von den Technikern mit Mobiltelefonen gefilmt und ebenfalls unmittelbar auf die Fernsehschirme übertragen.
Die Bühnenmittel sprechen eine klare Sprache: Ob Pappschilder, Politlieder oder das kommentierende Heraustreten einzelner Darsteller an die Rampe, die ästhetischen Anleihen bei Bertolt Brechts Verfremdungstechniken sind mehr als offensichtlich. Die auf Bildschirme und Bühnenhintergrund projizierten Bilder und Rollentexte zitieren die politische Berichterstattung des Fernsehens und durch das unmittelbare Nebeneinander von Bühnenhandlung und medialen Bildsequenzen soll der Zuschauer für die unterschiedliche Qualität dieser Bilder, ihr mediales Differential und die sich hieraus ergebenden Konsequenzen für ihre Wahrnehmung sensibilisiert werden. Die Inszenierung stellt auf allen Ebenen die Artifizialität des Bühnengeschehens aus und schickt als letzten Beweis ihren Regisseur auf die Bühne: Kontrapunktisch zur Figur Kaspar Juuls, der als Nyborgs Medienberater und politischer Strippenzieher im Verborgenen arbeitet, führt Stemann vor, wie Illusion gebrochen werden kann, und akzentuiert so das medienkritische Potential der spezifischen Medialität von Theater.
Die Schaubühnen-Produktion geht von der Behauptung aus, die Medialität des Fernsehprodukts verschleiere die konkreten Inszenierungsstrategien, die dem Zuschauer am Beispiel der Hauptfigur Birgitte Nyborg ein idealistisches Politik(er)bild vermitteln. Das Theater hingegen, dessen Apparatur sich, im Gegensatz zu der des Fernsehens, nie ganz zum Verschwinden bringen lasse, eigne sich aufgrund dieser Tatsache in besonderem Maße zur kritischen Auseinandersetzung mit Illusions- bzw. Inszenierungstechniken technischer Medien. Die Bühne bildet für Stemann und Stegemann also den rezeptionsästhetischen Rahmen für die Montage szenischer Sequenzen unterschiedlicher

medialer Provenienz und soll so zum Ort der Reflexion fremdmedialer Wahrnehmungsweisen werden.[11]
Obgleich an dieser Stelle der Frage nachgegangen werden könnte, inwiefern die Inszenierung Stemanns das Potential des Theaters als Rahmenmedium[12] überhaupt nutzt, und dabei auch zu diskutieren wäre, welchen dramaturgischen Herausforderungen ein Medienwechsel vom Fernsehserienformat auf die Theaterbühne zu begegnen hat, soll hier vielmehr gefragt werden, ob die Serie selbst nicht bereits den – narrativen und ästhetischen – Rahmen bildet, die Machtrelationen zwischen Politik und Medien kritisch zu perspektivieren.
Der Plot von *Borgen* entwickelt sich nämlich aus einer Vielzahl miteinander verwobener Inszenierungsphänomene, die dem Fernsehzuschauer vorführen, „wie Macht wächst, Meinungen gemacht werden und Menschen in diesem Spannungsfeld auf- und untergehen.“[13] Dem Machtapparat des dänischen Regierungssitzes Christiansborg, repräsentiert durch die Protagonistin Birgitte Nyborg, steht der Medienapparat Kopenhagens gegenüber, hier in erster Linie verkörpert durch den Fernsehsender TV1 und seine Anchorwoman Katrine Fønsmark. Diese beiden Sphären treffen in der Figur Kaspar Juuls aufeinander, dessen Funktion als Spindoktor und Medienberater der Ministerpräsidentin, als politischer und medialer Strippenzieher, paradigmatisch für die enge Verzahnung von Politik und Presse steht.
Formal entwickelt sich die Handlung in einer multiperspektivischen Erzählweise, die dem Zuschauer ebenso Einblick in die Hinterzimmer der Macht gewährt wie in das journalistische Making-Of politischer Berichterstattung und seine Wahrnehmung für die Divergenzen zwischen politischer Realität und ihrer (fernseh-)medialen Erscheinung sensibilisiert. Das medienkritische Potential liegt hier auf der Ebene der Bilddramaturgie und der Bildästhetik der Serie: Durch die Metaisierung des Fernsehens entsteht eine

11 Vgl. Markus Moninger: Vom ‚media-match‘ zum ‚media-crossing‘. In: Ders. / Christopher Balme (Hrsg.): *Crossing Media. Theater – Film – Fotografie – Neue Medien*. München: epodium 2004, S. 7–12, hier S. 9.

12 Der Begriff des Rahmenmediums wurde von Christopher Balme in die theaterwissenschaftliche Intermedialitätsdebatte eingeführt und soll der Sonderstellung des Theaters im intermedialen Beziehungsgeflecht im Sinne eines Hypermediums Rechnung tragen und seine Apparatur der ästhetischen Perzeption beschreibbar machen. Vgl. auch Christopher Balme: Theater zwischen den Medien. Perspektiven theaterwissenschaftlicher Intermedialitätsforschung. In: Ders. / Moninger (Hrsg.): *Crossing Media*, S. 13–30; ders.: Pierrot encadré. Zur Kategorie der Rahmung als Bestimmungsfaktor medialer Reflexivität. In: Martina Leeker (Hrsg.): *Maschinen, Medien, Performances. Theater an der Schnittstelle zu digitalen Welten*. Berlin: Alexander 2001, S. 480–492.

13 Weihser: Macht festhalten.

Vervielfachung von Bildebenen, die die jeweiligen Ereignisse medien- bzw. kontextspezifisch rahmen und den Blick für die verschiedenen Techniken ihrer Hervorbringung schärfen.[14]

Die Fernsehserie *Borgen*, so wäre die These Stemanns also zu reformulieren, verschleiert die politischen Inszenierungsstrategien nicht, sondern verhandelt Politik als einen Teilbereich von Kultur, der sich vornehmlich in theatralen Prozessen der Inszenierung und Darstellung überhaupt erst konstituiert und seine Bedeutung nicht zuletzt durch die Involviertheit von Medien in diese Prozesse erhält.[15] Das Fernsehen selbst stellt dabei den thematischen wie ästhetischen Rahmen für diese Auseinandersetzung, ebenso wie für eine selbstkritische Reflexion der eigenen medialen Strategien.

Zum Begriff der Inszenierung

Es wird hier deutlich, dass der Kritik Stemanns am Serienprodukt *Borgen* vor allem ein – für Theatermacher überraschenderweise – äußerst negativer Inszenierungsbegriff zugrunde liegt, der in erster Linie für die Herstellung von Schein, Täuschung, Lug und Trug steht. Wie der Politologe Herfried Münkler darlegt, wird Inszenierung in diesem Begriffsverständnis als eine Strategie kritisiert, die politische Entscheidungsfindung ausschließlich unter Ausschluss der Öffentlichkeit betreibt und das Ergebnis über das Fernsehen vermittelt, um die getroffenen Entscheidungen zu verschleiern.[16] Es ist genau jene doppelte Strategie der Manipulation, die Stemann und Stegemann der Fernsehserie *Borgen* vorwerfen, nämlich die Propagierung eines idealistischen Politik- und Demokratieverständnisses auf der Ebene des Plots, das durch die Identifikationsfigur Birgitte Nyborg (fernseh-)medial inszeniert wird. Das Argument der Schaubühnen-Inszenierung, erst die Transposition des Fernsehstoffs auf die Bühne erlaube eine kritische Hinterfragung der im Medium Fernsehen wirksam werdenden Illusionstechniken, übersieht dabei einerseits, wie Erika Fischer-Lichte bemerkt, dass „Politik immer und überall mit

14 Zum Begriff der Metaisierung vgl. Werner Wolf: Metaisierung als transgenerisches und transmediales Phänomen. Ein Systematisierungsversuch metareferentieller Formen und Begriffe in Literatur und anderen Medien. In: Janine Hauthal / Julijana Nadj / Ansgar Nünning / Henning Peters (Hrsg.): *Metaisierung in Literatur und anderen Medien.* Berlin / New York: de Gruyter 2007, S. 25–64, bes. S. 31.

15 Zum Begriff der Inszenierung vgl. Erika Fischer-Lichte: Inszenierung. In: *Metzler Lexikon Theatertheorie*, hrsg. v. Erika Fischer-Lichte / Doris Kolesch / Matthias Warstat. Stuttgart: Metzler 2005, S. 146–153.

16 Ebd., S. 150–151.

Inszenierungen gearbeitet hat."[17] Andererseits wird hierdurch aber auch der Binarismus von positiv konnotierten Begriffen wie Wahrheit, Wirklichkeit, Authentizität vs. der negativ besetzten Termini wie Schein, Simulation, Simulakrum – hier jeweils dem Theater bzw. dem Fernsehen zugeschrieben – perpetuiert, den ein kulturwissenschaftliches Verständnis von Theatralität gerade zu überwinden sucht. Vor dem Hintergrund einer zunehmenden Verflechtung der Lebenswelt mit medialen Formen der Kommunikation, aber auch angesichts einer allumfassenden Ästhetisierung lässt sich zeitgenössische Kultur vielmehr als eine Kultur der Inszenierung beschreiben, in der „Wirklichkeit als eine Situation erfahrbar wird, in der ein Akteur an einem häufig besonders hergerichteten Ort zu einer bestimmten Zeit sich, einen anderen oder etwas vor den Blicken der anderen (Zuschauer) darstellt oder zur Schau stellt."[18] Besonders mit Blick auf die Analyse politischer Darstellungsformen hat Fischer-Lichte auf die unterschiedliche Qualität verschiedener Formen von Inszenierung hingewiesen und die doppelte Dimension von Theatralität als anthropologische und ästhetische Kategorie hervorgehoben:

> Theatralität kann zunächst, im elementaren Sinne Plessners, auf eine dem Menschen grundsätzlich vorgegebene und immer schon abverlangte Expressivität, eine Art Darstellungszwang hinweisen. Wird Theatralität aber mit dem Inszenierungsbegriff verknüpft, so meint sie ein intentionales, bewusstes und kalkuliertes Erzeugen von Wirklichkeit. Vor dem Hintergrund dieser Unterscheidung ist es möglich, einerseits eine grundsätzliche Theatralität des Politischen zu konstatieren, andererseits aber politische Wirklichkeiten nach dem Grad und der Intensität ihrer Inszeniertheit [...] voneinander zu differenzieren.[19]

Aus kulturwissenschaftlicher Perspektive lässt sich Inszenierung also als ein intentionaler Prozess beschreiben, in dem mit unterschiedlichsten Strategien entwickelt und erprobt wird, was, wann, wo, wie und wie lange vor einem Publikum in Erscheinung treten soll.[20] Betrachtet man die Serie *Borgen* unter diesem Aspekt, wird deutlich, dass der Vorwurf, es handele sich hier um den televisionär erzeugten, massenkompatiblen Mythos der nicht-korrumpierten Quotenpolitikerin, zu kurz greift. Mit Fokus auf die Machtspiele um den dänischen Regierungssitz und seine erste weibliche Amtsinhaberin

17 Ebd., S. 151.

18 Erika Fischer-Lichte: Theatralität als kulturelles Modell. In: Dies. / Christian Horn / Sandra Umathum / Matthias Warstat (Hrsg.): *Theatralität als Modell in den Kulturwissenschaften*. Tübingen / Basel: Francke 2004, S. 7–26, hier S. 8.

19 Erika Fischer-Lichte: Diskurse des Theatralen. In: Dies. / Christian Horn / Sandra Umathum / Matthias Warstat (Hrsg.): *Diskurse des Theatralen*. Tübingen / Basel: Francke 2005, S. 11–32, hier S. 20.

20 Vgl. Fischer-Lichte: Inszenierung, S. 148.

entfaltet die Serie einen differenzierten und nuancierten Blick auf die unterschiedlichen Qualitäten der in der Sphäre des Politischen wirksam werdenden Inszenierungsphänomene.

In der Pilotfolge kommt es zu einer Reihe von Szenen, die die zentralen Figuren, die für die Ebenen der Politik, der Medien und ihrer wechselseitigen Verflechtung stehen, einführen und gleichzeitig das Ineinandergreifen unterschiedlicher Formen von Inszenierungen veranschaulichen: Während eines Live-Fernsehinterviews konfrontiert die Journalistin Katrine Fønsmark Birgitte Nyborg, in dieser Situation noch Spitzenkandidatin der Partei der Moderaten, überraschend mit – ebenfalls live zugeschalteten – provokativen Äußerungen des Oppositionsführers Michael Laugesen. Nyborg soll dazu Stellung nehmen, inwieweit ihre Partei eine einwanderungsfeindliche Politik des potentiellen Koalitionspartners unterstützen würde. Während wir verfolgen, wie Redaktionsleiter Torben Friies diese Herausforderung im Regieraum inszeniert und der Kollegin im Aufnahmestudio via Ohrhörer Anweisungen zur Gesprächsführung gibt, und wie Spindoktor Kaspar Juul hinter der gläsernen Studiowand seiner Chefin gestikulierend zu vermitteln versucht, eine klare Antwort zu vermeiden, positioniert sich Birgitte Nyborg nach kurzem Zögern gegen eine weitere Unterstützung des Anwärters auf das Amt des Ministerpräsidenten. Nach der Sendung setzt sich Fønsmark angesichts des Vorwurfs von Juul und Nyborg, vorherige Absprachen missachtet zu haben, mit dem Argument der Pressefreiheit und dem Verweis auf eine neutrale Wahlkampfberichterstattung zur Wehr. In der, wenige Tage später stattfindenden Fernsehdebatte, greift Nyborg – die im Unterschied zu allen anderen Spitzenkandidaten nicht im Kostüm bzw. Anzug, sondern im tief dekolletierten Abendkleid auftritt – die Konvention der vorherigen Absprachen zwischen Politik und Presse kritisch auf und plädiert dafür, das endlose Spiel um die perfekte Inszenierung zugunsten eines authentischen und glaubwürdigen Eintretens für eine gute Politik aufzugeben. Mit einem selbstreflexiven Augenzwinkern verweist sie dabei nicht nur auf den eigenen Spindoktor, der sich angesichts dieser unabgesprochenen Rede hinter der Kamera die Haare rauft, sondern auch auf die misslungene Selbstinszenierung ihrer Person und die für den Anlass unpassende Abendrobe, die sie nur deshalb trage, weil sie für das Kostüm im Wahlkampf zu dick geworden sei.

Die Serie verhandelt in den beschriebenen Sequenzen verschiedene Modi und Konventionen von Politikdarstellung bzw. -inszenierung im Fernsehen. Die erste Szene thematisiert die in Mediengesellschaften zur unhinterfragten Regel gewordenen Verflechtungen von Presse und Politik. Für die

Parteien geht es um die Inszenierung von Politikerpersönlichkeiten, die Aufbereitung, Präsentation und Vermittlung politischer Inhalte und um konkrete Identifikationsangebote für das Wählerpublikum, für die Presse um Sendematerial und Hintergrundinformationen. Obgleich beide Seiten auf die Kooperationsbereitschaft der jeweils anderen angewiesen sind, zeigt der Handlungsverlauf der Serie immer wieder auch die Instabilität dieses wechselseitigen Abhängigkeitsverhältnisses.

Die Szenen im Fernsehsender TV1 machen aber auch deutlich, in welch hohem Maße Inszenierungen ungeachtet ihres planerischen Kalküls stets kontingente Situationen oder Ereignisse hervorbringen, die Frei- und Spielräume für das Nicht-Geplante, Nicht-Inszenierte und Nicht-Vorhersehbare schaffen.[21] Im Fall des Fernsehinterviews durchkreuzt das plötzlich auftauchende Statement Michael Laugesens die ursprüngliche Konzeption der Sendung. Nicht nur für Birgitte Nyborg kommt diese thematische Abweichung unerwartet, auch die Moderatorin muss unmittelbar auf die Anweisungen der Regie reagieren. Das auf vermeintlich verlässlichen Absprachen basierende, zunächst relative Gleichgewicht zwischen der Politikerin und der Journalistin gerät aus den Fugen. Diese unerwartete Verschiebung offenbart, in welch komplexem und äußerst variablem Machtgefüge sich die beiden Akteurinnen befinden. Nicht nur Birgitte Nyborg, sondern auch Katrine Fønsmark agiert in dieser Situation nicht selbstbestimmt. Beide befinden sich, wenn auch in unterschiedlichem Maße, auf einem „inszenatorisch vorstrukturiertem Terrain"[22], in dem verschiedene Regisseure, in diesem Fall der Redaktionsleiter Torben Friies sowie der Spindoktor Kaspar Juul, versuchen, das Geschehen aus den Kulissen heraus zu lenken.

Im Rahmen der Schlussdebatte verbalisiert Birgitte Nyborg dieses fragile Verhältnis von Inszenierung und Ereignis am Beispiel ihrer Person. Mit Verweis auf ihr äußeres Erscheinungsbild in dieser Sendung macht sie deutlich, dass nicht nur politische Inhalte, sondern auch ihre Kleidung Gegenstand inszenatorischer Überlegungen sind, auch wenn deren Umsetzung im konkreten Fall scheiterte. Ironischerweise sichert ihr das Abweichen von der Wahlkampfstrategie ihres Spindoktors im vielleicht wichtigsten Moment vor der Wahl den Sieg und macht dabei deutlich, welch entscheidende Rolle die Dimension der Wahrnehmung für das Gelingen oder Scheitern von Inszenierungen hat.

21 Ebd.

22 Matthias Warstat: Theatralität der Macht – Macht der Inszenierung. Bemerkungen zum Diskussionsverlauf im 20. Jahrhundert. In: Ders. / Fischer-Lichte / Horn / Umathum (Hrsg.): *Diskurse des Theatralen*, S. 171–190, hier S. 172.

Obwohl – oder gerade weil – sich Nyborg nicht an das Skript Juuls hält, nimmt das Publikum ihre Rede als ehrlich und glaubhaft wahr. Die Thematisierung der Praxis politischer Inszenierungen schafft einen Authentizitätseffekt, der die von Fischer-Lichte hervorgehobene doppelte Dimension von Inszenierung in den Blick rückt: Die Politikerin Nyborg hat die – ästhetischen und politischen – Inszenierungsstrategien ihres Beraters außer Kraft gesetzt. In ihrem Auftritt in der Fernsehdebatte manifestiert sich aber nicht nur ein misslungener Akt politischer Selbstinszenierung, sondern dieser verweist gleichzeitig auf die anthropologische Dimension von Inszenierung im Sinne einer *conditio humana*:[23]

> Der Mensch muss sich inszenieren, um in Erscheinung treten zu können. [...] Wenn der Mensch nicht anders kann, als sich zu inszenieren, wenn auf allen kulturellen Feldern inszeniert wird, dann erhebt sich in der Tat die Frage, wo die Grenze zwischen Inszenierungen und nicht-inszenierten Handlungen [...] verläuft. Sie lässt sich insofern kaum beantworten, als diese Grenze nicht für alle in gleicher Weise gegeben ist – also gerade nicht verläuft, sondern immer wieder neu gezogen werden muss.[24]

Wahrnehmung lässt sich also als die letzthin entscheidende Kategorie in der Beurteilung und Kategorisierung von Inszenierungsphänomenen beschreiben. Die von Fischer-Lichte hervorgehobene Instabilität bzw. Variabilität der Grenzverläufe, die die Art und Weise bedingen, wie bzw. ob etwas oder jemand als inszeniert oder nicht-inszeniert wahrgenommen wird, ist dabei in hohem Maße durch den jeweiligen – ästhetischen, sozialen, kulturellen – Kontext bzw. Rahmen, in dem die Inszenierungsphänomene in Erscheinung treten, prädisponiert.

Zur Kategorie des Rahmens

Der Begriff der Rahmung konnotiert soziologische ebenso wie ästhetische Phänomene der Grenzziehung, die der Organisation der im jeweiligen Rahmen geltenden Maßstäbe dienen. Im Sinne des Soziologen Erving Goffman reguliert Rahmensetzung mittels sozialer Parameter zwischenmenschliche Interaktion und liefert damit Hilfestellungen für ein rahmenkonformes Handeln und Verhalten.[25] Die für einen jeweiligen Rahmen geltenden Regeln bedingen dabei nicht nur Verhaltensnormen innerhalb dieses Rahmens, sondern auch die Wahrnehmung selbiger von außen. In ästhetischen Kontexten rekurriert

23 Vgl. Fischer-Lichte: Inszenierung, S. 152.

24 Ebd., S. 153.

25 Vgl. Erving Goffman: *Rahmen-Analyse. Ein Versuch über die Organisation von Alltagserfahrungen*, aus d. Engl. v. Hermann Vetter. Frankfurt am Main: Suhrkamp 2003, bes. S. 31–37.

der Begriff auf Konventionen narrativer oder dramatischer Gestaltung, etwa auf den Proszeniumsrahmen der Theaterbühne, der als Definitions- und Demarkationsgrenze mittels der sogenannten ‚vierten Wand' Spielhandlung und Realität voneinander abgrenzt, oder er dient als wahrnehmungstheoretische Reflexionsstruktur der „Erforschung des Verhältnisses von medienästhetischen Innovationen und der Reflexion und Thematisierung von Medialität in den Medien selbst."[26]

Die Serie *Borgen* bedient sich Techniken der Rahmensetzung auf mehreren Ebenen: Zunächst kann die Dramaturgie der narrativen Multiperspektivität, die dem Zuschauer ein bestimmtes Handlungsmoment aus der Perspektive der die verschiedenen Interessenssphären repräsentierenden Figuren zeigt, Wahrnehmung kontext- bzw. rahmenbezogen lenken. Vor dem Hintergrund des jeweiligen Bezugsrahmens lassen sich Inszenierungsstrategien aus politischen, medialen oder privaten Kontexten zueinander ins Verhältnis setzen und in ihrer Qualität differenziert beurteilen, weil dem Zuschauer die Maßstäbe bzw. Regeln des jeweiligen „Rahmens" oder „Interpretationsschemas" bewusst sind.[27]

Über die Metaisierung des Fernsehens entwickelt *Borgen* darüber hinaus eine bildästhetische Reflexionsebene, die vor allem mediale Inszenierungstechniken und Wahrnehmungsmodi kritisch verhandelt. Indem der Fernsehsender TV1 zu einer der zentralen Handlungsinstanzen wird, entsteht ein selbstreflexiver Blick auf die Produktionsbedingungen und Inszenierungsstrategien dieses Mediums und seine Rolle im Gefüge des politischen Prozesses.

Das bereits referierte Interview, an dessen Ende Birgitte Nyborg angesichts der radikalen Äußerungen Michael Laugesens wenige Tage vor der Wahl eine mögliche Koalition mit der Arbeiterpartei ausschließt, steht im Kontext einer für diese Ästhetik paradigmatischen Bilddramaturgie: Vor der Sequenz im Fernsehstudio sieht der Zuschauer Laugesen mit Reportern und Aufnahmeteam kurz vor dem später eingespielten Interview. Der Politiker gibt den Fernsehleuten Anweisungen zur Kameraperspektive und erinnert an thematische Absprachen zum Inhalt des Interviews. Es folgt das Interview zwischen Fønsmark und Nyborg im Fernsehstudio, im Wechsel mit Szenen aus dem Regieraum, wo beide Politiker aus je verschiedenen Kameraperspektiven synchron auf der Bildschirmwand zu sehen sind und Studioleiter Torben Friies die Konfrontation zwischen Nyborg und Laugesen fernsehmedial herbeiführt. Vor dem Aufnahmeraum beobachtet Nyborgs Medienberater Kaspar Juul die Situation im Studio live und kann sie

26 Balme: Pierrot encadré, S. 480.
27 Goffman: *Rahmen-Analyse*, S. 31.

zeitgleich sowohl auf einem Fernsehbildschirm wie auch im Sucher der vor ihm positionierten Kamera verfolgen.

Die Szenenfolge lässt sich ästhetisch als ein Nebeneinander verschiedener Bildebenen und -rahmungen beschreiben, das die multiperspektivische Dramaturgie des Plots in eine äquivalente Bildsprache übersetzt. Die Verschränkung der beiden Interviewsituationen zieht ihr medienkritisches Potential zunächst aus der Kontextualisierung der jeweiligen Produktionsrahmen. Die Unmittelbarkeit beider Gesprächssituationen erzeugt eine scheinbare Authentizität, die charakteristisch für die politische Berichterstattung im Fernsehen ist. Obgleich die Präsenz Kaspar Juuls im Fernsehsender wie auch die Szene zwischen Laugesen und dem Fernsehteam nahelegen, dass beiden Interviews gezielte Inszenierungsstrategien zugrunde liegen, entsteht eine Atmosphäre der Glaubwürdigkeit, die, wie Thomas Meyer, Rüdiger Ontrup und Christian Schicha darlegen, vor allem durch die Figur des Anchorman bzw. -woman hergestellt wird: „Der Sprecher oder Moderator ist Teil einer Rahmeninszenierung, die dem Zuschauer ‚Aktualität', ‚Sachlichkeit' und ‚Wahrhaftigkeit' bedeutet" und für die „Inszenierung des Politischen […] Systemvertrauen herstellt."[28]

> Das Fernsehen vermag immer noch mehr als andere Medien Evidenz zu vermitteln, weil die Ästhetisierung auch des Politischen gar nicht zu trennen ist von den Erwartungen, die an die Bilder gerichtet werden. […] Authentizität ist also zunächst einmal ein Oberflächeneffekt, ein Produkt der Gegenwärtigkeit auf dem Bildschirm, und darüber hinaus ein Inszenierungseffekt.[29]

Klarheit über diesen Inszenierungseffekt eröffnet schließlich nicht nur die inhaltliche, sondern auch die bildästhetische Bezugnahme auf die Reportersequenz sowie die Szenen im Regieraum. Durch die Vervielfachung der Bildebenen entsteht hier ein Wahrnehmungsdispositiv, das die jeweiligen Bildrahmungen als „Apparatur der ästhetischen Perzeption"[30] ins Bewusstsein des Zuschauers rückt. Beide Interviewszenen sind in der Totalperspektive, als Fernsehbild und auf dem Sucherdisplay der Fernsehkameras und schließlich gemeinsam, aus je unterschiedlichen Kameraperspektiven, auf der Bildschirmwand des Regieraums zu sehen. Diese Vielzahl verschiedener Bildrahmungen macht dem Zuschauer bewusst, in welchem Maße Bilder hier zum Material werden, die

28 Vgl. Thomas Meyer / Rüdiger Ontrup / Christian Schicha: Die Inszenierung des politischen Welt-Bildes. Politikinszenierungen zwischen medialem und politischem Eigenwert. In: Erika Fischer-Lichte / Isabel Pflug (Hrsg.): *Inszenierung von Authentizität.* Tübingen / Basel: Francke 2000, S. 182–208, hier S. 197.

29 Ebd., S. 196.

30 Balme: Pierrot encadré, S. 481.

das Medium Fernsehen nach unterschiedlichen Kompositionsprinzipien montiert und zueinander ins Verhältnis setzt. Der Blick auf den Rahmen offenbart dessen Funktion als ordnende Organisationsstruktur, die gleich einem Tableau alles aus seinen Grenzen ausschließt, was sich der Inszenierungsidee entzieht:[31] Erst die Sichtbarmachung dieser Inszenierungstechniken, die mittels Rahmensetzungen im Sinne eines „Selektionsprozesses" ausgewählte Bildinhalte zu einem Ganzen zusammenfügen, zeigt, wie sehr Fernsehbilder als „theatral inszenierte Wirklichkeit"[32] zu begreifen sind.

Dass Inszenierungsstrategien im Fernsehen nicht nur auf der Ebene der Bilder zum Einsatz kommen, manifestiert sich in einer Szene in der Folge *Pressefreiheit* (*Statsbesøget*), in der die Ministerpräsidentin den turgisischen Präsidenten Grozin empfängt. Anlass des Staatsbesuchs ist in erster Linie die Übergabe des Vorsitzes in einem internationalen Gremium von Dänemark an Turgisien; daneben stehen auch wirtschaftliche Kontakte auf dem Programm, im Rahmen derer Grozin einen Großauftrag an ein dänisches Windkraftunternehmen unterzeichnen soll. Der Gast nutzt seinen Staatsbesuch in Dänemark außerdem, um die Verhaftung eines zeitgleich in Kopenhagen weilenden Regimekritikers und Kontrahenten zu erzwingen. Die Szene zeigt die Ministerpräsidentin und Grozin während eines Galaabends im Foyer des königlichen Theaters. Mimik und Körpersprache beider sind freundlich und einander zugewandt, aber der Inhalt des Gesprächs von höchster politischer Brisanz: Grozin appelliert an Nyborg, den Oppositionspolitiker unverzüglich festzunehmen, und droht damit, sollte sein Gesuch nicht erfüllt werden, den ökonomischen Deal platzen zu lassen. Während man die Unterredung zunächst in der Totalen sieht, folgt auch dieser Szene eine Einblendung aus einem Übertragungswagen des Fernsehsenders TV1, der live von der Veranstaltung berichtet. Dem Zuschauer präsentiert sich die Bildschirmwand der Fernsehregie und es erfolgt ein Zoom auf das Bild der vorherigen Gesprächssituation, die jetzt ohne Originalton mit dem Sprecherkommentar unterlegt ist, hier sehe man die Ministerpräsidentin in freundschaftlicher Unterhaltung mit dem Staatsgast.

Medienästhetisch präsentiert die Sequenz mit der Dissoziation von Wort und Bild die vielleicht bedeutendste Eigenart fernsehmedialer Darstellung: „Das Fernsehen schafft eine künstliche Informationsumwelt […], die durch Aufzeichnung die Voraussetzung zur Manipulation schaff[t]. Die Weltwahrnehmung ist

31 Zum Begriff des Tableaus vgl. Roland Barthes: Diderot, Brecht, Eisenstein. In: Ders.: *Der entgegenkommende und der stumpfe Sinn. Kritische Essays III*, aus d. Franz. v. Dieter Hornig. Frankfurt am Main: Suhrkamp 1990, S. 94–102.

32 Meyer / Ontrup / Schicha: Inszenierung des politischen Welt-Bildes, S. 184.

in das Zeitalter ihrer totalen Manipulierbarkeit eingetreten."[33] Die Ambivalenz des Bilds erfährt durch die Trennung von Bildebene und Tonspur eine weitere Steigerung. Gestik und Mimik der Figuren machen hierbei deutlich, wie sehr Blick- und Bewegungszeichen die Wahrnehmung entscheidend mitbeeinflussen. Die vermeintliche Authentizität der fernsehmedialen Übertragung der Szene „beruht letztlich schlicht auf der Tatsache, dass [...] der Zuschauer [...] im allgemeinen davon ausgeht, dass nur aufgezeichnet werden kann, was auch tatsächlich geschehen ist", und entsprechend den Sprecherkommentar nicht in Zweifel zieht.[34]

Das dramaturgische Spiel mit Rahmungen erfüllt – besonders mit Blick auf fernsehmedial erzeugte Bilder – die Funktion eines medienästhetischen Kommentars, der den Zuschauer für sein eigenes Wahrnehmungsverhalten sensibilisiert und die jeweiligen Inszenierungsstrategien, die das Bild konstituieren, bewusst machen kann.[35]

Bühnenkunst vs. Fernsehunterhaltung?

Dem Vorwurf Stemanns, Birgitte Nyborg und ihr politischer Idealismus seien das Produkt der Fernsehindustrie, die mit zweifelhaften Illusionstechniken den Mythos einer nicht korrumpierten Politik inszeniere, steht ein dramaturgisches Konzept entgegen, das durch die narrative Struktur sowie mittels der Bildästhetik der Serie eine kritische Perspektive auf das politische Geschäft in Christiansborg eröffnet. Die Verknüpfung politischer Ereignisse mit ihrer Thematisierung in den Medien erlaubt es dem Zuschauer, die jeweiligen Handlungsmomente aus dem Blickwinkel der je unterschiedliche Interessen verfolgenden Handlungsträger zu perspektivieren, und macht so eine differenzierte Beurteilung der „Gefährlichen Seilschaften" möglich. Inszenierungsphänomene in politischen wie privaten Kontexten werden in *Borgen* zuallererst als kulturelle Praktiken in den Fokus gerückt, die in anthropologischer wie ästhetischer Dimension unsere Alltagsrealität bestimmen. Dass mit der Sphäre des Politischen eine gesellschaftliche Institution im Zentrum der Handlung steht, die in besonderem Maße von Inszenierungsprozessen bestimmt ist, lenkt den Blick auch auf die wachsende Bedeutung der Medien im politischen Prozess sowie auf die besondere Qualität medialer Inszenierungstechniken. *Borgen* macht deutlich, wie sehr diese nicht

33 Meyer / Ontrup / Schicha: Inszenierung des politischen Welt-Bildes, S. 184.

34 Ebd., S. 196.

35 Vgl. Balme: Pierrot encadré, S. 482.

nur auf die Präsentation und Vermittlung von Inhalten zielen, sondern das politische Handeln in seinen Grundstrukturen prägen.

Dabei werden Inszenierungsphänomene im Sinne spezifischer Strategien zur Lenkung von Aufmerksamkeit in *Borgen* nicht nur thematisiert, sondern dem Zuschauer auch bildästhetisch erfahrbar gemacht. Der Dramaturgie der narrativen Multiperspektivität entspricht auf formaler Ebene das Spiel mit unterschiedlichen Bildrahmungen, die im Sinne einer Distanzsetzung der Bildinhalte deren medienkritischer Perspektivierung dienen. „Der Betrachter wird sich seines Betrachtens bewusst und dadurch eröffnet sich ein Denk- und Reflexionsraum, der den Kommunikationsprozess zwischen Produktion und Rezeption in den Vordergrund treten lässt."[36]

Im Gewand eines seriellen Unterhaltungsprodukts gewährt das Fernsehen mit *Borgen* einen selbstkritischen Blick hinter die Kulissen der eigenen Medialität. Dass es hierfür eben nicht zwingend der Transformation des Stoffs auf die Theaterbühne bedarf, legt nicht zuletzt die Tatsache nahe, dass der Serie mit der Kategorie der Inszenierung und der Idee der Rahmung zwei Konzepte zugrunde liegen, die ihren Ursprung im semantischen Feld des Theaters haben. Angesichts der in *Borgen* manifesten formalen wie konzeptionellen Beeinflussung des Massenmediums durch das Theater scheint die von Stemann und Stegemann postulierte Hierarchisierung zwischen Bühnenkunst und Fernsehunterhaltung mehr als obsolet.

36 Vgl. ebd., S. 490.

Das Andere im Bild*

Kati Röttger

Keine Kunstform ruft die Rede von Unmittelbarkeit, Lebendigkeit oder Präsenz des Körpers so hartnäckig hervor wie das Theater. Sitzen doch während des Vollzugs des Kunstwerks im Allgemeinen lebendige Zuschauer lebendigen Schauspielern innerhalb einer begrenzten Zeit an ein und demselben Ort gegenüber.[1] Gerade in einer Welt, die von Simulakren bestimmt zu sein scheint, wird das Theater vor allen anderen visuellen Medien gerne mit dem Signum

*Der hier vorliegende Text entstammt der zu großen Teilen unveröffentlicht gebliebenen Habilitationsschrift, die ich 2003 im Fach Theaterwissenschaft an der Johannes Gutenberg-Universität Mainz eingereicht habe. Christopher Balme war damals Leiter des Instituts, und ich bin ihm nach wie vor für seine damalige Unterstützung außerordentlich dankbar. Angesichts des Titels des vorliegenden Buchs, der die Offenheit für neue Themen spiegelt, erscheint mir das hier nun vorliegende damalige Vorwort für die Habilitationsschrift symptomatisch und passend im Hinblick auf die Forschungsfragen, die Christopher Balme am Institut anzuregen wusste. Sie implizierten die Bereitschaft, das Andere im theaterwissenschaftlichen Denken nicht auszulassen. Da ich die hier angeschnittene Problematik immer noch für relevant halte (auch wenn die Referenzen natürlich nur bis in das Jahr 2002 hineinreichen), habe ich den Text unverändert gelassen. Veröffentlicht sind unter anderem: Kati Röttger: What do I see? 'The order of looking in Lessing's 'Emilia Galotti'. In: *Art History* 33,2 (2010), S. 378–387; dies.: ‚F@ustversion 3.0': Eine Theater- und Mediengeschichte. In: Christopher Balme / Markus Moninger (Hrsg.): *Crossing Media. Theater – Film – Fotografie – Neue Medien*. München: epodium 2004, S. 33–54.

1 Joachim Fiebach: Kommunikation und Theater. Diskurse zur Situation im 20. Jahrhundert. In: *Beiträge zur Film- und Fernsehwissenschaft. Medien-Künste-Kommunikation* 41,33 (1992), S. 7–104, hier S. 90–91.

der Echtheit[2] ausgezeichnet, als gelte es ein Refugium zu retten, das den Menschen nicht in simulierten Bilderwelten verloren gehen lässt. Gleichzeitig war das Theater immer schon einem Verdacht ausgesetzt: Ort des Trugs, Hort der Götzenbilder, der Sinnestäuschungen und spektakulären Spiegelspiele zu sein.[3] Die Suche nach der Echtheit von Erfahrung und der Wahrheit von Wahrnehmung ist so alt wie das Theater selbst, und das Theater könnte geradezu als Austragungsort dieses Suchspiels bezeichnet werden. Denn hat sich das Theater nicht gerade deshalb als ‚hohe Kunst' etablieren können, weil es immer wieder Mittel und Wege gefunden hat, sich über diesen Verdacht hinwegzusetzen? Was aber waren diese Mittel und Wege? Keinesfalls Bilder, zumal im fachlichen Diskurs keine Einigkeit darüber besteht, ob Theater überhaupt als Bildmedium zu begreifen ist. Denn die Kulturgeschichte der Bilder und die des Theaters teilen eins: die Analogie zur Kulturgeschichte des Körpers[4] – und damit verbunden die Unterstellung, dem lebendigen Körper wortwörtlich „die Schau zu stehlen."[5] Bilder – so heißt es immer wieder – lügen oder täuschen vor, Bilder lassen sich mit der Wirklichkeit verwechseln, ja, sie haben sogar den Anspruch, sie zu ersetzen; Bilder manipulieren, sie entfremden den Betrachter von sich selbst, Bilder sind die Götzen unserer Kultur. Für die abendländische Theaterpoetik und -rezeption galt deshalb nicht allein, die Bildhaftigkeit des Theaters weitgehend zu ignorieren, sondern das Sichtbare in das Sagbare nach den Gesetzen der dramatischen Literatur zu übersetzen, um die Weihe der Kunst zu erlangen.[6] Das heißt nicht, dass Sprache und Bild sich zueinander irreduzibel verhalten. Was man sieht, liegt nie vollständig in dem, was man sagt – und umgekehrt. Dennoch ist die Theaterpraxis lange – und vor allem zur Zeit der Entstehung des bürgerlichen Nationaltheaters – vom Streben nach Übereinstimmung in der perfekten Illusionierung von Wirklichkeit geprägt gewesen.

2 Vgl. dazu die jüngste, teilweise missverständlich geführte Debatte über „liveness" im Vergleich zwischen Theater und technischen Bildmedien, ausgelöst von Philip Auslander: *Liveness. Performance in a Mediatized Culture.* London / New York: Routledge 1999, im deutschsprachigen Raum aufgegriffen u.a. von Erika Fischer-Lichte: Wahrnehmung und Medialität. In: Dies. / Christian Horn / Sandra Umathum / Matthias Warstat (Hrsg.): *Wahrnehmung und Medialität.* Tübingen / Basel: Francke 2001, S. 11–30.

3 Jonas Barish: *The Antitheatrical Prejudice.* Berkeley / Los Angeles: University of California Press 1981.

4 Zum Bild: Hans Belting: *Bild-Anthropologie. Entwürfe für eine Bildwissenschaft.* München: Fink 2001, insb. S. 19; zum Theater: Eleonore Kalisch: *Konfigurationen der Renaissance. Zur Emanzipationsgeschichte der ars theatrica.* Berlin: Vistas 2002.

5 Jacques Derrida / Bernard Stiegler: *Échographies de la télévision.* Paris: Galilée 1996, S. 39–47.

6 Derrick de Kerckhove: Eine Mediengeschichte des Theaters. Vom Schrifttheater zum globalen Theater. In: Martina Leeker (Hrsg.): *Maschinen, Medien, Performances. Theater an der Schnittstelle zu digitalen Welten.* Berlin: Alexander 2001, S. 501–525.

Diese kurze ‚Geschichte' des Theaters ist nicht ohne das Subjekt zu erzählen. Denn Subjekt und Repräsentation bedingen einander. Da das Subjekt seiner selbst noch nie sicher war – schließlich kann es sich selbst nicht sehen –, benötigt es, wie wir spätestens seit Jacques Lacan zu wissen meinen, einen Spiegel, in dem es sich erkennt.[7] Das Bild im Spiegel aber ist wiederum Anlass zu Misstrauen. Denn der Anblick im Spiegel bedeutet, dass es des Orts und des Blicks eines Anderen bedarf, um sich als Subjekt zu *er*kennen. Doch jener Blick ist gleichermaßen Ursache für die *Ver*kennung als Subjekt. Dadurch, dass sich in der imaginären Spiegelprojektion ein fiktives „Ideal-Ich"[8] ausbildet, begreift sich der Mensch anders, als er ist. Das Erkennen des Selbst vollzieht sich also als Verkennen.[9] Denn das Subjekt nimmt den Blick des Anderen im Bild voraus, das es sich von sich selbst im Spiegel macht. So jedoch – in der *Repräsentation* im Spiegel durch den Blick des Anderen – ist das Subjekt weder identisch mit dem Bild noch mit sich selbst. Es ist gespalten. Räumlich betrachtet, handelt es sich um eine oppositionelle Beziehung von hier und dort: Ich bin ‚hier' und der/die Andere ist ‚dort'. Eine leibhaftige Gleichzeitigkeit von Ich und Anderem ist somit ausgeschlossen. Der Andere nimmt einen Raum ein, den ich nicht einnehme, und umgekehrt. Wir haben es also mit einer Beziehung des Ausschlusses oder der Konkurrenz zu tun: ich oder der/die Andere. Das führt zu einem dramatischen Spannungsverhältnis zwischen Erkennen und Verkennen, dem eigenen und dem fremden Blick,[10] das – folgen wir weiter Lacan – nur durch die Repräsentation in der Sprache gelöst werden kann, durch den Eintritt in die symbolische Ordnung. Das Bild ist so gesehen nicht mehr und nicht weniger als eine Metapher für den Verlust. Es wird als Mittel der Verkennung abgewertet, zeigt es doch nur ein Scheinbild, etwas, das ‚lügt',[11] weil es einen anderen Ort der Identität suggeriert und damit die misstrauische

7 Jacques Lacan: Das Spiegelstadium als Bildner der Ichfunktion [1936]. In: Ders.: *Schriften I*, hrsg. v. Norbert Haas / Hans-Joachim Metzger, aus d. Franz. v. Peter Stehlin. Olten / Freiburg i. Br.: Quadriga 1973, S. 61–70.

8 Ebd., S. 64.

9 Jacques Lacan: Über die Verwerfung eines ursprünglichen Signifikanten. In: Ders.: *Schriften II*, hrsg. v. Norbert Haas / Hans-Joachim Metzger, aus d. Franz. v. Michael Thurnheim. Olten / Freiburg i.Br.: Quadriga 1975, S. 171–190, hier S. 183: „Hier schleicht sich die Ambivalenz eines Verkennens (méconnaître) ein, das dem Sich-Kennen (me connaître) wesentlich ist. Denn das Subjekt kann sich in dieser Rückschau allein eines Bildes vergewissern, im Moment wo es ihm gegenübersteht: des antizipierten Bildes, das es sich von sich selber macht im Spiegel."

10 Dazu Marie-Luise Angerer: *Body Options. Körper. Spuren. Medien. Bilder.* Wien: Turia & Kant 1999, S. 77.

11 Lacan spricht in diesem Zusammenhang von dem „an der lockenden Täuschung der *räumlichen Identifikation* festgehaltene[n] Subjekt" (Lacan: Das Spiegelstadium, S. 67).

Frage: was steckt hinter der Spiegeloberfläche?[12] Das Bild ist so gesehen immer ein Anderes: „Bild? An der Stelle der Repräsentation ist es [das Gegebene] also ein Absentes in der Zeit oder im Raum oder vielmehr ein Anderes."[13] Damit beginnt die unendliche Suche nach dem Anderen als dem, was nicht zu sehen ist. Das ist die Suche nach der Bedeutung, nach dem Sinn. Und die Suche nach der Bedeutung bestimmt wiederum die Suche nach dem Selbst. Dabei bleiben Bild und Körper, Selbst und Anderes unwiederbringlich getrennt. Was bleibt, ist das Begehren nach Vereinigung. Diese paradoxe Situation belegt das Theater (und andere Medien des Zeigens und der Repräsentation) mit dem Verdacht, das ‚Eigentliche' zu verbergen, und gibt je nach Lage der historischen, politischen, kulturellen oder psychologischen Befindlichkeiten einer Gemeinschaft von Subjekten vor, welche Techniken der Darstellung auf der Oberfläche des Spiegels, der Bühne, der Leinwand, des Bildschirms[14] zum Tragen zu kommen haben, um diesen Verdacht auszuräumen und das Subjekt zu beruhigen, es seiner selbst zu vergewissern. Das sind – wiederum paradox genug – die Techniken der Fiktionalisierung. Sie funktionieren so lange, wie wir dem gezeigten Geschehen auf der Oberfläche glauben und ihre medialen Gegebenheiten nicht durchschauen. Denn für die sinnliche Wahrnehmung (*aisthetisch*) wird ein Realitätsbild fiktionalisiert, das die Trugwahrnehmung mit dem Illusorischen assoziiert. Für die rationale Erkenntnis (*epistemisch*) jedoch fungiert die Illusion als falsche Vorstellung, die mit der Realität gerade nicht zur Übereinstimmung kommt. Diejenigen Techniken nun, die die größte Übereinstimmung mit der ‚Wirklichkeit' des Menschen herstellen – die Dramatisierung nach den Gesetzen der Wahrhaftigkeit, Einfühlung, Katharsis, Identifikation –, haben diesen Spalt, die Vorstellungspassage zwischen Subjekt und Objekt, Ich und Anderem zu überbrücken.

Die Spaltung spiegelt sich weitgehend in den gegenwärtigen Reden über Fremdheit. Als fremd wird bezeichnet, wen oder was wir nicht (wieder)erkennen

12 Boris Groys: *Unter Verdacht. Eine Phänomenologie der Medien.* München / Wien: Hanser 2000.

13 Zum Diskurs des Bildes als Anderem/Absentem vgl. Derridas Lektüre von Louis Marin: Jacques Derrida: *Des pouvoirs de l'image. Gloses.* Paris: Seuil 1993; ders.: Kraft der Trauer. In: Michael Wetzel / Herta Wolf (Hrsg.): *Der Entzug der Bilder. Visuelle Realitäten.* München: Fink 1994, S. 13–36.

14 Zur psychoanalytischen Filmtheorie in der Übertragung der Spiegelmetapher auf die Apparatur des Films vgl. Christian Metz: *The Imaginary Signifier. Psychoanalysis and the Cinema.* Bloomington: Indiana UP 1982. Sowie aus gendertheoretischer Perspektive maßgeblich: Laura Mulvey: Visual Pleasure and Narrative Cinema. In: *Screen* 16,3 (1975), S. 6–18; Teresa De Lauretis: Through the Looking-Glass.: Women, Cinema, and Language. In: Dies.: *Alice Doesn't: Feminism, Semiotics, Cinema.* Bloomington: Indiana UP 1984, S. 12–36.

können. Das sind nicht zuletzt wir selbst.[15] Auf der Ebene des Diskurses jedoch ist es die Strategie der *Identifizierung der Anderen* als kulturell, geschlechtlich oder ethnisch Fremde, die zu deren Einschluss in den Diskurs unter Preisgabe von Differenz oder zu ihrer Verwerfung[16] mittels der Markierung von Differenz führt.[17] Auf der Ebene der Repräsentation aber benötigen wir das Andere als Projektionsfläche, um das Begehren nach Sinn, nach Signifikation, nach der Suche nach dem Selbst aufrechtzuerhalten. Die Medien der Repräsentation nun konstituieren die Zeichenoberfläche, hinter der das Andere den Prozess der Signifikation, das Suchspiel, in Gang halten kann. Dabei bleiben die Medien gerne unsichtbar, so dass der Prozess der Fiktionalisierung und Signifikation ungestört verlaufen kann. Das Andere (als Medium) ist uns ebenso fremd wie das Bild, aber beides hat *uns* im Blick, brauchen wir es doch um der Illusion willen, uns zu erkennen. Deswegen muss es unter Kontrolle und damit *zur Erscheinung gebracht* und als Trug abgewertet werden. Dieses sich hier als psychoanalytisches und semiotisches Problem darstellende Repräsentationsdilemma erhält aus postkolonialer Perspektive eine besondere, erhöhte Brisanz. Die Konstruktion eines Blickverhältnisses zwischen Ich und dem Anderen als Bedingung von Subjektkonstitution wird aus dieser Perspektive explizit auf spezifisch westliche Denktraditionen und Repräsentationsweisen zurückgeführt, die in direkten Zusammenhang mit existentiellen Problemen kolonialistischer Identitätspolitik gebracht werden. Homi Bhabha, der mittlerweile über die Grenzen seines Fachs hinaus bekannteste Vertreter der postkolonialen Theorie, kommentiert diesen Zusammenhang: „[The] image of human identity and, indeed, human identity as image – both familiar frames of mirrors of selfhood that speak from deep within Western culture – are inscribed in the sign of resemblence."[18] Dieser Kommentar erklärt sich aus den Studien des schwarzen Psychoanalytikers Frantz Fanon, auf die Bhabhas Einschätzung der kolonialen Identitätsproblematik zurückgeht.[19] Fanon antwortete auf die repräsentative

15 Julia Kristeva: *Fremde sind wir uns selbst*. Frankfurt am Main: Suhrkamp 1990.

16 Julia Kristeva: *Powers of Horror*. New York: Columbia UP 1982.

17 Aus gendertheoretischer Perspektive exemplarisch Judith Butler: *Das Unbehagen der Geschlechter* [engl. 1990]. Frankfurt am Main: Suhrkamp 1991, aus postkolonialer Perspektive Homi Bhabha: *The Location of Culture*. London / New York: Routledge 1994 (dt.: *Die Verortung der Kultur*. Tübingen: Stauffenburg 2000).

18 Homi Bhabha: Interrogating Identity: The Postcolonial Prerogative. In: Davis Theo Goldberg (Hrsg.): *Anatomy of Racism*. Minneapolis: University of Minnesota Press 1990, S. 183–209, hier S. 192.

19 Frantz Fanon: *Les damnés de la terre*. Paris: Maspero 1961; vgl. auch ders.: *Peau noire, masques blancs*. Paris: Seuil 1952.

Erzählung über die Subjektbildung der weißen, westlichen Persönlichkeit mit der provokativen Frage: „What does the black man want? – Was will der schwarze Mann?“[20] Bewusst als Echo auf Sigmund Freuds Frage nach dem weiblichen Begehren formuliert, „Was will die Frau?“[21], kann sie geradezu als Initiation der postkolonialen Kritik bezeichnet werden. Denn Fanon entfacht mit dieser Frage die Analyse kolonialer Entfremdungsstrategien im Bereich des westlichen Imaginären und der Repräsentation, indem er die psychoanalytische Auseinandersetzung mit dem Begehren in Weiterführung des Hegel'schen Dilemmas des „Selbstbewusstseins“[22] in den historischen Kontext der Kolonisation stellt. Seine Antwort verweist auf die agonale Inszenierung eines zerstörten Selbstbildes des kolonialisierten Anderen: „I will say the black man is not a man.“[23] Er sieht darin das Ergebnis der narzisstischen Selbstreflexion des ‚imperialistischen Subjekts'. Diese Selbstreflexion impliziert, nimmt man sie auf koloniale Machtverhältnisse übertragen wörtlich, eine anachronistische Aufforderung an den Anderen: Sei wie ich und gleichzeitig nicht wie ich! Oder: Sei mimetisch identisch und sei ganz anders! Vor diesem Hintergrund befragt Homi Bhabha die Möglichkeiten der Mimesis, um den geforderten paradoxalen Identifikationsprozess zu stören. Während Fanon politisch argumentiert und schlicht Verweigerung vorschlägt, nimmt Bhabha zunächst die Ebene der Signifikation in den Blick. In Weiterentwicklung von Lacans Begehrensmodell der Verschiebung, das laut Bhabha zumindest erlaube, die ambivalente Struktur der Subjektivation zu *reflektieren*, plädiert er für den Entzug des gesuchten ‚Bildes im Spiegel', um das mimetische Verlangen zu durchkreuzen und den Weg der Identifikation zu versperren:

> To see a *missing person* is to transgress [...] the subject's transitive demand for a *direct* object of self-reflection [...]; the 'I' in the position of mastery is, *at the same time*, the place of its absence, its representation. What we witness is the alienation of the eye with the sound of the signifier as the desire (to look/to be looked at) emerges and is erased.[24]

20 Frantz Fanon: *Black Skin, White Masks*. London: Pluto 1986, S. 10.

21 Siegmund Freud: Die Weiblichkeit. In: Ders.: *Studienausgabe*, Bd. I: Vorlesungen zur Einführung in die Psychoanalyse und Neue Folge. Frankfurt am Main: Fischer 1969, S. 544–565. Vgl. zum ‚unmöglichen Ort' des weiblichen Anderen im Diskurs der Psychoanalyse Luce Irigaray: *Das Geschlecht, das nicht eins ist*. Berlin: Merve 1979.

22 Georg Wilhelm Friedrich Hegel: *Phänomenologie des Geistes. Werke*, Bd. 3. Frankfurt am Main: Suhrkamp 1970, S. 146: „Es ist für das Selbstbewußtsein ein anderes Selbstbewußtsein; es ist außer sich gekommen. Dies hat die gedoppelte Bedeutung: erstlich, es hat sich selbst verloren, denn es findet sich als ein anderes Wesen; zweitens, es hat sich damit das Andere aufgehoben, denn es sieht auch nicht das Andere als Wesen, sondern sich selbst im Anderen.“

23 Fanon: *Black Skin, White Masks*, S. 10.

24 Bhabha: Interrogating Identity, S. 190.

Dieses Verfahren des Bildentzugs bezeichnet Bhabha als „geheime Kunst der Unsichtbarkeit"[25]. Ausschlaggebend für die Anwendung dieser Kunst sind sowohl eine spezifisch poetologische wie auch eine politische Strategie der Differenz. Die poetologische Strategie sucht den Realismus zu überwinden, der dem mimetischen Spiegelverhältnis innewohnt.[26] In Anlehnung an Jacques Derrida schlägt Bhabha vor, die Koordinaten der Repräsentation in einer Bewegung der Verdopplung aus dem Raum der visuellen Perzeption in den Raum der Artikulation zu verschieben. Subjekt dieser Strategie ist ‚das böse Auge' (*the evil eye*), ein entkörpertes, vom Subjekt losgelöstes und wanderndes Auge, Zeichen einer Struktur des *Schreibens* einer Geschichte postkolonialer Konditionen:

> The gaze of the evil eye alienates *both* the narrational I of the slave and the surveillant eye of the master. It unsettles simplistic polarities or binarisms in identifying the exercise of power – Self/Other – and erases the analogical dimension in the articulation of sexual difference. [...] The evil eye – like the missing person – is nothing in itself; and it is this *structure of difference* that produces the hybridity of race and sexuality.[27]

Diese Bewegung verdichtet sich in den poetologischen Figuren der Mimikry und der Metonymie.[28] Sie führt laut Bhabha zur Unentscheidbarkeit über die Aussage „es gibt" (also auch über Identität), indem sie über die Abwesenheit – die Unsichtbarkeit – genau das verwischt, worüber das „es gibt" sprechen will. Der so entstandene Effekt des Vereitelns bedingt die „Einführung des Prinzips der Unentscheidbarkeit bei der Bedeutungskonstituierung von Teil und Ganzem, Vergangenheit und Gegenwart, Selbst und Anderem, so dass es keine Negation oder Transzendenz von ‚Differenz' geben kann."[29] Diese Insistenz auf Differenz wiederholt Bhabha auf politischer Ebene und damit gleichermaßen als Kritik an der poststrukturalistischen Tendenz, das Andere als phantomatisches, metaphorisches Anderes zu instrumentalisieren und zu entmaterialisieren.[30] Demgegenüber fordert er die konsequente Historisierung des kolonialen

25 „secret art of invisibleness" (Bhabha: *The Location of Culture*, S. 53).

26 Bhabha: Interrogating Identity, S. 191.

27 Bhabha: *The Location of Culture*, S. 53.

28 Vgl. dazu ausführlicher Kati Röttger: ‚Wie werde ich Ausländer?' *Kanak Sprak*, Sprechen Lernen und performative Strategien der Entfernung. In: Christopher Balme / Jürgen Schläder (Hrsg.): *Inszenierungen: Theorie – Ästhetik – Medialität.* Stuttgart: Metzler 2002, S. 117– 134, hier S. 129–130.

29 Homi Bhabha: Die Frage der Identität. In: Elisabeth Bronfen / Benjamin Marius / Therese Steffen (Hrsg.): *Hybride Kulturen. Beiträge zur anglo-amerikanischen Multikulturalismusdebatte.* Tübingen: Stauffenburg 1997, S. 97–122, hier S. 109.

30 Homi Bhabha: The Commitment to Theory. In: Ders.: *The Location of Culture*, S. 19–39, hier S. 31: „What is at stake in the naming of critical theory as 'Western'? It is, obviously, a

Moments und die radikale Anerkennung von Differenz im Sinne diskursiver Einbettung, kultureller Lokalisierung (*location of culture*) und Referenz an einen spezifischen Raum und eine gegenwärtige Zeit.[31] Erforderlich für diese Strategie der Verdopplung sei eine Passage durch einen „Dritten Raum"[32], der sowohl die allgemeinen Bedingungen der Sprache repräsentiere als auch die spezifischen Implikationen von Artikulationen als performative und institutionelle Strategien.

Dieses entschieden avisuelle Verfahren des Bildentzugs[33] gründet nicht zuletzt in der Kritik an der Spektakularisierung des „kolonialisierten Anderen" im stereotypisierten Bild, das ihn von sich selbst entfremdet.[34] Sie steht damit ganz in der Tradition der erkenntnistheoretisch fundierten abendländischen Mahnung vor der Entfremdung des Subjekts gegenüber einer Übermacht der Bilder. Das Spektakel ist so gesehen der Ernstfall der Fremdheit und seit Beginn der

designation of institutional power and ideological Eurocentrism. Critical theory often engages with texts within the familiar traditions and conditions of colonial anthropology either to universalize their meaning within its own cultural and academic discourse, or to sharpen its internal critique of the Western logocentric sign, the idealist subject, or indeed the illusions and delusions of civil society. [...] difference and otherness thus become the fantasy of a certain cultural space or, indeed, the certainty of a form of theoretical knowledge that deconstructs the epistemological 'edge' of the West. More significantly, the site of cultural difference can become the mere phantom of a dire disciplinary struggle in which it has no space or power. Montesquieu's Turkish Despot, Barthes' Japan, Kristeva's China, Derrida's Nambikwara Indians, Lyotard's Cashinuahua pagans are part of this strategy of containment where the Other text is forever the exegetical horizon of difference, *never the active agent of articulation*. The Other is cited, quoted, framed, illuminated, encased in a shot/reverse-shot strategy of a serial enlightenment. Narrative and the *cultural* politics of difference become the close circle of interpretation. The Other loses its power to signify, to negate, to initiate its historic desire, to establish its own institutional and oppositional discourse."

31 Eine ähnliche Kritik an der poststrukturalistischen Tendenz der ‚Vereinnahmung' des Weiblichen als projektiertem Anderen leistet Rosi Braidotti: *Patterns of Dissonance. A Study of Women in Contemporary Philosophy*. Cambridge: Polity 1991, insb. Kap. „The Becoming-Woman of Philosophy", S. 98–146.

32 Bhabha: *The Location of Culture*, S. 36–38.

33 Vgl. dazu in einer sehr verkürzten Kritik auch Barbara Stafford: *Good Looking. Essays on the Virtue of Images*. Cambridge, MA: MIT Press 1996, S. 7: „Thus, in a reprise of Derrida, one hears that the invisible depths of postcolonial identity emerge only through discourse since the true self eludes surveillance. Homi Bhabha, echoing Frantz Fanon, reduces visuality to an evil, doubling eye that either strips the individual of her proper representation or negatively mirrors the alien appearance projected by an oppressor."

34 Vgl. dazu eine ähnliche Kritik aus gendertheoretischer Perspektive an der Spektakularisierung des Weiblichen: Elisabeth Bronfen: Weiblichkeit und Repräsentation – aus der Perspektive von Ästhetik, Semiotik und Psychoanalyse. In: Hadumod Bußmann / Renate Hof (Hrsg.): *Genus. Zur Geschlechterdifferenz in den Kulturwissenschaften*. Stuttgart: Kröner 1995, S. 408–445.

Moderne mit all den Negativkonnotationen versehen, die das ‚Verschwinden' ankündigen, welches im Verlust vor dem Bild begründet zu sein scheint. Die Zeit des erhöhten Bildkonsums – so die apokalyptische Prognose einer totalitären *Gesellschaft des Spektakels*[35] – ist die Zeit der totalen Entfremdung:

> Die Entfremdung des Zuschauers zugunsten des angeschauten Objekts (das das Ergebnis einer eigenen bewusstlosen Tätigkeit ist) drückt sich so aus: je mehr er zuschaut, um so weniger lebt er; je mehr er akzeptiert, sich in den herrschenden Bildern des Bedürfnisses wiederzuerkennen, desto weniger versteht er seine eigene Existenz und seine eigene Begierde. Die Äußerlichkeit des Spektakels im Verhältnis zum tätigen Menschen besteht darin, dass seine eigenen Gesten nicht mehr ihm gehören, sondern einem anderen, der sie ihm vorführt. Der Zuschauer fühlt sich daher nirgends zu Hause, denn das Spektakel ist überall.[36]

Es wird der sogenannten Bildkultur zugeschrieben, dass sie in ihren verschiedenen Formen der Inszenierung die visuelle Theatralität einer Gesellschaft ausmacht, in der die „wirkliche Welt"[37] vom ‚Anderen' kontrolliert wird; der Verdacht also – polemisch ausgedrückt – Wirklichkeit geworden zu sein scheint.

Während W.J.T. Mitchell mit *Picture Theory* einen Versuch vorgelegt hat, der latenten Ikonophobie kulturpolitischer Theorien mit der Forderung nach einer globalen Kritik visueller Kultur zu begegnen, die visuelle und verbale Repräsentationen auf Ausschlussmechanismen des jeweils anderen hin befragt,[38] ist das Problem von Fremdheit im Verhältnis von Bild und Wort im Theater und theatralen Ereignissen in der Theaterwissenschaft und den Performance Studies bisher noch nicht in den Blick genommen worden.

Das Vorhaben der vorliegenden Habilitationsschrift besteht vor diesem Hintergrund darin, eine andere Sicht auf das Theater, das Andere und das Bild zu eröffnen, die nicht nur *auf* Fremdheit gerichtet ist, sondern aus der Fremdheit heraus argumentiert. Verstanden als Außerordentlichkeit, wird der Begriff jeweils in Relation zu dem gesetzt, was als Ordnung definiert wird. Somit wird Fremdheit zu einer Kategorie der Analyse erhoben. Damit beziehe ich mich auf eine phänomenologische Tradition, die mit Edmund Husserl eingesetzt hat; eine Tradition des phänomenologischen Denkens, die Fremdheit als *Überschuss* von Denken und Erfahrung der fundamentalistischen Suche nach einem festen,

35 Guy Debord: *Die Gesellschaft des Spektakels* [frz. 1967]. Berlin: Tiamat 1996.

36 Ebd., S. 26 (These 30).

37 Ebd., S. 19 (These 18).

38 W.J.T. Mitchell: The Pictorial Turn. In: Ders.: *Picture Theory. Essays on Verbal and Visual Representation*. Chicago / London: University of Chicago Press 1994, S. 11–34.

vernünftigen Grund – einer Identität – ebenso entgegenhält wie den Normalisierungseffekten, die von funktionierenden Ordnungen ausgehen. Diese Idee vom zulässigen Überschuss des Fremden hat weitreichende Konsequenzen auf politischer, epistemologischer und wissenschaftstheoretischer Ebene: Denn der dem Wesen der Fremdheit inhärente Entzug vor dem wissenschaftlichen Zugriff wird mit der paradoxalen Wendung „bewährbare Zugänglichkeit des original Unzugänglichen“[39] wieder in den wissenschaftlichen Diskurs rückgeführt, jedoch als permanent unabgeschlossene Größe.[40] Auf epistemologischer Ebene handelt es sich um eine „Phänomenologie des Zwischen, und zwar in dem Maße, als sie die Grundinstanz der welterfahrenen und weltkonstituierenden transzendentalen Subjektivität selbst noch in eine transzendentale Intersubjektivität verwandelt.“[41] Somit begründet die Phänomenologie eine Denktradition der Relationalität von Fremdheit, die das Phänomen nicht an vorgefassten Kategorien der Beschreibbarkeit, an ontologischen und gnoseologischen Vorentscheidungen festmachen lässt, sondern jeweils in einen Bezug zu dem setzt, was sich als Eigenes *im Verhältnis zum* Fremden definiert. Nicht Aneignung von Fremdheit, sondern der *Kontrast* zwischen Eigenem und Fremdem bilden das Axiom dieses Denkens.[42] Der Akzent auf der Variabilität des Begriffs, der in dieser Verfasstheit seine Bestimmung notwendig aus der Relation zur Bestimmung des Eigenen (z.B. nationale, kulturelle, oder geschlechtliche Zugehörigkeit) erhält, ermöglicht seine Anwendung als analytische Größe.

Gleichzeitig aber – und darin liegt die Herausforderung an einer ‚Arbeit an der Fremdheit‘ – bescheinigt die Phänomenologie dem Wesen der Fremdheit im Bereich der *Erfahrung* eine letzte Inkompossibilität[43] (Gottfried

39 Edmund Husserl: Zur Methodik und Problematik der reinen Phänomenologie. In: Ders.: *Husserliana. Gesammelte Werke*, Bd. I. Dordrecht: Nijhof 1976, S. 135–199, hier S. 144.

40 „Die Erfahrung des Anderen und des Fremden stellt sich somit dar als Erfahrung unüberwindlicher Abwesenheit.“ (Bernhard Waldenfels: *Topographie des Fremden. Studien zur Phänomenologie des Fremden*, Bd. 1. Frankfurt am Main: Suhrkamp 1997, S. 90.)

41 Ebd., S. 89.

42 Bernhard Waldenfels gibt zurecht zu bedenken, dass Husserl selbst den paradoxalen Begriff von Fremdheit am Ende wieder zurücknimmt: „Fremderfahrung entpuppt sich als Abwandlung der Selbsterfahrung. Diese zweideutige Rücknahme der Fremderfahrung in die Selbsterfahrung wirkt sich unmittelbar aus auf das Verhältnis von Eigen- und Fremdkultur, da Husserl konsequenterweise die Erfahrung der fremden Kultur als eine Art Fremderfahrung begreift.“ (Ebd., S. 90.)

43 Zum Begriff *kompossibel* in der Anwendung von Merleau-Ponty: „[...] eingelassen in das jeweils stillgelegte Schauspiel, das uns eine perspektivisch gebändigte Sicht bietet.“ (Zit. in. Bernhard Waldenfels: *Deutsch-Französische Gedankengänge.* Frankfurt am Main: Suhrkamp 1995, S. 156.) Zum Leibniz'schen Begriff der *Inkompossibilität* (als praktische Unvereinbarkeit von Handlungen, die wir nicht gleichzeitig ausführen können, begrenzt durch die Idee der Endlichkeit) vgl. ebd., S. 148.

Wilhelm Leibniz), Unerreichbarkeit, Unüberführbarkeit – eben jenes Paradox der „originale[n] Unzugänglichkeit“[44], die Maurice Merleau-Ponty als Nicht-Ort, als „eine originäre Form des Anderswo“[45] beschreibt, die sich den Gesten der *Aneignung* des Fremden entzieht.[46]
Damit reagieren phänomenologische Ansätze, insbesondere in der Weiterentwicklung durch Emmanuel Levinas,[47] Merlau-Ponty und Derrida, auf die aufklärerische, in der cartesianischen Tradition stehende, westliche Philosophie der eurozentristischen Synthese von Eigenem und Allgemeinem. Zur Kritik steht nicht nur, dass dieses Denken von einem nicht genügend reflektierten (Ego)zentrismus durchzogen ist, sondern dass die Axiome dieses Denkens – Subjektivität, Vernunft, Autonomie, Urteilskraft und Erkenntnisfähigkeit – selbst auf die Aneignung von Differenz gründen.[48] In den begrifflichen Spielarten des Eurozentrismus, Logozentrismus, Phallogozentrismus, Ethnozentrismus usw. erfahren sie ihre besonderen Ausprägungen dadurch, dass sie auf ein Universales, Allgemeines setzen, welches Eigenes und Fremdes übergreift. Gemeinsam ist diesen Zentrismen, dass sie immer mit der Erwartung einhergehen, das Eigene stelle sich selbst *durch das Fremde hindurch* allmählich als das Ganze und Allgemeine heraus.[49]

44 Waldenfels: *Topographie des Fremden*, S. 90.

45 Maurice Merleau-Ponty: *Das Sichtbare und das Unsichtbare. Gefolgt von Arbeitsnotizen*, hrsg. u. mit einem Nachwort v. Claude Lefort, aus d. Franz. v. Regula Giuliani / Bernhard Waldenfels. München: Fink 1994, S. 308.

46 Bernhard Waldenfels versucht in diesem Zusammenhang, eine Typologie der Fremdheit zu erstellen, die sich in drei Aspekte des Fremden gliedert: die des Ortes, des Besitzes und der Art, die sich jeweils aus der Definition des Eigenen heraus bestimmen: „Fremd ist erstens, was außerhalb des eigenen Bereichs vorkommt (vgl. *externum*, *extraneum*, *peregrinum*, *xenon*, *étranger*, *foreign*) und was in der Form von ‚Fremdling‘ und ‚Fremdlingin‘ (so noch bei Schiller) personifiziert wird. [...] Fremdes ist zweitens, was einem anderen gehört (vgl. *alienum*, *alien*). Als fremd erscheint drittens, was von fremder Art ist und als fremdartig gilt (vgl. *insolitum*, *génon*, *étrange*, *strange*). [...] Diese Merkmale können unabhängig voneinander variieren.“ (Waldenfels: *Topographie des Fremden*, S. 20.)

47 Vgl. zur Fremdheit des Anderen, die bei Levinas nicht in Relation zum Selbst verstanden wird: Robert Bernasconi: Die Andersheit des Fremden und die Fremderfahrung. In: Matthias Fischer / Hans-Dieter Gondek / Burkhard Liebsch (Hrsg.): *Vernunft im Zeichen des Fremden* [frz. 1967]. Frankfurt am Main: Suhrkamp 2001, S. 46–63. Zur Derrida-Kritik an Levinas: Jacques Derrida: *Die Schrift und die Differenz*. Frankfurt am Main: Suhrkamp 1972.

48 Vgl. dazu insbesondere die einschlägigen Untersuchungen von Robert Young: *White Mythologies*. London / New York: Routledge 1990, sowie Bhabha: *The Location of Culture*.

49 Waldenfels: *Topographie des Fremden*, S. 137. Die poststrukturalistische Kritik hat sich im Anschluss daran zur Aufgabe gemacht, die in diesen Spielarten unterschiedlich ausgeprägten Formen der Aneignung spezifischen Kritiken zu unterziehen, indem sie sie u. a. als Strategien der Inkorporation (Derrida), Ausgrenzung (Foucault) oder der Verwerfung (Kristeva) des Fremden analysiert.

Ausgehend davon, dass Fremdheit sich jeweils am Spalt zwischen je historisch zu bestimmenden Ordnungen von Wissen, Sehen und Sprechen abzeichnet, sollen theatralische Repräsentationen dieser Ordnungen untersucht werden. Das zieht erstens die Analyse des jeweils spezifischen Verhältnisses zwischen Sichtbarem und Sagbarem auf der Theaterbühne nach sich. Zweitens ist zu fragen, auf welche Weise mittels Bild und Wort jeweils Identitäten auf der Bühne als eigene oder als fremde gekennzeichnet werden. Dies erfordert drittens schließlich eine spezifische Untersuchung der Medialität des Theaters. Denn die Annahme von und Auseinandersetzung mit dessen medialer Verfasstheit schließt Fremdheit notwendig mit ein. Wenn ich nun im Folgenden das Theater als ein spezifisches Medium des (evidenten und reflexiven) Sehens definiere, dann überkreuzen sich in dieser These neue Perspektiven auf die Sichtbarkeit und Bildhaftigkeit des Theaterereignisses in signifikanter Weise. Denn beide bilden weitgehend das, was ich an dieser Stelle polemisch die ‚andere Seite' oder die Ränder des allgemeinen theoretischen und historiographischen Diskurses über das Theater nennen möchte. Diese in den Blick zu nehmen, impliziert die Absicht, Theater als Teil eines Bild-Projekts auf eine Weise zu überdenken, die über jenes Spiegel-Dispositiv hinausgeht, in dem Subjekt und Objekt als *geschieden erscheinen*.[50] Vielmehr sollen die historische, kulturelle und mediale (Inter-)Relationalität, Verhandelbarkeit und Wandelbarkeit dieses Verhältnisses in der Triade von Bild – Körper – Medium diskutiert und historisiert werden. Damit sind sowohl diskursanalytische, phänomenologische wie auch medientheoretische Überlegungen verbunden. Aus diskursanalytischer Perspektive stellt sich die Frage nach der Politik des Sehens, die im Medium Theater zu beobachten ist: Was wird gezeigt, was wird verborgen? Wie verhalten sich Sichtbares und Sagbares zueinander? Nach welchen Strategien, mit welchen Mitteln und zu welchem Zweck verfahren Repräsentationsweisen des Eigenen und des Fremden? Aus phänomenologischer Sicht fragt sich: Was sehen wir, wenn wir im Theater sehen, und was sehen wir nicht? Wann lässt sich innerhalb der Konfiguration des Sehens, die das Theater vor den Augen der Zuschauer vornimmt, von Bildern sprechen? Und: Wie wirksam ist die behauptete Differenz zwischen dem Körper und dem Medium als Ort der Bilder im Theater? Damit ist die Frage nach dem *Bild* ebenso wie die Frage nach dem *Anderen* bezogen auf die Frage nach dem *Körper* als *Medium* gestellt. Theater als Medium des Sehens zu betrachten, gibt somit nicht zuletzt auch Anlass zu medientheoretischen

50 Zum perspektivischen Bild-Projekt der Renaissance als Akt der *Projektion* im Sinne von Subjektentwurf vgl. Martin Burckhardt: *Metamorphosen von Raum und Zeit*. Frankfurt am Main: Campus 1997, S. 153–157.

Überlegungen, die medien- und bild*anthropologische* Perspektiven mit einbeziehen.[51] Als Ergebnis ist eine Theorie zur Visualität des Theaters vorgesehen, auf deren Basis sich neue Blickwinkel der Theatergeschichtsschreibung eröffnen lassen. Einige ausgewählte Fallbeispiele zum Theater im 18. Jahrhundert sollen dies belegen. Damit ist jedoch ein theaterhistoriographisches Feld erst angerissen, das zeitlich, räumlich, kulturell und medienspezifisch in weiteren Forschungsarbeiten ergänzt und erweitert werden muss.

Da die Theatergeschichtsschreibung bis dato weder ein methodisches noch ein theoretisches Instrumentarium bereitstellt, mit dem sich eine Untersuchung unter diesen Fragestellungen durchführen ließe, sind methodisch folgende Schritte vorzunehmen, um die Theorie, Funktion und Wirkung des Theaters als Medium des Sehens im oben erläuterten Sinne zu entwickeln, zu kontextualisieren und zu beschreiben. Dazu muss eine Bestandsaufnahme vorgenommen werden, die dem gegenwärtigen wissenschaftlichen Diskussionstand ebenso wie der theoretischen und gesellschaftlichen Brisanz dieses Diskurses Rechnung zu tragen sucht. Sie hat von dem auszugehen, was Bernhard Waldenfels die „Zugänglichkeit der Unzugänglichkeit“[52] nennt, eine Fremdheitsbestimmung, mit der er Husserls Ansatz weiterentwickelt. Sie hängt von bestimmten Zugangs*bedingungen* ab, welche jeweils bestimmte Ordnungen gewährleisten, indem sie diese *er*schließen oder *ver*schließen.[53] Mit dem Satz „so viele Ordnungen, so viele Fremdheiten“[54] stellt Waldenfels die Variabilität des Fremdheitsbegriffs in einen notwendigen Zusammenhang mit der Pluralität und historischen sowie

51 Dazu Belting: *Bild-Anthropologie*; Christoph Wulf: Körper – Bilder – Bildung. Grundlagen und Perspektivierung von Bildung im 21. Jahrhundert. In: Leeker (Hrsg.): *Maschinen, Medien, Performances*, S. 336–345, hier S. 344: „Die Bildmedien sind heute [...] Medien, die das Verhältnis der Menschen zur Welt verändern. [...] Wir sind nicht mehr in der Welt, sondern stellen uns der Welt gegenüber und haben sie im Bild. Die Frage ist, ob bewegte Bilder wie im Film oder im Fernsehen notwendigerweise zur Passivität des Betrachters führen und ein aktives Verhältnis zur Welt beeinträchtigen. [...] Möglicherweise kommt es durch das Internet zu einer Umformung der Sinnlichkeit, die bis zu einer Umformung der körperlichen Erfahrungen reichen kann. Ich glaube allerdings nicht, dass wir so weit sind, den Körper zu überwinden oder ihn gänzlich auszuschalten, wie manche Medientheoretiker geglaubt haben. Meines Erachtens wird es immer einen Bezug zum Körper geben.“

52 Waldenfels: *Topographie des Fremden*, S. 90.

53 Diese Formel schließt die notwendige Kritik am Begriff des Dialogs ein, der so gerne benutzt wird, wenn von Kulturverständigung oder interkulturellen Prozessen die Rede ist. Denn der Idee eines umfassenden Dialogs liegt insofern die Illusion eines Totalitätsdenkens zugrunde, als der Dialog voraussetzt, dass „alle in gleicher Weise Zugang haben und in dem alles, wenigstens auf die Dauer, in gleicher Weise zur Sprache kommen kann.“ (Ebd., S. 33.)

54 Ebd.

kulturellen Variabilität von Ordnungen[55], an deren Grenzen jeweils Fremdheit als Außer-Ordentliches in synchroner und diachroner Weise erscheint. Nun ist das Außer-Ordentliche als Kategorie von Fremdheit notwendigerweise ein außerordentlich schwierig zu verstehender und anzuwendender Begriff. Zunächst erscheint es mir deshalb erforderlich, die Denktraditionen genauer zu beleuchten, die das „Andere" (in all den bisher aufgezeigten Facetten) als notwendigen Bestandteil von Wissens- und Repräsentationsordnungen thematisieren *und* kritisieren, die für sich in Anspruch nehmen, vernunftgeleitet zu sein. Mit welcher Art von Ordnungsgefügen haben wir es hier zu tun? Auf welche Weise manifestieren sie sich? Welche Positionen werden dem ‚Anderen' innerhalb dieser Gefüge zugewiesen? Die diskursanalytische Auseinandersetzung mit diesen Fragen wird die Funktion des Theaters innerhalb dieser Gefüge in den Mittelpunkt rücken. Und zwar zum einen als Frage nach der Funktion des Theaters als (ordnende) Apparatur des Sehens und zum anderen als die nach der Funktion des Theaters als Dispositiv einer spezifischen Wissensordnung, die z. B. mit dem Begriff der Aufklärung versehen wird.
Im konkreten Fall wird sie unter anderem im Sinne einer „Medienanalyse als Machtanalyse" exemplarisch in eine Analyse der Ereignisse des 11. September 2001 überführt. Denn die Diskurse, die mit den Begriffen „Fremdheit" und „Spektakel" verbunden sind, überkreuzen sich in den Bildern vom 11. September in so augenfälliger Weise, dass sich das Feld der epistemologischen, medialen und interkulturellen Probleme, die in diesem einen Augenblick zu kulminieren scheinen, geradezu als Aufforderung ausnimmt, diesen Augenblick als Ausgangspunkt für die Überlegungen zu nehmen, welche Funktionsweisen Fremdheit in einem theatralen Gefüge wie der ‚Inszenierung des Terrors' zugewiesen bekommt. Auf eine solche Weise lässt sich eine kritische Perspektive auf die diskursgeschichtlich zu umreißenden Bedingungen der Ordnungen des Sehens und des Wissens ableiten, um zur Bestimmung derjenigen *episteme*[56] zu gelangen, welche die Kategorie des Anderen in das Vernunftdenken impliziert. Geht man davon aus, dass Theater nicht nur als Apparatur, sondern auch *als Medium des Sehens* fungiert, dann können diese *episteme* unter Bezugnahme auf verschiedene Ansätze zur historischen Perspektivierung des Sehens hinsichtlich ihrer Anwendung auf die historiographische Auseinandersetzung mit den

55 Waldenfels erstellt in diesem Zusammenhang eine Typologie der Ordnungen, die er in funktionale, segmentäre und hierarchische Ordnungen unterteilt. Ebd., S. 34.

56 Mit *episteme* ist hier mit Foucault ein epistemologisches Feld gemeint. Vgl. Michel Foucault: *Die Ordnung der Dinge. Eine Archäologie der Humanwissenschaften* [frz. 1966]. Frankfurt am Main: Suhrkamp 1974, S. 24.

visuellen Komponenten des Theaters überprüft werden. Diese Auseinandersetzung kann aber nur dann sinnvoll in die oben erläuterte ‚Fremdheitsdebatte' überführt werden, wenn ihr aus medientheoretischer Perspektive eine Definition des Theaters als Medium vorausgeht. Nur so lässt sich Theater auch als ein Medium des Sehens bestimmen. Innerhalb dieses theoretisch abzusteckenden Feldes gilt es, unter Bezug auf bildtheoretische Ansätze dann insbesondere aufzurollen, was das Theater als Bildmedium auszeichnet, um dann das Verhältnis zwischen Funktion und Erscheinungsweisen von reflexivem und evidentem Sehen einerseits und materiellem und mentalem Bild andererseits im Medium Theater bestimmen zu können. Auf der Basis einer solchen Bestimmung soll schließlich *Die Politik des Sehens im Theater des 18. Jahrhunderts* an Fallbeispielen, die Untersuchung der Interrelationalität zwischen den Medien der Sichtbarkeit und der Sagbarkeit auf der Bühne des 18. Jahrhunderts vorgenommen werden, um Erkenntnisse über die Funktionsweise des Mediums Theater in Bezug auf die Konstitution und Repräsentation von eigenen und fremden Identitäten im Theater jener Zeit zu gewinnen.

Towards Decolonial Aesthetics: Christoph Schlingensief's *Via Intolleranza II*

Sabine Sörgel

In the late twentieth century, W. J. T. Mitchell's call for a pictorial turn gave rise to discussions about the role of the image in the theater that have continued for the last two decades.[1] During one memorable lecture at Johannes Gutenberg University in Mainz 2001, Christopher Balme urged his postgraduate students at the time to query the rise of the image in Western theater since the 1960s against the backdrop of its earlier legacies of pictorialism and imperialist exoticism on the global stage of the 19th century.[2] For many of us, the seminar became an initiation into the discourse of intermediality and was indicative of a paradigm shift that would dominate theater studies for the next decade.[3] One of the questions posed at the time dealt with the difficult definitions used to

1 W. J. T. Mitchell: *Picture Theory: Essays on Verbal and Visual Representation*. Chicago / London: Chicago UP 1995.

2 Christopher B. Balme: *Hauptseminar: Bildertheater*. Einführung SoSe 2001; transcription of lecture notes by Sabine Sörgel (April 23, 2001).

3 Among the relevant publications that came out of these discussions are Kati Röttger / Alexander Jackob (eds): *Theater und Bild. Inszenierungen des Sehens*. Bielefeld: Transcript 2009; Meike Wagner: Of Other Bodies. The Intermedial Gaze in Theatre. In: Freda Chapple / Chiel Kattenbelt (eds): *Intermediality in Theatre and Performance*. Amsterdam / New York: Rodopi 2011, pp. 125–136; Meike Wagner / Wolf-Dieter Ernst (eds): *Performing the Matrix. Mediating Cultural Performance*. Munich: epodium 2009; Nic Leonhardt: *Piktoral-Dramaturgie. Visuelle Kultur und Theater im 19. Jahrhundert* (1869–1899). Bielefeld: Transcript 2007.

determine what constitutes an image and what an image actually is. In the wake of Simhandl and Belting's foundational studies, Balme's early perspective on the issue offered us a triadic model of analysis that situated the theater image at the heart of the relationship between body, image and medium.[4] As such, the theater image had always been framed by the socio-cultural theatricality of its historical time and had only been legible insofar as its three constitutive elements (body, image and medium) had been fully understood. This meant that we, his students, were challenged to carefully distinguish between the creation of a) inner (psycho-physiological) images and b) external (visual/technological) pictures.[5] Ultimately, both present facets of the theater image as something that is ideologically framed by the political apparatus constructed on and off the stage. We were asked to rigorously analyze this triad, not simply in order to describe a specific aesthetic from a formal perspective, but also to query and unpack the underlying political forces and histories of anthropological and technological image production in popular and high cultural performances.

While visual culture and the prevalence of the image have been at the heart of Christopher Balme's life-long interest in the theater, it seems that the question of the postcolonial and its strategies of decolonization as performative agency and resistance present the other half of a scholarly pursuit that has always been concerned with the deep political impact and worldwide change at the core of global modernity.[6] Throughout his career, Balme has crossed cultures and countries to critically interrogate the meaning of the public sphere, which, since the 1960s, has been increasingly marked by the forces of globalization.[7] Indebted to and grateful for Christopher Balme's formative teachings, the following essay further investigates and probes this triad in order to unravel discourses of the image and the postcolonial using the example of Christoph Schlingensief's final operatic, multi-media theater piece *Via Intolleranza II.* By interrogating

4 Cf. Peter Simhandl: *Bildertheater. Bildende Künstler des 20. Jahrhunderts als Theaterreformer*. Berlin: Gadegast 1993; Hans Belting: *Bild-Anthropologie*. Munich: Fink 2001.

5 I distinguish between image and picture here in order to indicate that a picture exists as an object for perception independent of the perceiving subject that creates the image on the basis of looking at pictures or the world. An image always translates perception of inner and external images some of which are pictures in the sense of art objects (photographs, film, etc.). An inner image is thus not primarily derived from looking at pictures but resides in the world of unconscious and archetypical images as the psycho-somatic foundation of human creativity and expression.

6 Cf. Christopher Balme: *Decolonizing the Stage: Theatrical Syncretism and Post-Colonial Drama*. Oxford: Oxford UP 1999 and *Pacific Performances: Theatricality and Cross-Cultural Encounter in the South Seas*. London: Palgrave 2007.

7 Cf. Christopher Balme: *The Theatrical Public Sphere*. Cambridge: Cambridge UP 2014.

the ethical implications of Schlingensief's late stage iconography, the argument engages with Jean-Luc Marion's phenomenology of givenness and saturated phenomena to consider the decolonial aesthetics that underpin the political relevance of this work.[8]

Image theater in the face of death

> I'm not a mystic, I need the external images.
>
> *Christoph Schlingensief*[9]

Schlingensief's *Via Intolleranza II* was the last project he worked on before he died of cancer in 2010.[10] The project was intriguing at the time because of the media attention it received due to the provocative way that it combined images of Schlingensief's performance of illness and death while he helped to construct an opera village in Burkina Faso.[11] Several news channels, TV documentaries and a film were produced about the casting and rehearsal processes for the theater production that toured Germany in 2010 and 2011. The blend of death from terminal illness cast against the backdrop of an African landscape and inquiry into Africa's cultural and spiritual life seemed outspokenly provocative, not least because of Africa's long discursive history in the West. As is well known, Africa has been constructed as the dark continent on the map of the Western imagination ever since Joseph Conrad's (in)famous *Heart of Darkness* (1899), followed by more recent theoretical debates such as the one raised by Achille Mbembe's definitions of the postcolony and necropolitics.[12]

Schlingensief's interest in the African continent, however, dated back a lot further than his terminal diagnosis, beginning as early as the 1990s, when he was working on a film project in Zimbabwe called *United Trash* about a fictitious UN mission in an African village, mirroring the events in Srebrenica at the

8 Cf. Jean-Luc Marion: *In Excess. Studies of Saturated Phenomena*. New York: Fordham UP 2002 and *Being Given. Toward a Phenomenology of Givenness*. Stanford: Stanford UP 2002.

9 *Knistern der Zeit. Christoph Schlingensief und sein Operndorf in Burkina Faso* (Germany 2012, D: Sibylle Dahrendorf): "Ich bin kein Mystiker, ich brauch die äußeren Bilder." English translation provided by the author.

10 *Via Intolleranza II* (Germany 2011, D: Hannes Rossacher).

11 Cf. Christoph Schlingensief: About us. http://www.operndorf-afrika.com/en/about/about-us/ (accessed July 7, 2017).

12 Cf. Achille Mbembe: *On the Postcolony*. Berkeley: California Press 2001 and Necropolitics. In: *Public Culture* 15:1 (2003), pp. 11–40.

time of the massacres.[13] Schlingensief may be regarded as the forerunner of a new generation of performance artists who are pursuing an aesthetics that can be described as decolonial in the wake of Walter Mignolo's critique of modernity and its 'darker side'. Decolonial aesthetics as a political project go beyond decolonization and pay tribute to the fact that European and African cultures, for example, have created new forms of artistic expression in the twenty-first century to redress the violence unleashed upon the Global South as a consequence of modernity and colonization. Schlingensief's collaborative work plays into these goals, so I argue, in the way that he creates a platform for altermodern performance strategies. As defined on the website of the Transnational Decolonial Institute:

> Decolonial aesthetics refers to ongoing artistic projects responding and delinking from the darker side of imperial globalization. Decolonial aesthetics seeks to recognize and open options for liberating the senses. This is the terrain where artists around the world are contesting the legacies of modernity and its re-incarnations in postmodern and altermodern aesthetics.[14]

Decolonial aesthetics thus strive to carry out an experiment that critiques the violence of colonialism and globalization through art and performance.[15] Africa as the ambivalent scenic backdrop to Schlingensief's final performance before his death thus serves as the setting for a performative inquiry into the life and reality of the daily soap opera Western consumer society has become in the age of neoliberalism, while at the same time offering a somewhat ironic attempt to redress Western colonial guilt by initiating an arts project under the premise of developmental aid.

Throughout his career, Schlingensief consistently worked against the discourses occupied by the media. Whether with right-wing groups in Austria or performers from Burkina Faso, as in this instance, Schlingensief created theatrical constellations very much akin to scientific experiments where the outcome of the (al)chemical reactions cannot be known in advance. Not unlike the photographic image, one can view his stage pictorialism as a sort of photographic negative that is only ever fully developed at the end of the performance. As Schlingensief himself once said, the struggle with the theater image is convincing life that it

13 Cf. Catherina Gilles: *Kunst und Nichtkunst. Das Theater von Christoph Schlingensief.* Würzburg: Königshausen & Neumann 2009, p. 25.

14 Cf. Walter Mignolo et al: Decolonial Aesthetics (I). https://transnationaldecolonial institute.wordpress.com/decolonial-aesthetics/ (Zufgriff am 07.07.2017).

15 Cf. Walter Mignolo: Aisthesis Decolonial. In: *Calle 14: Revista de investigación en el campo del arte* 4 (2010), pp. 10–25.

is inherently theatrical, while persuading theater that it simply cannot do without life.[16] Consequently, Schlingensief often cast himself in a central position as the *metteur-en-scene*, publicly exorcising his inner demons on a figurative canvas flooded by media images. Accompanied by film projections and the constant flow of speech that became characteristic of his work, his writing served as the meta-comment forever dubbed over a spool of film, unfolding images of contemporary life and society. Postmodernity, as seemed to be his message during the 1990s, was forever in the way of having an immediate experience. When Schlingensief was diagnosed with lung cancer in 2008, however, the way he produced images changed, as he himself became the saturated image of death in life that would interrupt and exceed the previous flux of constant messaging. The sudden slowing down of time dictated by terminal illness demanded a different scale of image production, as Schlingensief's *Eine Kirche der Angst vor dem Fremden in Mir* (2008) and published diary entries titled *So schön wie hier kann's im Himmel gar nicht sein!* (2009) revealed.

Via Intolleranza II: decolonizing the gaze

> Intolleranza 1960 is the awakening of a man's human consciousness, who – as a foreign mine worker – rebels against enforced needs and seeks a meaning that provides a 'human' foundation for life. After enduring several encounters with intolerance and fear, he begins to find a human relationship between himself and others and he and is torn away by a flood with the others. What remains is the certainty that the human being is a helper to the human being.[17]

Juxtaposing Luigi Nono's opera as the representation of contemporary high European art discourse with Burkina Faso's culture of oral song and dance, Schlingensief's *Via Intoleranza II* operated under the premise of deconstructing an image of Africa publicly perceived as the negative product of preconception

16 Cf. Christoph Schlingensief: Wir sind zwar nicht gut, aber wir sind da. In: Julia Lochte / Winfried Schulz (eds): *Schlingensief! Notruf für Deutschland. Über die Mission, das Theater und die Welt des Christoph Schlingensief.* Hamburg: Rotbuch 1998, p. 14.

17 Luigi Nono: Texte. Studien zu seiner Musik. https://www.staatsoper.de/media/content/PDFs/Max_Joseph/MJ_2009_2010_03.pdf (accessed March 3, 2014): "Intolleranza 1960 ist das Erwachen des menschlichen Bewusstseins eines Mannes, der – als ausländischer Bergarbeiter – sich gegen den Zwang der Bedürfnisse erhebt und einen Sinn, eine ‚menschliche' Grundlage des Lebens sucht. Nachdem er einige Erfahrungen der Intoleranz und der Angst durchgemacht hat, ist er dabei, eine menschliche Beziehung zwischen sich und den anderen wiederzufinden, und wird mit den anderen durch eine Überschwemmung fortgerissen. Es bleibt die Gewissheit, dass der Mensch jetzt dem Menschen ein Helfer ist." English translation provided by the author.

Fig. 1: *Via Intolleranza II* by Christoph Schlingensief, performers: Jean Chaize (left) and Ahmed Soura (right). Theatertreffen 2011, Berlin, May 2011.

and prejudice and projecting it into a positive space of lived joint encounter.[18] In *Critique of Black Reason* (2017) Achille Mbmembe unpacks the triangulation of 'blackness' as a multi-faceted discourse across Africa, Europe and the US. One of his guiding questions in the book is the role of "the black" in the making of the modern world. According to Mbembe's analysis "the black" was thus discursively constructed as the opposite of Western enlightenment. The genealogy of 'blackness' therefore leads very directly to the very foundation of capitalism as a necropolitics, because of the objectification of "the black" during colonization, slavery and the Middle Passage.[19] The deep entanglement of death, colonialism, and Western necropolitics thus appear as the historical motors spurring on the creative image-making process at the heart of Schlingensief's decolonial aesthetic project. Schlingensief's obsessive creation and destruction of stereotypical images on stage, for example, functioned as a constant confrontation between the artist and the narcissistic images he produced of himself on

18 Christoph Schlingensief: Wer hat nicht schon mal von einer Revolution geträumt? https://www.staatsoper.de/media/content/PDFs/Max_Joseph/MJ_2009_2010_03.pdf (accessed March 3, 2014).

19 Cf. Achille Mbembe: *Critique of Black Reason*. Durham: Duke UP 2017.

Fig. 2: *Via Intolleranza II* by Christoph Schlingensief, performer: Ahmed Soura. Theatertreffen 2011, Berlin, May 2011.

the one hand and the illustrious number of 'others' congregated on stage on the other. Whereas Schlingensief had appeared as the stand-in or director of other performers and his alter-ego in many of his previous productions, *Via Intolleranza II* articulated this double-bind of visible form against the energetic excess of the revealed force that is life itself, proclaiming once again that the power of aesthetic form is dead without the power of life, and that both will either exist together or will not exist at all.

Schlingensief's oeuvre asserted time and again that late capitalist society operates as a necropolitics and suffers from irony and a lack of life that inhibit creative potential. In his performances, Schlingensief projected life's potential from behind the screen of death in an effort to overcome any definite process of creating meaning (or interpretation) via the creative process and the encounter with Africa on the stage. Throughout *Via Intolleranza II*, for example, excerpts from the silent movie *Inferno* (1911) were screened as part of the backdrop projections, which built up the image of eternal suffering that is life on earth. *Inferno* (1911) projected a controversial sense of Catholic sin and its hope for redemption as the scenic backdrop to the discourse surrounding the opera village conveyed by the performers on stage. *Via Intolleranza II* thus problematized a deadly arts practice of high culture opera that was becoming increasingly lost in an empty formalism that Schlingensief sought to deconstruct from within the images of contemporary pop culture and daily life as it was re-produced on stage.

Aesthetically, one might position Schingensief's work on the border of film, performance, installation and opera in an overt attempt to decolonize the hierarchical claim that separates high art from low culture or the Western from the non-Western. Among the performers in *Via Intolleranza II*, however, the dancers and singers from Burkina Faso provided a lens that was used to articulate the life force at the heart of the performance structure. "Definitely Sanctus", a section of the performance that mirrored Schlingensief's Catholicism in the somewhat ironic resurgence of frenetic evangelicalism in contemporary African Christianity, caricatured the missionary zeal at the heart of the Western helper-syndrome and drove it all the way into a transformative frenzy of dance and exorcism. The next section introduced the character Jean-Francois (Jean Chaize) as a caricature of the ballet master who teaches contemporary dancer Ahmed Soura to dance "poverty, love and hunger".[20] A form without life as opposed to a form of theater that is life became evident. While Jean Chaize's airy pseudo-jumps and tip-toe dance ridiculed outmoded forms of Western classical dance, Ahmed Soura showcased an expressionist contraction of the upper torso, reminiscent of a no less stylized Munch painting. This example of the saturation or layering of cultural images in excess is typical of Schlingensief's purposefully politically incorrect provocation that implodes all hermeneutics of the real and thus challenges the audience to rethink prevalent stereotypes and misconceptions throughout. The entire performance thereby created a field of different socio-cultural energies and clashing counter-hegemonic discourses as part of its decolonial aesthetics. (Fig. 1 & 2)

In dialogue with Jean-Luc Marion's philosophy of givenness (2002), *Via Intolleranza II* suggests that Schlingensief's productive concern with language and image created a theater of saturated phenomena in order to decolonize the Western gaze. Images displayed during the performance, such as that of human suffering from severe illness right up to death or children dying from hunger, mark a moment of recognition as an initial shock and a subsequent call for an ethical response. Such a response is felt at the affective core and opens up the viewer's consciousness toward an experience of spatiality that exceeds our perception of the real at the level of visibility. This affectivity is the realm of all un- or pre-conscious images of what is yet to be revealed and understood. The ethical consequence of human suffering and our passivity toward the experience

20 *Via Intolleranza II* (Germany 2011, D: Hannes Rossacher). English translation provided by the author.

itself as it arises from within ultimately allow for the revelation that life itself is auto-intelligibility.[21] Audience members experience an excess of images on stage that calls for the individual to participate in the creative process more fully. This intensity of creative engagement is experienced as an invisible immanence that is present in each of our movements and undertakings. Life as an artistic process is thus practical and, as a practice, its absolute force then becomes infinite if not to say eternal. The life force, it is important to note, is not to be confused or replaced with an ideological force such as the one embodied in the perverted vitalism propagated by fascist state power, armies, prisons etc.[22] On the contrary, human life is marked by the individual impression of pain and suffering it makes, but also joy, as a uniquely felt reality. This experience of immanence, however, occurs in relation to our inter-subjective being with others. Being with others is therefore paradoxically founded on the givenness of life within, yet also enables our attentiveness to transcend immanence and respond to the suffering and pain as well as the joy of others. As human beings, we are given the potential to respond creatively and call upon each other in very direct and practical ways as a matter of survival. Images that have been technologically reproduced do not allow for such an experience of saturated immanence and remain lifeless, unless they are placed in a performative constellation where we respond to the image's call for a subjectively meaningful encounter. *Via Intolleranza II* examines this life force and energy precisely by presenting the theater image as saturation and excess.

A theater of obsessive images: the icon as gift and potential

> *The icon shows us a face that opens on the infinite. It does not act as a mirror, but overwhelms us.*[23]

> *We will never know whether God gives, or what God gives; we can only believe, struggling with traces and with words half said and needing to be unsaid, that there (is) gift.*[24]

Schlingensief's obsession with the theater image claims that the visible body annihilates the invisible movement or life energy at the heart of the subject. According to Jean-Luc Marion's phenomenology of givenness, the iconic image

21 Cf. Marion: *In Excess*, pp. 112–119.

22 Cf. Rolf Kühn: *Ästhetische Existenz heute. Zum Verhältnis von Leben und Kunst*. Freiburg/Munich: Alber 2008, pp. 348–349.

23 Robyn Horner: *Rethinking God as Gift. Marion, Derrida, and the Limits of Phenomenology*. New York: Fordham UP 2001, p. 163.

24 Ibid., p. 247.

crosses the distance between the visible and the invisible as a matter of saturation and excess. God's entrance into human experience as "the excess of intuition [that] overcomes, submerges, exceeds – in short, saturates – the measure of each and every concept" is thus marked by the distance and deferring of the revelation of the actual meaning of God.[25] While a phenomenology of givenness proposes that primordial life is 'God', a Christian interpretation refers to that same unnamable power of life experience as given in the flesh.[26] Saturation is thus marked as the 'too much' in performance, an experiential excess which eludes speech and language, but is nonetheless felt as a yearning, a leap of faith and a hope for deeper love, empathy and humanness.

From this perspective, it is furthermore useful to regard Schlingensief's creative recycling of the technological image as an accumulation of time that leaves a spatial trace. Schlingensief's use of montage and projection thus simultaneously overlays footage from *Inferno* (1911) with documentary footage from his travels to Africa and the opera site at Burkina Faso filmed in 2010. Time and space thus cross different locales and time periods in a loop that is no longer chronological but a spiraling vortex that collapses any notion of linearity. Accumulation thus becomes an aesthetic means that allows the audience an experience of different historical and cultural modes of being at the same time. Time and again, Schlingensief appears on screen as his own mirror double or makes use of affect images such as facial close-ups. Following Deleuze's interpretation of the camera as a mechanical consciousness that turns its back upon the character, the theatrical constellation increases the complexity of the perceived images as they not only flow together, but create a notion of pure difference/consciousness made visible on stage.[27] Schlingensief's iconography thus creates the theater image as a performative counter-narrative to hegemonic image discourses produced by the media dominant outside the theater.

As a choreographic constellation of moving bodies and pictures on stage, Schlingensief's dance-like performance thus presents the liveness of the moving image as it oscillates between the visible (perception) and invisible (lived experience) of forces that call on the spectator's consciousness to respond. "Where the dance begins, the subject disappears," Schlingensief said at one point during the performance, "while theater", he claimed, "provides the frame to create the

25 Cf. Marion: *In Excess*, p. 159.

26 Cf. Michel Henry: *Inkarnation. Eine Philosophie des Fleisches*. Freiburg/Munich: Alber 2002.

27 Cf. Gilles Deleuze: *Cinema 1: The Movement Image*. Minneapolis: University of Minnesota Press 1986.

visible body-subject."[28] In other words, the invisible field of energy that creates the visible image of the body subject in the first place is neither 'black' nor 'white', but beyond such qualification. Only from a production perspective of theater as a capitalist-bourgeois undertaking does it "take more light to make the black body visible on stage to reveal the representation as a framed picture" – as Kerstin Grassmann asserted in dead-pan matter-of-factness at one point.[29] This highlights the two different kinds of economy at work in Western high art theater production: firstly, the economy of the lived body that considers the vivid social aspect of performers and audiences exchanging energy and, secondly, an economy driven by the logic of capital and necropolitics, alienating and abstract. As the two are irrevocably intertwined in contemporary capitalist society, the humanitarian call for solidarity in collaborative arts projects becomes dehumanizing and fails. Schlingensief's provocative play with the infantilization of disability, illness and ethnicity in Western culture thus becomes a metonymic reference to global politics that have been objectifying the African continent both economically and culturally in a long tradition of colonial exhibitions museums and, last but not least, theater and dance performances. Hence, *Via Intolleranza II* boldly attacks Western necropolitics by revealing the darker side of modernity's fascist ideology underpinning capitalist culture and consumerism.

Solidarity and social sculpture: towards a decolonial aesthetics

Late capitalism, as consistently critiqued in Schlingesief's work, poses an obstacle to genuine democratic encounter as a form of being-together as was first envisioned by Joseph Beuys in his notion of the social sculpture.[30] Insofar as capitalism revolutionized world history by redefining the way we live today, the unbound production of surplus value for its own sake which has now reached the East, West, North and South, ontologically subverts the relation between life, needs and values for the sake of financial growth. While labor is ontologically linked to the self-identical crafting of useful products, capitalism disowns the individual of her potential to express herself and create. Financial markets and consumption provide abstract gratification, which, as such, has no value

28 *Via Intolleranza II* (Germany 2011, D: Hannes Rossacher). Translated from German to English by the author.

29 Ibid., translated from German to English by the author.

30 Cf. Volker Harlan / Rainer Rappmann / Peter Schata: *Soziale Plastik. Materialien zu Joseph Beuys*. Achberg: Achberger Verlagsanstalt 1980.

that the individual would be able to relate to in the sense of crafting her own world. Consequently, capitalism devalues life as a creative force and our human potential to live life to the fullest as subjective individuals who recognize each other's freedom to build our own world(s). Instead, the global market is solely interested in an abstract notion of growth and surplus value.[31]
At the same time, technological innovation and the digital media revolution have created the problem that external image production has taken over the immanent creation of images. The psycho-physical process of creating inner images of the world as expression of actual lived experience is at odds with the experiencing of external media images as outer 'reality' often without lived experiential investment. As people relate less and less physically to the earth and the natural environment, life itself loses qualitative value. It is here that technology links up with fascism in the sense that its deadly politics do not value an individual life but annihilate life's sacredness. Totalitarianism in the guise of technological progress, and the alienation from individual life and subjective experience thus threaten all political systems, as has been made all too evident by the rise of populist movements across the Western world today. Kühn explains the extent to which this violence directly derives from the early modern period:

> In this sense, the foundation of modernity, the reduction of subjectivity after Galilei, is that contract with death that is thereafter signed by technology, capital and other political absolutist projects. Physics, chemistry, biology and industrial production as well as the social and political sciences, even recent artistic aesthetics, are no longer familiar with the transcendental human as a 'living individual', and since democracy and capitalism prolong this history as globalization – which means as a projection of the future, where life as such no longer has a name – it will be increasingly replaced by 'objective realities'. At the moment, democracy and capitalism still draw their power from the wealth of individuals who lend their force to the liberal market, but the economic walls between automated production and a lack of consumption caused by insufficient property and income are becoming higher and higher.[32]

31 Cf. Kühn: *Ästhetische Existenz heute*, pp. 271–278.

32 Ibid., pp. 116–117: "In diesem Sinne ist der Gründungsakt der Moderne, die Galileische Reduktion aller Subjektivität, jener Pakt mit dem Tod, der in der Folgezeit dann jeweils durch Technik, Kapital sowie politische Absolutheitsansprüche unterschrieben wird. Physik, Chemie, Biologie, Industrieproduktion wie Gesellschafts- und Politikwissenschaften, selbst die jüngere Kunstästhetik, kennen den ‚transzendentalen Menschen' als lebendiges Individuum nicht mehr, und da sich Demokratie und Kapitalismus unter dem Vorzeichen solch ideologischer Verkürzungen als ‚Globalisierung' fortschreiben, das heißt als ein Zukunftsentwurf, in dem das Leben schon keinen Namen mehr besitzt, wird es nach und nach auch völlig durch ‚objektive Wirklichkeiten' ersetzt. Noch beziehen Demokratie und Kapitalismus ihre Kraft aus dem Reichtum der Individuen, welche ihre Kräfte dem ‚liberalen' Marktgeschehen schenken, aber die ökonomischen Mauern zwischen automatisierter Produktion und fehlender Konsumtion mangels Besitz oder Einkommen werden immer höher." English translation provided by the author.

Hence, the democratic principle as such is at stake, as it is based on the individual and her participation in the community. Starting in the mid-20th century, democracy evolved into human-rights-based democracy, promoting the values of human dignity, freedom and equality in order to end colonialism and fascism. The somewhat utopian notion of the free individual has served as the prerequisite for all kinds of revolutions in existing class and power struggles. Decolonial aesthetics may thus present a political strategy to fully emancipate and reconcile Europe and Africa's troubled yet irrevocably intertwined histories in the future. While human life partakes in the same energy that moves existence down to the level of atoms and stones, it is the formation of self-critical consciousness that brings forth the individual. After all, freedom, as yet another phenomenological given of the human condition, is our birth right in the sense that it antedates the arrival of an individual life on this planet and it is in the appearance of the other's face that such freedom manifests as an epiphany of the beyond in the here and now.[33] Living together may therefore reveal our freedom to act ethically, rather than to pursue the battle of one against one. The conflicts and contradictions that we face today are that democracy and its worship of capitalist consumption oppose the very foundation of the ethical-religious values it once hoped to defend.[34]

Decolonial aesthetics interrogate modernity's ambivalent legacy in the face of death and postmodern culture. Against the persistent objectification of Africa through the lens of the Western gaze and media apparatus Schlingensief staged a process of image production that celebrated life and lived experience at the heart of human creative potential. Human potential is lived at its fullest when humans are free to co-create experience as affected subjectivity and expression. A somersault, a kiss, saltwater on our lips and blue skies up above point toward our immanent experience of transcendence and the ecstatic, an organic inside/outside connectedness to nature (Schlingensief alone in the African landscape), which forms the basis of a felt reality that claims that we feel what we know first. The natural eye thus finds completion in the aesthetic eye/'I', which is linked to an emotional experience tied up with the autobiographical 'I' as the birth of the individual. Culture becomes history because it is created and remembered by the subjective experience of living individuals. At an emotional-experiential level, human life feels need, hunger, pain and pleasure in the same way, although life experiences may vary drastically. Self-affection as the pre-condition for lived

33 Cf. Emmanuel Levinas: *Time and the Other*. Pittsburgh: Duquesne UP 1987.

34 Cf. Kühn: *Ästhetische Existenz heute*, p. 378.

experience cannot be separated from itself ideologically and to that extent all life demands to be valued the same because it is given from a shared source. Globalization in its neoliberal disguise poses the difficulty today that it is governed by a technocratic ideology based on abstract theories and numerical systems, which do not consider the freedom of the individual, but rather are governed by abstract economic notions of growth and progress. It is the privilege of artists and academics to enjoy the comparative freedom to live life to its fullest creative potential, when there is often less room to do so in the increasingly corporate world we all inhabit. In his final performance, Christoph Schlingensief ethically claimed the potential to cast himself and Africa against a theatrical canvas of image surplus to decolonize some of the political violence underlying modernity and its colonial histories.

Saturated and excessively over-determined, *Via Intolleranza II* thus re-created stereotypical notions of Africa as 'dead' or 'dying' through a decolonial image theater of last hope. Such hope is created by the saturated phenomenon calling for individual creative responses in the audience to engage what Balme has defined as the theatrical public sphere.[35] The theater image is thus never only a picture, but always a lived experience of mutually imagined encounter. I thank Christopher Balme herewith for seeing the same kind of imaginative potential in us, his students, back in 2001, and envisaging that we would creatively enrich the public sphere that makes such a theater of hope possible to sustain. May we therefore continue to write about the importance of theater and the critical contribution it makes in order to build decolonial futures yet to come.

35 Cf. Balme: *The Theatrical Public Sphere.*

Freizeichen?

Oper und/am Telefon im späten 19. und im frühen 21. Jahrhundert

Julia Stenzel

> Wenn ich dann, meiner Sinne kaum mehr mächtig, nach langem Tasten durch den finstern Schlauch, anlangte, um den Aufruhr abzustellen, die beiden Hörer, welche das Gewicht von Hanteln hatten, abriß und den Kopf dazwischen preßte, war ich gnadenlos der Stimme ausgeliefert, die da sprach.
>
> *Walter Benjamin*: Das Telephon

> Hello, hello, baby
> You called, I can't hear a thing
> I have got no service
> In the club, you see, see
>
> *Lady Gaga (feat. Beyoncé)*: Telephone

Im Jahr 2007 startete die Schweizerische !Mediengruppe Bitnik[1] einen ‚Großen Lauschangriff' auf das Zürcher Opernhaus. Im Zuschauerraum installierte man Wanzen, die die abendlichen Aufführungen exklusiv an Zürcher Festnetzanschlüsse übertrugen. Bei den nach dem Zufallsprinzip Aus- und Angewählten klingelte das Telefon; wer abnahm, konnte nach einer kurzen Erläuterung zum

1 Vgl. !Mediengruppe Bitnik. https://wwww.bitnik.org/about/ (Zugriff am 30.03.2017).

„autonomen Operntelefon der Stadt Zürich“[2] der Live-Übertragung nach Belieben zuhören – oder die Übertragung durch Abbrechen der Verbindung beenden. So wurden insgesamt 90 Stunden Oper an 4.363 Haushalte geliefert.[3]
Bitnik beziehen sich mit dieser originellen Konkretisierung distribuierter Ästhetik[4] auf Formen der Mediennutzung im späten 19. und frühen 20. Jahrhundert, als die telefonische Übertragung von Opern und Theaterereignissen, später auch von Gottesdiensten und tagesaktuellen Nachrichten zeitweise ungleich verbreiteter war als das private Telefonat von Ohr zu Ohr. Lag damals allerdings das Faszinosum in den Möglichkeiten des Mediums, die akustische Spur einer Aufführung räumlich zu verschieben – also im Phänomen des Medienwechsels –, so ist für Bitnik der entscheidende Aspekt ein politischer, der in der virtuellen Öffnung exklusiver Räume für eine unspezifische Öffentlichkeit, mithin: in der Subvertierung von Ausschlussmechanismen durch Strategien der Distribution von Öffentlichkeit liegt. Das Opernhaus wird in der Perspektivierung durch Bitnik zum Inbegriff für Phänomene der Abschließung und Ausgrenzung, insbesondere im Kulturbereich.
Mein Beitrag zielt auf das Funktionieren dieser unterschiedlichen Formen von ‚Teletheatrophonie‘ um 1900 und nach 2000 als des Echtzeit-Belauschens eines räumlich distanten Ereignisses. Ausgehend von der Position von Nebengeräuschen der Aufführung – mit John Cage könnte man auch sagen: von *silence* oder „non intended sound“[5] – und der Übertragung dieser Nebengeräusche, will ich der Frage nachgehen, welche Konzepte von Aufführung, von Publikum und Öffentlichkeit und von den Grenzen des Privaten in den skizzierten Formen der Sound-Performance verhandelt werden. Dazu stelle ich Rezeptionszeugnisse aus der Frühzeit des Theatrophons vor, perspektiviere sie hinsichtlich der in ihnen vorausgesetzten Beobachtermodelle, um sie dann in Beziehung zu setzen zu den Prozessen des Zuhörens, des Abhörens und des Lauschens, wie sie Bitniks Zufallsgenerator auslösen kann. Was ich damit nachvollziehen möchte, ist eine horizontale wie vertikale Multiplikation der

2 Der Informationstext ist zu hören unter: *Opera Calling (2007)*, 12.05.2013. https://vimeo.com/66007470 (Zugriff am 30.03.2017).

3 Zur Arbeit von Bitnik vgl. Adnan Hadzi: Flosstv. TV Hacking within Media Arts Practice. In: Chris Atton (Hrsg.): *The Routledge Companion to Alternative and Community Media*. New York: Routledge 2015, S. 516–526, hier S. 519. Der Verfasser des Artikels, Filmemacher und Wissenschaftler, arbeitet mit der !Mediengruppe zusammen, was seinen Beitrag freilich zu einer nicht ganz unproblematischen Referenz macht.

4 Zum Begriff vgl. Christopher Balme: Distribuierte Ästhetik. Performance, Medien und Öffentlichkeit. In: Ders. / Josef Bairlein / Jörg von Brincken / Wolf D. Ernst / Meike Wagner (Hrsg.): *Netzkulturen. kollektiv, kreativ, performativ*. München: epodium 2010, S. 41–54.

5 John Cage: Experimental Music. Doctrine. In: Ders.: *Silence. Lectures and Writings*. Middletown: Wesleyan UP 1961, S. 13–17, hier S. 14.

Beobachterperspektiven durch die politisierende Reformulierung des Theatrophons. Das von Bitnik installierte Theatrophon macht die Grenzen zwischen gesellschaftlichen und privaten Räumen gewissermaßen semipermeabel – durchlässig für die akustischen Spuren von Hör-Ereignissen.

I. Bei Anruf Oper

Der erste Prototyp eines Theatrophons ist nur zwei Jahre jünger als das Bell'sche Telefon.[6] Er geht auf das Jahr 1878 zurück, als eine Aufführung der Oper *Don Pasquale* von Gaetano Donizetti im Schweizerischen Bellinzona über eine Telefonleitung auch in einem Nebenraum des Theaters erklang. Eine Technologie zur Übertragung von Klang und Stimme über eine längere Distanz präsentierte ihr Entwickler, Clément Ader, allerdings erst 1881 auf der Ersten Internationalen Elektrizitätsausstellung in Paris: In speziell präparierte, mit je mehreren Empfängersystemen ausgestattete Räume im Industriepalast wurden Aufführungen aus der Opera Garnier und der Comédie Française übertragen.[7] (Abb. 1) Die Resonanz war gewaltig, nicht allein beim sensationshungrigen Ausstellungspublikum, das gut und gern mehrere Stunden Schlange stand, um einige Minuten Opern- oder Theatermitschnitt zu hören. Auch die internationale Fachpresse zeigte sich begeistert – und zwar nicht nur aus bloß wissenschaftlichem, sondern auch aus volkspädagogischem Interesse: Man sah im Theatrophon ein Mittel zur weiteren Verbreitung der Telefontechnologie und moderner Technik überhaupt. So heißt es im *Scientific American*:

> Certainly nothing has ever been done before so effectually to popularize science, and to render the masses familiar with the effect, however ignorant they may be of the cause, of this marvelous invention, the first feeble voice of which was heard in the Centennial Exhibition of 1876.[8]

6 Bekanntlich war Alexander Graham Bell nicht der einzige (und nicht einmal der erste) Erfinder des Telefons. 15 Jahre vor ihm hatte schon der deutsche Physiklehrer Philipp Reis einen Fernsprechapparat vorgestellt; im Jahr vor Bells Patentanmeldung hatte Antonio Meucci ein vergleichbares Gerät beschrieben. Zur Technikgeschichte des frühen Telefons vgl. Anthony Enns: Das Mensch-Telefon. Physiologische Akustik, auditive Wahrnehmung und die Entwicklung der Tontechnik im 19. Jahrhundert. In: Beate Ochsner / Robert Stock (Hrsg.): *SenseAbility. Mediale Praktiken des Sehens und Hörens*. Bielefeld: Transcript 2016, S. 59–79. Zur Geschichte des Telefonierens in Deutschland und den USA vgl. etwa Clelia Caruso: Modernity Calling. Interpersonal Communication and the Telephone in Germany and the United States, 1880–1990. In: *GHI Bulletin* 50,1 (2012), S. 93–105.

7 Zur Technik- und Sozialgeschichte des Theatrophons vgl. Tim Crook: *Radio Drama. Theory and Practice*. London / New York: Routledge 1999, S. 15; Jean-Marc Larrue: Sound Reproduction Techniques in Theatre. A Case of Mediatic Resistance. In: Lynne Kendrick / David Roesner (Hrsg.): *Theatre Noise. The Sound of Performance*. Cambridge: Cambridge UP 2011, S. 14–22.

8 The Telephone at the Paris Opera. In: *Scientific American*, 31.12.1881, S. 422–423.

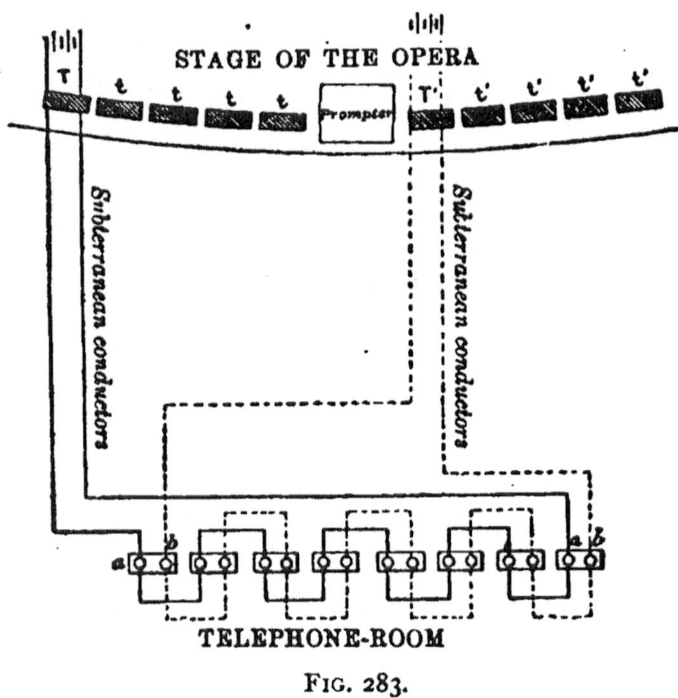

Abb. 1: Schematische Darstellung eines Theatrophonsystems, 1889.

Als spezifischer Effekt des Theatrophons wurde insbesondere die Möglichkeit zum perspektivischen Hören beschrieben: Aders Empfänger waren mit je zwei Hörmuscheln ausgestattet, die mit je zwei Mikrophonen verbunden waren – mit einem auf der rechten, einem auf der linken Seite der Bühne. Das Theatrophon war also ein erstes Beispiel für technisch realisierte Stereophonie. Während am Telefon eine Einschätzung von Entfernung und Richtung der gehörten Stimme nahezu unmöglich ist, konnte in der Imagination des Theatrophonierenden der be- und gespielte Raum akustisch evoziert werden:

> [T]he singers place themselves, in the mind of the listener, at a fixed distance, some to the right and others to the left. It is easy to follow their movements, and to indicate exactly [...] the imaginary distance at which they appear to be. This phenomenon [...] approximates to the theory of binauricular audition, and has never been applied, we believe, before to produce this remarkable illusion to which may almost be given the name of auditive perspective.[9]

9 M. Hospitalier, zit. n. The Telephone at the Paris Opera, S. 422.

Dank der neuen Technologie wird es möglich, dass eine Oper zugleich im Theater und im Industriepalast erklingt. Doch es ist nicht allein die Möglichkeit, Handlung und Dramaturgie des Bühnengeschehens aus räumlicher Distanz zu rekonstruieren, die das Publikum begeistert; und auch nicht allein die Tatsache, dass die aufmerksame Zuhörerschaft im Industriepalast der Oper bis ins Detail folgen kann, wenngleich ihr nur ein Sinneskanal zur Verfügung steht. Mit der Distribution von Wahrnehmung und der Pluralisierung von Wahrnehmungsorten ist die Faszination am Theatrophon nur unzureichend erklärt. Das Interesse richtet sich vielmehr in erster Linie auf die Pragmatik des Theaterereignisses in seiner Gesamtheit. Man hört (und versteht) nicht nur Musik, Sprache und Handlung aus der Distanz. Folgt man den Darstellungen der historischen Kritiker_innen, so gewinnt der Theatrophonierende den Eindruck, das Geschehen im distanten Theatergebäude selbst mit zu vollziehen. So transportiert das Wort von der „auditive perspective" denn auch ein Verständnis des technisch verlängerten binauricularen Hörens als Instrument zur Rekonstruktion der Dynamik im Raum. Und nicht nur die Bühne, sondern auch der Zuschauerraum hinterlässt im Ohr des Theatrophonierenden akustische Spuren. Einer vielfach kolportierten Anekdote zufolge verwechselte Marcel Proust, der lange Zeit ein Theatrophon-Abonnement besaß, den Geräuschteppich während der Pause gar einmal mit dem eigentlichen Stück.[10] In einem Brief an Reynaldo Hahn beschreibt er seine Erfahrung nicht ohne Selbstironie:

> [D]es hérésies musicales qui peuvent vous crisper, passent inaperçues pour moi, plus particulièrement dans le théâtrophone, où à un moment je trouvais la rumeur agréable mais pourtant un peu amorphe quand je me suis aperçu que c'était l'entr'acte ![11]

Solche Interferenzen beschränkten sich naturgemäß nicht auf die Pause. In einer historischen Monographie zur Technikgeschichte und zu den Möglichkeiten

10 Der Herausgeber des Briefwechsels, Philippe Kolb, zitiert in diesem Zusammenhang eine Annonce, die Prousts Interesse geweckt haben mag: „Le Théâtre chez soi. Pour avoir à domicile les auditions de: Opéra – Opéra Comique – Variétés – Nouveautés – Comédie française – Concerts Colonne – Châtelet – Scala, s'adresser au Théâtrophone 23, rue Louis-le-Grand, tél. 101-03. Prix de l'abonnement permettant à trois personnes d'avoir quotidiennement les auditions: 60 F par mois. Audition d'essai sur demande." (*Tout-Paris* XIX, 1911, zit. n. Marcel Proust: *Lettres à Reynaldo Hahn*, hrsg. v. Philippe Kolb. Paris: Gallimard 1956, S. 119, Anm. 22.) Victor Hugo zeigte sich schon 1881 beeindruckt von der neuartigen Maschine; vgl. Danièle Laster: Splendeurs et misères du „Théâtrophone". In: *Romantisme* 41,13 (1983), S. 74–78, hier S. 75.

11 „Musikalische Ketzereien, die Sie hier stören würden, gingen für mich unbemerkt vorüber, insbesondere am Theatrophon, wo ich die Nebengeräusche zeitweise angenehm fand, wenngleich etwas amorph, als ich bemerkte, dass die Pause begonnen hatte." (Übers. J. S.) Proust belauscht hier eine Aufführung von Claude Debussys *Pélléas et Mélisande* (Proust: *Lettres à Reynaldo Hahn*, S. 199). Vgl. Laster: Splendeurs et misères, S. 77.

der Telefonie heißt es zum ersten Theatrophon auf der Ersten Internationalen Elektrizitätsausstellung 1881:

> The performances at the Opéra, Opéra Comique, and Théatre [*sic*] Français could be distinctly heard in a room of the Exhibition building set apart for this purpose. Not only the voices of the actors and actresses, the songs and the orchestra, but all the incidents of the performance – the applause and laughter of the audience, and, in some cases, the voice of the prompter, too – were faithfully repeated, and listened to with intense pleasure by a never-tiring crowd of visitors.[12]

Die Publikums- und Nebengeräusche werden nicht nur zum Ausgangspunkt musikalischer Imagination (wie bei Proust) und sie werden auch nicht einfach als Störungen des Theaterereignisses empfunden. Im Gegenteil werden sie bald ebenso zum Faszinosum, wie die raumzeitliche Verschiebung von Bühnenraum und -ereignis. So berichtet die Zeitschrift *Electrical World* von Theatrophonsystem, das die Philharmonische Gesellschaft in Berlin eingerichtet hatte:

> The German press is enthusiastic [...] over the experiments now being made at the Philharmonic Society's office in Berlin, which has been put in such perfect telephonic communication with the distant opera house that the effect of the music is reproduced *without the loss or slurring of a single note*, even of a Wagner composition. The music is dampened and it sounds as if the orchestra were separated only by a thin wall from the listeners holding the telephonic receivers to their ears. Listening to one act of 'Tannhauser', an auditor says that before the orchestra commenced playing, the voices of the audience could be heard, the tuning of instruments and the noise caused by the chairs being dropped to seat the audience.[13]

Die Hörenden am Theatrophon beobachten das Beobachten; Sie werden zu Beobachtenden zweiter Ordnung, wäre man beinahe versucht zu sagen. Doch Luhmanns bekanntlich auf den modernen Blick gemünzte analytische Kategorie kann man hier schwerlich in Reinform zum Anschlag bringen. Denn die in den vorgestellten Quellen entworfenen Theatrophonierenden – von den Zuhörenden im Industriepalast über Proust bis hin zum Zeugen der *Electrical World* – interessieren sich nicht notwendig für das Beobachten von Beobachtenden und Beobachtungen, auch wenn es sich beim Gegenstand ihrer Beobachtung um eine klassische Beobachtungssituation handelt. In ihrer Imagination erscheint der gesamte Theaterraum, sie selbst werden Teil des Publikums. Insofern sind sie hier eher Zaungäste (oder, in der Metaphorik der *Electrical World*, Lauscher

12 William Henry Preece / Julius Maier: *The Telephone*. London: Whittaker / Bell 1889, S. 460. Die französische Übersetzung von G. Floren erschien 1891; vgl. Laster: Splendeurs et misères, S. 76.

13 Music by Telephone in Germany. In: *Electrical World*, 03.05.1884, S. 114. Die kurze Notiz wurde in zahlreichen amerikanischen Journalen in dieser oder in ähnlicher Form abgedruckt.

an der Wand); die Wahrnehmung des Publikums macht es ihnen jedoch leicht, sich als Teil einer Schau-Gemeinschaft zu imaginieren und den Zaun zu vergessen. Die Beobachterperspektive ist zwar verdoppelt, dadurch wird aber noch keine Beobachterebene konstituiert, die von der ersten kategorial verschieden wäre. Dazu müsste das Beobachten des Beobachtens nicht lediglich potentieller und okkasioneller, sondern systematischer Bestandteil des Theatrophonierens sein. Anders als der theatrophonierende Zaungast stellt die Theatrophonierende als Beobachtende zweiter Ordnung die Frage nach dem Wie der Beobachtung erster Ordnung: Sie interessiert sich nicht dafür, dass sie das Publikum wahrnehmen kann, sondern dafür, wie dieses Publikum auf das von ihr Gesehene und Gehörte reagiert.
Nicht Zaungast, sondern Beobachter zweiter Ordnung ist in diesem Sinne der theatrophonierende Karl von Perfall, der Intendant des Königlichen Hof- und Nationaltheaters.[14] Perfall, der sich schon zuvor durch technische Großprojekte wie die elektrische Beleuchtung des Nationaltheaters und den Einbau einer Feuerlöschanlage dortselbst hervorgetan hatte, hatte das Theatrophon wohl auf der Münchner Elektrizitätsausstellung im Jahr 1884 kennengelernt; und das, was zuvor nur als (faszinierendes oder störendes) Akzidens der Theatrophonie begegnet war, weiß er zu funktionalisieren: „Herr von Perfall [...] had a telephone line built to his villa at Tutzingen [*sic*], on the Starnberger Sea, and there he not only listens to a play but also to the public applause."[15] Perfall nutzte das Theatrophon also, um sich über den Erfolg der Inszenierungen seiner Theater zu informieren, ohne durch seine leibhafte Anwesenheit am Ort des Ereignisses das Ergebnis seiner Beobachtung zu verfälschen. Gegenstand seines Interesses ist nicht in erster Linie die Inszenierung selbst, sondern ihr Erfolg und das Wie ihrer Rezeption, man könnte sagen: Die je spezifische Dynamik des beobachteten Theaterereignisses als eines öffentlichen Ereignisses.

II. Sound bei Anruf

Mit der Erfindung des Radios und seiner gegenüber dem Theatrophon ungleich brillanteren Übertragungsqualität hatte dieses als Massenkommunikationsmedium den Zenit seiner Geltung bald überschritten. Mit Ausnahme einiger

14 Laurentius Koch: *Perfall, Karl August Franz Sales Freiherr von.* In: *Neue Deutsche Biographie*, Bd. 20. Berlin: Duncker & Humblot 2001, S. 183.

15 Music by Telephone in Germany. In: *Electrical World*, 03.05.1884, S. 114. Perfall ließ das Nationaltheater über seine Villa auch mit dem bekannten Passionsspielort Oberammergau verbinden: „In Oberammergau, where the pupils of the school were rehearsing for the 'Passion' play, the songs and talking were plainly heard." Aus Oberammergau sei umgekehrt Klavier- und Geigenspiel, Rezitation und Gesang nach Tutzing und München übertragen worden (ebd.).

Sonderfälle wie dem Ungarischen Nachrichtentelefon Hirmóndó stellten die letzten Anbieter ihre Dienste bald nach dem Ersten Weltkrieg ein.[16]

Ungefähr 80 Jahre später, in den frühen 2000er Jahren, wird nun das Prinzip der telefonischen Übertragung von Musik wieder interessant – für Medienkünstler_innen wie Bitnik, aber auch für Blogger_innen, Medien- und Wissenschaftsjournalist_innen, die Analogien zur Verbreitung von Musik im Internet konstruieren: Paul Collins etwa feiert das Theatrophon im *New Scientist* gar als „The 19th-century IPod“[17]. Auf der Internetseite des eingangs vorgestellten Projekts von Bitnik informierten zahlreiche historische Bild- und Textquellen sowie eine Linksammlung über die Geschichte der Opernübertragung per Telefon.[18] Auch ein viraler Film war auf der Projektseite zu sehen, zu teilen und zu liken. Doch trotz der expliziten Referenz unterscheiden sich die medienhistorischen Phänomene in ihrer Zielsetzung und auch in den Formen ihrer Rezeption – das wird auch sichtbar angesichts der Auswahl der Quellen auf der Seite von Bitnik.

Thema und Projekt der !Mediengruppe ist die Verhandlung von Hacking als künstlerischer Praxis. In Bitniks Terminologie meint Hacking den Eingriff in ein bestehendes System mit dem Ziel, es für einen anderen als den vorgesehenen Zweck zu öffnen. Der Gruppe geht es u.a. um die Öffnung und Modifikation hegemonial besetzter Räume – und exemplarisch für solche Räume ist im Projekt das Zürcher Opernhaus, das für die Hermetik und Exklusivität des gegenwärtigen Kultursystems stehe. Man könnte auch sagen, der !Mediengruppe gehe es mit ihren Aktionen darum, die systemische Ausdifferenzierung von Öffentlichkeit rückgängig zu machen und sie damit erst als solche auszustellen – punktuell freilich, und ohne Anspruch auf Persistenz. In den Gegenmaßnahmen (juridischer und politischer Art), die von der Zürcher Oper und von verschiedenen „Agenten der Öffentlichkeit“[19]ergriffen

16 Giusy Pisano: The Théâtrophone, an Anachronistic Hybrid Experiment or One of the First Mobile Traveler Devices? In: André Gaudreault / Nicolas Dulac / Santiago Hidalgo (Hrsg.): *A Companion to Early Cinema*. Oxford: Wiley-Blackwell 2012, S. 80–98.

17 Paul Collins: Théâtrophone. The 19th-century iPod. In: *The New Scientist*, 09.01.2008, S. 44. https://www.newscientist.com/article/mg19726382-000-theatrophone-the-19th-century-ipod/ (Zugriff am 29.03.2017).

18 Bitnik verwiesen etwa auf die Seite http://earlyradiohistory.us/sec003.htm (Zugriff am 30.03.2017); hier sind zahlreiche historische Zeitungsnotizen und -artikel sowie historisches Bildmaterial einsehbar. Die Webseite, die im Jahr der Aktion (2007) mit der URL www.operacalling.com online ging, existiert nicht mehr. Allerdings ist ein Teil der dort zur Verfügung gestellten Informationen nun abrufbar auf https://www.bitnik.org/o/ (Zugriff am 29.03.2017). Dort auch ein ausführlicher Pressespiegel zu *opera calling*.

19 So der Titel eines Sammelbands von Meike Wagner (Hrsg.): *Agenten der Öffentlichkeit. Theater und Medien im frühen 19. Jahrhundert*. Bielefeld: Aisthesis 2014. Wagner verwendet

wurden, werden die Ausschließungsmechanismen, die diese Teilöffentlichkeiten perpetuieren, allererst sichtbar. So werden etwa die Regeln des Urheberrechts, die das Zürcher Opernhaus ins Feld führt, von Bitnik als Instrument einer Ausschließungsmaschinerie rekonstruiert, die den Zugang zu Kunst und Kultur beschränke.

Das Projekt *opera calling* nimmt dafür freilich eine erhebliche ideologische Verzerrung in Kauf, war doch das frühmoderne Theatrophon eine alles andere als demokratisch-antikapitalistische Maschinerie: Die wohlhabenden Abonnent_innen in Paris und London zahlten horrende Summen für ihre regelmäßigen Opernlieferungen. Die öffentlichen Theatrophone in Pariser Cafés und Hotels ließen nach dem Einwurf von 50 französischen Centimes ganze fünf Minuten Oper ertönen; für weitere fünf Minuten war ein Franc zu zahlen.[20] Zwar verbanden sich demokratische Hoffnungen mit späteren, vereinfachten Theatrophonsystemen; und dazu hat die Projektwebseite denn auch entsprechende Quellen zusammengetragen. Erfüllen konnte solche Hoffnungen jedoch letztlich erst die flächendeckende Einführung des Rundfunks, der ohne Abonnement allen Besitzer_innen eines Empfängers zugänglich war.[21] Aber davon abgesehen: Mit dem Interesse an der Öffnung exklusiver Räume ist die immanente Topo-Ideologie von *opera calling* eine andere als die des Theatrophons, dessen Faszinosum in der räumlichen Verschiebung der Aufführungssituation, besser: ihrer akustischen Spur liegt. Bitnik haben kein Interesse am Prinzip der auditiven Perspektive, wie es von der *Electrical World* in begeisterter Umständlichkeit beschrieben wird – Stereophonie ist heute bekanntlich nichts Besonderes mehr.

Wie bereits angedeutet, war das Zürcher Opernhaus, namentlich Otto Großkopf, weiland Intendant, wenig begeistert ob der Aktion; man engagierte technikaffine Kammerjäger_innen, die die Wanzen aufstöbern sollten, und behielt sich rechtliche Schritte vor. Das lokale Medienecho auf die Aktion hingegen war groß und zumeist wohlwollend.[22] Bei den unfreiwillig Theatrophonierenden ist das Echo auf das Projekt geteilt: Mitschnitte der Anrufe waren

den Begriff zwar mit Bezug auf einen anderen historischen Kontext, er scheint mir jedoch auch hier plausibel anwendbar.

20 Um 1900 betrug der Gesamtstundenlohn eines ungelernten Arbeiters 29 Centimes. Ein Haarschnitt kostete etwa einen Stundenlohn, Straßenschuhe besserer Qualität waren für etwas mehr als 8 Stundenlöhne zu haben. Vgl. Jean Fourastié: Technischer Fortschritt, Preise und Kaufkraft der Löhne. In: *Gewerkschaftliche Monatshefte* 6,11 (1955), S. 670–676, hier S. 671.

21 Das Radio freilich wurde schnell zum Medium politischer Propaganda; emblematisch hierfür ist Hitlers Volksempfängerprojekt.

22 Für einen Pressespiegel vgl. https://www.bitnik.org/o/ (Zugriff am 29.03.2017).

seinerzeit im Cabaret Voltaire belauschbar; nach wie vor kursieren einige davon auf YouTube, Vimeo und anderen Plattformen. Angesichts dieser Relationen von Belauschen und Belauscht-Werden stellt sich die Frage danach, wer hier Zaungast, wer Beobachtende_r zweiter Ordnung ist, neu und komplexer: Die Versuchsanordnung von Bitnik legt nahe, die Kategorien hier anders zuzuweisen als beim Theatrophon des 19. Jahrhunderts.

Dazu scheint es sinnvoll, zunächst bei den Theatrophonierenden anzusetzen: Die ‚Kunden' von Bitniks Theatrophon rufen nicht an, sie werden angerufen, ausgewählt per Zufallsgenerator, ohne ihren expliziten Wunsch oder auch nur ihr Einverständnis – und natürlich kostenfrei. Die meisten der Angerufenen legten gleich wieder auf, das längste Telefonat dauerte (nach einer Angabe auf der Projektwebseite) immerhin 100 Minuten. Doch das Projekt erschöpft sich eben nicht in der Verbindung zwischen Opernhaus und privatem Wohnzimmer: Wenn eine der Wanzen im Opernhaus *opera activity* registriert und das System Nummern aus dem Zürcher Telefonbuch anzurufen beginnt, klingeln in einer Installation im Zürcher Cabaret Voltaire ebenfalls die Telefone. (Abb. 2) Sobald nun ein Angerufener abnimmt, erklingt auch im Cabaret Voltaire die Oper. Zusätzlich sind für die Ausstellungsbesucher_innen aber auch die Reaktionen der Theatrophonierenden akustisch zu beobachten. Die Anrufe wurden aufgezeichnet und waren im Rahmen der Audioinstallation im Cabaret Voltaire tagsüber zu hören, wenn es keine Live-Vorstellung gab. Als Zuhörer_innen der Theatrophonate werden die Besucher_innen der Installation – und auf andere Art und Weise auch die Autorin des vorliegenden Artikels und alle, die die Mitschnitte online aufrufen, anhören, liken und teilen – zu Beobachter_innen, die Telefone in der Installation (und die Empfangsgeräte der lauschenden *user*) zu Theatrophonen zweiter Ordnung. Besonders oft wurde der bereits zitierte Mitschnitt geteilt, der die Reaktion einer Familie auf ein *Rosenkavalier*-Theatrophonat hörbar macht: „Ich häng' da auf, was soll das Ganze... Ich will ja keine Oper..." – „Die Akustik is' 'ne absolute Katastrophe..." – „Das sind – äh, äh – Grüne, die woll'n, dass alle was davon haben von dem Opernhaus..." – „Kenn' ich eigentlich nich' so gut, *Rosenkavalier*. Hab' ich vielleicht einmal gehört...". Zwischendurch wird einem Kleinkind beim Toilettengang assistiert („...ich muss meine Hände waschen, ich hab' ihr den Po geputzt...") und der aktuelle Spielplan der Oper konsultiert („... der Papi schaut, was für 'ne Oper das is'") – schließlich muss man wissen, ob ‚das' wirklich live ist.[23]

23 In der vollen Länge von knapp neun Minuten ist der Mitschnitt zu hören auf https://vimeo.com/66007470 (Zugriff am 29.03.2017). Auf das Beispiel habe ich oben bereits verwiesen.

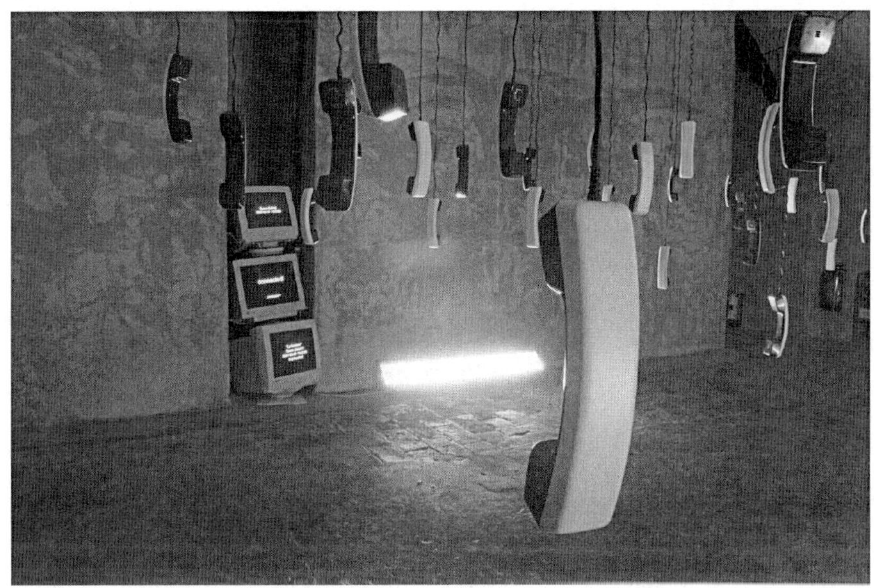

Abb. 2: *opera calling*: Installation im Cabaret Voltaire, Zürich, 2007.

Die Ausstellungsbesucher_innen (und ich) beobachten und beurteilen die Opernrezeption, die uns hier vorgespielt wird und die ihrerseits wieder die Öffnung eines Raumes darstellt: Eines privaten Raumes nämlich, der unversehens zum Theaterraum wird. Entsprechend wird Bitniks ideale_r Rezipient_in kategorial gleichgeordnet mit dem Autor der *Electrical World* von 1881, der mit dem Theatrophon eine pädagogische Hoffnung verbindet, wenngleich Bitnik nicht die Faszination an der akustischen Perspektive, sondern die Faszination an der Öffnung und Modifikation öffentlicher Räume in den Fokus rücken. Dem Projekt aus dem Jahr 2007 geht es nicht, wie dem aus dem späten 19. Jahrhundert, um die Popularisierung von Technik, sondern um die Freilegung kulturellpolitischer Strukturen und Dynamiken. Nicht die Reaktion des physisch in der Oper anwesenden Publikums, nicht einmal die Reaktion der Angerufenen auf die Oper steht im Fokus, sondern die Reaktion der Angerufenen auf das Projekt *opera calling*. Die Frage nach der Art dieser Reaktion macht die Beobachter im Cabaret Voltaire (und mich) zu mehr als bloßen Zaungästen. Überspitzt formuliert: Bitnik nehmen gegenüber dem Geschehen die Position von Karl von Perfall ein, der sich das Theaterereignis als akustische Spur nach Tutzing in seine Villa am Starnberger See liefern lässt; und das Projekt der !Mediengruppe bietet uns an, diese Erfahrung gleichermaßen zu machen.

Bitniks Projekt des Eingriffs in ein hegemoniales System stellt entsprechend nicht nur eine Öffnung von, sondern vielmehr ein gewaltsames Eindringen in private Räume – und deren Hack – dar: Denn anders als etwa gegen eine Radioausstrahlung kann man sich als Besitzer eines Telefonanschlusses gegen einen Anruf schwerlich wehren; das Telefon klingelt, selbst wenn man nicht abnimmt. Das Wohnzimmer des Theatrophonierenden wird, wenn auch nur bis zur Unterbrechung der Verbindung, als akustische Spur der voyeuristischen Imagination der Ausstellungsbesucher_innen geöffnet. Vorgeführt wird die Diversifizierung von Publika: Das Opernpublikum ist nicht identisch mit dem paradigmatischen Theatrophonierenden, aber auch nicht mit der paradigmatischen Besucherin des Cabaret Voltaire – diese drei Zuschauertypen werden auf der Webseite mehr oder weniger klar voneinander abgegrenzt präsentiert. Was in Bitniks Aktion zur Aushandlung kommt, ist nicht das Faszinosum eines technischen Effekts allein, und auch nicht in erster Linie ein kulturpolitisches Exempel. Was hier zur Aushandlung kommt, sind Grenzen zwischen Öffentlichkeiten und die Topologie des Privaten. Ironischerweise unter Einschreibung in ein mediales Dispositiv, das, seinerzeit schon im Verschwinden begriffen, heute, zehn Jahre nach *opera calling*, fast die Aura des Nostalgischen umgibt: Des telefonischen Festnetzanschlusses mit seinem akustischen System aus Frei- und Besetztzeichen, Wähltönen und dem Klicken, in dem das Ende des Gesprächs hörbar wird.

Theater machen

Kunst und Wandel: Menschen brauchen Freiräume

Momentaufnahmen und Perspektiven aus einer Stadt

Uta Atzpodien

> Gegebene Freiheit ist für sie [die Kunst] keine, nur die, die sie hat, ist, oder sich nimmt. [...]. Sie bringt nicht nur, bietet nicht nur, sie ist die einzige erkennbare Erscheinungsform der Freiheit auf dieser Erde.
>
> *Heinrich Böll*
> *(zur Eröffnung des Schauspielhauses in Wuppertal am 24.09.1966)*

Entlang der Talachse

Vor sieben Jahren zog sich vom Schauspielhaus in Elberfeld bis zur Oper in Barmen eine drei Kilometer lange Menschenkette. Es war am 27. März 2010, am Welttheatertag. Die Talachse entlang reichten sich Menschen die Hände. Die 350.000 Einwohner*innen-Metropole ist als eine Stadt noch nicht einmal hundert Jahre alt. Erst 1929 wurde aus Barmen und Elberfeld, mit Ronsdorf, Cronenberg und Vohwinkel, eine gemeinsame Stadt. Heute heißt sie Wuppertal. Rund 20 Kilometer windet sich die Wupper durch das in die Länge gestreckte Stadtgebiet. Über dem Fluss ragen die legendären Stahlkonstruktionen empor. An ihnen hängen und rattern im Sieben-Minuten-Takt Schwebebahnwagen durch das Tal. Hügel umranken das Tal von beiden Seiten. Von den Höhen aus ergeben sich immer wieder neue und überraschende Aussichten auf die Stadtlandschaft. Seit Jahrzehnten zieht es Menschen aus dem ganzen Land und der Welt nicht nur in die zwei Bauwerke der darstellenden

Künste, das Schauspielhaus und die Oper. Neben dem Mythos Pina Bausch und den Produktionen des legendären Tanztheaters ist es bis heute jedoch auch die vielseitige und pulsierende Kunstszene, die Menschen in die eigensinnige Stadt Wuppertal lockt. Der Skulpturenpark Waldfrieden von Tony Cragg, das Von der Heydt-Museum und die Peter-Kowald- oder Else-Lasker-Schüler-Gesellschaft sind bekannte Kunstreferenzen aus Wuppertal. Jüngst ist die Welt durch die Verleihung des Astrid-Lindgren-Preises auf den humorvollen und humanistisch weisen Autoren und Illustratoren Wolf Erlbruch aus Wuppertal aufmerksam geworden. Im März 2010 verbanden sich zwischen dem Schauspiel und der Oper über die Menschen nicht nur zwei Stadtteile. Zwischen zahlreichen Künstlerkolleg*innen und bunt zusammengewürfelten Menschen aus der Region und ganz Deutschland entstand ein beschwingendes Gefühl, gemeinsam mit ausgetreckten Armen für die Kunst eine Kette zu bilden. Fast lückenlos reichten sich Menschen die Hand. Es war ein Zeichen von Protest und ein Symbol für Solidarität zugleich.
Die Oper in Barmen war frisch renoviert und im Jahr zuvor wiedereröffnet worden. Sie sollte nun Oper, Schauspiel und das Tanztheater Pina Bausch Wuppertal beherbergen. Das Schauspiel war wie in einigen anderen Städten von einer drastischen Budgetkürzung bedroht.[1] Dem Schauspielhaus stand die Schließung bevor. In den letzten sieben Jahren ist einiges passiert. Das Schauspielhaus steht leer und verfällt. Nur einige „Underground"-Performances von Tanztheater-Tänzer*innen haben es in der Zeit aus seinem Dornröschenschlaf geweckt. Parallel dazu wird der Schauspieletat immer schmaler. Dank des Fördervereins ist mit dem Theater am Engelsgarten neben dem Operngebäude in Barmen ein neues kleines Haus errichtet worden. Aus Budgetgründen hat jüngst die derzeitige Intendantin gekündigt. Ab der nächsten Spielzeit 2017/2018 übernimmt der langjährige Haus-Schauspieler Thomas Braus die Leitung und stellt sich der Herausforderung.

Frühling, Sommer, Herbst, Winter

„Frühling", „Sommer", „Herbst", „Winter" heißen die vier Teile der weltbekannten Choreographie *Nelken-Linie* von Pina Bausch. Am Leben orientiert transportieren sie Gleichheit, Veränderung und Vergänglichkeit. Das Tanzstück

1 Vgl. Wolfgang Schneider: Wuppertal ist überall! Die kulturpolitische Krise der Dramatischen Künste offenbart Reformbedarf in der deutschen Theaterlandschaft. In: Eckhard Mittelstädt / Alexander Pinto (Hrsg.): *Die Freien Darstellenden Künste in Deutschland. Diskurse – Entwicklungen – Perspektiven*. Bielefeld: Transcript 2013, S. 21–31.

Abb. 1: Schauspielhaus Wuppertal, 2017.

vermittelt wie so viele der Reihen-Choreographien von Pina Bausch Gefühle von Zusammengehörigkeit und auch Gleichförmigkeit. Die schreitende Menschenreihe tanzt mit von der Gebärdensprache inspirierten schlichten Armbewegungen im immer wiederkehrenden Rhythmus die vier Jahreszeiten zu den Klängen von Louis Armstrongs *West End Blues*. Mittlerweile werden die nach dem Vorbild der *Nelken-Linie* entstandenen *Nelken-Lines* an vielen Ecken und Enden der Welt getanzt und filmisch aufgezeichnet. Ende September 2016 trafen sich zum 50. Geburtstag des Schauspielhauses 200 Wuppertaler vor dem legendären Bauwerk des Architekten Gerhard Graubner. Im Wiegeschritt verliehen sie anmutig hinter der Tänzerin Julie Anne Stanzak dem verfallenden Gebäude neues Leben. Ihre Begeisterung ließ eine besondere Stimmung entstehen. Parallel dazu fanden Besichtigungen des leerstehenden und unter Denkmalschutz stehenden Gebäudetrakts statt. Das Gebäudemanagement stellte über eine Führung durch das legendäre Bauwerk einige der Ideen für den Neuanfang, das Pina Bausch Zentrum, vor. Bund und Land fördern neben der Stadt, Sponsoren, Stiftungen und Unterstützer*innen das ambitionierte Projekt, das bis 2022 eine Wiedereröffnung anstrebt. Das geplante Pina

Bausch Zentrum[2] soll auf vier Säulen stehen: dem Tanztheater Wuppertal Pina Bausch[3], einem Produktionszentrum, der Pina Bausch Foundation[4] und dem Forum Wupperbogen. Für die Zuschauerinnen und Zuschauer wie auch für Pina Bausch war das Schauspielhaus die liebste Wirkungsstätte für die Choreographien, ein idealer Aufführungsort. Als „nationaler und internationaler Kristallisationspunkt für Kunst und Kultur, offen für eine aktive Beteiligung, für Fragen und Antworten der Bürgergesellschaft"[5] soll sein kulturelles Erbe, die von Pina Bausch geschriebene Tanz-, Theater- und Kulturgeschichte, bewahrt werden. Es soll sich weiterentwickeln und in die Stadt hinein synergetisch einen Raum öffnen. Dazu gehören als Säule 1 und Säule 2 das Tanztheater mit seinen zahlreichen und neuen Produktionen und die Pina Bausch Foundation als eine Art Lernort mit dem künstlerischen Nachlass der Choreographin und dem digitalen Archiv. Als Säule 3 ist ein spartenübergreifendes, innovatives und wegweisendes Produktionszentrum geplant. Wenig Informationen sind bisher über die geplante Säule 4 bekannt, das Forum Wupperbogen, das als Zentrum für Versammlung und Teilhabe geschaffen werden soll und, im Austausch mit der Öffentlichkeit, partizipative Formate in die Stadt hinein entwickeln möchte.

Von Natur aus frei?

Momentan sind es noch vielversprechende, fast visionäre Worte und Pläne. Wie kann eine mögliche Zukunft des unweit vom Wuppertaler Bahnhof gelegenen Schauspielhauses aussehen? Die Ideen für das Pina Bausch Zentrum wecken Hoffnung darauf, dass neue Freiräume für Kunst und Menschen entstehen können. Einige dieser Ideen scheinen schon in den Worten anzuklingen, die Heinrich Böll in seiner legendären Rede zur Eröffnung des Schauspielhauses in Wuppertal 1966 wählte. Über Wuppertal und das Schauspielhaus hinaus ist heute die Frage nach Freiräumen und Freiheit von Kunst und Menschen brandaktuell. In einer kleinen, geschlossenen Runde anlässlich des Geburtstags wurden im September 2016 im schon etwas verfallenen Foyer des Schauspielhauses Bölls Gedanken zur Kunst von Schauspieler Olaf Reitz vorgetragen.

2 Vgl. www.pinabauschzentrum.de/ (Zugriff am 13.04.2017).

3 Vgl. www.pina-bausch.de/ (Zugriff am 13.04.2017).

4 Vgl. www.pinabausch.org/en/home (Zugriff am 13.04.2017).

5 Vgl. www.pinabauschzentrum.de / (Zugriff am 15.06.2017).

> Was sie braucht, einzig und allein braucht, ist Material – Freiheit braucht sie nicht, sie ist Freiheit; es kann ihr einer die Freiheit nehmen, sich zu zeigen – Freiheit geben kann ihr keiner: kein Staat, keine Stadt, keine Gesellschaft kann sich etwas darauf einbilden, ihr das zu geben oder gegeben zu haben, was sie von Natur aus ist: frei. [6]

Was meinte Böll 1966, als er das Movens der Kunst in einer Trinität von „freier Ordnung, geordneter Untröstlichkeit und untröstlicher Freiheit“[7] sah? Ohne sie namentlich zu erwähnen, verwies er auf die Wuppertaler Autorin Else Lasker-Schüler, den Fluss und gleichnamigen Theatertext *Die Wupper* und auch die Dunkelheit in Lasker-Schülers Geburtsstadt. Zwischen Höhen und Tiefen bis heute immer auch von gesellschaftlichen und finanziellen Krisen geschüttelt, spielen in der Stadt Wuppertal die Themen Wandel und Transformation schon lange eine zentrale Rolle. Vielleicht sprach Böll mit einer spürbaren Sehnsucht nach Freiheit etwas an, was auch heute für die Rolle der Kunst in unserer Gesellschaft aktueller denn je sein könnte. Freiheit ist ein großer Begriff. Wie können Freiräume aussehen? Für was steht und was braucht eine freie Kunst? Es gibt viele Fragen, die sich uns immer wieder neu stellen. Das Schauspielhaus in Wuppertal steht zwar in der Tradition des institutionellen Theaters, dennoch verändern sich die Strukturen. Ein Exkurs zum sogenannten freien Theater kann aufschlussreich sein.

Freies Theater, Widersprüche und Freiräume

Das deutsche Theater wird durch eine eigentümlich zweigeteilte Theaterlandschaft geprägt. Sie befindet sich in einem kontinuierlichen Veränderungsprozess. In den 1970er Jahren bildete sich in Deutschland mit dem sogenannten freien Theater[8] eine eigene Szene heraus. Unter Freiheit wurden solidarische, gemeinschaftliche und auch hierarchiefreie Maximen und Organisationsformen verstanden. Von heute aus betrachtet entstand das freie Theater als Parallelstruktur zu dem Traditionssystem der Repertoirebetriebe der institutionellen Häuser, meist jenseits eines literarisch orientierten Bildungstheaters. Das freie Theater funktioniert schon früh ähnlich wie das international übliche System freier Produktionsweisen. In dieser Zweiteilung ist die deutsche Theaterlandschaft einzigartig.

6 Heinrich Böll: „Die Kunst muss zu weit gehen, um herauszufinden, wie weit sie gehen darf“, abgedruckte Rede von Heinrich Böll zur Eröffnung vom Wuppertaler Schauspielhaus am 24. September 1966. In: *WZ*, 23.09.2016, S. 20.

7 Ebd.

8 Vgl. dazu Henning Fülle: Freies Theater – worüber reden wir eigentlich? In: *Impulse Festival Theater*, 21.11.2012. http://www.festivalimpulse.de/de/news/96/henning-fuelle-ueber-die-freie-szene (Zugriff am 13.04.2017).

> Beide Systeme sind als (Interessen-)Verbände organisiert, beide existieren durch die Finanzierung aus öffentlichen Mitteln, freilich mit mehr als markanten Unterschieden, was die Art und den Umfang der Finanzierung angeht.[9]

Spannt man einen Bogen über die letzten Jahrzehnte des freien Theaters, dann ging es in den 70er Jahren jenseits der bürgerlichen Bildungstempel und der Hochkultur um die Vermittlung von politischen, gesellschaftskritischen und emanzipatorischen Impulsen. In den 80er Jahren wurde weiter nach alternativen Formen gesucht, die sich vom traditionellen Theater absetzten. Modelle für eine andere Gesellschaft wurden künstlerisch-experimentell auf die Probe gestellt. Parallel dazu bewiesen sich international neue ästhetische Ensembles und Formationen. Neben vielen anderen zeichneten sich das Living Theatre, Peter Brook, Ariane Mnouchkine, Eugenio Barba, Tadeusz Kantor und viele andere ästhetisch und politisch durch Aktualität und Relevanz aus. In Deutschland wurde in den alternativen Theaterkreisen das Wort frei gerne und häufig verwendet. Im Schatten von vermeintlicher „Selbstbestimmung, Autonomie, Unabhängigkeit von Markt & Staat"[10] kristallisierten sich in Deutschland über die 90er Jahre bis heute die eigenen, bis heute häufig prekären Produktionsbedingungen heraus. Schon früh erforderten sie mobile, flexible und innovative Organisationsstrukturen, durch die sich künstlerische Arbeit bis heute in einem besonderen Überlebenskampf[11] befindet.

„Das freie Theater gibt es nicht"[12] ist mittlerweile eine sich häufig äußernde Betrachtung unter den freien Kunstschaffenden. Er bezieht sich darauf, dass es sich nicht auf einen Begriff bringen lässt. Die Vielstimmigkeit, die Tendenz zu flexibilisierten Arbeitsformen und eine gewisse Autonomie in unterschiedlichen Kooperationen sind zu Herausforderung und Chance zugleich geworden. Die Arbeiten von Theatermacher*innen und Ensembles wie René Pollesch, Hans-Werner Kroesinger, Gob Squad, Showcase Beat le Mot, She She Pop oder Rimini Protokoll sprechen für sich. Auch haben sich mit Häusern wie Kampnagel in Hamburg, den Sophiensälen und dem HAU in Berlin, dem FFT in

9 Fülle: Freies Theater.

10 Alexander Karschnia: Freies Theater (d.h. „freies Theater!"). In: *Impulse Theater Festival,* 15.03.2013. http://www.festivalimpulse.de/de/news/114/freies-dh-freies-theater (Zugriff am 13.04.2017).

11 Vgl. dazu Publikationen, die die Arbeit des freischaffenden darstellenden Künstler*innen unterstützen wollen: Stefan Kuntz: *SurvivalKit. Freies Theater und Freier Tanz*. Hannover: Bundesverband Freier Theater 2010; Ina Ross: *Wie überlebe ich als Künstler? Eine Werkzeugkiste für alle, die sich selbst vermarkten wollen*. Bielefeld: Transcript 2013.

12 Ulrike Blumenreich: *Aktuelle Förderstrukturen der freien Darstellenden Künste in Deutschland.* Berlin: Bundesverband Freie Darstellende Künste 2016, S. 28.

Düsseldorf oder dem Mousonturm in Frankfurt Spielorte entwickelt, die der freien Szene Räume öffnen. In den Niederlanden ist schon vor Jahrzehnten eine Produktionslandschaft von 22 freien Produktionshäusern auf den Weg gebracht worden, die gut miteinander vernetzt bei einer unmittelbaren Förderung von Künstlerinnen und Künstlern ansetzen. Künstlerische Freiheit kann hier bedeuten, in die künstlerische Arbeit zu investieren, ein eigenes Repertoire entstehen zu lassen und ein selbstbestimmtes Produzieren zu ermöglichen.
Künstlerische Freiräume und zugleich Räume für „freie Produktionen" gibt es in Ansätzen in Deutschland. Es sind jedoch noch wenige. Sie haben es nicht einfach oder sind immer wieder neu gefährdet. Ein Beispiel für ein lebendiges Engagement für Freiräume ist das Flausenprojekt. Erst kürzlich fand im Februar 2017 unter dem Titel „Die Zukunft ist jetzt!"[13] der „flausen+bundesnetzwerkkongress" in Köln statt, der die künstlerische Forschung und Vernetzung fokussierte. Flausen ist ein Residenz-Stipendienprogramm, das sich mittlerweile nicht mehr nur für den Nachwuchs öffnet. Im Flausennetzwerk finden sich mittelgroße und kleine freie Produktionshäuser zusammen. Sie sind Beispiele dafür, wie Freiräume und Struktur dafür geschaffen werden können. Durch ihre Arbeits- und Lebensrealität stehen die freien Künstler*innen mit ihren komplexen Organisationsstrukturen – viel stärker als die Repräsentant*innen des traditionellen Stadt- und Staatstheaters – für Mobilität, Flexibilität und Innovation. Sie befinden sich auf einem herausfordernden Terrain, das vor allem finanzielle Mittel und Budgets braucht, um künstlerische Freiräume entstehen zu lassen. Gleichzeitig sind die überlebensnotwendigen Fähigkeiten der Künstler*innen Kategorien, die auf dem von der Wirtschaft geprägten Arbeitsmarkt gefragt sind. Schritt für Schritt scheint sich parallel die seit Jahrzehnten etablierte Zweiteilung der deutschen Theaterlandschaft aufzulösen. Es sind Veränderungsprozesse, die nach neuen Strukturen rufen. Ein bedingungsloses Grundeinkommen (für Künstler*innen), wie es von einigen Kolleg*innen gewünscht wird, könnte seinen Beitrag dazu leisten. Ganz wichtig scheint in dem komplexen Gefüge, dass sich die Kunst und insbesondere das Theater in ihrem Wert, ihrer Freiheit und ihren Freiräumen nicht den Maßstäben und Maximen der derzeitigen Wirtschaftsordnung unterordnen.
Von alters her stehen die Kunst, die darstellenden Künste und insbesondere das Theater für einen zentralen gesellschaftlichen Ort der Kommunikation, des szenischen Spiels und ein szenisches Verhandeln von gesellschaftlich relevanten Fragen. Es ist ein Ort des „Sich-Betrachtens", ein Ort, an dem Widersprüche

13 Vgl. www.theaterwrede.de/flausenkongress/ (Zugriff am 13.04.2017).

sichtbar gemacht werden und auch ausgehalten werden müssen. Die Widersprüche können „zum Tanzen gebracht“[14] werden – sagt der Regisseur und Autor Hans-Werner Kroesinger in einer Diskussionsrunde. Im aktuell heiß diskutierten Spannungsfeld von künstlerischer Autonomie und gesellschaftlichem Auftrag[15] stellt sich über die Frage nach Nützlichkeit, Zweckmäßigkeit oder „Verzweckung“ von Kunst hinaus immer wieder neu die Frage nach Freiheit und Freiräumen. Wie können sie aussehen? Wie und wo können sie entstehen? In welchem Verhältnis und Dialog stehen sie zu dem, was gesellschaftlich aktuell und relevant ist? Davon können die (eigenen) kleinen Schritte und Erfahrungen erzählen und berichten. Das, was in den Kunstlandschaften geschieht, bewegt, verändert oder zum Blühen kommt, gehört ebenso dazu wie auch die Sackgassen und Momente des Scheiterns.

Momentaufnahmen aus Wuppertal

Über der Stadt Wuppertal lag jahrelang ein Stimmungstief. 2010, im selben Jahr, in dem sich die Schauspielhaus-Oper-Menschenkette durch die Stadt spann, kam das Tief in einem Medienprojekt deutlich zum Ausdruck. Unter dem Titel „Wuppertal kackt ab“[16] stellte es Videos „gegen oder über den Niedergang der Stadt“ vor und diskutierte die Situation. Wuppertal wurde als „Pleitestadt“[17] bezeichnet, in und über die Grenzen der Stadt hinaus. Gründe waren der klamme Haushalt der Stadt, Leerstände, wenig durchsichtige Umbaumaßnahmen, die damals noch sinkende Einwohnerzahl, andere Verwicklungen und Nachrichten, wie auch das drohende Verschwinden des Schauspiels.

Es ist, als ob die Menschenkette am Welttheatertag einen Vorgeschmack davon gegeben hätte, was durch das einzelne, aber insbesondere auch das gemeinschaftliche Engagement der Menschen möglich sein kann. Eine Aufbruchsstimmung gärt und brodelt in Wuppertal. Zahlreiche Akteurinnen und Akteure sind

14 Vgl. Claus Clemens: Im Theater sollen die Widersprüche tanzen. In: *RP Online*, 04.04.2017. www.rp-online.de/nrw/staedte/duesseldorf/kultur/im-theater-sollen-die-widersprueche-tanzen-aid-1.6732888 (Zugriff am 13.04.2017).

15 Unter dem Titel „Was soll das Theater? Bühnen unter Druck – gesellschaftlicher Auftrag oder künstlerische Autonomie?“ fand am 2. April 2017 eine Diskussionsveranstaltung im Düsseldorfer Schauspielhaus statt, die vom WDR aufgezeichnet wurde und online nachzuhören ist. Vgl. www1.wdr.de/mediathek/audio/wdr3/wdr3-forum/index.html (Zugriff am 19.06.2017).

16 Vgl. www.medienprojekt-wuppertal.de/v_126 (Zugriff am 13.04.2017).

17 Vgl. Peter Lau: Fünf Thesen über eine arme Stadt. In: *brand eins*, 07/2013. www.brandeins.de/archiv/2013/fortschritt-wagen/fuenf-thesen-ueber-eine-arme-stadt/ (Zugriff am 13.04.2017).

beteiligt und haben die Weichen schon vor 2010 gestellt. Aus der 2006 gegründeten Wuppertalbewegung[18] ist „von Bürgern für Bürger" durch ehrenamtliches Engagement und eingeworbene Millionen Euro die über 22 Kilometer lange Nordbahntrasse entstanden. Eine alte Eisenbahnstrecke wurde in einen Fuß-, Rad- und Skate-Weg verwandelt. Er verbindet die Stadt in ihrer Länge und vernetzt sie mit anderen Trassen. Menschen gestalten aktiv die Zukunft der Stadt mit. Das geschieht auch in Utopiastadt[19], einem pulsierenden Projekt in einem alten Bahnhof an der Nordbahntrasse. Er ist zu einer zentralen Anlaufstelle für kreative Stadtentwicklung geworden. In dem „Stadtlabor für Utopien"[20] oder „kreativen Kluster"[21] entstehen nicht nur visionäre Ideen und gesellschaftliche Fragen, sondern werden auch angepackt. Ganz praktisch öffnen sich neue Freiräume: Kulturveranstaltungen, Werkstätten, Begegnungsräume und die Vernetzung mit vielen anderen Initiativen, wie der Urban-Gardening-Bewegung oder Recycling- und „Upcycling"-Projekten. Das „Klimaquartier Arrenberg"[22] ist ein weiteres Transformationsprojekt in Wuppertal. In eigener Aufbruchsstimmung versucht es, seine Geschichte als soziales Brennpunktviertel zu überwinden. Ziel ist es, als erstes Quartier einer deutschen Großstadt bis 2030 CO_2-neutral zu werden.

Unter dem Namen „Transformationsstadt"[23] haben sich 2016 einige Akteure als Initiatoren zusammengefunden. Dazu gehören neben Utopiastadt, die Neue Effizienz, das Wuppertal Institut und auch das Forschungszentrum TransZent[24], das 2013 von der Bergischen Universität Wuppertal und dem Wuppertal Institut für Klima, Umwelt, Energie GmbH gegründet worden ist. TransZent geht es um den interdisziplinären Austausch. Es arbeitet über Reallabore mit einem erweiterten Wissenschaftsverständnis, dem es um das aktive Eingreifen in gesellschaftliche Prozesse geht. Die Aufbruchsstimmung in Wuppertal wird über viele unterschiedliche Akteure häufig auch überraschend und spielerisch greifbar: seien es Initiativen, Läden, Projekte, Aktionen oder Persönlichkeiten. Nachhaltigkeit, Stadtentwicklung und Zukunft spielen für viele eine wesentliche Rolle.

18 Vgl. www.wuppertalbewegung.de (Zugriff am 13.04.2017).

19 Vgl. www.clownfisch.eu/utopia-stadt/ (Zugriff am 13.04.2017).

20 Ebd.

21 Ebd.

22 Vgl. www.aufbruch-am-arrenberg.de/site/home/aktuell/ (Zugriff am 13.04.2017).

23 Vgl. www.transformationsstadt.de/# (Zugriff am 13.04.2017).

24 Vgl. www.neue-effizienz.de/www.wupperinst.org/www.transzent.uni-wuppertal.de/home.html (Zugriff am 13.04.2017).

Abb. 2: Ein Treffen von Kunstschaffenden, FREIES NETZ WERK KULTUR e. V. in Utopiastadt am 13. Juni 2017.

In eigener Sache – über die Kunst

Kunst und Kultur tragen seit Jahrzehnten schon zu dem Transformationsprozess in Wuppertal bei, der sein Bewegungspotenzial entscheidend über die künstlerischen Impulse erhält. „Künstlersein trägt zum Stoffwechsel der Stadt bei“[25], benannte es der Regisseur Roland Brus, der mit der Mobilen Oase Oberbarmen performative Impulse im Osten Wuppertals setzt. Die erwähnte Utopiastadt als Veranstaltungsort für Kunst und Kultur ist eine der jüngeren Referenzen. Eine pulsierende Musikszene, Galerien und Kunstorte, Festivals, die Literatur Biennale, Performances, Lesungen oder neue Formate, wie das Tanzrauschen-Festival und -Symposium Anfang Januar 2016[26]: Sie alle zeugen von einem schillernden Spektrum, in dem trotz dringendem Förderbedarf durch die Kunst Freiräume entstehen. Bildende Künstler*innen, Autor*innen, Schauspieler*innen, Tänzer*innen und Choreograph*innen und viele mehr

25 Dieser Satz fiel bei einer World-Café-Veranstaltung am 27.01.2017 im Atelier Milton Camilo in Wuppertal, bei dem über 50 Künstler*innen gemeinsam die aktuelle Situation und die Perspektiven der Kunst- und Kulturszene erforscht haben. Seit April 2016 finden monatliche und wandernde Treffen an unterschiedlichen Kunstorten statt.

26 Vgl. www.festival.tanzrauschen.de/ (Zugriff am 13.04.2017).

gehören zu den aktiven kunst- und kulturschaffenden Menschen der Stadt. Seit über einem Jahr wandern sie durch die Stadt und treffen sich interdisziplinär monatlich an unterschiedlichen Kunstorten. Am 03.05.2017 hat sich FREIES NETZ WERK KULTUR e.V. im interkulturellen Café Swane als gemeinnütziger Verein gegründet.[27]
Zwei Projekte, an denen die Autorin als Dramaturgin beteiligt war, erzählen eigene Geschichten. Jedem Kunstprojekt wohnt eine Ausrichtung inne. Die Erfahrungen aus dem Gestalten heraus ermöglichen Einblicke, die vermögen, Ansätze und Potenziale von Freiheiten und Freiräumen nochmal anders sichtbar zu machen.

Lebe Liebe Deine Stadt

„Tanz und Performance bewegen Wuppertal"[28] ist der Untertitel des spartenübergreifenden Projekts *Lebe Liebe Deine Stadt*, das über die Kunst und einen bewussten Perspektivwechsel die Stadt in ihrer Entwicklung bewegen und prägen möchte. Träger ist das über Landesmittel und andere Sponsoren geförderte über vierzigjährige soziokulturelle Kommunikationszentrum die börse. Inspiriert wurde das Projekt von all dem, was in der Stadt schon in Bewegung war, einem T-Shirt des Wuppertaler Labels Liebesgruss mit dem Aufdruck „Liebe Deine Stadt" und der Kölner Kunstinstallation von Merlin Bauer *Liebe Deine Stadt*. Über das ‚Lebe Liebe' im Titel wurde in Wuppertal, in der das Selbstwertgefühl noch ausbaufähig ist und die eigenen Potenziale immer noch unterschätzt werden, der Blickwechsel und Prozess betont.
Als Auftakt entstand im Herbst 2015 in der ersten Phase des dreijährigen Projekts in einem leerstehenden Ladenlokal der Elberfelder Innenstadt neun Wochen lang ein „Wunschort". Hier erforschten Künstler*innen interaktiv mit Passant*innen und Besucher*innen in Projekten, Lesungen, Installationen und Performances die eigene Stadt. Eine Modellstadt-Installation, Klangcollagen und (Tanz-)Performances belebten das Ladenlokal und die umliegenden Straßen. An einem Astwerk-Kunstbaum wurden Wünsche der Besucherinnen und Besucher für die Stadt gesammelt. Nach dem Abschluss der ersten Phase überreichte das Künstlerteam den Kunstbaum dem frisch gewählten Oberbürgermeister der Stadt als erstes Kunstobjekt für sein neues Amtszimmer. Einige Wünsche beantwortete der Oberbürgermeister über die Webseite der

27 Vgl. www.facebook.com/FreiesNetzWerkKultur/ und www.fnwk.de (Zugriff am 19.06.2017).

28 Vgl. www.lebeliebedeinestadt.de/ (Zugriff am 13.04.2017).

Abb. 3: Performance *Gehe. Wege in die Stadt* während *Lebe Liebe Deine Stadt. Tanz und Performance bewegen Wuppertal*, 2015.

Stadt. Als fortlaufende Austauschformate unter den Künstler*innen entstanden „Transformationslabore", die in Zusammenarbeit mit dem Choreographen Mark Sieczkarek körperliche und enthierarchisierende Bewegungsformate als einen physischen Auftakt für Begegnungen aufnahmen. Das gesamte Projekt zog als Intervention im öffentlichen Raum von dem etablierten soziokulturellen Zentrum und Gebäude aus zu den Menschen in die Stadt. Symbolisch dafür entstand die von Mark Sieczkarek und Uta Atzpodien angeleitete Performance *Gehe. Wege in die Stadt*, ein entschleunigtes Gehen von 15–20 Menschen, eine Art Spaziergang, der sich am Gebäude des Wuppertal Instituts, über die Bahnhofgleise, um die immens große Baustelle am Wuppertaler Bahnhof herum bis in die Innenstadt bewegte. Entschleunigung, Langsamkeit, sinnliche Erfahrungen, Staunen und Erstaunen prägten die Atmosphäre. Sie luden in der Auftaktphase von *Lebe Liebe Deine Stadt* mit künstlerischen Mitteln zum Innehalten und zur Reflexion ein. Tanzszenen in Schwebebahnstationen, Choreografien im Arbeitsamt oder das leitmotivische Fortsetzen der Stadtspaziergänge setzen die Synergieeffekte von Kunst und Stadt weiter fort. Über Sinnlichkeit, Irritation und Gemeinschaft er-wachen Bewegungen und Begegnungen. So werden sie zu Freiräumen und setzen Potenziale für einen Perspektivwechsel frei. Sie laden zu einem Wandel ein, der das Lebe zu einem Liebe werden lassen kann.

Abb. 4: *Mensch:Utopia*, 2016: Saheb Singh.

Mensch:Utopia

„Welcome to Wuppertal: Making Utopia possible“. Mit diesen Worten lud das Wuppertal Institut für Klima, Umwelt, Energie im September 2016 zu seinem 25-jährigen Bestehen Gäste aus der ganzen Welt ein. Am 8. September pilgerten sie in die historische Stadthalle. Das für seine Akustik international renommierte Gebäude liegt unweit vom Elberfelder Bahnhof auf dem Johannisberg. Es thront über der von Bauarbeiten durchzogenen Innenstadt. Wenige hundert Meter hügelaufwärts erstreckt sich der Gebäudekomplex der Bergischen Universität. Schon wenige Tage zuvor startete hier der Kongress „IST 2016 – International Sustainability Transitions Conference“, der aus dem Blickwinkel der Wissenschaft nach Wandel, Transformation und Nachhaltigkeit fragte.

Zwischen den renommierten Redner*innen aus Wissenschaft, Ministerien und Institutionen waren in der Historischen Stadthalle großformatig Menschen aus der ganzen Stadt präsent: über die Projektionen der filmischen *Mensch:Utopia*-Porträts. Ihre Gesichter waren nah zu sehen. Doch sie sprachen nicht, sondern hörten sich selbst beim Reden zu. Hier öffneten sich über das Innehalten und Zuhören eigene und vertrauliche Freiräume. Der Film war als eine fragende Reise durch Wuppertal entstanden. Er erforscht die Zukunftswünsche, Ideen und Utopien der Menschen: ob grün, zu Fuß, über Musik und Kunst, menschlich, miteinander oder inklusiv. Im Zusammenspiel mit den Performance-Aktionen

Abb. 5: Team *Mensch:Utopia*: Uta Atzpodien, Achim Konrad, Kim Münster, 2016.

der Mobilen Oase wurde ein Bauwagen zum Drehort für die Interviews des audiovisuellen Projekts von Uta Atzpodien, Achim Konrad und Kim Münster. Die Ost-West-Achse der Stadt symbolisierend, fanden die Begegnungen, Gespräche, Aktionen und Drehaufnahmen in den Wuppertaler Stadtvierteln Oberbarmen/Wichlinghausen und Arrenberg statt.

Online ist der 15-minütige Film seither mit deutschen oder englischen Untertiteln zu sehen.[29] Als gemeinschaftliche Live-Präsentation ohne Untertitel wandert er weiter durch die Stadt. Im Alten Wartesaal von Utopiastadt an der Nordbahntrasse wurde er Ende November 2016 zusammen mit einem Film der provokativ-skurrilen Performance-Aktion der Mobilen Oase Oberbarmen gezeigt. Aus anfänglichen Zweiergesprächen entwickelte sich im Anschluss in wachsenden Gruppengrößen ein gemeinsamer Kreis von über 40 Personen. Ungewöhnlich ehrlich und authentisch begegneten sich die Menschen über die Vorstellungen ihrer jeweiligen Utopie und die Momente, in denen sie Utopie schon im eigenen Leben erfahren haben.

29 Der Film ist über www.youtu.be/D3k41_2x4fk (Zugriff am 13.04.2017) oder über folgende Seite vom Wuppertal Institut zu sehen: www.wupperinst.org/a/wi/s/ad/3583/(Zugriff am 13.04.2017). Ferner gibt es eine eigene Facebook-Seite zum Projekt.

Abb. 6: *Mensch:Utopia*, 2016: Iris Colsman.

Freiräume im Wandel

> Und dann denke ich, ist Utopia immer schon da, unabhängig davon, was außerdem so passiert. Es ist ein bisschen wie in diesem Raum hier, jetzt in diesem Bauwagen, da ist auch ein kleines Stückchen Utopia schon, denn immer, wenn wir träumen, schaffen wir ein Stück Zukunft.
>
> *Iris Colsman in* Mensch:Utopia

Wann entstehen Freiräume? Was sind Freiräume? Ohne Frage tragen sie in sich ein utopisches Potenzial. Schon der Begriff sagt es: Sie tragen in sich die Freiheit. Sie sind Ort und Nicht-Ort zugleich. Ja, im Grunde sind sie immer schon da und wollen zugleich ermöglicht werden. Sie sind auf Strukturen und auch Budgets angewiesen, die ihr Zustandekommen unterstützen. Sie sind notwendig, um vor Vereinnahmung zu schützen. Zweckfrei sind sie sinnvoll, ohne Termindruck und Präsentationszwang. Nachhaltig betrachtet, erfordern Kreisläufe generell Freiräume. Kann Wandel erst aus Freiräumen heraus entstehen? Menschen brauchen Freiräume, wie die Luft zum Atmen. Die Kunst braucht Freiräume. Freiräume vermögen offensichtlich, Menschen miteinander zu verbinden. Als Ort und Moment von Reflexion und Kreation spielen sie für den Wandel, die Transformation und die Kunst eine wesentliche Rolle. Auch für die Wissenschaft[30] oder die Wirtschaft können Freiräume wesentlich sein. Freiräume laden ein, sie und ihr Potenzial weiter zu erforschen. Das betrifft nicht nur Wuppertal. Hier, in der als ungeschminkt bekannten Stadt stellt sich die Frage nach dem Schauspielhaus als zentralem Ort. Wuppertal gilt als eigensinnig. Das macht es umso wichtiger, alle anderen Ecken, Enden und Menschen mit einzubeziehen. Es bleibt spannend, dem Wandel zu folgen und ihn mitzugestalten.

30 Vgl. Lambert T. Koch: Die vereinnahmte Universität. Ein Appell für Offenheit mit Augenmaß. In: *Forschung & Lehre* 22,12 (2015), S. 1002–1004. Der Rektor der Bergischen Universität Wuppertal betont die Bedeutung von geschützten Räumen an der Schnittstelle von Universität und Gesellschaft. Dabei hebt er die Freiheit der Persönlichkeitsentfaltung und die Freiheit der Verantwortbarkeit hervor.

„Der Regisseur ist auch niemals wirklich wichtig gewesen, das ist ein Missverständnis“

Zur Kollektivregie im niederländischsprachigen Theater

Peter M. Boenisch

Als der flämische Regisseur Jan Lauwers in *Need to know* (1987), dem namensgebenden ersten Stück seiner Needcompany, die Akteur*innen hinter einen Tisch setzte und sie aus Büchern lesen ließ, glaubte die amerikanische Theaterwissenschaftlerin Erika Rundle ein Zitat der Wooster Group zu entdecken. Im Interview korrigierte Lauwers diese Mutmaßung über seine Einflüsse:

> I understand the confusion. Books were very much in fashion in Europe at that time. Many avant-garde theaters in the late 1970s and early 1980s used books on stage, particularly Jan Joris Lamers and Maatschappij Discordia in Holland. Lamers had a great influence on Flemish and Dutch theater. He was a mentor to many artists. I learned from Lamers that it's not important to memorize the text. It's important to understand what you're saying. Actors should learn to think, not memorize. Lamers was a fantastic actor, and he decided to take a risk. It took him years and years of dark thinking to come to it. All the young groups now are indebted to him.[1]

In der Tat betonen zahlreiche zeitgenössische Bühnenkünstler*innen aus den Niederlanden und Flandern die prägende Rolle jenes Jan Joris Lamers, so auch die Choreografin Anne Teresa De Keersmaeker, für die er bis heute regelmäßig

1 Images of Freedom. Jan Lauwers, Interviewed by Erika Rundle. In: *Theater* 33,1 (2003), S. 59–71, hier S. 69.

Bühnenbilder gestaltet. Doch jenseits der Sprach- und Landesgrenzen ist der 1942 geborene niederländische Theatermacher allenfalls Eingeweihten ein Begriff. Dabei ist Lamers zentraler Impulsgeber der Kollektivregie, einer originären wie originellen Form des niederländischsprachigen Gegenwartstheaters, die sich inzwischen über mehrere Generationen entwickelt. Zu ihren prominenten Vertreter*innen gehören neben Lamers genannter Gruppe Maatschappij Discordia („Gesellschaft Zwietracht") vor allem tg STAN, De Roovers, Dito Dito, 't Barre Land, Hotel Modern, De Koe und Dood Paard. In diesem Beitrag sollen der in das Jahr 2017 fallende 75. Geburtstag Lamers, das 50. Gründungsjubiläum seines ersten Theaterkollektivs sowie der 60. Geburtstag Christopher Balmes, der ab 2002 für mehrere Jahre dem Amsterdamer Institut für Theaterwissenschaft vorstand, Anlass bieten, dieser international wenig beachteten Form einer anderen, immanenten Inszenierung dramatischer Texte ohne Anleitung durch eine*n externe*n Regisseur*in nachzuspüren.[2] Die Kollektivregie stellt Dichotomien von Sprechtheater und Performance in Frage, die in aktuellen Theoriediskursen – etwa um das „Lob des Realismus" und die konternde Verteidigung der Postdramatik[3] – wieder verschärft wurden.

Die politischen Proteste um den Mai 1968 spielten sich in vielen Ländern Europas auch im Theater ab. In Deutschland sammelte Peter Stein zum Unbill August Everdings Spenden für den Vietcong, in Frankreich wurde das Pariser Odéon mit Unterstützung seines Intendanten Jean-Louis Barrault zu einem der Zentren der Studentenbewegung. In den Niederlanden resultierte diese hochpolitische Zeit in der „Aktie Tomaat": Im Herbst 1969 warf eine Gruppe von Student*innen nach der Premiere einer Inszenierung von William Shakespeares *Sturm* an der Nederlandse Comedie Tomaten in Richtung Bühne. Dieser am Abend selbst nicht einmal von allen Darsteller*innen bemerkte Zwischenfall beim Schlussapplaus fand dank effektiv organisierter Medienvermittlung dennoch schnell Verbreitung. Ein entsprechend koordinierter Einsatz von Tomaten, Eiern,

2 Auch aus einem persönlichen Grund erschien mir das Thema für diese Festschrift passend: Als noch nicht besonders fortgeschrittener Student der Theaterwissenschaft an der Ludwig-Maximilians-Universität München sicherte mir in den 1990er Jahren ein Empfehlungsschreiben Christopher Balmes ein Stipendium für den Besuch einer Summer School am damals von Dragan Klaic geleiteten Felix Meritis in Amsterdam, wo Lamers' Discordia seinerzeit Hausensemble war. Diese Begegnung mit den spezifischen Ästhetiken des niederländischsprachigen Theaters vom Mimetheater bis zur Kollektivregie, die ich derart Christopher Balme verdanke, ist für meine Forschung bis heute prägend geblieben.

3 Vgl. Bernd Stegemann: *Lob des Realismus*. Berlin: Theater der Zeit 2015. Zur Gegenposition vgl. Nikolaus Müller-Schöll: Die CIA lässt (nicht) grüßen. Bernd Stegemann kämpft gegen die Avantgarden. In: *Theater Heute*, 12/2015, S. 55.

Kroketten, Brötchen, Musikinstrumenten und Stinkbomben brachte schließlich binnen weniger Wochen den Betrieb der Staatstheater in den Niederlanden sowie im flämischen Teil Belgiens zum Erliegen. Im Zentrum der Kritik standen die als überholt angesehene Bühnenästhetik, das an Unterhaltung ausgerichtete Repertoire ohne Bezug zu den weltpolitischen Ereignissen der Zeit sowie die hierarchische Organisation der Theaterinstitutionen. Als Resultat dieser „Tomatenaktion“ wurden, kaum denkbar in der deutschen Theaterlandschaft, mit der Saison 1970/71 tatsächlich die bestehenden Stadt- und Staatstheaterensembles aufgelöst und die Fördermittel neuen Gruppen und Institutionen zur Verfügung gestellt.

Einer der ersten Nutznießer des im Frühjahr 1970 eingerichteten „Experimentierfonds“ war ein zwölfköpfiges Kollektiv namens Het Werkteater (programmatisch ohne „h“ buchstabiert), ins Leben gerufen eben von Jan Joris Lamers, damals 27-jähriger Absolvent der Regieklasse an der Amsterdamer Toneelschool. Im Herbst der Tomatenattacken hatte er in einschlägigen Kreisen ein Gründungsmanifest für ein neues Theaterkollektiv verbreitet. Als Ziel gab er aus:

> the discovery of the reason for and the function of theatre in present-day life, and the development of a pure and meaningful relationship between actors and the audience.[4]

Zwölf Mitglieder der führenden Ensembles der Nederlandse Comedie, des Globe und Centrum-Theaters schlossen sich dem Aufruf des jüngeren Lamers an. Die Fördergelder ermöglichten ihrem Werkteater, sich zwei Jahre lang auf künstlerische Forschung zu konzentrieren. Sie trainierten täglich, probierten neue Techniken, auch in Akrobatik und Improvisation, und teilten Übungen, die Mitglieder des Kollektivs bei Workshops von Mime-Altmeister Etienne Decroux, bei Bread and Puppet, Joseph Chaikins Open Theater oder bei Jerzy Grotowski aufgeschnappt hatten.

Während die „Aktie Tomaat“ in der Selbstwahrnehmung der niederländischen Theaterkünstler*innen von außen ins Theater getragen worden war, begann mit dem Werkteater tatsächlich eine ästhetische Erneuerung von innen heraus.[5] Es bündelte Impulse zu einer neuen, eigenwilligen Ästhetik, die seit 1965 auch Ritsaert ten Cate mit seinem legendären Mickery Theater vorbereitete, zunächst von einem Bauernhof in der Nähe von Utrecht aus, wo er eine Experimentierbühne nach dem Vorbild des New Yorker LaMama Theaters eingerichtet hatte. In

4 Susan Flakes: Het Werkteater. In: *The Drama Review* 21,1 (1977), S. 27–36, hier S. 28.

5 Hans van Maanen: *Het Nederlandse toneelbestel van 1945 tot 1995*. Amsterdam: Amsterdam UP 1997, S. 127.

Abb. 1: Impulsgeber der Kollektivregie: Seit fünfzig Jahren experimentiert Jan Joris Lamers mit seiner Maatschappij Discordia und überbrückt die Polarität von mimetischer Schauspielkunst und performativer Ästhetik (hier in einem Probenfoto von 2015).

diesem Bauernhof traten etwa das Open Theatre, Richard Foreman, die Mabou Mines, das Living Theatre, Tadeusz Kantor, Pip Simmons, Brith Gof, Richard Schechners Performance Group, Jerzy Grotowski, bald auch Robert Wilson und Dario Fo auf.[6] Das Werkteater tourte schließlich international mit seinen Aufführungen (u. a. auch zum Kulturprogramm der Olympischen Spiele in München 1972), die als frühe Manifestation der später *devised theatre* genannten experimentellen Theaterästhetik erscheinen.[7] Sie setzten sich mit sozialen Themen wie Behinderung, Sucht, Alter, Tod und Homosexualität auseinander und wurden in der Regel außerhalb konventioneller Theaterräume gezeigt – in einem Zelt, in Altenheimen, Krankenhäusern oder Fabriken.

Jan Joris Lamers war zu dieser Zeit allerdings nicht mehr dabei. Er war 1972 mit acht neuen Mitstreiter*innen, vornehmlich von der Kunstakademie, nach Rotterdam übersiedelt. Sie schlossen sich unter dem Namen Het Onafhankelijk Toneel

6 Erst 1972 bezog das Mickery, ebenfalls von den neuen Fördermitteln profitierend, ein vormaliges Kino im Zentrum von Amsterdam. Vgl. Mike Pearson: *Mickery Theater. An Imperfect Archaeology*. Amsterdam: Amsterdam UP 2011.

7 Vgl. Alison Oddey: *Devising Theatre*. London: Routledge 1994.

Abb. 2: Auf der Suche nach einem anderen Kunsttheater: Frieda Pittors und Jan Joris Lamers in der Discordia-Inszenierung von Čechovs *Onkel Wanja* (1988).

(OT) ebenfalls als Kollektiv zusammen, waren im Unterschied zum Werkteater aber weniger an einem ‚anderen Theater' interessiert denn an anderem Kunsttheater. Das OT arbeitete in den progressiven Genres der Zeit, bis hin zu Tanz, Installation und Multimedia. Als Vorbild diente vor allem das Verschmelzen von Kunst und Politik nach der Revolution von 1917; Wladimir Majakowski war besonderer Bezugspunkt der ersten Arbeiten. 1977 begann die Gruppe eine intensive Auseinandersetzung mit dem dramatischen Repertoire und brachte innerhalb weniger Monate sieben Klassikerinszenierungen heraus, darunter Čechovs *Möwe*. Unter dem Label „OT Discordia" konzentrierten sich Lamers, Matthias De Koning und Titus Muiselaar fortan auf die kollektive Inszenierung dramatischer Texte (u. a. Peter Handke, Thomas Bernhard, Shakespeare). 1984 kehrten die Drei als Maatschappij Discordia nach Amsterdam zurück und wurden dort zu Protagonisten der neuen Kollektivregie.[8] Von 1991 bis 1999 residierte Discordia am Felix Meritis Theater; zu den Mitgliedern zählten u. a. die Schauspielerinnen Frieda Pittors, Viviane De Muynck und Sara De Bosschere. (Abb. 2) Den

8 Das OT existierte derweil weiter bis zur jüngsten Radikalstreichung von Kunstförderung in Holland im Jahr 2013.

Impuls hinter der neuartigen Auseinandersetzung mit den kanonischen Textarchiven beschreibt Lamers wie folgt:

> Wir wollten uns nicht in einem Repertoiregefängnis einsperren lassen, denn so empfanden wir das. Allerdings ging es uns nicht darum, das Repertoire abzuschaffen, sondern wir verfolgten die Idee, es auf eine andere, offenere Weise zu spielen. Und dabei Kontakt mit dem Publikum herzustellen.[9]

In einem Förderantrag von 2005 fasst Discordia ihren Repertoirebegriff zusammen:

> Repertoire heißt, sich als Zusammenkunft zu begreifen,
> als ein Reservoir von Themen und Motiven,
> als Auswahl von Texten, die man kennen sollte,
> als kulturelles Erbe, als gesellschaftlicher Kanon,
> als Gedächtnis.
> Repertoire aufzuführen ist wichtig, um über Jahre auf konkrete Weise mit dem Publikum über Generationen hinweg im Gespräch zu bleiben, über Stil, Gesellschaft, Politik.[10]

Zu diesem Repertoireverständnis gehört auch, dass Inszenierungen nie abgespielt sind. Heute kündigt Discordia für ihre Aufführungen oft nicht länger Stücktitel, sondern Themen an, und was dazu aus ihrem Repertoire aufgeführt wird, kann sich von Abend zu Abend ändern.

Gerade für den/die ausländische*n Zuschauer*in ist besonders der eigenwillige, im Brecht'schen Sinne radikal realistische Darstellungsstil prägnant: ganz ohne Illusion, aber auch ohne symbolisch oder metaphorische *mise en scène.* Schon in den 1970er Jahren wurde diese Spielweise international als „Werkteaterstil" zum Begriff, den Dunbar Ogden wie folgt beschrieb:

> Die Spielweise, die ich bei meinem ersten Besuch des Werkteaters beobachtete, zeichnete sich nicht durch virtuoses Zurschaustellen von Sprache aus. Ich war daher überrascht, wie sehr die normale Alltagssprache der Schauspieler mich im Bann hielt. Man sah weder förmliche Gestik, noch raffinierte Choreographie: stattdessen ganz alltägliche Gebärden, die die inneren Stimmungen mit der verdichteten Kraft des Haiku zum Ausdruck brachten. Man unterschied nicht zwischen Haupt- und Nebenrollen; zwischen Stars und Nebendarstellern, und es gab keine „Charaktertypen." Dennoch wirkten diese durchschnittlich aussehenden Menschen auf mich mit atemberaubender Ausstrahlungskraft.

9 Wouter Hillaert: Jan Joris Lamers (Toneelstof 80). In: *Belgium Is Happening*, 23.04.2009. http://www.belgiumishappening.net/home/interviews/jan-joris-lamers-toneelstof-80 (Zugriff 22.03.2017; Übers. P.B.).

10 Miranda Prein: *De Spiegel van Discordia*. Unveröffentlichte Dissertation, Universiteit Amsterdam 2005, S.7 (Übers. P.B.).

> Alles, was sie machten, beeindruckte mich, gerade weil es so einfach schien, so ungekünstelt und persönlich.[11]

Eine solche „alltägliche", „durchschnittliche" Spielweise zeichnet die Arbeiten Discordias und der genannten jüngeren Kollektivgruppen bis heute aus. Der Theaterkritiker Klaas Tindemans beschrieb den reduzierten, transparenten Inszenierungsstil in trefflicher Analogie als „konzertantes Schauspiel".[12] Statt der von einem/einer Regisseur*in verantworteten auktorialen *mise en scène* zeichnet es sich durch die kollektive „mise en jeu"[13] des dramatischen Texts aus. Ein Stuhl, ein Tisch, eine Handvoll Requisiten genügen als Bühnenbild. Gespielt wird meist nah am Bühnenrand. Oft treten die Darsteller*innen in ihrer Alltagskleidung auf, sprechen sich auf der Bühne mit ihren realen Namen an und wenden sich regelmäßig auch über die Rampe hinweg direkt an das Publikum. Gesprochen wird in niederländischer bzw. flämischer Alltagssprache, nicht in der sonst die Bühne bestimmenden Hochsprache. Die Darsteller*innen spielen dabei meist mehrere Rollen, mit Ausnahme markierter Hauptfiguren; manche Figuren wechseln zwischen verschiedenen Spieler*innen. Immer wieder werden Szenenanweisungen vorgelesen, man spielt auch gerne mit dem Skript in der Hand. Zuweilen geht man an den Anfang der Szene zurück und versucht es nochmal anders. Die strikte Trennung von Kunstproduktion, Fiktion und der Realität der Theaterrezeption ist ferner dadurch unterlaufen, dass die Spieler*innen oft schon beim Einlass präsent sind, mit dem Publikum plaudern, teils auch den Abenddienst im Foyer oder das Ausschenken von Getränken selbst übernehmen.

Auch die diskursive Explikation, welche die „performative Wende" seit den 1960er Jahren ebenfalls befördert hat, findet hier nicht länger als nachträgliche akademische Reflexion statt, sondern wird im schöpferischen Prozess der Probe produktiv gemacht, der bei nahezu allen Regiekollektiven vornehmlich aus gemeinsamem Lesen, Diskutieren und Forschen besteht, kaum aus dem konventionellen ‚Inszenieren'. Statt um das Erfinden einer Interpretation geht es in dieser kollektiven Adaptionsarbeit um das Finden einer Haltung – zum Stück, zum Drama, zur Dramengeschichte, zur Geschichte dieses Dramas. Die erste szenische Probe findet dann oft erst mit der Premiere selbst statt, denn dieses Spiel bedingt den Resonanzraum des anwesenden Publikums. Die Schauspieler*innen werden

11 Dunbar H. Ogden: *Das Werkteater von Amsterdam. Geschichte, Inszenierungen, Spieldynamik.* Würzburg: Königshausen & Neumann 1993, S. xix.

12 Klaas Tindemans: Maatschappij Discordia. Concertant theater. In: *Etcetera* 17 (1987), S. 60–61.

13 Patrice Pavis: *Contemporary Mise en Scène. Staging Theatre Today.* Abingdon / New York: Routledge 2013, S. 80.

Abb. 3: Post-Theatraler Denkraum: Discordias *Hardop: Conflict as a way of getting attention* (2015), mit Miranda Prein, Matthias De Koning, Jan Joris Lamers und Bartel Jespers (v. l.).

so von Re-Produzent*innen der Rolle zu aktiv produzierenden Teilhaber*innen der reflexiven, kritischen Arbeit – zum (frei nach Jacques Rancière) „emanzipierten Schauspieler".[14] Lamers selbst beschreibt diese anti-autoritäre Form des Theatermachens als „lebendige Wissenschaft", nennt den Schauspieler „Createur" und fügt eben hinzu: „Der Regisseur ist auch niemals wirklich wichtig gewesen, das ist ein Missverständnis."[15] (Abb. 3)

Wo sich derart performative Präsenz und jene Ausstrahlungskraft des Alltäglichen vor Repräsentation, Form und Virtuosität schieben, erscheint dieser Ansatz als Gegensatz des mimetischen Bühnenillusionismus. Bedenkt man aber die Herkunft bereits der Werkteater-Akteur*innen gerade aus der dramatischen Schauspielkunst, erscheint es angebrachter, hier weniger entgegengesetzte Performance-Ästhetik denn die performative „Verdichtung" des Dramatischen am Werk zu sehen, um Ogdens Begriff aufzugreifen. Die Schauspieler*innen aktivieren ihre Stanislawski-geschulte Einfühlungstechnik nicht, um eine Rollenfigur

14 Vgl. Jacques Rancière: *Der emanzipierte Zuschauer.* Wien: Passagen 2010.

15 Jan Joris Lamers: Ein Gespräch, das sich ständig fortsetzt. In: *Theaterschrift* 5,6 (1994), S. 278–305, hier S. 288, 286.

wahrhaftig auszugestalten. Vielmehr ist in ihrem Spiel der affektive Vektor umgedreht: der Text, die Situation, die Figur, aber auch (wie in den Werkteater-Produktionen nach 1972) die Lebenserfahrungen marginalisierter Gesellschaftsgruppen treffen auf das „emotionale Gedächtnis“ der Schauspieler*innen. Statt der Identifizierung des/der Schauspielers*in findet derart die *Infizierung* des Stoffes mit der gemeinsamen, von Schauspieler*innen und Publikum geteilten Welt statt. Sie vermitteln so den Stoff mit jener von Ogden in oben zitierter Passage beschriebenen „atemraubenden Ausstrahlungskraft“ in die Realität und Lebenserfahrung der gegenwärtigen Zuschauer*innen. Der Gegensatz von Theater und Wirklichkeit ist, im Sinne der Theateransätze jener Zeit, reduziert oder gar aufgehoben; gleichermaßen ist die Polarität von mimetischer Dramendarstellung und Performativität überbrückt. Man könnte diese Spielstrategie mit einem Begriff aus Mieke Bals Kulturanalyse als „konstative Exposition“ dem typischen „performativen“ Akt gegenüberstellen:

> Ein Akteur oder Subjekt stellt „Dinge“ aus, und dadurch wird eine Subjekt/Objekt-Dichotomie geschaffen. Diese Dichotomie ermöglicht es dem Subjekt, eine Aussage über das Objekt zu machen. Das Objekt ist da, um die Aussage zu erhärten.[16]

So lässt sich die Kollektivregie, mit einem pointierten Begriff Helmar Schramms, nicht zuletzt als Manifestation eines „post-theatralen Dramas“ auffassen.[17] Für Schramm tat sich Theatralität in den dynamisch-energetischen Vektoren von Kinesis, Semiosis und Aisthesis dar.[18] Vornehmliche Strategie der performativen Neoavantgarde der 1960er Jahre war in der Tat die Potenzierung der phänomenologischen Erfahrung von Theatralität, also von Körperlichkeit, Bildlichkeit und Medialität, nicht zuletzt angeregt durch die Rezeption von Antonin Artaud. Wo Discordia sicherlich die Medialität und Textlichkeit des Dramas hervorhebt – und in diesem Sinne dem Umgang mit klassischen Texten bei der eingangs erwähnten Wooster Group durchaus nahesteht –, bedient sich die Gruppe anders als etwa Einar Schleef oder in den letzten Jahren vor allem Michael Thalheimer gerade nicht des theatralen Werkzeugs phänomenaler Stimmdynamik, sondern einer beiläufigen, restlos unrhetorischen Sprechweise. Hans-Thies Lehmann betrachtet diese, in interessantem Echo von Ogdens Terminologie, als postdramatische „Verdichtung der Zeichen“, die den dramatischen Text zum

16 Mieke Bal: *Kulturanalyse.* Frankfurt am Main: Suhrkamp 2006, S. 36.

17 Der Begriff fiel bei einem Frühstück im Jahr 2009, wurde meines Wissens aber in Schramms Schriften nicht ausgearbeitet.

18 Helmar Schramm: *Karneval des Denkens. Theatralität im Spiegel philosophischer Texte des 16. und 17. Jahrhunderts.* Berlin: Akademie 1996.

„semantisch irrelevanten Libretto und zum Klangraum ohne feste Grenzen" mache.[19] Discordia-Mitglied Miranda Prein stimmt dieser Kategorisierung im Horizont des postdramatischen Paradigmas aber nicht zu; für sie bleiben gerade im Gegensatz zur postdramatischen Parataxis der Theatermittel der Text und das Drama als betont relevante Organisationsprinzipien der Arbeiten von Discordia nach wie vor semantisch bestimmend.[20]

In Discordias post-theatraler Arbeit offenbart sich somit nicht zuletzt eine ‚alternative Alternativtheatertradition', in der sich in die skizzierte theaterästhetische Textur, die von den Entwicklungen der performativen Neoavantgarde der 1960er Jahre bestimmt war, eine zweite zentrale Fluchtlinie der europäischen Theatergeschichte des vergangenen Jahrhunderts webt: die des episch-politischen wie auch materialistisch-dialektischen Theaters im Sinne Bertolt Brechts und Erwin Piscators. So hatten Manfred Karge und Matthias Langhoff mit ihrem Rotterdamer *König Lear* (1979) in ihrer unpsychologischen, gestischen Herangehensweise an den Text nachhaltigen Eindruck hinterlassen, auch auf das seinerzeit in Rotterdam arbeitende OT. Später in Amsterdam traf Discordia auf Fritz Marquardt, der dort im Exil inszenierte, auch Jürgen Gosch führte in den 1980er Jahren mehrfach in Amsterdam Regie. Bis heute prägen Lamers (und mehr noch seinen Mitstreiter Matthias De Koning) vor allem diese Impulse einer nach-Brecht'schen Spielpraxis, wie sie in jenen Jahren etwa auch die Regiearbeit Heiner Müllers bestimmte, der beispielhaft zu seiner kontroversen *Macbeth*-Inszenierung von 1982 anmerken sollte, dass dort „der Spielcharakter der Sache das Wesentliche ist, und der Abend eher ein Ereignis als ein Resumé [...] also etwas was sich an dem Abend ereignet, und nicht nur etwas, was genau vorbereitet, genau kalkuliert ist."[21] Auch die niederländische Kollektivregie durchzieht die Vor-Stellung von Dramentexten mit zusätzlichen Ebenen *diesseits* ihrer Repräsentation. Man ist mit der Präsentation eines sich wiederholenden, sich dabei stets verändernden Prozesses konfrontiert, in dem sich Spiel und Text, Text und Spiel wechselseitig

19 Hans-Thies Lehmann: *Postdramatisches Theater.* Frankfurt am Main: Verlag der Autoren 1999, S. 153, 276.

20 Prein: *De Spiegel van Discordia*, S. 39

21 Heiner Müller: *Macbeth nach Shakespeare. Berlin Volksbühne 1982*. Berlin: Verband der Theaterschaffenden der DDR 1988, S. 216. – Auch der belgische Autor-Regisseur Jan Decorte, der als Dramaturg am Rotterdamer *Lear* mitwirkte, sowie Marquardts Regieassistent Gerardjan Rijnders, der bald die Toneelgroep Amsterdam gründen sollte, setzten diese Einflüsse ostdeutscher Theaterpraxis im niederländischsprachigen Theater fort. Während Rijnders, Decorte und die bald um sie gruppierten neuen Regisseure wie Luk Perceval, Johan Simons und Ivo van Hove diese Ansätze schließlich auf den großen Bühnen weiter entwickelten, blieb Lamers selbst der radikalen Simplizität der kleinen Black Box verpflichtet, dem „Vlakke Vloer Theater" (VVT), wie es in der niederländischen Theatersprache heißt.

in Frage stellen: einem Schau-Spielen mit dem Drama des Werdens. Statt durch phänomenologisch theatrales Erfahren zeichnet sich der post-theatral konstative Gestus entsprechend durch konkrete Materialität und ins Extrem getriebene spielerische Kontingenz aus. Das Drama als Material – das erklärt hier nicht den Text im postmodernen Sinne zum semiotischen Steinbruch, sondern fasst den dramatischen Text als materiellen Aktanten auf, der als Material im Spiel seine eigene agentielle Kraft zu entwickeln vermag: der als Material und Medium mitwirkt und mit-weiß, somit eine aktive Rolle bei seiner Formgebung spielt.[22] Theater wird hier weder auf ein Medium der Zeichenproduktion noch auf eine performative Affektökonomie reduziert, sondern vermag sich, gerade in seiner Form des ‚Klassiker-Repertoiretheaters', als dramatischer Denkraum zu realisieren, als immer auch geschichtlicher, sozialer, kultureller Wissensraum – als immanentes Drama der symbolischen Ordnung, das sich vordergründiger Eilfertigkeit entgegenstellt, wie sie Theodor Adorno paradigmatisch kritisierte:

> Die Fähigkeit, Kunstwerke von innen, in der Logik ihres Produziertseins zu sehen – eine Einheit von Vollzug und Reflexion, die sich weder hinter Naivität verschanzt, noch ihre konkreten Bestimmungen eilfertig in den allgemeinen Begriff verflüchtigt, ist wohl die allein mögliche Gestalt von Ästhetik heute.[23]

Gerade die konstative Exposition dieser „Logik ihres Produziertseins“ transzendiert in der dramatischen Autonomie des post-theatralen Spiels die postmoderne Reflexivität als Selbstbespiegelung. Als posttheatrales Spiegel-Spiel-Arrangement ist jene „Einheit von Vollzug und Reflexion“ realisiert, die im Sinne Louis Althussers ein (Wieder-)Erkennen der symbolisch-materiellen Ordnung/Logik der Dinge befördert. Im dramatisch-kontingenten Spiel des „Scheins“, wie man mit Adorno weiterdenken könnte, kehren derart die „ungelösten Antagonismen der Realität [...] als die immanenten Probleme“[24] der (hier) performativen, aber nach wie vor dramatischen Form wieder. So vermag der materialistische, radikal realistische Ansatz, den Jan Joris Lamers, dieser – im Sinne des von Fredric Jameson und Slavoj Žižek geprägten Begriffs – „verschwindende Vermittler“[25]

22 *Vormgeving* ist die niederländische Bezeichnung für *mise en scène.*

23 Theodor W. Adorno: Valerys Abweichungen. In: Ders.: Frankfurt am Main: Suhrkamp 2003, S. 43.

24 Theodor W. Adorno: *Ästhetische Theorie.* Frankfurt am Main: Suhrkamp 2003, S. 16.

25 Nach Jameson dient ein solcher verschwindender Vermittler „as a bearer of change and social transformation, only to be forgotten once that change has ratified the reality of the institutions.“ (Fredric Jameson: The Vanishing Mediator, or Max Weber as Storyteller. In: Ders.: *The Ideologies of Theory,* Bd. 2. Minneapolis: University of Minnesota Press 1988, S. 3–34, hier S. 26.) Žižek greift in einer Reihe von Texten auf dieses Konzept zurück, u. a. in Slavoj Žižek: Das Subjekt als „verschwindender Vermittler“. In: Ders.: *Psychoanalyse und die Philosophie des deutschen Idealismus.* Wien: Turia + Kant 2015, S. 317–320.

der Theatergeschichte des 20. Jahrhunderts, in seinem fünf Jahrzehnte umfassenden Schaffen verfolgt, die Formen und Möglichkeiten von dramatischem Repertoiretheater jenseits von epischem Theater, Performance und Postdramatik neu auszuloten. Anstatt diese als unversöhnliche Gegensätze aufzufassen, wird die Tradition des dramatischen Schauspieltheaters hier im Sinne der Hegel-Žižekschen Negation der Negation, bei der man mit einer neuen parallaktischen Perspektive wieder am Ausgangspunkt ankommt, im doppelten Sinne des Worts „aufgehoben".

Spielarten des Artifiziellen

Zum Aspekt des Künstlichen in Theaterpraxis und -diskurs

Constanze Schuler

Ende Juni 2014 verbrachte ich ein verlängertes Wochenende in München und konnte innerhalb weniger Tage vier Inszenierungen an den Münchner Kammerspielen sehen: *Fegefeuer in Ingolstadt*[1], *Die Zofen*[2], *Der Prozess*[3] und *Helen Lawrence*[4], eine ‚Cinematic Stage Production' des kanadischen Künstlers Stan Douglas. Alle Inszenierungen hatten mein Interesse schon im Vorfeld geweckt, wurden sie doch von Kritik und Feuilleton mit dem durchaus ambivalenten Prädikat des Künstlichen oder Artifiziellen belegt. Die Frage danach, welche heuristischen Potenziale der Begriff und das ästhetische Konzept des Künstlichen im Kontext von Theater entfalten kann, wenn er aus seinem Schattendasein als (meist negativ konnotierter) Gegenbegriff zum Natürlichen oder Authentischen herausgeführt wird, beschäftigte mich schon seit geraumer Zeit und hatte gerade durch die Relektüre eines Aufsatzes von Christopher Balme zur Theaterfotografie neue Nahrung erhalten. Unter dem Titel „Zwischen

1 *Fegefeuer in Ingolstadt* (Premiere: 08.02.2013, Münchner Kammerspiele, R: Susanne Kennedy).

2 *Die Zofen* (Premiere: 16.05.2014, Münchner Kammerspiele, R: Stefan Pucher).

3 *Der Prozess* (Premiere: 25.09.2008, Münchner Kammerspiele, R: Andreas Kriegenburg).

4 *Helen Lawrence. A Cinematic Stage Production* (Premiere: 18.06.2014, Münchner Kammerspiele, R: Stan Douglas).

Artifizialität und Authentizität: Frank Wedekind und die Theaterfotografie"[5] weist Christopher Balme hier nach, dass gerade die künstlich verdichtete Situation der Atelierfotografie im Gegensatz zur vermeintlichen Authentizität der Aufführungssituation den künstlerischen Vorstellungen Frank Wedekinds mit Blick auf eine fotografische Zuspitzung theatraler Wirkprinzipien und Aussagemomente nach 1900 in hohem Maße entsprach.[6] Was sich also auf den ersten Blick als ‚gestellt', ‚künstlich' oder gar ‚theatralisch' darstellen mag, entpuppt sich auf den zweiten Blick als eine Art Brennspiegel, unter dem Strategien der Selbstinszenierung, der Geschlechterbeziehungen oder eines dezidiert antinaturalistischen Schauspielstils künstlerisch erst sichtbar gemacht und in Bezug zum historischen Kontext gesetzt werden können.

An diese Überlegungen möchte der vorliegende Aufsatz anschließen und am Beispiel von Stefan Puchers Münchner Inszenierung von Jean Genets *Die Zofen* das produktions- und wirkungsästhetische Potenzial des Artifiziellen herauspräparieren. Gleichzeitig soll damit der Blick auf eine Facette der zeitgenössischen Theaterpraxis gerichtet werden, die oft nur allzu bereitwillig und vor dem Hintergrund diffuser Qualitätsargumente als kunstgewerblich, oberflächlich, effektlastig oder plakativ deklassiert wird.

‚Neue Künstlichkeit' – Zwischen Faszination und Misstrauen

Am 16. Mai 2014 hatte an den Münchner Kammerspielen Stefan Puchers Inszenierung von Jean Genets *Die Zofen* Premiere. Die Reaktionen auf die Inszenierung waren ambivalent: Während einerseits das Spiel der Darstellerinnen (Brigitte Hobmeier, Annette Paulmann und Wiebke Puls) in der Tagespresse durchweg gerühmt wurde, machte sich andererseits in einigen Rezensionen ein latenter Widerstand, wenn nicht gar ein diffuser Widerwille gegen die Inszenierung bemerkbar. Der Theaterabend besteche – so war in der *Süddeutschen Zeitung* zu lesen – durch „faszinierende Bilder, sinnfällige Spiegelungs- und Doppelungseffekte", er biete „vor allem aber: kalte Perfektion. Extreme Künstlichkeit. Ein Höchstmaß an Stilisierung, ästhetisch hehr, aber auch: wohlfeil".[7] Ähnlich äußerte sich die Rezensentin der *Münchner*

5 Vgl. Christopher B. Balme: Zwischen Artifizialität und Authentizität: Frank Wedekind und die Theaterfotografie. In: Andreas Kotte (Hrsg.): *Theater der Region – Theater Europas. Kongress der Gesellschaft für Theaterwissenschaft*. Basel: Theaterkultur 1995, S. 175–187.

6 Vgl. ebd., S. 177.

7 Christine Dössel: Außer Gesten nicht viel gewesen. Stefan Pucher macht an den Münchner Kammerspielen aus Jean Genets Stück „Die Zofen" ein hochartifizielles, multimediales Grusical – das ist kalte Perfektion in Top-Besetzung. In: *Süddeutsche Zeitung*, 19.05.2014.

Abendzeitung: Zwar folge man der virtuosen Darstellung der Schauspielerinnen durchaus mit Faszination, aber die „hochstilisierte, von Bildern überfrachtete Kunstwelt“ von Puchers Inszenierung lenke immer wieder davon ab: „Alles ist in Puchers Inszenierung mit möglicher Bedeutung überfrachtet, alles ist überdeutlich als Kunstform ausgestellt. Das ist schlichtweg zu viel Artifizialität. Etwas weniger Künstlichkeit hätte den Künstlern mehr Raum gelassen.“[8] In der Tat: Die Inszenierung besticht weniger durch psychologisierende Zwischentöne als vielmehr durch dekorative, zuweilen auch plakative Effekte und eine eher grelle Oberflächenästhetik. Sie nutzt Mittel der medialen Verschränkung von Theater, Film und Live-Video, der grotesken Überzeichnung, der Verfremdung und der Maskierung. Sie zielt nicht auf Identifikation ab, sondern ‚belügt‘ die Zuschauer*innen nach allen Regeln der Theaterkunst, um sie immer tiefer in das verzweifelte Rollen- und Intrigenspiel der Schwestern Claire und Solange hineinzuziehen und – auch das ein wohlkalkulierter Effekt der Inszenierung – dadurch gleichermaßen abzustoßen.

Das Beispiel der Münchner *Zofen*-Rezeption mag hinsichtlich der ablehnenden Tendenz gegenüber dem Künstlich-Artifiziellen besonders offensichtlich sein, ein Einzelfall ist es nicht: Ein ‚Zuviel‘ an Artifizialität wurde auch Susanne Kennedys Münchner Inszenierung von *Fegefeuer in Ingolstadt* attestiert. In der Zeitschrift *Theater heute* artikulierte Silvia Stammen ihr „Unbehagen“ am Konzept der „konstruierten Künstlichkeit“ und am „inszenatorischen Masterplan“ Susanne Kennedys und bezeichnete die szenische Umsetzung von Marieluise Fleißers Stück wenig subtil als „Zombie-Trash“.[9] In der *Berliner Zeitung* zeigte sich Ulrich Seidler anlässlich der Einladung der Inszenierung zum Berliner Theatertreffen 2014 zwar von der „formale[n] Konsequenz“ der Inszenierung beeindruckt, die „kalt, hart und künstlich“ wirke, bemängelte aber gleichzeitig die damit verbundene „Durchschaubarkeit der Inszenierungsidee“.[10] Vergleichbare Argumentationsmuster kommen auch immer wieder im Zusammenhang mit älteren wie aktuellen Regiearbeiten Michael Thalheimers, Alvis Hermanis',

8 Gabriella Lorenz: Genets „Zofen“ an den Kammerspielen. Im Tunnel virtuos vergiftet. In: *Abendzeitung München*, 18.05.2014. http://www.abendzeitung-muenchen.de/inhalt.genets-zofen-an-den-kammerspielen-im-tunnel-virtuos-vergiftet.93ccc81e-7661-490f-8e74-63a8ba511470.html (Zugriff am 04.03.2017).

9 Silvia Stammen: Abgeschnitten und stillgelegt. An den Münchner Kammerspielen beamt Susanne Kennedy Marieluise Fleißers „Fegefeuer in Ingolstadt“ ins Zombieland. In: *Theater heute*, 04/2013, S. 16.

10 Ulrich Seidler: Fegefeuer in Ingolstadt. In: *Berliner Zeitung*, 08.05.2014. http://www.berliner-zeitung.de/kultur/theater/muenchen--fegefeuer-in-ingolstadt—3121462 (Zugriff am 30.06.2014).

Andreas Kriegenburgs oder Ersan Mondtags zum Tragen und offenbaren sowohl die Faszination für das Suggestiv-Konzepthafte der jeweiligen Inszenierungen als auch ein latentes Misstrauen gegenüber Theaterformen, die ihren Fokus auf Form, Ästhetik und eine klar konzipierte „Wirkungsmechanik“[11] legen.

Fast immer wird das Wortfeld des Künstlichen oder Artifiziellen in Rezensionen und Aufführungsbesprechungen im Sinne eines scheinbar unhintergehbaren Differenzmerkmals, eines ästhetischen und nicht selten auch ethischen Werturteils eingesetzt. Über die eher negativ konnotierten Schwingungen des Begriffsfelds artikulieren sich zuweilen auch (intellektualistische) Vorbehalte gegenüber einer Ästhetik, die bewusst auf ‚Schauwerte‘ setzt und in der das Zeichen bzw. die Repräsentation gegenüber dem Bezeichneten und Repräsentierten die Oberhand zu gewinnen scheint.

Aber wie lässt sich dieser „Widerstand gegen die Künstlichkeit“[12] erklären? Weshalb findet der Begriff des Künstlichen zumeist nur *ex negativo* – in Abgrenzung zum Natürlichen oder Authentischen – Beachtung und Anwendung? Warum fristet das ästhetische Phänomen des Artifiziellen auch im theaterwissenschaftlichen Diskurs eher ein Schattendasein und welche (auch epistemischen) Erkenntnispotenziale könnte eine Perspektivverschiebung zugunsten dieser bislang eher vernachlässigten Kategorie ästhetischer Erfahrung bewirken? Ausgehend von einigen Überlegungen zur Etymologie des Begriffsfelds und zu wissenschaftsgeschichtlichen Tendenzen im Umgang mit dem Künstlichen möchte ich solche und ähnliche Fragen aufgreifen und anschließend im Rückbezug auf das Ausgangsbeispiel der *Zofen*-Inszenierung nach dem analytisch-operativen Potenzial des Künstlichkeitsbegriffs fragen.

Begriffsfelder des Künstlichen

Das Wortfeld des Künstlichen wird – das machen die Beispiele deutlich – zumeist mit Begriffen wie Stilisierung, Formbewusstsein, Oberflächlichkeit, Perfektion, Konstruiertheit und Kunstgewerblichkeit bis hin zu Seelenlosigkeit oder Kälte assoziiert. Der Begriff des Künstlichen wird synonym zum Begriff des Artifiziellen benutzt, das auf das lateinische *artificialis* zurückgeht und auf das von Menschenhand Gemachte oder Hergestellte verweist (und somit auch

11 Den Regisseur Andreas Kriegenburg bezeichnet Christine Dössel in einem Porträt als „Wirkungsmechaniker“. Vgl. Christine Dössel: Porträt Andreas Kriegenburg. In: *Goethe Institut: 50 Regisseure.* http://www.goethe.de/kue/the/reg/reg/hl/kri/deindex.htm (Zugriff am 13.03.2017).

12 Gernot Böhme: *Natürlich Natur. Über Natur im Zeitalter ihrer technischen Reproduzierbarkeit.* Frankfurt am Main: Suhrkamp 1992, S. 193.

in deutlicher Verwandtschaft zum griechischen Begriff *techne* (τέχνη) steht). Im Begriff und ästhetischen Konzept des Künstlichen scheint sich jedoch mittlerweile und in Abgrenzung von diesem zunächst wertfreien Wortgebrauch das negativ konnotierte Begriffsfeld des Unechten und Unnatürlichen, des Affektierten und Theatralischen verdichtet und konserviert zu haben. Bot das *Deutsche Wörterbuch* der Brüder Grimm aus dem Jahr 1873 in einem immerhin sechsspaltigen Eintrag zu den Begriffen „künstlich/Künstlichkeit" noch eine Vielzahl an Bedeutungsfacetten, die von „kunstvoll, gekonnt" über explizit „wissenschaftlich" und „experimentierfreudig"[13] bis hin zum wertenden Gebrauch im Sinne von „gekünstelt, überkünstelt, unnatürlich"[14] reichte, so liest sich die weitere Begriffsgeschichte als eine der zunehmenden pejorativen Verengung. Zwar erwähnt das *Deutsche Wörterbuch* von Moriz Heyne aus dem Jahr 1906 die ältere Bedeutung des Wortes im Sinne von „geschickt, kunstreich" noch, verweist aber auch unmissverständlich darauf, dass das Begriffsfeld im neueren Sprachgebrauch „gewöhnlich nur noch als Gegensatz zu dem natürlich, von selbst Gewordenen oder Gewachsenen, aber mit dem Beisinn der Ausklügelung"[15], der „Berechnung" oder gar der „Lüge"[16] verwendet wird. Rund hundert Jahre später scheint der Begriff dann weitgehend abgespalten von seinen positiven Konnotationen und wird beinahe ausschließlich mit seinen abwertenden Bedeutungsfacetten in Verbindung gebracht: Neben „falsch, gefälscht, imitiert, [...], nicht natürlich, unecht" führt beispielsweise das *Duden Synonymwörterbuch* auch die Synonyme „affektiert, artifiziell, [...] theatralisch" sowie „konstruiert, manieriert" auf.[17]

Diese wertende Einschränkung des Begriffsfelds korrespondiert mit der Hierarchisierung und Präferenz des Natürlichen gegenüber dem Künstlichen, wie sie als Teil einer Differenzierung zwischen dem Gewordenen und dem Gemachten heute scheinbar allerorten bevorzugt wird: Das Natürliche ist das, was „von selbst da ist, das Ursprüngliche, das Andere jenseits und im Gegensatz zum

13 Vgl. Jacob Grimm / Wilhelm Grimm: *Deutsches Wörterbuch*, Bd. 5. Leipzig: Hirzel 1873, Sp. 2711–2716, hier Sp. 2711. In diesem Sinne verwendet, taucht der Begriff „künstlich" auch im Kontext von Buchtitulaturen des 16. bis 18. Jahrhunderts auf und steht damit auch in einer engen Verbindung zu den Wissensräumen, die der „Theatrum"-Begriff des 17. Jahrhunderts eröffnet.

14 Ebd., Sp. 2714.

15 Moriz Heyne: *Deutsches Wörterbuch*, Bd. 2. Leipzig: Hirzel 1906, Sp. 515–516, hier Sp. 515.

16 Ebd.

17 *Das Synonymwörterbuch. Ein Wörterbuch sinnverwandter Wörter*, hrsg. v. der Dudenredaktion. 5., vollständig überarb. Aufl. Mannheim / Zürich: Dudenverlag 2010, S. 587.

disziplinierten menschlichen Bereich"[18]. Ist das Natürliche – vom Bio-Apfel bis zur Naturkosmetik – eine Art Sehnsuchtsmetapher geworden, die vom Phantasma des Ursprünglichen und Unmittelbaren lebt, so scheint sich im Begriffsfeld des Künstlichen nicht nur ein „Aura"-Verlust in Zeiten der „technischen Reproduzierbarkeit von Natur"[19], sondern auch eine latente Fortschritts- und Wissenschaftsfeindlichkeit abzuzeichnen.[20]

Auch die theaterwissenschaftliche Forschung der vergangenen Jahrzehnte legt eine gewisse Zurückhaltung gegenüber dem Begriffsfeld, dem ästhetischen Konzept und den historischen Facetten des Künstlichen an den Tag.[21] Zum einen haben wohl die „bürgerlichen Episteme der Tiefe"[22] des 18. und 19. Jahrhunderts hier ihre Spuren hinterlassen, die auf Inhalt, Bedeutung und Wahrheit setzen und Oberflächenphänomene als tendenziell defizitär deklassieren. Zum anderen resultiert die Zurückhaltung sicherlich auch aus fachspezifischen, wissenschaftsgeschichtlichen Entwicklungen der letzten Jahrzehnte: Während die Theatersemiotik seit den 1970er Jahren die potenzielle Les- und Dechiffrierbarkeit von Zeichen bzw. Zeichenkombinationen und den ‚Produktcharakter' von Theater in den Blickpunkt rückte, setzte mit dem sog. *performative turn* seit den 1990er Jahren ein verstärktes Interesse am Aufführungsbegriff, dem präsentischen, unplanbaren, emergenten und

18 Böhme: *Natürlich Natur*, S. 21.

19 Ebd., S. 115.

20 Ein durchaus problematischer Beleg für diese Haltung ist sicherlich Sybille Lewitscharoffs Dresdner Rede aus dem Frühjahr 2014, die auch von negativ konnotierten Theatermetaphern reichlich Gebrauch machte, um die Differenz zwischen „Gemachtem" und natürlich „Gewordenem" zu markieren und den wissenschaftlich-medizinischen Fortschritt mitsamt seinen „Selbstermächtigungsstrategien" zu diskreditieren. Vgl. Sibylle Lewitscharoff: Von der Machbarkeit. Die wissenschaftliche Bestimmung über Geburt und Tod. Rede am Staatsschauspiel Dresden, 02.03.2014. http://www.staatsschauspiel-dresden.de/download/18986/dresdner_rede_sibylle_lewitscharoff_final.pdf (Zugriff am 01.02.2017).

21 Ausnahmen bestätigen die Regel: Sie finden sich vor allem im Bereich der Forschungen zum Theater des 17. Jahrhunderts und im Rahmen von Publikationen, die sich mit den Themenkomplexen des künstlichen Menschen, der Puppe oder auch virtuellen (Spiel-)Welten auseinandersetzen. Vgl. z. B. Meike Wagner: *Nähte am Puppenkörper. Der mediale Blick und die Körperentwürfe des Theaters*. Bielefeld: Transcript 2003; Jochen Kiefer: *Die Puppe als Metapher, den Schauspieler zu denken. Zur Ästhetik der theatralen Figur bei Craig, Meyerhold, Schlemmer und Roland Barthes*. Berlin / Köln: Alexander 2004; Florian Nelle: *Künstliche Paradiese. Vom Barocktheater zum Filmpalast*. Würzburg: Königshausen & Neumann 2005; Ulf Otto: *Internetauftritte. Eine Theatergeschichte der neuen Medien*. Bielefeld: Transcript 2013.

22 Hans-Georg von Arburg / Philipp Brunner / Christa M. Haeseli / Ursula von Keitz / Valeska von Rosen / Jenny Schrödl / Isabelle Stauffer / Marie Theres Stauffer (Hrsg.): *Mehr als Schein. Ästhetik der Oberfläche in Film, Kunst, Literatur und Theater*. Zürich / Berlin: Diaphanes 2008, Klappentext.

atmosphärischen Anteil von Theater in Produktion und Rezeption ein. Zahlreiche Publikationen beschäftigten und beschäftigen sich in der Folge mit Aspekten und Spielarten des Authentischen, der Improvisation, der Unmittelbarkeit von Präsenz bis hin zu künstlerischen Praktiken im Probenprozess. Natürlich impliziert dies nun nicht notwendigerweise, dass es kein Bewusstsein für den strategisch kalkulierten, medial und/oder performativ vermittelten Anteil künstlerischer Produktion gäbe. Aber es gibt – das soll an dieser Stelle einmal etwas zugespitzt behauptet werden – eine Tendenz, die konstruierten Aspekte von Theater zu überdecken bzw. mit Blick auf den Aspekt des Unmittelbaren und Authentischen umzuwerten:

> Denn einerseits lässt sich Inszenierung durchaus als Schein, Simulation, Simulakrum begreifen. Es handelt sich dabei jedoch um einen Schein, eine Simulation, ein Simulakrum, die allein fähig sind, Sein, Wahrheit, Authentizität zur Erscheinung zu bringen. Nur in und durch Inszenierung vermögen sie uns gegenwärtig zu werden.[23]

Der Inszenierungsbegriff wird hier in Relation zu den Leitbegriffen der Authentizität und der Wirklichkeitserfahrung gesetzt; im Kontext von Theater ließe sich mit Rudolf Münz der Blickwinkel aber auch ganz bewusst auf das „Prinzip Harlekin" und damit auf „supra-artifizielle" Theaterformen richten,[24] die ihr Vorbild nicht zwingend in der Natur suchen und ihr kreatives Potenzial aus einem Bekenntnis zum Simulakrum[25] ‚Theater' schöpfen. Bliebe in diesem Kontext also zu fragen, ob es nicht lohnenswert sein könnte, die einebnende ‚Versöhnlichkeit' des Authentizitätsbegriffs aufzubrechen und im Gegenzug dem eher unversöhnlichen Begriff des Künstlichen (wieder) zu einer deutlicheren Profilierung innerhalb des theaterwissenschaftlichen Diskurses zu verhelfen.

Die Vernachlässigung des Künstlichen als ästhetisches Prinzip und Ordnungskategorie innerhalb der theaterwissenschaftlichen Forschung und Lehre verwundert dann aber doch ein wenig: Immerhin kann eine starre Entgegensetzung von Natur und Kunst oder eine eindimensionale Verwendung des Mimesis-Begriffs, die sich einseitig an der Idee der Nachahmung von Natur

23 Erika Fischer-Lichte: Theatralität und Inszenierung. In: Dies. / Isabel Pflug (Hrsg.): *Inszenierung von Authentizität.* Tübingen / Basel: Francke 2000, S. 11–27, hier S. 23.

24 Rudolf Münz: *Theatralität und Theater. Zur Historiographie von Theatralitätsgefügen*, hrsg. v. Gisbert Amm. Berlin: Schwarzkopf & Schwarzkopf 1998, S. 70.

25 Der Simulakrum-Begriff wird hier im Sinne Roland Barthes' verwendet und bezeichnet die schöpferisch-kreative (Re-)Konstruktion und Erzeugung einer (theatralen) „Welt, die der ersten ähnelt, sie aber nicht kopieren, sondern einsehbar machen will" (Roland Barthes: Die strukturalistische Tätigkeit. In: *Kursbuch* 5 (1966), S. 190–196, hier S. 192).

ausrichtet, als überwunden angesehen werden. Immerhin ist der Aspekt des ‚So-tun-als-ob' eine zentrale Prämisse theatraler Spiel-, Darstellungs- und Repräsentationsformen. Immerhin wurde der Theatralitätsbegriff ausdifferenziert und von seinen negativen Konnotationen des Falschen, Unechten und Gekünstelten weitgehend befreit (Konnotationen, die nun auf den Begriff des Künstlichen übergegangen zu sein scheinen). Immerhin ist die Geschichte und Praxis von Theater durch zahlreiche Umbrüche und ästhetisch befruchtende Wechselwirkungen zwischen dem Natürlichen und dem Künstlichen geprägt: So wurde dem als künstlich und theatral empfundenen Gesellschafts- und Theaterverständnis der höfisch-barocken Repräsentationsformen am Übergang vom 17. zum 18. Jahrhundert eine neue Natürlichkeit als Ideal entgegengesetzt, das sich nicht nur auf die Schauspielkunst, sondern auch auf das Selbstverständnis des Bürgertums allgemein auswirkte. Demgegenüber vollzogen zahlreiche Vertreter der Historischen Avantgardebewegungen an der Wende zum 20. Jahrhundert (von Edward Gordon Craig über Bertolt Brecht bis hin zu Antonin Artaud) eine Rückbesinnung auf die genuin theatralen, künstlerischen wie künstlichen Ausdrucksmittel von Theater. Als ästhetische Kategorie spielt das Künstliche jedoch im Gegensatz zum Authentischen oder Wahrhaftigen auch im breiter gefassten kulturwissenschaftlichen Diskurs derzeit eine eher marginale Rolle und auch die historisch bedingten Diskursivierungen des Künstlichen im Feld der Theaterwissenschaft sind m. E. noch nicht ausreichend erforscht.

Ausgehend von dieser – sicherlich rudimentären – Bestandsaufnahme und dem konstatierten Forschungsdesiderat zu den Geltungsbereichen einer Ästhetik des Künstlichen in (Theater-)Produktion und Rezeption, sollen nun zwei Thesen und eine Arbeitsdefinition des Künstlichen formuliert werden, die das Arbeitsfeld genauer bestimmen.

Spielarten des Artifiziellen – Thesen und Arbeitsdefinition

In der Theaterpraxis zeichnet sich gegenwärtig ein Trend zu einer ‚Neuen Künstlichkeit'[26] ab, der sich als Gegenbewegung zum ‚Authentizitätsterror'

26 Diese derzeit verstärkt zu beobachtende Affinität für das Künstliche lässt sich dabei jedoch weder als reines Gegenwartsphänomen noch als etwas prinzipiell ‚Neues' bestimmen (zum ohnehin problematischen Begriff des „Neuen" im Zusammenhang mit kreativen Theaterprojekten oder -formen vgl. u. a. Hans-Thies Lehmann: *Postdramatisches Theater*. Frankfurt am Main: Verlag der Autoren 1999, S. 32). Die aktuellen theatralen Erkundungen im Feld des Künstlichen situieren sich in einem komplexen Geflecht historischer und theaterästhetischer Bezugspunkte und sind ohne das Wissen um die künstlichen Zeichen barocker Repräsentationskultur, die körperbetonten Ausdrucksformen der Commedia dell'arte oder die

(so der Titel eines Symposiums am Deutschen Theater im Jahr 2012) versteht und die spielerischen, konstruierten, z. T. auch selbstbezüglichen Aspekte von Theater aufwertet. Mittels einer Neupositionierung und Ausdifferenzierung des Begriffs des Künstlichen ließe sich in diesem Kontext ein Suchbegriff etablieren, der diesen Theaterformen gerecht werden könnte, ohne sie als Abweichung von der Norm des Natürlichen oder Authentischen zu klassifizieren. Der Begriff des Künstlichen taugt dabei zu mehr als nur einer Definition *ex negativo*. Das Künstliche ist nicht nur die ungeliebte Kehrseite des Natürlichen, sondern kann durch seine Nähe zum Theatralitäts- und Inszenierungsbegriff ein ganz eigenes heuristisches Potenzial im Kontext theaterwissenschaftlicher Forschung entfalten.

Im Rahmen einer vorläufigen Arbeitsdefinition möchte ich Künstlichkeit bzw. das Künstliche an dieser Stelle als eine produktions- und wirkungsästhetische Strategie definieren, die – unter Einsatz verschiedener Techniken und theatraler Verfahren (wie z. B. Reduktion, Formalisierung, Stilisierung, Abstraktion, Ästhetisierung, Verfremdung, Metaisierung, Medialisierung, Maskierung und Artistik) – gewohnte Wahrnehmungsmuster irritiert und somit die Konstrukthaftigkeit von Welt- und Selbstinszenierung im Modell anschaulich und zuweilen auch durchschaubar macht. Selbstredend handelt es sich um eine relationale Kategorie, die nur mit Blick darauf definiert werden kann, was in verschiedenen Epochen jeweils als künstlich „konzeptualisiert, diskursiviert und symbolisiert wurde, von welchen historischen Praktiken und Techniken dies beeinflusst war und vor dem Hintergrund bzw. im Dienste welcher Ideologien, Machtinteressen, Normen und Wertvorstellungen dies geschah“[27].

spektakulären Schauanordnungen im Theater des ausgehenden 19. Jahrhunderts kaum denkbar. Die Poetisierungstendenzen der Romantik oder der Ästhetizismus um 1900 gehören ebenso zum Koordinatensystem einer Ästhetik des Künstlichen wie die visuellen Dramaturgien eines seit den 1970er Jahren stilprägenden Regisseurs wie Robert Wilson. Deutliche Schnittstellen ergeben sich auch zu den von Hans-Thies Lehmann als „postdramatisch“ charakterisierten Theaterformen mit ihrer Enthierarchisierung der Theatermittel, dem klaren Bekenntnis zur Autonomie des Theatralen, dem Stilpluralismus, dem selbstreflexiven Gestus und der Intensivierung autopoietischer Kommunikationsprozesse im theatralen Prozess (vgl. Lehmann: *Postdramatisches Theater*). Indem verschiedene Spielarten des Artifiziellen jedoch solche und andere Einflüsse integrieren und sich zum Kunst(raum)-Theater bekennen, gelangen sie zu einer Eigenständigkeit jenseits starrer begrifflicher oder ästhetischer Normierungsversuche.

27 Doris Kolesch: Natürlichkeit. In: *Metzler Lexikon Theatertheorie*, hrsg. v. Erika Fischer-Lichte / Doris Kolesch / Matthias Warstat. Stuttgart / Weimar: Metzler 2005, S. 220–223, hier S. 220.

Die Zofen unter dem Blickwinkel des Künstlichen

Zurück zum Beispiel und zu der Fragestellung, welche Konsequenzen eine solche Perspektivverschiebung hin zum Künstlichen für die Inszenierungs- und Aufführungsanalyse haben könnte. Man wird der Inszenierung Stefan Puchers sicherlich nicht gerecht, wenn man sie am Prinzip des Natürlichen misst oder dieses zum Leitbegriff ästhetischer Werthaltigkeit oder Qualität macht. Vielmehr muss das Künstliche zum Ausgangspunkt der Betrachtung oder Analyse gemacht werden. Dabei richtet sich das analytische Interesse in einem ersten Schritt stärker auf die formalen Aspekte der Inszenierung. Im Zusammenhang mit der *Zofen*-Inszenierung fällt eine szenische Strategie besonders ins Auge, die aus ihrer Konstrukthaftigkeit und ihrer Nähe zum Künstlichen keinen Hehl macht und zum Ausgangspunkt einer (selbstverständlich an dieser Stelle nur sehr punktuellen) Analyse gemacht werden kann: Das Prinzip der Maskierung. Maskierung wird von mir in diesem Kontext in einem weitgefassten Sinne als ein szenisches Darstellungs- und Transformationsverfahren verstanden, das die zeichenhafte Überformung, Verdichtung, Verfremdung oder Verhüllung als (zuweilen durchaus plakatives und dekoratives) Mittel sinnlich-ästhetischer, Kenntlichmachung', Distanzierung und Erkenntnis nutzt. Maskierungspraktiken verweisen auf den Aspekt des Gemachten im theatralen Prozess und können somit auch den Konstruktcharakter sozialer Differenzierungen, Normen und Wertvorstellungen transparent machen. Im Spannungsfeld zwischen Natur und Kultur angesiedelt, kann die Maskierung als theatrales Verfahren jedoch die Grenzen zwischen vermeintlich natürlichem Sein und künstlichem Schein jederzeit auch zum Verschwimmen bringen.[28]

In Übertragung auf das Beispiel der *Zofen*-Inszenierung betrifft das Verfahren der Maskierung insbesondere die Zeichensysteme Maske, Frisur, Kostüm, Stimme sowie Bühnenbild und Dekoration in Kombination mit den Live-Video-Projektionen. Schon das Anfangsbild der Inszenierung spielt mit dem Prinzip der Ver- und Enthüllung: Auf einer dünnen Gaze-Leinwand, die das tunnelartige Oval der Bühnenkonstruktion im vorderen Drittel durchtrennt und den Blick auf die dahinterliegenden Bereiche zunächst verschleiert, sind zwei menschliche Gestalten im Profil zu sehen. Man kann vermuten, dass es sich um die beiden Protagonistinnen Claire und Solange handelt. Eine eindeutige geschlechtliche Zuordnung lässt sich jedoch an dieser Stelle, bedingt auch durch die gummiartig verfremdeten Frisuren, nicht vornehmen. Mit

28 Vgl. hierzu Richard Weihe: *Die Paradoxie der Maske. Geschichte einer Form*. München: Fink 2004.

Abb. 1: Annette Paulmann (Solange) und Brigitte Hobmeier (Claire) in *Die Zofen* (Premiere: 16.05.2014, Münchner Kammerspiele, R: Stefan Pucher).

einem Strohhalm bläst die eine Gestalt der anderen den Rauch einer Zigarette in den Mund. (Abb. 1) Optisch scheinen die beiden Figuren auf den ersten Blick nahezu austauschbar, ein Eindruck, der durch die Reduktion des Farbspektrums und die Verdopplung der Projektion auf einer hinteren, parallelen Leinwand zusätzlich verstärkt wird.

Die Schwarz-Weiß-Ästhetik des Anfangsbildes setzt sich in den ersten Szenen der Inszenierung konsequent fort und wird hier insbesondere von den Zeichensystemen Maske, Frisur und Kostüm aufgenommen: Die Gesichter der beiden Darstellerinnen sind komplett weiß geschminkt, Augenbrauen, Augen und Mund sind dunkel abgesetzt. Die Schminkmaske sorgt für eine clowneske Überformung der individuellen Gesichtszüge und bewirkt damit eine Distanzierung zwischen Schauspielerin und Rolle einerseits, Zuschauer und Figur andererseits. Die tiefschwarzen Haare sind dicht und glänzend an den Kopf frisiert und geben unter kahlen Stellen den Blick auf die weiße Kopfhaut frei. Die Frisur denotiert „Haar“ nicht als natürliches Phänomen, sondern als künstlich hergestelltes und bewusst gesetztes theatrales Zeichen, das auf die Zuschauenden in seiner semantischen Vieldeutigkeit und sinnlich-ästhetischen Qualität irritierend, ja abstoßend wirken kann. Die Kostüme sind puppenartig stilisiert, folgen ebenfalls einer klaren Farbdramaturgie und nutzen somit das Prinzip der vestimentären Maskierung: Das Erscheinungsbild der Hauptfiguren erinnert an die (männlich konnotierte) Bühnenfigur des Pierrot und trägt damit abermals dazu bei, die Geschlechter- und Identitätsgrenzen zu verwischen. Die Austauschbarkeit bzw. Verwechselbarkeit der Figuren wird auch in anderen Szenen aufgenommen und durch das ebenfalls präsente Prinzip der Spiegelung und durch den Einsatz von Videotechnik und Filmsequenzen verstärkt:

> Schließlich [...] lässt der Regisseur die live projizierten Gesichter so übereinander gleiten, dass mal die Augen der einen aus der anderen gucken und mal die andere mit dem Mund der einen spricht. Da haben sich die beiden in ihren zwischen Herrschen und Knechtschaft changierenden Phantasien so verloren, dass man selbst nicht mehr weiß, welche nun gerade in welche Rolle geschlüpft ist.[29]

Die Idee des kontinuierlichen Rollenspiels und der damit verknüpften Ungewissheit von Identität wird in der Inszenierung konsequent durchdekliniert: Sie zeigt sich in Barbara Ehnes' Bühnenbild mit seiner tunnelartig verzerrten Optik eines bürgerlichen Salons ebenso wie in den diversen Verkleidungsritualen der beiden Protagonistinnen: Das Schlüpfen in die Kleider und Abendroben der Gnädigen Frau (Kostüme: Annabelle Witt) wird zum Indikator für den Rollenwechsel im internen Spiel der Schwestern und gleichzeitig zum sichtbar-materiellen Zeichen für die Unmöglichkeit sozialer Mobilität im gesellschaftlichen Gefälle zwischen Dienenden und Herrschenden. Insbesondere Brigitte Hobmeier nutzt für ihre Figur der Claire auch das Mittel der stimmlichen Maskierung. Sie „oszilliert derart heftig zwischen piepsender Devotion, röhrender Wildheit und schriller Hysterie, als bestehe sie aus mehreren Persönlichkeiten"[30], so ist im *Münchner Merkur* zu lesen. Damit gelingt es ihr, die Pole zwischen Schauspielerin, Figur, Rollenspiel und Identitätskonstruktion virtuos und bis an die Grenze des Manierierten auszureizen und das Prinzip ‚Spiel' als Lebens- und Überlebensstrategie der Schwestern Solange und Claire überdeutlich auszustellen.

Die Zeichensysteme Maske, Kostüm, Frisur und Stimme fungieren nicht nur als Zeichen für die jeweilige Rollenfigur, sondern machen – indem sie eine eindimensionale Decodierung verweigern – den Zeichen- und Materialcharakter

29 Sven Ricklefs: Wo die Zofen ihre Spiele spielen. Regisseur Stefan Pucher hat in den Münchner Kammerspielen das Artifizielle von Genets „Zofen" in seine Bühnenästhetik übersetzt. In: *Deutschlandfunk*, 18.05.2014. http://www.deutschlandfunk.de/theater-wo-die-zofen-ihre-spiele-spielen.691.de.html?dram:article_id=285771 (Zugriff am 07.03.2017).

30 Alexander Altmann: Im Tunnel der Begierden. Schrecklich-schöne Sensation: Stefan Pucher inszenierte „Die Zofen" für die Münchner Kammerspiele. In: *Münchner Merkur*; 19.05.2014. https://www.merkur.de/kultur/tunnel-begierden-3565257.html (Zugriff am 01.03.2017).

an sich transparent, entpuppen sich als Mosaiksteine eines genau kalkulierten Inszenierungskonzepts. Neben den Maskierungspraktiken, welche die ganze Inszenierung durchziehen und mit Genets Weltsicht ebenso wie mit seinem Interesse für asiatische Theaterformen korrespondieren, ließen sich auch andere Verfahrensweisen weiterführend analysieren, die auf die Mechanismen des Theaters als Illusions- bzw. Reproduktionsmaschine verweisen und damit den Konstruktcharakter von Welt und Inszenierung zum Zentrum machen. In diesem Zusammenhang wären beispielsweise die Prinzipien der Spiegelung und Vervielfältigung, der Metaisierung, der Stilisierung und der Medialisierung (im Sinne einer kalkulierten ästhetischen Hybridisierung) von weiterführendem Interesse.

In ihrer Verknüpfung provozieren diese Inszenierungsstrategien bei den Zuschauern zunächst eine Fokussierung auf die formalen szenischen Strategien – nicht das „Was?“, sondern das „Wie?“ wird zur leitenden Fragestellung. Die Inszenierung appelliert somit weniger an eine emphatische, sondern vielmehr an eine reflexive Rezeptionshaltung, für die das Gefühl von ‚Fremdheit‘, Irritation und Distanz konstitutiv wird. In einem zweiten Schritt setzt aber genau diese Fokussierung auf Formalisierung und überdeutliche Kontraste das vieldeutige Spiel zwischen Oberflächen- und Tiefendimensionen in Gang.

Macht man also den Begriff und das ästhetische Konzept des Künstlichen zur Bezugsfolie für die Analyse, offenbart die Inszenierung ihre spezifischen Qualitäten einer zugleich spektakulären wie ideologiekritischen Versuchsanordnung. Ein ‚Zuviel‘ an Artifizialität geht also nicht notwendigerweise mit einer ästhetischen oder semantischen ‚Verflachung‘ einher, sondern kann theatral-kreative Möglichkeitsräume unabhängig vom Ballast des Natürlichkeitspostulats ausloten und neben einer Intensivierung von Wahrnehmung und Theatralität ein vielfältiges Assoziationsangebot freisetzen.

Abb. 1: Fassade der Volksbühne am Rosa-Luxemburg-Platz Berlin, mit *House for Sale*-Banner und Plakatsituation, Spielzeit 2014/15.

Bert Neumanns Theater der Schrift – im Spannungsfeld zwischen Bühne, urbanem Raum und medialer Öffentlichkeit

Birgit Wiens

Zu einer Kunst, die nicht stört, fällt mir nicht wirklich was ein.

Bert Neumann

Auf dem Transparent hoch oben an der Volksbühnen-Fassade steht „House for Sale", Titel eines Stücks von René Pollesch[1] – eine Aufschrift, die von theaterinteressierten Passant*innen als Ankündigung der abendlichen Vorstellung aufgefasst werden konnte, aber auch, doppeldeutig, als Verweis auf die in der Stadt monatelang virulente kulturpolitische Debatte um die neue Leitung und Ausrichtung des Theaters nach dem Ende von Frank Castorfs Intendanz, die, begleitet von medialer Berichterstattung, auch weit über Berlin hinaus viel öffentliche Beachtung fand.[2] Die Volksbühne stand allerdings – schon vor der teils erbittert geführten Kontroverse um ihre vom Kultursenat verfügte Neuausrichtung – mehr als andere Theater in der öffentlichen Aufmerksamkeit: Seit ihren Anfängen in den 1990er Jahren hatte sich Castorfs Volksbühne und

1 René Pollesch: *House for Sale* (UA 10.09.2014, Volksbühne am Rosa-Luxemburg-Platz, Berlin), Bühne: Bert Neumann.

2 Zu Dokumentation sowie Versuchen einer Bewertung der theaterhistorischen, auch international ausstrahlenden Bedeutung der Volksbühne unter Castorfs Leitung vgl. Frank Raddatz (Hrsg.): *Republik Castorf. Die Berliner Volksbühne seit 1992*. Berlin: Alexander 2016; Dorte Lena Eilers / Thomas Irmer / Harald Müller (Hrsg.): *Castorf. Arbeitsbuch Theater der Zeit*, Bd. 25. Berlin: Theater der Zeit 2016.

sein Ensemble, zunächst künstlerisch ausgerichtet an der Tradition von Erwin Piscator und Benno Besson, in der Nach-Wendezeit und angesiedelt in Berlin-Mitte (dem vormaligen Ost-Berlin) zu einem Künstlertheater eigener Prägung formiert und seither über die Jahre, wie Stefanie Carp beobachtet hat, zu einem „Identifikationsort für Künstler und Kreative von überall her"[3] mit überregionaler und internationaler Ausstrahlung entwickelt. ‚Resonanzräume' zu erreichen, die sonst jenseits von Bühne, Theaterpublikum und Aufführung liegen, dies mag – so die Ausgangsbeobachtung – der künstlerischen Strategie des „Projekts Volksbühne" prinzipiell inhärent gewesen sein.[4] Insbesondere die Arbeit Bert Neumanns, des langjährigen Chefbühnenbildners der Volksbühne, war, so Carp, in diesem Sinne eine treibende Kraft: „Dass die Volksbühne ein international berühmtes Gesamtkunstwerk wurde, hat viel mit der visuellen Prägung durch Bert Neumann zu tun"[5].

Anhand ausgewählter Beispiele untersucht der vorliegende Beitrag visuelle Gestaltungen Bert Neumanns, die stets nicht nur Entwürfe für die Bühne, sondern immer auch für urbane Räume und mediale Kontexte umfasst haben: Nicht nur entwarf der Künstler immer wieder einprägsame, viel beachtete Bühnen- und Kostümbilder insbesondere für die Castorf- und Pollesch-Produktionen der Volksbühne, sondern entwickelte zudem, gemeinsam mit dem von ihm mitbegründeten Grafikbüro LSD (Last Second Design), das gesamte visuelle Erscheinungsbild des Theaters (angefangen von dem berühmten Logo über die Bandenwerbung an der Fassade, Plakate und Programmflyer bis hin zu Give-Aways wie Aufklebern, Streichholzschachteln u. a. m.). Anzusetzen wäre demnach ein entschieden erweiterter (und in dem Sinne zu präzisierender) Bühnenbild- und Szenographie-Begriff.[6] Davon ausgehend soll im Folgenden gefragt werden, wie diese spezifische visuelle Gestaltungspraxis und ihre künstlerischen Strategien 1. sich in die Ästhetik der Theateraufführungen einschrieben, 2. in Bezug auf das öffentliche ‚Bild' der Institution prägend wurden und schließlich 3. in Theaterkritik und der Kommunikation über

3 Stefanie Carp: All that. Das Gesamtkunstwerk Volksbühne. In: Eilers / Irmer / Müller (Hrsg.): *Castorf*, S. 43–46, hier S. 43.

4 Vgl. das von Frank Raddatz mit Bert Neumann vor dessen plötzlichem Tod 2015 geführte Interview: Das Projekt Volksbühne. In: Raddatz (Hrsg.): *Republik Castorf*, S. 19–41.

5 Carp: All that, S. 46.

6 Vgl. Birgit Wiens: *Intermediale Szenographie. Raum-Ästhetiken des Theaters am Beginn des 21. Jahrhunderts*. Paderborn: Fink 2014, S. 66–74, sowie das Kap. zu Bert Neumann, S. 197–270; dies.: Bühnenbild und Szenographie: Prolegomena zu einer Theorie ihrer Gestaltung. In: Milena Cairo / Moritz Hannemann / Ulrike Haß / Judith Schäfer (Hrsg.): *Episteme des Theaters. Aktuelle Kontexte von Wissenschaft, Kunst und Öffentlichkeit*. Bielefeld: Transcript 2016, S. 127–138.

die Volksbühne in den Print- und Online-Medien ihren Niederschlag fanden. Diese drei, nach Christopher Balme zu unterscheidenden Sphären theatraler bzw. theaterbezogener Öffentlichkeit[7] wurden in den visuellen Gestaltungen Neumanns in spezifischer Weise adressiert und verwoben, sodass sich ‚Innen' und ‚Außen' bzw. inszenierter, urbaner und diskursiver Raum wechselseitig aufeinander bezogen oder spannungsvoll durchdrangen. Eine von mehreren künstlerischen Problemstellungen, die Bert Neumanns Arbeiten fast wie ein roter Faden durchzieht, war dabei die Auseinandersetzung mit Typographie und der Visualität von Schrift (Schriftbildlichkeit). Im Folgenden sei versucht, den *modus operandi* dieser künstlerischen Recherche und Gestaltungen, mit Fokus auf dem dort aufscheinenden ‚Theater der Schrift', in den Blick zu nehmen.

1. In den Raum schreiben: Szeno-Graphie und ‚visuelle *écriture*'

In Neumanns Arbeiten verbinden sich Bühnenbild, temporäre Architektur sowie Kommunikationsdesign und Typographie zu eigenwilligen Hybriden aus Kunst und Nicht-Kunst; eines ihrer auffälligen Elemente ist das Auftreten einer *visuellen écriture*, mit der Prozesse des Zeigens, des Wahrnehmens und ‚sehenden Sehens' markiert und verhandelbar wurden. Eine so verstandene Kunst des Bühnenbilds und der (davon nicht immer trennscharf unterschiedenen) Szenographie, die sowohl in als auch außerhalb des Theaters operiert (z. B. in urbanen Räumen, Ausstellungskontexten oder anderen Medien), tritt heute als interdisziplinäre Kunst und Gestaltungspraxis auf[8]; ihre Analyse und Forschungsdiskussion kann – wie es der vorliegende Beitrag unternimmt – auf bis dato vorliegende Ansätze der so genannten Interart Studies und, mit Blick auf die im Besonderen untersuchte Problemstellung, auf Ansätze der Bildwissenschaft bzw. Visual Culture Studies zurückgreifen.[9] Für die Auseinandersetzung mit dem, was im Folgenden – zunächst provisorisch gefasst – als ‚Theater der Schrift' untersucht werden soll, sei zuallererst an die Etymologie

7 Christopher B. Balme: *The Theatrical Public Sphere*. Cambridge: Cambridge UP 2014, p. x.

8 Vgl. Thea Brejzek / Gesa M. von der Haegen / Lawrence Wallen: Szenografie. In: Stefan Günzel (Hrsg.): *Raumwissenschaften*. Frankfurt am Main: Suhrkamp 2009, S. 370–385. Siehe auch Joslin McKinney / Scott Palmer (Hrsg.): *Scenography Expanded. An Introduction to Contemporary Performance Design*. London / New York: Bloomsbury Methuen 2017.

9 Vgl. Erika Fischer-Lichte / Kristine Hasselmann / Markus Rautzenberg (Hrsg.): *Ausweitung der Kunstzone. Interart Studies: Neue Perspektiven der Kunstwissenschaften*. Bielefeld: Transcript 2010; Doris Kolesch: Bild. In: *Metzler Lexikon Theatertheorie*, hrsg. v. dies. / Erika Fischer-Lichte / Matthias Warstat. 2. Aufl. Stuttgart / Weimar: Metzler 2014, S. 44–48. Zu der im Weiteren zentralen Frage nicht nur nach den Ästhetiken, sondern auch nach den Ökonomien und Politiken des Visuellen vgl. Tom Holert: *Regieren im Bildraum*. Berlin: b_books 2008.

des Begriffs ‚Szenographie' (gr. *skênographia*) erinnert, der, obschon üblicherweise mit „Kulissenmalerei" übersetzt,[10] eine Verwandtschaft von visueller Gestaltung und Schrift bzw. Prozessen des Schreibens nahelegt. Auf diese Verbindung von Sprache, Schreiben und Visualität (und der Frage, wie sie in den Arbeiten Neumanns ausagiert wird) soll es im Folgenden ankommen. Szenographie: Nimmt man den Begriff wörtlich, so hat man Anlass, nach dem *Auftritt* von Schrift zu fragen (im Sinne eines In-Erscheinung-Tretens von Schrift auf einer – wie immer gedachten – Bühne). Als künstlerische Strategie und Effekt der Durchkreuzung theatraler Mimesis ist der Gebrauch von Schrift seit Beginn des vergangenen Jahrhunderts zu beobachten, so in Experimenten der russischen Avantgarde und, einschlägig, im ‚epischen Theater' Bertolt Brechts. „Text *als Schaubild*" wurde dort „fester Bestandteil des Bühnenbilds" und trat „in Form von Beschriftungen (als Aufzeigen von Szenentiteln, Ortsangaben, Liedzeilen und dergl.) oder auch separat" auf.[11] Im Anschluss daran konnte der Vorgang des ‚*Szeno-graphierens*' mit einer (von Roland Barthes inspirierten) Definition von Patrice Pavis als eine Kunst verstanden werden, die mit visuellen, von einem Publikum zu ‚lesenden' Zeichen operiert,[12] im Sinne einer ‚Raum-Schrift'. Obwohl Pavis, an anderer Stelle, die Szenographie als ‚Kunst und Wissenschaft von der Organisation der Bühne und des Bühnenraums' (und als „Dispositiv") definiert,[13] bleibt dieses Verständnis von Szenographie jedoch weitgehend einem textzentrierten Denken verhaftet, demzufolge ihre Aufgabe darin besteht, von einem dramatischen Text ausgehend „Bedeutungsübertragungen [...], Verbindungen und Proportionen zwischen Text- und Bühnenraum herzustellen".[14] Demgegenüber markierten die ‚Szenischen Graphien' eines Theaters ‚post-Brecht' (Robert Wilson, Einar Schleef sowie auch die frühen Bühnen Bert Neumanns) eine Verschiebung. Betrachtet man Neumann-Arbeiten der vergangenen Jahre (aus den Anfangsjahren der Volksbühne bis hin

10 Vgl. Christopher Balme: Szenographie. In: *Metzler Lexikon Theatertheorie*, S. 347–349, hier S. 347.

11 Susanne de Ponte im Katalog einer Ausstellung zu Caspar Neher, dies.: *Caspar Neher – Bertolt Brecht. Eine Bühne für das epische Theater.* Ausstellungskatalog Deutsches Theatermuseum München. Leipzig: Henschel 2006, S. 52.

12 „‚Szeno-graphieren' bedeutet, ein Spiel von Verbindungen und Proportionen zwischen Text- und Bühnenraum herzustellen, d. h. jedes System ‚für sich' und in Zusammenhang mit dem anderen in einer Serie von Übereinkünften und Verschiebungen" (Patrice Pavis: Szenographie. In: *Theaterlexikon*, hrsg. v. Manfred Brauneck / Gérard Schneilin, Bd. 1: Begriffe und Epochen, Bühnen und Ensembles. Reinbek: Rowohlt 2007, S. 969–971, hier S. 970).

13 Vgl. ebd.; Patrice Pavis: Scénographie. In: Ders. (Hrsg.): *Dictionnaire du Théâtre.* Paris: Colin 1996, S. 314–317.

14 Pavis: Szenographie, S. 970.

Abb. 2: Bert Neumanns „Agora" vor der Volksbühne am Rosa-Luxemburg-Platz, Berlin 2009.

zu den zuletzt realisierten Entwürfen), so ist auffällig, wie oft diese Bühnen bzw. Raumerfindungen mit inszenierten Wort- bzw. Schriftbildern arbeiten. Allerdings erscheinen sie dort eher als zufällig gewählte, eingestreute, spielerisch-assoziativ platzierte Fundstücke: Meist sind es Zitate aus der Werbung, aus Pop- oder Alltagskultur oder auch nur einzelne Wörter (oft englisch) wie z. B. LOVE, HATE, LAST CHANCE (Abb. 2 & 3), die jedoch inhaltlich, auf der Ebene der Wortbedeutung, kaum explizit in Zusammenhang mit dem aufgeführten Stück stehen. Vielmehr verlangen sie – als *visuelles Ereignis* im Kontext der Aufführung – mit einer meist groß dimensionierten, Aufmerksamkeit bindenden Typographie gewissermaßen ihren eigenen Auftritt, wobei das Piktorale der Schrift, das Bildhafte, besonders hervortritt.

2. Schriftbildlichkeit. Überlegungen zur bildhaften Beschaffenheit von Schrift

Schrift in den Künsten zu inszenieren – sei es in der darstellenden oder bildenden Kunst[15] – macht diese thematisch und provoziert ein Nachdenken über Schrift. Nicht zuletzt aufgrund von medialem Wandel und des

15 Vgl. u. a. den umfangreichen Ausstellungskatalog *Zeichen, Sprache, Bilder: Schrift in der Kunst seit den 1960er Jahren*. Karlsruhe: Städtische Galerie Karlsruhe 2014.

sich verändernden Mediengebrauchs findet die Auseinandersetzung mit der *Bildlichkeit* von Schrift, gegenüber dem kulturell weitgehend vorherrschenden Verständnis von Schrift als aufgeschriebener Sprache (*Schriftsprachlichkeit*), auch jenseits der Künste seit einiger Zeit vermehrtes Interesse. In Anschluss an die Bildwissenschaft (und ihrer bereits seit den 1990er Jahren formulierten Kritik am ‚Kultur als Text'-Modell) hat die Medienphilosophin Sybille Krämer eine Forschungsperspektive vorgeschlagen, die vorsieht, den Blick vermehrt auf die Schrift als ‚Schreibung' zu lenken und sie als intermediales Phänomen bzw. Hybrid aus Sprache und Bild überhaupt theoretisch erst einmal zu erfassen.[16] Die Intermedialität der Schrift, nach Krämer, zeigt sich an jenem Punkt der ‚Schreibung', an dem die Sprache (*phoné*) gleichsam ‚entkörperlicht' wird (vom Klang, Rhythmus, Ton des gesprochenen Worts), um in der ‚Schrift' (*graphé*) neu ‚verkörpert' (visuell zur Darstellung gebracht) zu werden, wobei – und darin liegt ein Problem – ihre Bildeigenschaften gewöhnlich unthematisch, latent bleiben. Erst die Inkorporation der Schrift in ein anderes Medium (und dort ihr Auffällig-Werden) führe dazu, dass „die Schrift zu einer Form sich herauskristallisieren kann, kraft derer sie als Einzelmedium überhaupt erst hervortritt".[17] Experimente, die mit solchen Übertragungen operieren, sind, wie erwähnt, bereits seit einiger Zeit in den Künsten zu beobachten. Aber auch in anderen (und eigentlich fast allen) kulturellen Bereichen wurde Schrift, in ihren diskursiven und auch visuellen, ikonischen Merkmalen, zuletzt vor allem im Zuge ihrer Inkorporation (Remediatisierung) in Computer und Digitalmedien thematisch, insofern als „die Erfahrung im Umgang mit dem Computer", so Krämer, „das Bedürfnis und auch die Möglichkeit, ‚Schrift' in grundsätzlicher Weise neu zu reflektieren, stimuliert und provoziert" hat.[18] Von dieser Zäsur ausgehend zielt ihr Vorschlag dahin, Schrift 1. als Medium, 2. als Symbolsystem sowie 3. als Kulturtechnik (einschließlich ihrer Performance-Aspekte) zu untersuchen, sich für unterschiedliche Schriftpraktiken zu interessieren, für deren Visualität und kreatives Potential, für skripturale Anordnungen sowie für die *operative Dimension* von Schrift im materiellen Raum und die durch sie nahegelegten Wahrnehmungsverhältnisse.[19]

16 Vgl. Sybille Krämer: ‚Schriftbildlichkeit' oder: Über eine (fast) vergessene Dimension der Schrift. In: Dies./Horst Bredekamp (Hrsg.): *Bild – Schrift – Zahl*. München: Fink 2009, S. 157–176.

17 Ebd., S. 168.

18 Ebd.

19 Ebd., S. 162.

3. Operationen im ‚Bildraum': Inszenierte Schrift in der szenographischen Arbeit Bert Neumanns

Damit zurück zu den Arbeiten Bert Neumanns, von denen auffallend viele mit Schrift operieren;[20] im Folgenden soll es darum gehen, ihr Spektrum anhand einiger Beispiele zu entfalten. Obgleich sie auf den ersten Blick mithin plakativ wirken (und es offenkundig auch sein sollen), wird darin, auf den zweiten Blick, ein explorativer Umgang mit Schrift und ein künstlerisches Experimentieren mit ihrer Visualität und ihrem In-Erscheinung-Treten im Raum erkennbar. Diese Explorationen mögen im Zusammenhang mit der soeben mit Krämer angesprochenen ‚Zäsur der Medien' stehen, doch wurden sie, wie Neumanns Werkbiographie nahelegt, zudem vor allem durch eine andere, vornehmlich politische Zäsur angestoßen: die deutsche Wiedervereinigung. Der Name Bert Neumanns ist, obwohl er an vielen Bühnen im In- und Ausland gearbeitet hat, untrennbar mit der Berliner Volksbühne am Rosa-Luxemburg-Platz verbunden. Und wiederum blieb die Volksbühne während Castorfs Intendanz, trotz ihrer internationalen Erfolge, stets ein Theater, das auf seinen lokalen Kontext referiert hat und dessen Diskurs und Ästhetik dezidiert in der Tradition und wechselvollen Geschichte des Hauses verankert war: 1913/14 auf Initiative der Volksbühnenbewegung erbaut und berühmt geworden als Wirkungsstätte Piscators, dann, nach NS-Zeit und Zerstörung im Krieg, zu DDR-Zeiten wieder aufgebaut, fand sich das Haus nach dem Fall der Mauer wie ein gestrandetes Wrack in der Mitte des wiedervereinigten Berlin wieder: ein Heterotop im mehrfachen Sinne, umgeben von verrußten Altbauten, Plattenbauten, Brachflächen, Baucontainern, aber auch von einer bunten, sich rasch ausbreitenden Warenästhetik, deren Reklame, Konsumversprechen und Gestaltungen das Erscheinungsbild des urbanen Raums, seine visuelle Kultur, schlagartig völlig veränderten: Er habe all dies, so Neumann einmal rückblickend, damals als „komische Intervention aus dem Westen wahrgenommen" – jenes Auftreten von fremdartigen visuellen Signaturen in einem ehedem nahezu werbefreien lebensweltlichen Kontext.[21] Neumanns ‚Theater der Schrift' reagierte auf diese (doppelte) Zäsur: auf die Erfahrung, wie eine Kultur ihr ‚Gesicht' völlig verändert

20 Dies ist freilich, auch das sei hier betont, nicht das alleinige Hauptmerkmal seiner Arbeiten; zu deren Bandbreite sowie anderen Perspektiven darauf siehe auch Birgit Wiens: Mich interessieren offene Systeme… Bert Neumanns transgressive Szenographien. In: Barbara Büscher / Verena E. Eitel / Beatrix von Pilgrim (Hrsg.): *Raumverschiebung: Black Box – White Cube*. Hildesheim / Zürich / New York: Olms 2014, S. 93–110.

21 Vgl. Kunstproduktion ist permanenter Ausnahmezustand. Die Theaterbühne als ‚Gegenort'. Gespräch mit Bert Neumann, Moderation: Birgit Wiens, LMU München/TWM, Reihe „Theatre Talks", 28.10.2013, Audiodatei/Transkription (unveröffentlicht), 26 Seiten.

und, Hand in Hand damit, auch auf den Umstand, dass Medien und technische Geräte (Kopierer, Computer, Drucker), die vor der Wende – bedingt durch die DDR-Mangelwirtschaft und auch aus Zensurgründen – nicht zur Verfügung gestanden hatten, plötzlich allseits genutzt werden konnten. Mit Blick auf Neumanns Arbeiten der 1990er Jahre hat Ricarda Bethke auch von einem „Buchstabentheater" gesprochen,[22] das mit Gesten der Abwehr, Kolportage und Distanzierung antwortete, als sich die Schrift und Werbe-Logos von Coca-Cola, McDonalds und dergleichen überall flutartig ausbreiteten. Wenig wurde auf der Bühne davon direkt zitiert, vielmehr wurde Schrift semantisch gefüllt mit Nonsens, Kalauern, oder wie Neumann es nannte, mit „Slapstick". Oder aber es wurde vorgefundenes Material auf die Bühne gebracht und vergrößert, sodass Irritationen entstanden: Treten Elemente der Werbung, der Alltagskultur hier in Form der Agitation auf? Ein solcher Umgang mit Schrift, wie Nora Eckert zutreffend präzisierte, zielte freilich nicht auf Affirmation, sondern vielmehr auf subversiven Umschlag und auf Kritik „an einer Welt, die so beschaffen, so grell, billig und laut ist".[23] Vielleicht lassen sich Neumanns Szenographien so beschreiben: als eine im Medium der Kunst unternommene (und mit einem interessierten, kritisch eingestellten Publikum geteilte) Reflexion darüber, wie der ‚Bildraum' – verstanden als der visuell wahrnehmbare Raum, in dem eine Kultur ihre Identität verhandelt – sich unter den Bedingungen jenes in alle gesellschaftlichen Bereiche eingreifenden politischen Wandels transformiert und verändert. Umgekehrt – und davon handeln Bert Neumanns Arbeiten ebenfalls – hat dies auch Konsequenzen für die Kunst und notwendig zuallererst für ein Theater, das diese Umbrüche reflektiert. Entsprechend wurde der ‚Bild- bzw. Schauraum' des Theaters, wie man ihn kennt (seine strukturelle und visuelle Organisation) in Neumanns szenographischer Arbeit immer wieder radikalen Revisionen unterzogen: Neumanns Räume sind vielgestaltig, und die Gestaltungen beschränkten sich nicht allein auf die Bühne, sondern griffen in die Architektur ein oder verhielten sich quer zu dieser. Ein Beispiel dafür ist die „Agora", ein an die Theater der griechischen und römischen Antike angelehntes, in den Stadtraum Berlins hineinragendes Freilufttheater, das er 2009 entwarf, als der Innenraum der Volksbühne saniert wurde: Einen Sommer lang wurde deren Fassade zur *scaenae frons* und die Freitreppe davor zur Spielfläche,

22 Ricarda Bethke: Nur kein Gesamtkunstwerk. Die Bühnen- und Kostümbilder von Bert Neumann. In: Hans-Dieter Schütt / Kirsten Hehmeyer (Hrsg.): *Schöne Bilder vom hässlichen Leben. Castorfs Volksbühne.* Berlin: Schwarzkopf & Schwarzkopf 1999, S. 40–42, hier S. 40.

23 Nora Eckert: *Das Bühnenbild im 20. Jahrhundert.* Berlin / Leipzig: Henschel 2006, S. 181.

Abb. 3: René Pollesch: *Die Kunst war viel populärer, als ihr noch keine Künstler wart!*, Bühne: Bert Neumann, Volksbühne am Rosa-Luxemburg-Platz, Berlin 2011.

umbaut von einem hölzernen Theatron, dessen Außenwand den Titel eines allseits bekannten Popsongs zitierte.[24] (Abb. 2)

Parallel zu jenen Experimenten mit Bühnenform und Architektur entwickelte Neumann auch mobile Bühnen, beispielsweise die Containerbühne der *Rollenden Road Schau* (2000–2005) oder auch eine Zeltbühne für diverse Pollesch-Projekte. Angesichts der Bewegungen zwischen Innen und Außen, zwischen Bühne und anderen Räumen schienen die Grenzen durchlässig zu werden. Dabei kennzeichnete das Prinzip, Szenographie als variables, räumlich und medial transgressives, ‚offenes System' zu begreifen, nicht nur seine Arbeit als Bühnenbildner, sondern wurde bestimmend für die Ästhetik der Volksbühne überhaupt: Die Fokussierung auf die Hauptbühne wurde durchkreuzt, sodass ein Gefüge aus größeren und kleineren Plattformen für Theater, Konzerte und Performances entstand (Roter und Grüner Salon, Sternfoyer und der Prater in der Kastanienallee), zudem potenzierte die Bespielung anderer Medien (die hauseigene Filmreihe auf DVD, der Webauftritt des Theaters) die Adressierung

24 Es handelte sich um den Ohrwurm *Who let the dogs out* der Popgruppe Baha Men aus dem Jahr 2000.

einer theaterinteressierten Öffentlichkeit über weitere ‚Bühnen'. Künstlerischer Teil jener Transgression war dezidiert auch das von Neumanns Designbüro LSD entworfene visuelle Design, das die Volksbühne – ohne jede professionelle PR- und Marketing-Strategie und in dem Sinne eher ‚aus Versehen' – zu einer unverwechselbaren Marke machte. Mithin ließen die im Stadtraum offensiv an Hauswänden und Bauzäunen verklebten Plakate den Eindruck entstehen, als wolle man die ganze Stadt in eine Neumann-Bühne verwandeln,[25] nicht zu vergessen die Give-Aways (Aufkleber, Stifte, Streichholzschachteln), die in den Koffern von Berlin-Besuchern oft weit über die Stadt hinaus reisten. Nach eigenen Angaben verstanden Neumann und das LSD-Büro alle diese Werbemedien als ‚Transportmittel für Kunst' und als Medien (Mittler, Träger) des an der Volksbühne geführten Diskurses. All dies kann man als erweiterte Kunstpraxis und *szenographisches Verfahren* werten, mit dem eine weite Öffentlichkeit erreicht wurde, über das Theater und ein Vor-Ort-Publikum hinaus.
Und die Schrift? Schrift bzw. Schriftbilder traten, wie gesagt, auf beinahe allen Neumann-Bühnen auf. Mithin schien es, als würden sie zwischen den verschiedenen Medien und deren Plattformen mäandern – etwa wenn ein LSD-Plakat Teil des Bühnenbilds wurde oder wenn, wie bei René Polleschs *Der General* (2013), einige der sonst an der Außenfassade angebrachten Werbebanner plötzlich im Theaterinnenraum als Element der Aufführung auftraten. Die Schrifttypen, die Neumann in seinem ‚Buchstabentheater' einsetzte, waren im Übrigen immer mit Bedacht gewählt. Der Volksbühnen-Schriftzug (Abb. 4) wurde in der Berthold Akzidenz Grotesk gesetzt, einer Schrift der ehemals in Berlin ansässigen Berthold AG, die, 1858 gegründet, ihr traditionsreiches Unternehmen 1993 schließen musste. Die Compacta, ebenfalls oft verwendet (Abb. 2 & 3), stammt von der britischen Firma Letraset und war 1963 von dem Typographen Fred Lambert als kompakte, serifenlose Plakatschrift gestaltet worden; in Deutschland verwendete sie der Hamburger Grafiker Holger von Czettritz 1970 für die Gestaltung des Schriftzugs im Logo der RAF – ein Umstand, der nur in Fachkreisen bekannt sein dürfte. Allerdings: So betrachtet, hat Typographie nicht nur eine ästhetische, sondern auch eine politische Dimension. Damit stellt sich die Frage nach der ‚Schriftbildlichkeit' noch einmal anders, nämlich als Frage nach einer kontextuellen Codierung und historischen Aufladung von Schrift, die nicht ohne Weiteres dechiffrierbar ist, sondern latent, unterschwellig wirkt und eher intuitiv wahrgenommen wird.

25 Lenore Blievernicht / Jürgen Fehrmann / Bert Neumann (Hrsg.): *LSD Berlin – Gebrauchsgrafik und Fotografie*. Berlin: Synwolt 2004. „Wir haben mit LSD keine Stückplakate gemacht, sondern nur Imageplakate und damit von Spielzeit zu Spielzeit immer wieder unsere Gedanken in die Stadt gesendet" (Neumann: Das Projekt Volksbühne, S. 37).

Abb. 4: Werbemedien der Volksbühne, Plakatsituation im Berliner Stadtraum, 2015.

4. Vergiftete Zeichen? Die Frakturschrift-Kampagne der Volksbühne

Ab der Spielzeit 2013/14 gab die Volksbühne einmal mehr Anlass, über Schriftbildlichkeit nachzudenken. Nachdem zuvor einige Zeit ein von außen kommender Grafiker für das Haus gearbeitet hatte, vergab man die Gestaltung der Plakate und Werbemittel wieder an Neumanns Grafikbüro LSD. In der dann entwickelten ‚Image-Kampagne' verwendete LSD fast ausschließlich sogenannte gebrochene Schriften bzw. ‚Frakturschriften'.[26] Fraktur führt heute eher ein Schattendasein: sie gilt als ‚tote' Schrift und als ‚vergiftet' durch ihren Gebrauch in der Zeit des Nationalsozialismus. Ihre Geschichte jedoch reicht viel weiter zurück, Vorläufer ist die im 15. Jahrhundert entstandene Schwabacher Schrift, in der später die Lutherbibel gedruckt wurde. Nachdem sich im europäischen Raum allgemein die Antiqua-Schriften durchgesetzt hatten (wie man sie als Druck- und Schreibschriften heute kennt), blieben Fraktur- und Antiqua-Schriften vor allem in Deutschland parallel in Verwendung, und in der NS-Zeit gab es Tendenzen, die Fraktur zur ‚deutschen Schrift' zu stilisieren – ein Makel,

26 „Castorf hat schließlich gemerkt, dass die Identität der Volksbühne auch mit LSD zusammenhängt […]. Mit der Spielzeit 2013/14 haben wir neu angefangen. Auch für uns war das interessant, denn das Ding war werbetechnisch ganz schön gegen den Baum gefahren. […] Bestimmte Mittel, die man lange verwendet hat, sind mittlerweile verbrannt. Deswegen haben wir mit dieser Frakturschrift eingesetzt, die ansonsten im Augenblick niemand benutzt" (ebd.).

Abb. 5: Werbemedien der Berliner Volksbühne: Flyer und Monatsprogramme (Spielzeit 2013/14).

der ihr im kulturellen Gedächtnis bis heute anhaftet.[27] Akzeptiert blieben Frakturschriften, die seither allenfalls vereinzelt auftreten, auf Straßenschildern, an Wirtshausfassaden, auf Bieretiketten oder Zeitungsköpfen, also dann, wenn per Schriftbild eine gewisse Rustikalität oder Traditionsverbundenheit ausgedrückt werden soll. Eine Art Revival erleben sie seit einiger Zeit, transportiert über Werbegestaltung und Modedesign, im Lifestyle einer sich subkulturell gebenden Jugend- und Popkultur.[28]

Mit der Kampagne von LSD erschienen Frakturschriften plötzlich massiert in der Öffentlichkeit, auf allen Volksbühnen-Plakaten, Monatsprogrammen und sonstigen Werbemitteln (Print und Online). Die Pointe und Provokation des LSD-Konzepts lag in der Art und Weise, wie es eklektizistisch vorging: Kombiniert wurden, geradezu in einer „Frakturschriften-Orgie"[29], alte und neuere, ideologisch belastete und ‚unschuldige' Schriften. Verwendet wurde z.B. die schon sehr alte Münchner Fraktur (um 1850), die von dem amerikanischen Designer Jim Parkinson erst 2005 gestaltete Avebury, aber auch Frakturschriften aus der NS-Zeit, wie die National, Potsdam oder Tannenberg (allesamt entworfen um 1933/34): ein explosives Gemisch aus unterschiedlichen und doch ähnlichen Schriftbildern, die im Auge von Publikum und Rezipienten ein Spiel mit Irritation, Assoziation und (unterschwelligen) Zuschreibungen in Gang setzten. (Abb. 5) Nur wenig dürfte der in diesem Zusammenhang signifikante Umstand bekannt sein, dass 1941 die Schwabacher Schrift, stellvertretend für alle Frakturschriften, per Erlass „im Auftrage des Führers" (in einem nicht zur Veröffentlichung bestimmten Rundschreiben) als „Judenlettern" verunglimpft wurde.[30] Da Frakturschrift, wie die NS-Führung befürchtete, außerhalb Deutschlands schwer lesbar war und womöglich dem phantasierten ‚Endsieg' im Wege stünde, wurde stattdessen fortan die Antiqua zur „Normal-Schrift" in Behörden und Schulen ernannt.[31] Eben mit jener

27 Vgl. Andreas Koop: *NSCI. Das visuelle Erscheinungsbild der Nationalsozialisten 1920–1945*. 2., überarb. Aufl. Mainz: Schmidt 2012.

28 Vgl. auch das viel beachtete, mit geradezu archäologischem Interesse zusammengestellte Typographie-Kompendium von Judith Schalansky: *Fraktur mon Amour*. 2., erw. Aufl. Mainz: Schmidt 2008.

29 Vgl. Florian Hartwig: Volksbühne Berlin Season Magazine 2013/2014. In: *Fonts in Use*, 04.10.2013. https://fontsinuse.com/uses/4850/volksbuehne-berlin-season-magazine-2013-2014 (Zugriff am 21.03.2017).

30 Vgl. den Abdruck des Erlasses vom 03.01.1941 in Koop: *NSCI*, S. 89.

31 Zu dieser völligen Kehrtwende in der Bewertung der Frakturschrift, basierend auf einer antisemitisch begründeten, auch historisch unrichtigen, Verkehrung der tatsächlichen Entwicklung der Schrift vgl. Koop: *NSCI*, S. 92–95.

(wenig bekannten) Umwertung arbeitete das Team von LSD: „Wir haben den Mitarbeitern der Volksbühne Material gegeben über das Fraktur-Verbot in Nazi-Deutschland seit 1941", so Leonard Neumann, das Publikum habe diese Hinweise jedoch nicht erhalten: „Die Nicht-Beruhigung, Nicht-Aufklärung des Publikums ist beabsichtigt, damit es eine Information bekommt, die nicht eindimensional ist".[32]

Ein solches In-Szene-Setzen von Schrift bzw. Schriftbildern im Spannungsfeld von Theater und Öffentlichkeit, wie Bert Neumann und LSD es praktiziert haben, spielt mit der Geschichte bzw. den Geschichten, die den Schriften inhärent sind, mit potentiellen Missverständnissen sowie Gesten der Aneignung und Interpretation von Schrift. Entsprechend wurden die Schriftbilder von den Mitgliedern des LSD Teams in der Gestaltungsphase, beim Anfertigen der Kopiervorlagen und Druckdateien, auch nicht aus fertigen Schriftfonds übernommen, sondern per Hand mit Edding-Stiften gezeichnet (und zwar so, dass dies in der fertigen Umsetzung sichtbar blieb, Abb. 6); berührt ist damit die Performativität von Schrift und der Aspekt des Schreibens als Kulturtechnik. Implizit angezeigt sind damit zudem Tendenzen eines sich verändernden Schriftgebrauchs in der gegenwärtigen visuellen Kultur, wo, zugänglich über digitale Archive, eine bisher nie gekannte Vielzahl an Schriften zur Verfügung steht, die – im Wissen (oder auch Nicht-Wissen) über ihre Geschichte, Herkunft und Wirkung – in Gebrauch sind und im urbanen und medialen Bildraum zirkulieren.

5. Zwischen Bühne, urbanem Raum und medialer Öffentlichkeit: Kunst als Störfaktor

Mit dem vorliegenden Beitrag wurde nach dem *modus operandi* der szenographischen Gestaltungen Bert Neumanns an der Volksbühne gefragt, die – obschon von der (Theater-)Geschichte des Hauses und seinem (sich nach der Wiedervereinigung rasend schnell verändernden) sozialen und politischen Kontext grundiert – in ihrer Wirkung und Ausstrahlung, wie auch Castorfs Theater insgesamt, weit über Bühne und Aufführung hinauswiesen.

> Unübersehbar artikuliert das Wort OST auf dem Dach der Volksbühne den Anspruch, mehr zu sein als ein trunkenes Theaterschiff im Auf und Ab aktueller Wirren und Krisen. Die drei Versalien wollen sowohl im Raum wie in der Zeit Orientierung

32 Zit. n. einem Gespräch mit der Verfasserin, September 2014. „Irritation ist für das, was wir machen, auf jeden Fall auch gut. [...] Es ist interessant, dass das, was man für die Wahrheit hält, der genaueren Überprüfung nicht standhält [...]" (Neumann: Das Projekt Volksbühne, S. 39).

Abb. 6: Plakatsituation vor der Berliner Volksbühne, 2014.

> stiften und amtieren als unbotmäßiger Kompass oder widerspenstige Magnetnadel […]. Ein Echoraum entsteht […].[33]

Sei es mit dem Schriftzug „OST" (nicht als Ostalgie, sondern als Widerspruch und Gegenposition zum kapitalistischen System und Lifestyle des Westens), sei es mit dem einprägsamen Theaterlogo (dem zweibeinigen Räuber-Rad, das 1994 auch als meterhohe Metallskulptur auf der Rasenfläche vor der Volksbühne installiert wurde) oder dem Spiel mit Schrift bzw. Schriftbildlichkeit, wie es soeben diskutiert wurde: stets zielten diese Setzungen mit künstlerischen bzw. szenographischen Mitteln auf ein Generieren von Diskursen und Resonanzräumen *im* und auch *jenseits* des Theaters. Über das Publikum hinaus, das die Aufführungen und Abendveranstaltungen vor Ort im Haus besuchte, wurde so eine urbane (und über Berlin hinaus auch geographisch weit verzweigte) Öffentlichkeit adressiert und erreicht. Wie weit der Resonanzraum reichte, aber auch wie kontrovers er gefüllt wurde, zeigte sich noch einmal eindrucksvoll anlässlich des öffentlichen Streits darüber, ob die ikonische Metallskulptur vor

33 Frank Raddatz: Einleitung. In: Ders. (Hrsg.): *Republik Castorf*, S. 9–17, hier S. 14.

der Volksbühne vor Antritt des neuen, vom bisherigen Volksbühnenensemble abgelehnten Theaterleiters, dem belgischen Museumskurator und Kulturmanager Chris Dercon,[34] entfernt wird oder aber ob sie als ‚Berliner Wahrzeichen' und ‚nationales Kulturgut' dort bleiben müsse. In diesem Streit ging es offenkundig nicht allein um ein materielles Artefakt, sondern um eine ‚visuelle *écriture*', eine künstlerische Setzung, die über das *hic et nunc* abendlicher Theateraufführungen sehr nachhaltig hinauswies (und zugleich immer eng mit Diskurs und Praxis der Volksbühne Castorfs verbunden war); zuletzt wurde um die Zukunft des Rads sogar mit juristischen Mitteln gestritten.[35] Dass die Reaktionen und Meinungen, die angesichts dieser in der Tat theaterhistorischen Zäsur auch in einer breiteren Öffentlichkeit artikuliert wurden, so kontrovers sind, mag an der besonderen Logik des *modus operandi* der Volksbühne liegen und ihres über 25 Jahre lang mit Erfolg und ungewöhnlich großer öffentlicher Resonanz praktizierten Theaterexperiments.

34 Vgl. den am 20.06.2016 veröffentlichten und an das Berliner Abgeordnetenhaus sowie die Staatsministerin für Kultur und Medien geschickten „Offenen Brief", http://www.volksbuehne-berlin.de/deutsch/offener_brief/ (Zugriff am 21.03.2017).

35 Zu diesem Streit und der vom langjährigen Volksbühnendramaturgen Carl Hegemann mitgeteilten Entscheidung, das Logo der Castorf-Intendanz am Ende der Spielzeit 2016/17 zu entfernen, vgl. Christiane Peitz: Rettet das Rad! In: *Berliner Tagesspiegel*, 21.03.2017. http://www.tagesspiegel.de/kultur/volksbuehnen-logo-rettet-das-rad/19550370.html (Zugriff am 21.03.2017). In der Tat wurde zunächst der Schriftzug „OST" am 24. Juni 2017 in einer spektakulären Aktion vom Dach des Hauses entfernt und wenige Tage später, am Vorabend von Castorfs Abschied, wurde das „Räuberrad" auf dem Vorplatz, u. a. wegen der notwendig gewordenen Sanierung der Skulptur (vgl. Pressemitteilung der Senatsverwaltung für Kultur und Europa / Berlin, 28.06.2017), bis auf Weiteres abgebaut.

Stimmen über Stimmen

David Martons theatrale Übermalung von Vincenzo Bellinis *La Sonnambula*

Johanna Zorn

Die ästhetische Gedankenfigur des Palimpsests verschlüsselt nicht nur ganz allgemein geistesgeschichtlichen Fortschritt, verstanden als Empfangen und Weitergeben von Ideen, und somit einen Vorgang des Tradierens, sondern ebenso ein wechselseitiges Verweissystem zwischen Vergangenheit und Gegenwart. Einen derart reziproken Bezug zwischen Hypo- und Hypertext stellt David Marton in seiner Übermalung von Vincenzo Bellinis *La Sonnambula* (Premiere: 29. Januar 2016, Münchner Kammerspiele) her. Auf der theatralen Suche nach der Tradition des Belcanto lässt er dessen stimmliches Ideal mit einer Vielzahl an medial divergenten Stimmen, von der Opern- und Jazzstimme über die Instrumentalstimme bis hin zur Stimme auf Schallplatte, in einen Dialog treten.

Mit dem Versprechen, ein Opernhaus zu errichten, um es am Ende der Spielzeit auch gleich wieder in die Luft zu sprengen, installierten die Münchner Kammerspiele in der Spielzeit 2015/16 ein theatrales Forum, das unter der Leitung des Regisseurs David Marton die ästhetischen Grundbedingungen des weiten Feldes der Oper ausleuchtete. Seinen eigenen Standort begriff das Haus dabei programmatisch und mit koketter Zurückhaltung als „kleine Insel auf der

Insel, haarscharf abseits von der Welt"[1] und gab damit die Stoßrichtung eines doppelten Zugriffs vor, der Oper unter veränderten institutionellen Vorzeichen szenisch realisieren und zugleich auf ihre gattungsspezifischen Möglichkeiten hin überprüfen sollte.

Mit Felice Romanis / Vincenzo Bellinis im Jahr 1831 in Mailand uraufgeführter *La Sonnambula* fiel die Wahl für die Eröffnungspremiere auf ein emblematisches Werk italienischen Belcantos. Die Grundhaltung dieser Auseinandersetzung war dabei keineswegs eine, die sich die Oper durch Ironie auf Distanz hält, sondern vielmehr eine, in der sich ein die Belcanto-Tradition erforschender Blick mit der Lust zur experimentellen Paraphrase des Stücks verband. In seiner szenisch-musikalischen Übermalung stellte David Marton recht eigentlich einen reziproken Bezug zwischen Hypo- und Hypertext her, indem er die künstlerische Tätigkeit des Palimpsestierens als „wieder abkratzen" (lat. *palimpsestus*) wörtlich fasste. Auf der theatralen Suche nach den zentralen Wirkungsmechanismen der Belcanto-Tradition legte der Regisseur eine Fülle an heterogenen medialen Schichten über die Oper. Diese reichten von den technisch perfektionierten Opern- und Jazzstimmen einerseits und der dilettierenden, unausgebildeten Stimme anderseits über die metaphorisch inszenierten Instrumentalstimmen von Trompete, Klavier und Spinett bis hin zum technisierten *pneuma* von Schallplatten, Synthesizer- und Spielautomatenklängen. Die stimmlichen Gestaltungs- und Ausdrucksqualitäten des Belcanto kamen dabei just durch deren anachronistische Projektion in eine Vielzahl an untereinander medial und stilistisch divergenten Stimmen zum Vorschein. Die der Inszenierung zugrunde liegende Reflexion über das Medium Oper erstreckt sich insofern nicht lediglich auf die Medialität der Stimme selbst, sondern vollzieht die intermediale Geste auch als Prozess der Transkulturalität nach, in dem Sinn, dass sie ein Netz von „Verbindungen und Durchdringungen"[2] zwischen den historischen und ästhetischen Ebenen stiftet. Dabei mündet die zeitliche und ästhetische Differenz zwischen theatraler Hypo- und Hyperschicht nicht in eine, die Differenzen tilgende Synthese, sondern wird als dialogische Struktur exponiert.

Auf einer derartigen Vorstellung des Hin- und Hergleitens zwischen den Medien, verstanden als befragende Realisierung von medial geformten Wahrnehmungskonventionen, baut Christopher Balme sein Modell theaterwissenschaftlicher

1 Münchner Kammerspiele: Das Opernhaus der Kammerspiele. Spielzeit 2015/16. https://www.muenchner-kammerspiele.de/opernhaus (Zugriff am 19.03.2017).

2 Wolfgang Welsch: *Immer nur der Mensch? Entwürfe zu einer anderen Anthropologie*. Berlin: Akademie 2011, S. 321.

Intermedialitätsforschung auf. Im Gegensatz zu einem vom Vorstellungskomplex der Multimedialität erfassten bloßen Nebeneinander unterschiedlicher Medien begreift er Intermedialität als „Simulation oder Realisierung medialer Konventionen eines oder mehrerer Medien in einem anderen Medium“[3]. Er zielt konkret auf ein Untersuchungsfeld ab, das die spezifischen Wechselwirkungen zwischen verschiedenen, je medial charakteristischen Wahrnehmungsmodalitäten in den Blick nimmt. Damit formuliert er das Desiderat einer intensiveren Auseinandersetzung mit Medienkonventionen, die ihrerseits schließlich „nichts anderes als historisch gewachsene und daher sich verändernde Seh-, Hör- und Verhaltensgewohnheiten“[4] sind.

David Martons *La Sonnambula* verschreibt sich in diesem Sinne einem szenischen Nachdenken über die Transformation wahrnehmungsästhetischer Konventionen der Oper. Durch die Implantierung einer Belcanto-Oper in das (Sprech-)Theater der Münchner Kammerspiele hinterfragt er zugleich mit dem Ortswechsel die institutionellen und kulturellen Rahmungen des Musiktheaters. Dabei macht die Produktion die Mittel des Belcanto gerade dadurch sichtbar, dass sie einerseits an Fabel und Stilistik der *Sonnambula* festhält, andererseits aber das zentrale Konstituens der Gesangsstimme auf selbstreflexivem, experimentell-analytischem Wege in anderen und, vor allen Dingen, aufführungspraktisch bislang ungehörten Erscheinungsweisen zu Gehör bringt. Auf diesem Weg fügt sie dem klar abgesteckten Ausdrucksrepertoire des Belcanto Dimensionen hinzu, die dort *in nucleo* bereits angelegt sind.

Belcanto: Formelhafte Komposition und individueller Ausdruck

Den literarischen Stoff für das Opernlibretto lieferte Eugène Scribes *La Somnambule*, eine *comédie-vaudeville*, die 1816 in Paris uraufgeführt und vom Dramatiker selbst 1827 zu einer Ballett-Pantomime umgearbeitet wurde. Wie Scribes Vorlage, so kreist Romanis Libretto um die Phänomene des Magnetismus und Somnambulismus, die zu Beginn des 19. Jahrhunderts regelrecht in der Luft lagen. Der Arzt Fritz Anton Mesmer gelangte damals zu der Überzeugung, dass „der Magnetismus [...] die allgemeinste Thätigkeit (*Actio*) und also der Magnet als das Model, das Vorbild des innern Triebwerks der Natur

3 Christopher Balme: Theater zwischen den Medien: Perspektiven theaterwissenschaftlicher Intermedialitätsforschung. In: Christopher Balme / Markus Moninger: *Crossing Media: Theater – Film – Fotografie – Neue Medien*. München: epodium 2004, S. 13–31, hier S. 20.

4 Ebd., S. 29.

zu betrachten"[5] sei. Den magnetischen Somnambulismus fasste er als produktiven Krisenzustand, in dem Betroffene „die Zukunft voraussehen, und sich die entfernteste Vergangenheit vergegenwärtigen"[6] können. Die romantische Idee, dass rational nicht einzuholen ist, was sich unterhalb der verstandesmäßigen Erfahrungsschwelle offenbart, ist demgemäß im Libretto von *La Sonnambula* in eine Spielanlage eingeschlossen, in der die Erkenntnisfähigkeit des wachen Bewusstseins durch den Topos des Schlafwandelns als dunkle Erkenntniskraft durchkreuzt wird.

In der Idylle eines Schweizer Bergdorfs, in der die Vermählung zwischen der schönen Waisen Amina und dem wohlhabenden Bauern Elvino bevorsteht, setzt die Handlung ein. Das Dorf feiert die Verlobung, einzig die Wirtin Lisa mag die Freude für das junge Paar nicht teilen, denn auch sie liebt Elvino. Da kommt Rodolfo, ein Fremder, ins Dorf, der sich bald als verschollen geglaubter Sohn des verstorbenen Grafen entpuppt. In der Nacht vor ihrer Hochzeit verirrt sich Amina schlafwandelnd in Rodolfos Zimmer, unterbricht nebenbei das Techtelmechtel zwischen Lisa und Rodolfo und wird aufgrund ihres Aufenthalts in Rodolfos Zimmer der Untreue bezichtigt. Allen Unschuldsbeteuerungen zum Trotz löst Elvino die Verlobung und beschließt kurzerhand, Lisa zu heiraten. Allein Rodolfo erkennt in Aminas nächtlichen Streifzügen das Krankheitsbild des Somnambulismus. Er bringt Elvino schließlich dazu, bei Vollmond zu beobachten, wie Amina im Schlaf wandelt, und kann die beiden auf diesem Wege wieder zusammenführen.

Das lakonische, George Bernard Shaw in den Mund gelegte Bonmot, wonach eine Oper schlicht die Geschichte von einem Sopran und einem Tenor sei, die miteinander schlafen wollen, sowie von einem Bariton, der sie daran hindert, bekommt den Gehalt der *Sonnambula* nur unzureichend zu fassen. Hinter dem Genre der *opera semiseria*, das als Hybrid aus *opera seria* und *opera buffa* in der Nachfolge der französischen *comédie larmoyante* komische mit ernsten Handlungselementen kombiniert, tritt der tragische Kern der Oper zu Tage. Denn gerade das Motiv der irrwandelnden *femme fragile*, das den Ausbruch aus der Ordnung der Verhältnisse chiffriert, hält eine Ahnung davon bereit, wie sehr der ‚schreckliche Ort' des Somnambulismus die pastorale Szenerie infiziert. Der Name Amina verschlüsselt ganz offensichtlich die lateinische *Anima* – und die Seele ist bekanntermaßen ein weites Land.

Dessen ungeachtet verarbeitete der Librettist Felice Romani die zumindest auf den ersten Blick schlichte Handlung in ein zeittypisches Formgerüst. So hält

5 Franz Anton Mesmer: *Allgemeine Erläuterungen über den Magnetismus und den Somnambulismus.* Halle: 1812, S. 19.

6 Ebd., S. 53.

das romantische *melodramma* zentrale Konstituenten jenes schematisch strukturierten, dramatischen Grundvokabulars bereit, das der italienischen Oper des frühen 19. Jahrhunderts gemeinhin zugeordnet wird. Das wechselseitig bindende Verhältnis zwischen Stoffwahl, festgelegter Stimmtypologie und konventionalisierten Rollenmustern provoziert geradezu stereotype Handlungsabläufe, die Bellini in musikalische Formen fasste, die in der Tat mit dem Etikett einer „Schablonenkunst [...] nach Art eines industriellen Fertigprodukts“[7] versehen werden könnten. Instrumentation und Harmonik wie auch der Einsatz dynamischer Mittel treten darin zugunsten schwelgerischer Melodien in den Hintergrund. So urteilte Giuseppe Verdi, dass Bellini zwar harmonische und instrumentationstechnische Defizite gehabt habe, aber „lange, lange, lange Melodien“[8] schrieb, wie keiner vor ihm. Damit war freilich nicht jene, sich kompositorisch aus dem Keim prozessual entwickelnde, unendliche Melodie gemeint, die Richard Wagner bei Ludwig van Beethoven entdeckte, sondern eine musikalisch-dramaturgisch effektvolle Zuspitzung auf den Höhepunkt in zweiteilig angelegten Arien.

Nun ist der Belcanto, seiner Bedeutung entsprechend, eine Opernform, in deren Zentrum Gestaltungswille und -potential der Sänger stehen. Die drei wesentlichen Elemente der italienischen Oper in der ersten Hälfte des 19. Jahrhunderts fasste Rossini knapp zusammen: „das Instrument, die Stimme also; die Technik, die Mittel sich ihrer zu bedienen; der Stil, der aus Geschmack und Empfindung resultiert“[9]. Der Notentext fungiert dabei als Gerüst, das die Sänger*innen mit individuellem Ausdruck ausschmücken und dadurch zum persönlichen Vortrag umgestalten. Die zentralen, in den Gesangsschulen der Zeit ausdifferenzierten, gesangstechnischen Darstellungsmittel reichen vom *portamento* (gleitende Verbindung zwischen zwei Tönen) und *messa di voce* (dynamisches An- und Abschwellen beim Halten eines Tones) über das *tempo rubato* (frei gestaltetes, verschobenes Zeitmaß) bis hin zur Fähigkeit, eine Arie mit Läufen, Trillern und Sprüngen (*coloratura*) individuell zu färben und sich den Notentext durch Wahl und Einsatz der verschiedenen Interpretationsmodi zu eigen zu machen.[10]

7 Uwe Schweikert: ‚Das ewige Dreieck‘ – Sängerhierarchie, Werkbegriff, Gesangsästhetik, Stimmtypologie, Personenkonstellationen und Rollencharaktere. In: Anselm Gerhard / Uwe Schweikert (Hrsg.): *Verdi-Handbuch*. Stuttgart: Metzler 2013, S. 140–164, hier S. 140.

8 Giuseppe Verdi zit. n. Werner Keil: *Musikgeschichte im Überblick*. München: Fink 2012, S. 247.

9 Giacchino Rossini zit. n. Guido Johannes Joerg: Glossar. In: Gerhard / Schweikert (Hrsg.): *Verdi Handbuch*, S. 698–716, hier S. 701.

10 Vgl. Manuel Garcia: *Garcias Schule oder Die Kunst des Gesanges*. Mainz: Schott 1841, S. 95–103.

Das Looping des *Funkens*

David Marton und sein Team nehmen dieses Primat der individuellen vokalen Gestaltungskraft ebenso wörtlich wie das motivische Zentrum der *Sonnambula* ernst. In der kleinsten Spielstätte der Münchner Kammerspiele eröffnet ein Conférencier, der sich im Laufe der Aufführung auch als musikalischer Spielleiter an Klavier, Spinett und Spielautomat profiliert, den Abend mit Bemerkungen über die Junggesellenmaschine, das Liebesbenzin, die Schüchternheit-Kraft und das Magneto-Verlangen. Die Idee der Junggesellenmaschine, die Marcel Duchamp zugleich mit seinem enigmatischen Werk *Die Neuvermählte/Braut wird von ihren Junggesellen entkleidet, sogar (oder: Großes Glas)* (1915–23) entwickelte, ist in Martons Inszenierung die Statthalterin von Magnetismus und Somnambulismus und übernimmt im Vortrag des Conférenciers überdies die dramaturgische Funktion der beinahe vollständig gestrichenen Rezitative. Das Zusammentreffen von Liebesbenzin und Magneto-Verlangen sorgt bei Duchamp für „eine freiwillige Entkleidung der Braut“[11]. Die Pointe des Konzepts liegt darin, dass die Braut sich für die Junggesellen letztlich gar nicht interessiert, sondern vom Begehrtwerden selbst angetrieben wird.

Duchamps *Großes Glas* findet sich in der Inszenierung ebenso wieder wie sein Flaschentrockner. Während Jelena Kuljić als Wirtin Lisa Duchamps berühmtes Ready-Made ostentativ als Gebrauchsgegenstand benutzt, sitzt Amina in einem großen Glaskubus eingeschlossen, als wäre das magnetische Kraftfeld der Braut isoliert. Ihr Glasraum ist ein mit Sand und Pflanzen bewachsenes Biotop, in dem die Sängerin Yuka Yanagihara erst einmal die Auftrittsarie der Amina übt. Sie singt ihre Koloraturen dabei zur laufenden Schallplattenaufnahme der Callas. Es scheint, als gäbe es auf der „kleinen Insel“ der Münchner Kammerspiele eine noch kleinere Insel, von der die Patina der Callas-Stimme herüberdringt, um sich mit den anderen Stimmen zu mischen.

Von einer derart direkten Vergleichskonstellation mit dem Stimmideal des Belcanto losgelöst, agiert das restliche Opernpersonal nach je eigenen Möglichkeiten, um die stilistischen Potentiale des ‚schönen Gesangs‘ zu bespiegeln. So gibt der Schauspieler Hassan Akkouch als Elvino die Kontrafaktur des *primo tenore assoluto* und exemplifiziert ebenso *ex negativo* den technischen Perfektionswillen des Opernrahmens wie den „für die leidenschaftlichen Empfindungen geschaffenen“[12] *canto declamato*, der „einer Seele voll Feuer [und]

11 Gabriele Woithe: *Das Kunstwerk als Lebensgeschichte. Zur autobiographischen Dimension Bildender Kunst*. Berlin: Logos 2008, S. 88.

12 Garcia: *Garcias Schule oder Die Kunst des Gesanges*, S. 102.

einer mächtigen Grossartigkeit“[13] bedarf. Seine unausgebildete Stimme zeigt keine Spur von bruchloser Registerverblendung. Ganz der etymologischen Bedeutung nach bringt sein Falsett in erster Linie den falschen, künstlichen Klang zu Gehör. Der absichtsvoll in Szene gesetzten Fistelstimme, kläglich und anrührend zugleich anzuhören, können selbst Gläser von Wasser, die Lisa Elvino reicht, keinen Glanz mehr verleihen. Die Jazzsängerin Jelena Kuljić wiederum verfügt über ganz andere Mittel. Mit breitem Klangfarbenspektrum interpretiert sie den *canto spianato* (einfacher, breiter Stil) in ihrem eigenen Idiom. Im *pianissimo* erzielt die rauchige Stimme dabei ein ebensolches Höchstmaß an emotiver Wirkung wie im kraftvoll intonierten *forte*. Sie folgt dem in Gesangsschulen des Belcanto formulierten Ideal, „die verschiedenen Stufen der Kraft“[14] zu vermitteln, indem sie „die Mischung oder Zartheit der Klangfarben, die Anwendung gezogener Noten in ihrer ganzen Mannigfaltigkeit, die zartesten Schattierungen des Forte-piano“[15] hörbar werden lässt. Paul Brody schließlich füllt die obligate Buffo-Partie, indem er die Gesangspartie des Rodolfo mit seiner Trompete interpretiert und dabei die Gestaltungsmöglichkeiten des *tempo rubato* mit einer Prise Ironie auskostet. Im Sinne des *canto fiorito*, der „mit Verzierungen und Farben reich ausgestattet ist“[16], übersetzt er die virtuose Effektivität von Koloraturen in geblasene Instrumentalverzierungen.

Auf der Grundlage ihrer je eigenen Gestaltungsmöglichkeiten agieren die Darsteller*innen das Stilrepertoire des Belcanto musikalisch aus. Die Figuren treten in Konstellationen und Dialoge, die den Gesang selbst, d. h. das im Medium der Stimme angelegte Ausdruckspotential thematisieren, indem sie es realisieren. Der spezifische Theaterrahmen nimmt die Oper als thematisches Medium der Inszenierung dabei nicht differenzlos in sich auf. Durch das Einflechten der Oper in den Sprechtheaterrahmen entsteht eine *mise en abyme*, die nicht an der Synthese, sondern an einer zwischen den Bildern vermittelnden, oszillierenden Perspektive interessiert ist. Das ästhetische Objekt der Betrachtung wird dabei zu einem Paradox im produktivsten Sinne, das „als Unterscheidung einer Unterscheidung in die Unentscheidbarkeit einer eindeutigen Bestimmung“[17] eingeht. Auch ohne den avancierten Einsatz elektronischer und

13 Ebd.

14 Ebd., S. 95–96.

15 Ebd., S. 96.

16 Ebd., S. 98.

17 Carolina Romahn: Einleitung. In: Dies. / Gerold Schipper-Hönicke (Hrsg.): *Das Paradoxe. Literatur zwischen Logik und Rhetorik*. Würzburg: Königshausen & Neumann 1999, S. 11–16, hier S. 13.

Abb. 1: David Martons *La Sonnambula*, 2016: Elvino im Glashaus.

digitaler Medien bleibt das Theater dabei „Hypermedium, das in der Lage ist, alle anderen Medien zur Darstellung zu bringen, sie zu thematisieren und zu realisieren“[18].

Zu Beginn des zweiten Akts sieht die Partitur Bellinis ein Duett zwischen Amina und Elvino vor, in dem Amina ihren Liebsten vergeblich von ihrer Unschuld zu überzeugen versucht. Die Inszenierung isoliert daraus die kurze Kantilene Elvinos *Tutto è sciolto*, mit der er seinen Schmerz beschwört und schließlich den Entschluss fasst, Lisa als Braut zu nehmen. Im Glashaus der Amina singt Elvino seine Partie allerdings nicht live, sondern er spielt sie auf Schallplatte ab. Sein technisch-medial konserviertes Alter Ego begehrend, kann er nicht genug von der Stimme auf Band bekommen und hört die Phrase immer und immer wieder von Neuem. Vom Ausdruckspotential *seiner Figur* völlig erotisiert entkleidet er sich, liebkost den Plattenspieler, umschlingt ihn inbrünstig. Duchamps Junggesellenmaschine, die Erotik in Energie umwandeln soll, entfaltet endlich ihre Wirkung. Nur hat sich deren Stoßrichtung verändert; sie kurbelt nicht mehr die Braut, sondern den Junggesellen an, der sich

18 Balme: Theater zwischen den Medien, S. 29–30.

am autoreferentiellen, narzisstischen Begehren seiner selbst berauscht. Mit der Zweiteilung des Elvino – in den geloopten Gesangspart und den agierenden Darsteller – liefert die Inszenierung schließlich den zentralen szenischen Kommentar zur Wahrnehmungskonvention in der Oper der Belcanto-Zeit. Mit dem Looping seiner vokalen Partie exemplifiziert Elvino ironisch und affirmativ zugleich den im Belcanto funktionalisierten *Funken*, der von den Sänger*innen auf die Zuhörer*innen überspringen sollte, so dass die Sänger*innen „selber weinten und auch das Publikum erschütterten.“[19]

19 Michail I. Glinka: *Aufzeichnungen aus meinem Leben*. Berlin: Henschel 1961, S. 83.

Kultur(en) vermitteln

Artur Kutschers Vortragsreise nach Norwegen

Lichter und Schatten des Theaters (und der Theaterwissenschaft) als kulturelle Brücke

Chiara Maria Buglioni

Im April 1941 unternimmt Artur Kutscher (1878–1960), Bahnbrecher der Münchner Theaterwissenschaft, eine Vortragsreise ins besetzte Norwegen. Eingeladen wird der Theaterprofessor von Wilhelm Müller-Scheld (1895–1970), Leiter der dortigen Hauptabteilung für Volksaufklärung und Propaganda (HAVP), um die Festrede für die Eröffnung des Deutschen Theaters in Oslo zu halten.

Wie der im Deutschen Literaturarchiv (DLA) Marbach aufbewahrte Briefwechsel zwischen Kutscher und Müller-Scheld beweist,[1] kennen sich die beiden bereits seit den frühen 1920er Jahren, als Müller-Scheld noch Journalismus, Theater, Literatur und Jura studierte. Nach seinem für die Nationalsozialisten äußerst erfolgreichen Auftreten als NS-Studentenführer in Frankfurt macht Müller-Scheld weiter Karriere, sowohl im Kunstbereich – er verfasst einige Bühnenstücke, wie *Anna Maria* (UA 1935), *Schach dem Zaren: Eine Stunde weitgeschichtlicher Entscheidung* (UA 1936; EA 1938) oder *Ein Deutscher namens Stein* (UA 1937), und wird 1938 Präsident der Deutschen Filmakademie Babelsberg mit dem Arbeitsinstitut für Kulturfilmschaffen – als auch im

1 Nachlass von Artur Kutscher. Deutsches Literaturarchiv, Marbach am Neckar, Handschriftenabteilung, 57.5020.

diplomatischen Bereich: Trotz der aufgetretenen Meinungsverschiedenheiten zwischen Müller-Scheld und Joseph Goebbels wird er 1940 vom Reichspropagandaminister als dessen Vertreter nach Norwegen gesandt. Hier ist er bis 1943 Leiter der Kunstabteilung der Propagandadivision der Besatzungsregierung von Norwegen sowie rechte Hand des Reichskommissars Josef Terboven, der mit Hilfe von SS-Organen und Polizisten unzählige Terroraktionen gegen die Bevölkerung durchführt. Kutschers Kontakte zu Müller-Scheld intensivieren sich erheblich in den Jahren 1937–1941, als der Universitätsprofessor wegen seiner unklaren, oft gespannten Beziehung zum Nationalsozialismus und vor allem zur nationalsozialistischen Kulturpolitik wachsende Schwierigkeiten an der Ludwig-Maximilians-Universität München (LMU) hat. Er spricht wiederholt von unproduktiver Arbeit, Verlassenheit und Nervenleiden. Infolge seiner Entlastung für das Sommersemester 1941 gerät Kutscher in finanzielle Engpässe, so dass er sich immer häufiger Gastvorlesungen und Vortragsreisen an Universitäten sowie Hochschulen widmet. Mitte April 1940 hält der Theaterprofessor eine Vorlesungsreihe in der ‚Ufastadt' Babelsberg, wo Müller-Scheld tätig ist, und knapp ein Jahr später nutzt Kutscher die Gelegenheit, nach Norwegen zu fliegen. Das ist Kutschers erstes Mal in einem Flugzeug, wie er selbst in seiner Autobiographie unterstreicht.[2] Allerdings ist das nicht sein erstes Mal in Skandinavien: Kutscher hatte schon im Sommer 1900, während seiner Studienzeit, eine erste Berührung mit dem nördlichsten Teil Deutschlands, und zwar mit Kiel und Eckernförde in Schleswig-Holstein, dann mit Uppsala in Schweden, Svendborg auf Fünen, Sønderborg und der Insel Langeland in Dänemark.[3] Das Urlaubserlebnis ist aber mit der halbpolitischen Vortragsreise 1941 keineswegs vergleichbar.

Am 22. April hält Kutscher anlässlich der Erstaufführung des Deutschen Theaters in Oslo nach der nationalsozialistischen Okkupation Norwegens eine Rede.[4] Weiterhin lädt die dortige Universität ihn dazu ein, seine zur deutschen

2 Artur Kutscher: *Der Theaterprofessor. Ein Leben für die Wissenschaft vom Theater.* München: Ehrenwirth 1960, S. 227.

3 Die Notiz befindet sich in einem Heft Kutschers, das alle Infos zur Veranstaltung seiner Studienreise nach Skandinavien enthält: Kutscher: Dänemark, Schweden, Finnland, Lappland. In: Nachlass Artur Kutscher, Münchner Stadtbibliothek / Monacensia, Signatur ArK M 120. Eine Erzählung von Kutschers Sommersemester 1900 an der Universität Kiel und von den vielen Ausflügen, die er in der Umgebung machte, befindet sich auch in Kutscher: *Der Theaterprofessor*, S. 31.

4 In seiner Autobiografie erklärt Kutscher, Müller-Scheld habe ihm den Auftrag gegeben, „über die Entwicklung unseres Theaters und seinen Einfluß auf Norwegen" zu sprechen. Er habe jedoch sehr früh verstanden, dass das deutsche Theater seinerseits ohne die aus Norwegen kommenden Anregungen undenkbar sei, so müsse das Thema der Festrede „Die Wechselwirkungen

Stilkunde vorzutragen. Am 18. und 24. April spricht Kutscher erneut „auf Einladung der deutsch-norwegischen Gesellschaft über die Wechselbeziehung des deutschen und des norwegischen Theaters"[5]. Die Presse zeigt sich vom Thema so begeistert, dass der Theaterprofessor seine Vorträge wiederholen muss. In Bergen hält Kutscher einen Lichtbildvortrag über Goethes *Faust* und im Radio referiert er über das neuere deutsche Drama. Ein kurzer Teil des Vortrags über die Theaterbeziehungen zwischen Deutschland und Norwegen wird im Mai 1941 in der *Deutschen Zeitung in Norwegen* unter dem Titel „Die Bühne als Brücke. Über die deutsch-norwegischen Theaterbeziehungen der ältesten Zeit" veröffentlicht, aber die von Kutscher überarbeitete Fassung für die Presse verfehlt das Ziel, die Tiefgründigkeit, Stratifizierung und außerordentliche Tragweite seiner Gedanken klarzumachen. Von dem ursprünglichen Festvortrag Kutschers ist zum Glück im Monacensia-Literaturarchiv noch ein Typoskript erhalten, das zahlreiche eigenhändige Korrekturen aufweist.[6] In seinem Beitrag analysiert Kutscher die Geschichte kultureller Kontamination zwischen deutschem und norwegischem Theater, indem er die wichtigsten Beziehungen und Verflechtungen im Theaterbereich beleuchtet und erklärt. Untersucht wird im Folgenden die von Kutscher geahnte soziale Rolle des Laientheaters, der Wandertruppen, der Dramatiker und der Bühne im Allgemeinen als Brücke zwischen Kulturen. Der Theaterprofessor verwendet den Ausdruck „Wechselwirkungen"[7], um das Verhältnis zwischen Deutschland und Norwegen zu bezeichnen, was an die heutige Debatte über die Positionierung der Institution Theater in einem transnationalen Netzwerk sowie an die transkulturelle Forschung denken lässt. Andererseits ist Kutschers Vortrag im Kontext seiner halb-institutionellen Reise unter dem Hakenkreuz verwurzelt: Die Betrachtungen des Theaterprofessors zählen aus heutiger Perspektive zu einer Einflussforschung, welche die Machtverhältnisse zwischen sozialen und politischen Akteuren nicht kritisch hinterfragt. Demzufolge wird die vorliegende Untersuchung auch ein aufschlussreiches Licht auf die deutschsprachige Theaterforschung zur Zeit des Nationalsozialismus werfen.

zwischen dem deutschen und dem norwegischen Theater" heißen. (Kutscher: *Der Theaterprofessor*, S. 226–227.)

5 Diese Gespräche zählen zu den wichtigsten kulturellen Ereignissen des Jahres 1941, wie die *Deutsche Zeitung in Norwegen* zwölf Monate später feststellt.

6 Artur Kutscher: Die Entwicklung des deutschen Theaters und die Beziehungen zwischen dem deutschen und norwegischen Theater. In: Nachlass Artur Kutscher, Münchner Stadtbibliothek / Monacensia, Signatur ArK M 16 (masch. Manuskript). Im Folgenden zitiert als M 16.

7 M 16, S. 1 (vom Autor durchgestrichenes Wort) u. 15.

Deutsch-norwegische Theaterbeziehungen: ein Austausch zwischen Kulturräumen

Artur Kutscher ist mit einem bestimmten Modell von Netzwerken, kultureller Mobilität, Adaptions- und Lernvorgängen gut bekannt, da er die Kunst – und insbesondere die Theaterkunst – als Inbegriff des aktiven, dynamischen Meinungs- und Erfahrungsaustauschs konzipiert, den Praxisbezug in der (theater-)wissenschaftlichen Untersuchung entdeckt und zwei Orientierungslinien in der Theaterforschung erblickt: eine lokale bzw. nationale Untersuchungsweise, die den lokalspezifischen Charakter einiger Erscheinungen behandelt, und eine fächerübergreifende sowie transkulturelle Untersuchung. Erst durch die Berücksichtigung der Hybridität von Gesellschaften oder kleineren Gemeinschaften, Konzepten, Stilen und Kunstwerken, erst durch die kosmopolitische Einstellung der gemeinsamen Praxis kann die Forschung im Theatergebiet ihre volle Bedeutung gewinnen – so Kutschers Theorie.[8] Wenn man seine Theaterauffassung näher betrachtet, dann merkt man sofort eine gewisse Modernität: Das Theater sei ein lebendiger Kulturfaktor, der eine prägende Wirkung auf die Gesellschaft ausübe und demnach einem Organismus gleiche, der mit und dank der Gesellschaft, aber auch mit und dank der einzelnen Individuen wächst. Die Grenzen solcher Gesellschaften sind für Kutscher keine festen geographischen oder sozialen Trennungslinien, sondern durchlässige Liminalräume, in denen sich Transferprozesse und Transformationen vollziehen. Die „innere Verknüpfung zwischen lokalen Erscheinungen und globalen Zusammenhängen"[9] hat Kutscher in seiner theaterwissenschaftlichen Tätigkeit nie unterschätzt. Allerdings beschäftigt er sich nicht direkt mit künstlerisch-kulturellen Beziehungsgeschichten und verfasst keine theoretische Schrift zum Thema. Im Jahr 1919 hat er die Möglichkeit, über Bogumil Dawison zu schreiben, dessen Tagebücher die Bibliothek des Theatermuseums München kurz zuvor erworben hatte; trotzdem skizziert Kutscher nur eine grobe Biographie des polnisch-deutschen Darstellers.[10] Erst mit der Vortragsreise nach Norwegen fokussiert er auf die Kulturträger und erarbeitet sein Konzept von Austauschbeziehung, Einfluss und Wechselwirkung.

8 Vgl. Chiara Maria Buglioni: *„Das strittige Gebiet zwischen Wissenschaft und Kunst". Artur Kutscher und die Praxisdimension der Münchner Theaterwissenschaft.* Tübingen: Narr Francke Attempto 2017.

9 So beschreibt Jürgen Kocka den Forschungsgegenstand der transnationalen Gesellschaftsgeschichte. Ders.: Historische Sozialwissenschaft heute. In: Manfred Hettling / Frank-Michael Kuhlemann / Paul Nolte / Hans-Walter Schmuhl (Hrsg.): *Perspektiven der Gesellschaftsgeschichte.* München: Beck 2000, S. 5–24, hier S. 21.

10 Artur Kutscher: Neues über Bogumil Dawison. In: *Neue Theater-Zeitschrift* 5,13/14 (1919), S. 106–108.

Kutschers frühe Gedanken kreisen um ein in den ersten Entwicklungsphasen der Theaterwissenschaft wohl bekanntes Paradox: den Mangel an Sekundärliteratur bzw. an wissenschaftlichen Untersuchungen trotz der anschaulichen Prägnanz des Themas. Die kulturellen Beziehungen zwischen dem deutschen und norwegischen Theater haben Anfang der 1940er Jahre nur wenige skandinavische Forscher*innen interessiert, die sich lediglich auf Dramatiker*innen oder auf die Literaturgeschichte konzentrieren, wie z. B. Just Johan Bing (*Norsk litteraturhistorie*, 1904) oder Hilma Borelius (*Geschichte der nordischen Literaturen*, 1931). Da Kutscher keine skandinavische Sprache beherrscht, ist es höchstwahrscheinlich, dass er nur das letzte Werk der schwedischen Universitätsprofessorin genau kennt und rezipiert, weil es teils in Schwedisch und teils in Deutsch verfasst ist. Was die theaterwissenschaftliche Forschungsperspektive hingegen angeht, findet Kutscher nur „gutes, aber lückenhaftes Material"[11] aus Norwegen, wie Henrik Jørgen Huitfeldts *Christiania Theaterhistorie* (1876), Tharald Høyerup Blancs *Norges første nationale Scene* (1884) oder Alma Fahlstrøms *To norske skuespilleres liv og de Fahlstrømske teatres historie 1878–1917* (1927). Bemerkenswerterweise erwähnt Kutscher hier das Werk der norwegischen Schauspielerin und Theaterdirektorin Alma Fahlstrøm (1863–1946), die damals eine europaweit bekannte Impresario-Figur war. Im Jahr 1927 veröffentlichte sie ihre Memoiren, welche die lange Theatergeschichte ihrer Familie miteinschließen und dabei eine merkwürdige Quelle zur transnationalen Theaterhistoriografie darstellen. Wenn auch die von Kutscher aufgelisteten Schriften keine Vorstellung vom Kulturtransfer zwischen den Ländern und den jeweiligen Theatern zeigen, dienen sie dem Theaterprofessor dazu, die Existenz und Wirksamkeit „vielseitige[r] und starke[r] Beziehungen"[12] zwischen Deutschland und Norwegen zu beweisen.

Kulturelle Vernetzung(en): Träger und Akteure zur Zeit der Wanderbühne

Die Grenzüberschreitung nationaler Gesellschaften und Kulturen geschieht auch im Fall des deutsch-norwegischen Theaters dank gewisser Träger*innen; Kutscher fokussiert sich demzufolge – wie in der besten Forschungstradition der transnationalen Gesellschaftsgeschichte[13] – auf die Akteur*innen, die im

11 M 16, S. 1.

12 Ebd.

13 Vgl. Jürgen Osterhammel: Transnationale Gesellschaftsgeschichte. Erweiterung oder Alternative? In: *Geschichte und Gesellschaft* 27,3 (Juli–September 2001), S. 464–479, bes. S. 473–474.

Laufe der Jahrzehnte neue Beiträge zur abendländischen Theaterkultur geleistet haben. Am Anfang seines Vortrags skizziert der Theaterprofessor aber die wichtigsten Etappen, durch die das deutsche Theater einerseits und das norwegische Theater andererseits „Weltgeltung"[14] erlangten. Die Art und Weise, wie Kutschers Argumentation verläuft, zeigt sowohl typische Merkmale der nationalen Theatergeschichtskonzeption seiner Zeit, mit der möglichst genauen Berücksichtigung nationaler Identität und Partikularisierungstendenzen, als auch Spuren der modernen globalen Theaterhistoriographie, die sich im Spannungsfeld zwischen Lokalem und Transnationalem bewegt, theatralen Handelsrouten folgt und das Verhältnis von Transfer, Transformation, Einfluss, Interferenz und Adaption in Theaterpraktiken analysiert. Die von Kutscher gezeichnete Entwicklung des deutschen Theaters geht von der Voraussetzung aus, dass die meisten europäischen Völker das Berufstheater und das künstlerische Theater im Allgemeinen viel früher als Deutschland entwickelt haben. Bis zum 17. Jahrhundert sei also das deutsche Theater – im Sinne von Dramatik, Schauspielkunst und Bühnentechnik – „von Italien, Spanien, Frankreich, Holland, England" „abhängig" gewesen.[15] Eine solche Aussage entspricht zur Zeit des Nationalsozialismus, wenn nicht einer Provokation, dann zumindest einem kritischen, verlegenen Moment, denn die vorübergehende kulturelle Abhängigkeit Deutschlands von ‚Feindesländern' lässt sich nicht so offen ausdrücken. Nach Kutschers Meinung hat das deutsche Berufstheater allerdings in knapp zwei Jahrhunderten einen hohen Wert gewonnen, indem es sich schnell von der Wanderbühne bis zum Hof- und Nationaltheater entfaltete. Noch im 17. Jahrhundert sei auch das Singspiel aus Italien und England nach Deutschland gekommen und das deutsche musikalische Theater habe am ehesten seine Vollendung erreicht. Diese Vollendung schließe das Singspiel, die Operette und die Oper mit ein, was nicht von geringer Bedeutung ist. Aus der heutigen Perspektive gilt die Operette nämlich als eine Kunstform der Transkulturalität: Die Entstehung und Entwicklung zuerst der Kunstgattung und dann des Kunstbetriebs bringen weltumspannende Netzwerke herbei, die Frankreich, Deutschland, Österreich, Skandinavien und Amerika u. a. hineinzeihen.[16] Dem

14 M 16, S. 4.

15 M 16, S. 1.

16 Eine bemerkenswerte Untersuchung der Verbreitungswege durch Frankreich, Deutschland und Skandinavien einer mit der Operette verwandten Gattung, d. h. des Vaudevilles, bietet Antoine Guémy: Kulturtransfer einer Gattung. Das Vaudeville zwischen den französischen, deutschsprachigen und skandinavischen Literaturen. In: Karin Hoff / Anna Sandberg / Udo Schöning (Hrsg.): *Literarische Transnationalität. Kulturelle Dreiecksbeziehungen zwischen Skandinavien, Deutschland und Frankreich im 19. Jahrhundert.* Würzburg: Königshausen & Neumann 2015, S. 23–43.

erheiternden, halb witzigen und halb satirisch-parodistischen Zug der Operette stehe die ernste Oper entgegen: Diese sei um 1617 aus Italien über Salzburg in Deutschland eingezogen und habe sich sowohl in Norddeutschland, besonders in Hamburg, als auch in Dresden, München und Wien entwickelt. Kutscher erblickt in der Tätigkeit von Georg Friedrich Händel, Wolfgang Amadeus Mozart und Ludwig van Beethoven sowie später von Richard Wagner den größten deutschen Beitrag zur Erneuerung der Gattung. Wagners Theater- und Musikbegabung habe ihm ferner erlaubt, Wort und Musik auf der Bühne zu verbinden und dadurch einen „dramatische[n] Geist" entstehen zu lassen.[17] Es ist kaum verwunderlich, dass Kutschers Schilderung des europäischen Siegeszugs des deutschen Theaters mit Wagner endet. Noch vor dem später kanonisierten Regietheater Otto Brahms und Max Reinhardts stellt Wagners Theatervorstellung den ersten erfolgreichen Versuch dar, die dramatische Dichtung und die anderen Darstellungsmittel der Bühne zu einer lebendigen, harmonischen Wirkung zu bringen.

Nach dem langanhaltenden Erfolg Wagners richtet der Theaterprofessor seine Aufmerksamkeit auf Norwegen und die ersten Sätze seiner Einführung ins norwegische Theater sind sicher keine *captatio benevolentiae*: „Waren schon die Deutschen Nachzügler in Kunst und Kultur, so waren mehr noch die Skandinavier Epigonen der mittel-, süd-, und westeuropäischen Entwicklungen und hatten immer 30–50 Jahre später Barock, Rokoko, Klassik und Romantik."[18] Auch bezüglich des musikalischen Theaters habe sich Norwegen im 16. und 17. Jahrhundert sozusagen rückständig erwiesen, was zu einseitigen Beziehungen zwischen Deutschland und Norwegen führte: Auf dem skandinavischen Gebiet wurden mit Vorliebe italienische, französische sowie eben deutschsprachige Opern gespielt. Sänger, die aus Deutschland kamen und in Norwegen arbeiteten, seien allerdings nur wenige gewesen. Die fruchtbarsten Kontakte zwischen den Kulturen fanden nach Kutschers Meinung erst in der Schauspielkunst statt – sprich: in der Tätigkeit der Wanderbühnen und im Laientheater. Vom „deutschen Einfluss im Schauspiel"[19] erzählt der Theaterprofessor in einem am 20. Mai 1941 in der *Deutschen Zeitung in Norwegen* veröffentlichten Artikel. Dort zeigt Kutscher auf detaillierte Weise die auf das Mittelalter zurückgehende Geschichte der deutsch-norwegischen Theaterbeziehungen, die er bei der öffentlichen Rede in Oslo nur beiläufig erwähnt. Die Wurzeln des späteren kulturellen Netzwerks seien in Bergen zu finden: Von dieser Stadt aus

17 M 16, S. 3.

18 M 16, S. 4.

19 Artur Kutscher: Die Bühne als Brücke. Über die deutsch-norwegischen Theaterbeziehungen der ältesten Zeit. In: *Deutsche Zeitung in Norwegen*, 20.05.1941 (Sonderausgabe), S. 24.

verbreiteten sich die deutschen Laienspiele in ganz Norwegen, welche noch bis zum Ende des 17. Jahrhunderts das norwegische Theaterwesen prägten. Die Beispiele, die Kutscher im oben genannten Artikel anführt, betreffen zunächst das Theater der Kathedralschulen, lateinische Spiele, die mit der Kirche verbunden waren, Aufführungen klassischer Komödien oder „deutscher und in Deutschland üblicher neulateinischer Stücke, wie der *Studentes* des Christoph Stymmelius von 1571“[20], Moralitäten oder noch allegorische Spiele wie *De Imaginibus*. Das erste vollkommene Produkt der Vernetzung zwischen Theatermännern beider Länder erkennt Kutscher in der Aufführung von *Adams Fall* aus dem Jahr 1563. Deutsche Laienschauspieler brachten nach Norwegen das Theaterstück, das von einem norwegischen Theologen und Schulmeister geschrieben wurde, Hartmann Beyer, der in Wittenberg studiert hatte. Weitere Knotenpunkte in der Verflechtungsgeschichte stellen laut Kutscher sowohl das Theater „hanseatischer Kaufmänner in den Kontoren und Speicherhäusern der Tyskebrygge, in den geräumigen Gaststuben der Schüttings“ als auch das Theater der im 14. Jahrhundert in Bergen gegründeten Gilden und Kaufmannsbünde dar. Es ist insbesondere die Hanse, die sich zu jener Zeit als „dritter Raum“ im Sinne Homi K. Bhabhas[21] konstituierte, d. h. als Ort, an dem kulturelle Übersetzungen durch Reinskription und Artikulation kultureller Differenzen die künstlerische Produktivität beflügeln.

Kutscher datiert den Auftritt der ersten deutschen Berufsspieler*innen in Norwegen auf das Jahr 1644, wobei er sich auf einen bestimmten, aber nicht näher präzisierten Bericht bezieht: „dass in Bergen eine Gesellschaft von 16 Personen mit großem Erfolge gespielt habe und einige Jahre im Lande geblieben sei; es handelt sich wohl um die Bande des Andreas Pandzen.“[22]. Neben Pandzen tauchen andere Schlüsselfiguren auf, die Kutscher auch im Osloer Vortrag namentlich aufführt: der Hamburger Prinzipal Nikolaus Löcke, der die Gesellschaft vortrefflichster Komödianten leitete, der Wanderschauspieldirektor Magister Johannes Velthen mit den königlich-polnischen und kurfürstlich-sächsischen Hofkomödianten, der ‚kleine‘ Müller, Dorseus (der als Darsteller des Pickelhärings bekannt wurde), Salomon Paulsen von Quoten, Ludwig Sass aus Holstein, die Schauspielerfamilie Denner und Johann Spiegelberg mit seiner Compagnie. Kutscher weiß ganz bestimmt, dass der deutsche Komödiant Denner der Jüngere als Erster die Maske eines Harlekins italienischer Herkunft

20 Kutscher: Die Bühne als Brücke, S 24.

21 Homi K. Bhabha: *The Location of Culture*. London / New York: Routledge 2004.

22 Kutscher: Die Bühne als Brücke, S. 24.

in Norwegen trug – ein vortreffliches Beispiel der zunehmenden Hybridisierung hinsichtlich der Dramatik, der Schauspielkunst und der szenischen Ausdrucksmittel.[23] Beachtlich ist die Tatsache, dass Kutscher auch Ferdinand Hallaschs sog. chinesische Künstler beiläufig nennt, die Mitte des 18. Jahrhunderts in Norwegen gastierten. Selbst wenn der Theaterprofessor das Thema nicht direkt behandelt, zeigt diese Wandertruppe deutliche Züge von, wie man sie heute nennen würde, *cultural brokers*, die eine vergängliche, sich weiterentwickelnde Dimension und einen stabilen, sofort erkennbaren Kern zu einer kulturellen sowie künstlerischen Einheit verschmelzen.[24] In der Beschreibung dieser ersten Phase der theatralischen Beziehungsgeschichte zwischen Deutschland und Norwegen kommen die wichtigsten Grundgedanken von Kutschers Theatervorstellung zum Vorschein: Das Theater bestehe aus zwei Elementen, Logos und Mimus, die seine exzeptionelle Wirkungskraft gewährleisten. Das Wandelbare und das Konstante tragen gleichzeitig zur facettenreichen Ausdruckskunst der Bühne bei: Das Theater sei jeweils in einer bestimmten Kultur tief verwurzelt und basiere jedoch in jedem Land, bei jedem Volk auf derselben Basis, d. h. auf denselben Mechanismen.[25]

Über die Dramatik hinaus: das Einflussproblem

Kutschers Erörterung der theatralischen Vernetzungen zur Zeit des Laienspiels und der Wanderbühne bezieht sich natürlich auf unterschiedliche künstlerische Aufführungen, die mit dem dramatischen Text kaum zu tun haben. Es sind vielmehr die Theaterpraktiken, die fremde Kulturen in Verbindung setzen und sich daher durch gewisse Kontaminationsformen als äußerst produktiv erweisen. Im 18. Jahrhundert erkennt Kutscher hingegen die kulturtragende Funktion der Dramatiker*innen. In seiner Theatervorstellung werden sie zu geistigen Anreger*innen der ‚Nation', die dann auch andere Nationen inspirieren können. Er spricht ganz deutlich von Einflüssen, vom Geist eines Volkes und

23 Um 1700 spielten deutsche Ensembles in Norwegen oft in Zeug- und Manufakturhäusern.

24 Als ein gesamteuropäisches Phänomen wird die Wanderbühne der Frühen Neuzeit u. a. in Ralf Haekel: *Die Englischen Komödianten in Deutschland. Eine Einführung in die Ursprünge des deutschen Berufsschauspiels*. Heidelberg: Winter 2004, betrachtet.

25 Siehe dazu u. a. Artur Kutscher: *Die Ausdruckskunst der Bühne. Grundriß und Bausteine zum neuen Theater*. Leipzig: Eckardt 1910; ders.: Die Entwicklung der Theaterwissenschaften. In: *Baden-Badener Bühnenblatt* 4,43 (16.08.1924), o. P.; ders.: *Elemente des Theaters* (*Grundriß der Theaterwissenschaft, I. Teil*). Düsseldorf: Pflugschar 1932; ders.: *Stilkunde des Theaters* (*Grundriß der Theaterwissenschaft, II. Teil*). Düsseldorf: Pflugschar 1936; ders.: *Drama und Theater*. München: Drei Fichten 1946; ders.: Meine theaterwissenschaftlichen Bemühungen. In: *Maske und Kothurn* 2,3/4 (1956), S. 343–350.

von Entwicklung. Jede theatralische sowie literarische Bemühung von Ludvig Holberg (1684–1754) einerseits und Gotthold Ephraim Lessing (1729–1781) andererseits ist für Kutscher zuerst als Dienst an eigenen Landsleuten und dann als Beitrag zur transnationalen Kultur zu verstehen. Der mit dem Nationsbegriff verbundene Machtdiskurs hallt in Kutschers Argumentation wider,[26] doch bleiben die untersuchten Persönlichkeiten nicht isoliert: Sie überschreiten die Grenzen der Nation im Sinne eines monadischen Systems und profilieren sich als ein lebendiges Projektions- und Rezeptionsfeld, das sich nur durch die Interaktion und Verflechtung mit unterschiedlichen Bereichen und Kulturen bestimmen kann. Das von Holberg und Lessing geschaffene ‚moderne' Theater gehört schon Anfang des 18. Jahrhunderts zu einer Kultur, die „intern durch eine Pluralisierung möglicher Identitäten gekennzeichnet" ist und „extern grenzüberschreitende Konturen" aufweist.[27]

Das deutsche Drama und Theater sei von Holberg mehr noch als von einheimischen Theatermenschen beeinflusst: Luise Adelgunde Victorie Gottsched, Johann Elias Schlegel, Heinrich Borkenstein, August von Kotzebue und Lessing selbst stehen „unter dem Einfluss des norwegischen Dramatikers"[28]. Was Holbergs Bezug zu Deutschland betrifft, hatte der Dichter vor, in Norwegen den Einfluss der deutschen Wandertruppen und ihrer Repertoires einzudämmen. Nicht nur erreichte er sein Ziel, er übte dabei auch einen erheblichen Einfluss auf die deutsche Komödie aus, vor allem mit seinen berühmtesten Figuren Henrik und Pernille. Der Theaterprofessor erklärt, dass die Schauspieltruppen von Ackermann und Schröder seit 1742 auf ihrem Spielplan 16 Stücke Holbergs hatten und dass insgesamt 22 Komödien Holbergs im 18. Jahrhundert in Deutschland gespielt wurden.[29] Erst mit Lessing erhalte aber das deutsche Drama eine neue Richtung, die mit dem Sturm und Drang und dann der Klassik, mit Heinrich von Kleists Meisterstücken, weiter im 19. Jahrhundert dank Christian Dietrich Grabbes und Georg Büchners sowie in den Bühnenstücken Franz Grillparzers, Friedrich Hebbels, Otto Ludwigs und Ludwig Anzengrubers

26 Michel Foucault kritisiert die in der Ideengeschichte gängige Verwendung der Begriffe Tradition, Geist, Einfluss oder Entwicklung, welche die „Menge verstreuter Ereignisse" auf problematische Weise synthetisieren. Sie seien weiterhin auf die organisatorische Souveränität eines Ursprungs, einer kontinuierlichen Abfolge oder eines kollektiven Bewusstseins zu beziehen. Vgl. ders.: *Archäologie des Wissens*. Frankfurt am Main: Suhrkamp 1973, S. 34.

27 Wolfgang Welsch: Transkulturalität – die veränderte Verfassung heutiger Kulturen. In: Freimut Duve (Hrsg.): *Sichtweisen. Die Vielheit in der Einheit*. Weimar: Stiftung Weimarer Klassik 1994, S. 83–122, hier S. 84.

28 M 16, S. 4.

29 M 16, S. 6. Kutscher vergisst nicht die Holberg-Aufführungen im 20. Jahrhundert, die die immerwährende Aktualität von Holbergs Dramatik beweisen.

endlich Weltruhm erlange. Einen Beweis dafür stellt für Kutscher die Anwesenheit vieler deutschen Dramen auf den Spielplänen der norwegischen Theater dar – wie z. B. Lessings *Emilia Galotti* und *Minna von Barnhelm*, Johann Wolfgang von Goethes *Götz von Berlichingen*, *Egmont* und *Faust*, Friedrich Schillers *Die Räuber*, *Kabale und Liebe*, *Maria Stuart* und *Die Jungfrau von Orleans*, Kleists *Das Käthchen von Heilbronn*. Bezüglich der *Räuber* erwähnt Kutscher ein seltsames Ereignis: Im Jahr 1799 wurde das Stück von Offizieren eines norwegischen Jägerkorps in deutscher Sprache „mit unglaublichem Erfolge" aufgeführt.[30] Das zeigt nochmals die im Kontext des Lokalen und des Globalen sich abspielenden Vorgänge, die an der Grenze zwischen zwei Kulturen ihre Konkretion finden. Im Repertoire der dramatischen Gesellschaft in Bergen sind außerdem Kotzebue, August Wilhelm Iffland, Friedrich Ludwig Schröder, Johann Friedrich Jünger, Heinrich Laube, Karl Gutzkow, Gustav Freytag genauso wie „die meisten unserer dii minorum gentium"[31] stark vertreten. Neben Stücken deutscher Autoren wurden französische Dramen noch Mitte des 19. Jahrhunderts in Norwegen gegeben, was die damals als schmerzlich empfundene Unselbstständigkeit des norwegischen Theaters in einem 1814 unabhängig gewordenen Land hervorhebt. Das Nationaltheater war nach wie vor ein Desideratum. Auch in dieser Angelegenheit verbindet Kutscher den ausgeübten bzw. erlittenen Einfluss mit der Bildung der Nation, mit dem erwachenden Nationalgefühl. Er analysiert die Entwicklung des norwegischen Theaters und die deutschen künstlerischen Prozesse in nationalstaatlicher Rahmung, ohne aber auf „eine transnationale Sichtweise"[32] zu verzichten, die einen translokalen Handlungsspielraum jenseits oder zwischen Norwegen und Deutschland identifiziert.[33] Der Theaterprofessor ruft in seiner Rede die „zielbewusste

30 M 16, S. 7.

31 Ebd. Diesbezüglich führt Kutscher viele Beispiele an, wie Eduard von Bauernfeld oder die Schauspielerin und Schriftstellerin Johanna Franul von Weißenthurn.

32 Sebastian Conrad / Jürgen Osterhammel: Einleitung. In: Dies. (Hrsg.): *Das Kaiserreich transnational. Deutschland in der Welt 1871–1914*. Göttingen: Vandenhoeck & Ruprecht 2006, S. 7–27, hier S. 13. Es ist kein Zufall, dass sich Conrads und Osterhammels Betrachtungen auch zur Zeit des Nationalsozialismus als bedeutungsvoll erweisen. Sowohl im Zweiten als auch im Dritten Reich spielen die Radikalisierung des Nationalismus, das Überlegenheitsgefühl und die Suche nach einer glorreichen Vergangenheit eine wichtige Rolle. Auf der anderen Seite öffnet sich ein transnationaler Horizont dank globaler Vernetzungen. Siehe dazu auch Benedict Anderson: *Imagined Communities. Reflections on the Origin and Spread of Nationalism*. London / New York: Verso 1996.

33 Karin Hoff verwendet sogar den Begriff ‚Zwischenraum', um sich auf den Spielraum der deutsch-skandinavischen Beziehungen in der Literatur der Spätaufklärung zu beziehen. Vgl. dies.: *Die Entdeckung der Zwischenräume. Literarische Projekte der Spätaufklärung zwischen Skandinavien und Deutschland*. Göttingen: Wallstein 2003.

und starke Bewegung zur nationalen Szene"[34] ins Gedächtnis, die sich Mitte des 18. Jahrhunderts zunächst in Bergen entwickelte. Aber woher kamen die ersten Impulse für die Belebung des norwegischen Nationaltheaters? Zum einen aus den künstlerischen Bemühungen Ole Bulls (1810–1880), zum anderen aus der Tradition einer Stadt, in der Wandertruppen von Berufsschauspieler*innen schon seit vielen Jahrzehnten gastierten.[35] Ole Bulls Bühne wird von Kutscher selbst genannt: Der in Bergen geborene Violinvirtuose hatte bei vielen europäischen Geigenspielern, z. B. Niccolò Paganini, Louis Spohr oder Franz Liszt, Manieren sowie Techniken gelernt und dann weiterentwickelt, war in mehreren Ländern wie Dänemark, Deutschland, England und Irland tätig und hatte 1849 in seiner Heimatstadt das Norwegische Theater (Norske Theater) gegründet. Eine der ersten bedeutungsvollen Aufführungen vor eingeladenem Publikum war bemerkenswerterweise Holbergs *Henrik und Pernille* am 21. November 1849.[36] Aus diesem Theater ging Den Nationale Scene hervor, die erste Nationalbühne Norwegens. In den frühen Tätigkeitsjahren des Norwegischen Theaters hatte Bull Henrik Ibsen (1828–1906) als Hausdramatiker, Regisseur und sogar Bühnenbildner verpflichtet. Dieser weltberühmte Theatermann ist die nächste Persönlichkeit, die Artur Kutscher in den Diskurs über theatralische und kulturelle Verknüpfungen einführt. Auf der einen Seite habe Ibsen, dessen Kampf um ein norwegisches Nationaltheater mit einer passenden Dramatik und mit geeigneten Schauspielkräften ausführlich beschrieben wird, französische und deutsche Stücke sowie das dänische Theater angegriffen, auf der anderen sei er selbst ein Beweis dafür, dass nur eine transnationale Transfergeschichte dem Theater bzw. der Kunst deutliche Konturen verleihen könne. Ibsens Leben spielte sich an der Grenze zwischen der norwegischen und der deutschen Kultur ab: In seiner väterlichen Familie wurden „zweimal deutsche Frauen geheiratet"[37], er beherrschte die deutsche Sprache und kannte sowohl den deutschsprachigen Dramenkanon als auch die ganze deutsche Theatergeschichte, u. a. indem er Hermann Hettners *Literaturgeschichte des 18. Jahrhunderts* (1856–1870) und Eduard Devrients *Geschichte der deutschen Schauspielkunst* (1848–1874) las. Daraus folgt, immer nach Kutschers Meinung,

34 M 16, S. 7a.

35 Einen allgemeinen Überblick über die Gründung des Nationaltheaters in Norwegen gibt Peter Bilton: Norway, 1825–1909. In: Laurence Senelick (Hrsg.): *National Theatre in Northern and Eastern Europe, 1746–1900*. Cambridge: Cambridge UP 2009, S. 125–188.

36 Ebd., S. 140–141.

37 M 16, S. 8. Irrtümlicherweise glaubt Kutscher auch, dass Ibsens Mutter eine Deutsche gewesen sei.

dass Ibsens erste Dramen von deutschen Dramen sowie von der idealistischen Philosophie „von Kant bis Hegel“ beeinflusst wurden.[38] Ibsen verbrachte mehrere Jahre in Deutschland, was zu „noch weitere[n] Einflüsse[n]“[39] brachte, wie die in Ibsens Haus aufbewahrte norwegische Übersetzung von Freytags *Valentine und Graf Waldemar* beweist. Der wichtigste Berührungspunkt zwischen Ibsens Dramatik und dem deutschen Theater sei aber in der Dichterfigur Christian Friedrich Hebbel (1813–1863) zu finden.[40] Der aus Schleswig-Holstein stammende Schriftsteller habe eine besondere ‚norwegische‘ Art, die Welt und die menschlichen Gefühle zu schildern – eine Art, die von Ibsen als innere Wahlverwandtschaft gespürt worden sei. Kutscher verschweigt Ibsens Bewunderung für Hebbel nicht und erklärt noch dazu, dass der norwegische Dramatiker über das von seinen Theaterstücken in Deutschland erregte Aufsehen sehr erstaunt war: Wie konnten seine Dramen eine Sensation sein, wenn Hebbels Werke schon aufgeführt worden waren? Darauf liefert der Theaterprofessor eine Antwort: Das deutsche Publikum war für Hebbels gewaltige dramatische Bilder noch nicht reif. Erst mit Ibsen, also erst mit einem nichtdeutschen Autor, gelang es Hebbels Dramatik, Resonanz und Wirkung zu haben. Ibsen war nämlich in der Lage, „die Stoffe der Dramen Hebbels in eine kleinere, intimere Form umzusetzen“[41] Kutscher fokussiert sich dann auf die Affinitäten und Unterschiede zwischen Ibsen und Hebbel, um sowohl auf ihre geistige, gedankliche Übereinstimmung als auch auf die Fruchtbarkeit der Wechselwirkung zweier unterschiedlicher, doch naher Kulturen hinzudeuten. Obwohl Kutscher in der geisteswissenschaftlichen Strömung der Ideen- und Einflussgeschichte Hebbels Einfluss auf Ibsens Werke betont, vergisst er nicht, die Rolle Ibsens in der Rezeptionsgeschichte von Hebbels Dramen zu beschreiben: Damit kommt auch die „Logik der Rezeption“ zum Vorschein, wie in der Transfergeschichte.[42] Des Weiteren gehen entscheidende Beiträge zum europäischen Theater der

38 Ebd.

39 Ebd.

40 Der Theatervorstellung Hebbels weitgehend gewidmet ist Artur Kutscher: *Hebbel als Kritiker des Dramas. Seine Kritik und ihre Bedeutung*. Berlin: Behr 1907. In seiner Habilitationsschrift beschäftigt sich Kutscher auch mit der Wirkung der Ästhetik Hebbels auf die gegenwärtige Bühnendichtung (Kap. XXIII), wobei er Hebbels Einfluss auf Ibsen und andere Dramatiker – wie z. B. Otto Erich Hartleben, Arthur Schnitzler, Hermann Sudermann, Gerhart Hauptmann und Maurice Maeterlinck – große Aufmerksamkeit schenkt.

41 M 16, S. 9.

42 Michael Werner / Bénédicte Zimmermann: Vergleich, Transfer, Verflechtung. Der Ansatz der *Histoire croisée* und die Herausforderung des Transnationalen. In: *Geschichte und Gesellschaft* 28,4 (2002), S. 607–636, hier S. 613.

Moderne aus der Verflechtung von Motiven, Stoffen und Theatertechniken, aus der Annäherung an, Auseinandersetzung mit und Infragestellung von kulturspezifischen Faktoren hervor. Kutscher verbindet Ibsens Dramatik mit den Theaterstücken von Alexandre Dumas, Émile Augier, Victorien Sardou und mit der Technik Eugène Scribes, die ihn stark beeinflussten. Zwar erkennt der Professor die Unmöglichkeit, Ibsens Theater als rein norwegisches Phänomen zu analysieren, aber er verzichtet nicht auf die Kategorien ‚Nationalcharakter' und ‚Volksgeist': In der „germanisch-dualistische[n] Anlage" Ibsens sei seine Größe zu finden.

> [Ibsen] war eine Persönlichkeit, original, selbstständig, widerspruchsvoll, unruhig und ewig unbefriedigt. Seine Weltanschauung war ein strenger, naturwissenschaftlich gestützter Realismus. Er besaß einen kritischen Wirklichkeitssinn, gleichzeitig aber kannte er den Wert von Stimmungen und Gefühlen, die die Seele erfüllen und ihr erst Hohe, Weite, Ruhe geben[.][43]

Ibsen ist nach Kutschers Ansicht höchst theaterwirksam, weil er die Haupteigenschaften eines ideellen germanischen Volkes in sich vereint und diese durch die Ausdruckskunst der Bühne verstärkt.

Der Nationalcharakter: Durchsetzung eigener Interessen oder Öffnung zur Interaktionsgeschichte?

Zweifelsohne klingt in den Worten des Theaterprofessors die Rhetorik des Nationalsozialismus wider,[44] allerdings merkt man einen signifikanten Unterschied in Kutschers Bild des Nationalcharakters: Der von ihm vorausgesetzte Nationalcharakter hat mit der kompromisslosen Durchsetzung des einheitlichen nationalen Willens nichts zu tun. Der deutsche – oder genauer: germanische – Charakter ist für Kutscher das geistige Gepräge einer präsupponierten Gemeinschaft, die gewisse lokale Erscheinungen durch die Wechselwirkung mit anderen Kulturen bereichert und immer wieder erneuert hat. Diesbezüglich gewinnt auch der Diskurs über die (theatralische) Kunst der Moderne an Bedeutung.

43 M 16, S. 10.

44 Vor der Nazizeit vermeidet Kutscher den Begriff ‚Nationalcharakter'. 1910 äußert er sich in Bezug auf einen sog. Nationalstil folgendermaßen: „Lächerlich erscheint [...] das Geschwätz vom Nationalstil. Das Kunstwerk hat zu reden und das reine künstlerische Gewissen." (Kutscher: *Die Ausdruckskunst der Bühne*, S. 163.) Seines Erachtens spricht die theatralische Kunst aus sich selbst heraus, weil der wahre Geist gerade in ihrem symbolischen, Fantasie erregenden Spiel liegt.

Die wichtigsten norwegischen Beiträge zur europäischen Kultur kommen im 19. Jahrhundert von dem Naturforscher und Dichter Henrik Steffens (1773–1845), den Malern Johan Christian C. Dahl (1788–1857) und Edvard Munch (1863–1944), dem Komponisten Edvard H. Grieg (1843–1907), von Henrik Ibsen und Bjørnstjerne Bjørnson (1832–1910). Dem Dichter und Theaterleiter Bjørnson widmet Kutscher einen großen Teil seiner Osloer Rede. In dem Versuch, eine eigene norwegische Bühnenkunst zu schaffen, kämpfte Bjørnson gegen die dänischen Schauspielkräfte, verbrachte mehrere Jahre im Ausland, lernte die „höchsten Bühnenbestrebungen"[45] Deutschlands, Frankreichs und anderer Länder kennen und führte in Norwegen viele Meisterstücke auf – wie Goethes *Faust* oder Shakespeares *A Midsummer Night's Dream*. Sowohl Ibsen als auch Bjørnson zählen in Kutschers Rede zu den norwegischen Kulturträgern, die eine neue Tendenz in der deutschen Theater- und Literaturgeschichte begünstigen: den produktiven Dialog mit Künstlern, Intellektuellen und Wissenschaftlern aus anderen Ländern. Dieser Dialog führte zur Entwicklung des deutschen Naturalismus, einer Geistesströmung, die sich als avantgardistisch und gesamteuropäisch – wenn nicht sogar universal – konzipierte, ohne jedoch ihre lokalspezifischen Merkmale zu übersehen. Kutscher erwähnt hierzu die begeisterte Annahme von Ibsens Stücken in Deutschland, zuerst von *Gespenster* und dann von seinen früheren Dramen wie *Peer Gynt*. Der Einfluss seiner Dramatik reiche in die meisten deutschen Theaterstücke von Gerhart Hauptmann, Hermann Bahr und sogar Frank Wedekind hinein. Fast in gleichem Maße spielten die Dramen Bjørnsons eine wichtige Rolle: *Über die Kraft* sei z. B. Vorbild für das deutsche soziale Drama geworden.[46] Unter den in Deutschland auch zur Zeit des Nationalsozialismus gern gespielten norwegischen Autoren kann Knut Hamsun (1859–1952) natürlich nicht fehlen. Wenn er in den 1940er Jahren als geniale Ikone des modernen psychologischen Schreibens galt, ist seine Persönlichkeit als Hitler-Verehrer heutzutage höchst kontrovers. Ihm sei nach Kutschers Meinung eher als die deutsche Dramatik die deutsche Epik zu großem Dank verpflichtet. Gerade mit diesen Überlegungen zu Hamsun fängt der Theaterprofessor an, seinem Vortrag eine politische Orientierung zu geben. Er betont die Tatsache, dass deutsche Dramen um 1910 in Norwegen kaum aufgeführt wurden: Norwegen brach „erstaunlicherweise" „zunächst fast alle Theaterbeziehungen ab zu

45 M 16, S. 11. Kutscher stellt eindeutig fest, dass auch Bjørnson Schiller in seiner sittlichen Haltung sehr nah stand.
46 M 16, S. 13.

dem Volke, das die norwegische Kunst so stark anerkannt und übernommen hatte".[47] Nichtsdestotrotz sei der deutsche Einfluss in Oslo, Bergen sowie im ganzen Land durch die Gastspiele und das Vorbild des Volkstheaters nach Berliner Muster spürbar geblieben. Als Grund dafür erkennt Artur Kutscher den Anfang des 20. Jahrhunderts von norwegischen Politikern geführten Kampf gegen Deutschland: Sie hätten jede tiefere Beziehung zu Deutschland geleugnet und „die Gesellschaft und das Volk in den Wirbel ihrer Interessen"[48] gerissen. Es ist aber unmöglich, fast unnatürlich, eine Kultur von ihrem Beziehungsnetzwerk zu trennen, besonders wenn diese Kulturbeziehungen die Umrisse von „Wechselwirkungen" entwerfen.[49] Nun kommt man endlich zu Kutschers Definition von Wechselwirkung, die sich wie üblich zwischen der älteren Einflussgeschichte und der Intuition einer neuen geschichtlich-kulturellen Sichtweise bewegt. Wechselbeziehung bedeutet für den Theaterprofessor „eine natürliche Anregung und wahrhafte Bereicherung nationaler Kunst aus stammverwandtem Wesen"[50]. Die nationale Kunst entsteht also nur aus ihrer tiefen, strukturellen Vernetzung mit anderen nationalen Künsten und Kulturen. Diese Vorgänge von Annahme, Transformation und Weiterleitung bilden den Horizont einer Theaterwissenschaft, die sich mit der nationalgeschichtlichen Untersuchung nicht mehr sättigen kann. Auffällig ist außerdem, dass Kutscher ein ‚stammverwandtes' Wesen evoziert. Das mag wohl der Inbegriff aller Gemeinsamkeiten des ursprünglichen und idealisierten germanischen Volkes sein, aber man kann nicht ausschließen, dass dieses Wesen für eine umfassendere Idee von Gemeinschaft steht. Im Osloer Vortrag ist natürlich Norwegen das ‚Brudervolk' Deutschlands, doch sind England, Frankreich, Griechenland und Italien oder China und Japan gleichermaßen Länder, aus denen Deutschland im Laufe der Jahrhunderte Kulturelemente, Kunsttechniken, Motive, Bilder und Stoffe, Gegenstände, Ideen und Projekte importiert und umgedeutet hat. Das taucht in Kutschers Schriften mehrmals auf, weil die Mimus-Geschichte, die er von Hermann Reich aufnimmt, einer Entwicklung des Performativen entspricht, die aus einer synchronischen und diachronischen Perspektive die ganze Welt miteinschließt. Reich endet nämlich sein umfangreiches Werk mit den Sätzen:

47 M 16, S. 14.

48 M 16, S. 15.

49 „Der deutsche Einfluss in der Wanderbühnenzeit des 17. und 18. Jahrhunderts, der norwegische Einfluss von Holbergs Dramatik, der deutsche Einfluss vom klassischen bis zum realistischen Drama seit Ende des 18. Jahrhunderts bis Mitte des 19. Jahrhunderts, der norwegische Einfluss Ibsens und Bjørnsons: das sind ja nicht nur Beziehungen, sondern Wechselwirkungen." (M 16, S. 15.)

50 Ebd.

„Der Mimus ist die Urquelle des mittelalterlichen europäischen Dramas wie des gesamten orientalischen Schauspiels geworden“, er ist „das Weltdrama, das internationale Drama geworden“.[51]

Michael Werner und Bénédicte Zimmermann sehen in der Transfergeschichte die Gefahr, den nationalen Bezugsrahmen zu konsolidieren, nachdem man versucht hat, ihn zu relativieren und zu hinterfragen.[52] Kutschers Analyse basiert unstreitig auf dem Nationsdiskurs, aber im Kunstbereich erkennt er ein gemeinsames, grenzüberschreitendes Unterfangen zur Menschheitsentwicklung: „Die Anerkennung der zeitweiligen Überlegenheit des anderen Volkes ist noch kein Aufgeben des nationalen Charakters, ist vielmehr aus der Höhe betrachtet gemeinsames Kunststreben“[53]. Wenn auch die Rede des Professors mit einem nationalistischen, pseudo-faschistischen und rassistischen Zitat Bjørnsons endet,[54] wenn auch der Nationalcharakter der Kunst in seiner Argumentation immer wieder auftaucht, wenn auch das (germanische) Volk als Referenzpunkt gilt, ahnt Kutscher die Auswahl-, Anpassungs- und Adaptionsstrategien, die in Wechselwirkungen zwischen Kulturen dabei mitspielen: Erst die Aushandlung und Erarbeitung von Mechanismen, Themen und Ausdrucksmitteln, erst ihre „Versetzung mit eigenem Wesen“ trägt zur „Höherentwicklung der Kunst“ einer bestimmten Kultur bei.[55]

51 Hermann Reich: *Der Mimus. Ein Litterar-Entwickelungsgeschichtlicher Versuch*. Berlin: Weidmannsche Buchhandlung 1903, S. 897.

52 Werner / Zimmermann: Vergleich, Transfer, Verflechtung, S. 615.

53 M 16, S. 15.

54 „Wir [Norweger, CMB] müssen Deutschland versichern, dass wir nicht zu seinen Feinden halten. Durch die Macht der Rasse wird der Norden sich an Deutschland anschließen.“ (M 16, S. 15.)

55 Ebd.

Die digitale Gretchenfrage – Wie hast du's mit Google?

Julia Glesner

Nun sag, wie hast du's mit der Religion?

Johann Wolfgang von Goethe: Faust

Die Frage, mit der Goethe Margaretes Bemühen ausdrückte, Faust in Marthens Garten endlich das für sie existenzielle Bekenntnis zum Religiösen abzuringen, ist längst zum Idiom unserer Sprache geworden. Die Wortprägung steht für eine Gewissensfrage, die zu beantworten Unbehagen hervorrufen darf. Margarete stellt ihre Frage, weil sich Faust widersprüchlich verhält. Um eine Gretchenfrage zu beantworten, ist eine eindeutige Werthaltung und Positionierung erforderlich. Eine solche Positionierung müssen Führungskräfte in Kulturbetrieben entwickeln, wenn sie von Google genau das Angebot erhalten, das man nicht ablehnen kann.

Seit Juli 2016 fasst Google sein Angebot im Kulturbereich unter *Google Arts & Culture* zusammen. Zeitgleich veröffentlichte das Unternehmen eine neue Internetseite[1] mit korrespondierender App und bewarb sein philanthropisches Angebot Ende 2016 mit Sonderbeilagen in bundesdeutschen Tageszeitungen.[2] Zentrale Säulen des Angebots sind das *Google Arts Project* und das *Google Cultural Institute*. Beides sind Internetportale, die 2011 starteten. Das

1 *Google Arts & Culture*. https://www.google.com/culturalinstitute/beta/ (Zugriff am 07.03.2017).

2 Christine Flores / Jim Campbell: Aufbruch Lernen. Ein Magazin zur digitalen Bildung. In: *Frankfurter Allgemeine Sonntagszeitung*, 11.12.2016. Das Magazin wurde von Süddeutsche Zeitung Publishing produziert.

Google Arts Project stellt kostenfrei Abbildungen von Kunstwerken in hoher Auflösung bereit. Die Metadaten der Kunstwerke sind dabei am Bildrand vermerkt. Als DNA eines Kunstwerks enthalten sie die wichtigsten Informationen zu Künstler, Titel, Datierung, Gattung, Material, Maßen und Standort. Die Museen entscheiden beim *Google Arts Project* selbst, in welcher Tiefe sie Metadaten anbieten wollen. Das Informationsniveau schwankt zwischen den Institutionen erheblich. Darüber hinaus ermöglicht die Webanwendung einen virtuellen Rundgang (*Virtual Gallery Tour*) durch bedeutende internationale Kunstmuseen, wobei einzelne Werke in hoher Detailgenauigkeit betrachtet werden können. Für die Darstellung der Räumlichkeiten setzt Google dieselbe Technologie wie beim hauseigenen Dienst *Street View* ein. Die dritte Funktion wird ‚*Create an Artwork Collection*' genannt und ist die am intensivsten genutzte. Die Nutzerinnen und Nutzer können online eine eigene Sammlung ihrer bevorzugten Kunstwerke und Perspektiven bei den Rundgängen anlegen, sie teilen und anderen Nutzerinnen und Nutzern empfehlen. Schlussendlich – und als Höhepunkt verstanden – präsentiert Google ein vom Kulturbetrieb ausgewähltes Kunstwerk in Höchstauflösung. Das Metropolitan Museum New York hat mit der *Kornernte* von Pieter Bruegel dem Älteren ein ikonisches Kunstwerk für diese Gigapixel-Aufnahme ausgewählt: Die *Kornernte* von 1565 gilt als „die erste moderne Landschaft in der westlichen Kunst."[3] (Abb. 1)

Das *Google Arts Project* startete 2011 in Kooperation mit 17 Museen aus neun Ländern, u. a. mit den Staatlichen Museen zu Berlin, der Tate Gallery in Großbritannien, dem Metropolitan Museum of Arts in den USA und den Uffizien in Italien. Mit der geographischen Herkunft der Kooperationspartner zog sich Google den Vorwurf einer US- und eurozentrierten Auswahl zu. Der Konzern reagierte auf diesen Vorwurf 2012 beim Start der zweiten Phase des Projekts. Unter den 151 neu hinzugekommenen Museen aus 40 Ländern waren u. a. die Australian Rock Gallery und das Hongkong Museum of Art, später auch Street Artists. Heute kooperieren mehr als 250 Institutionen mit dem *Google Arts Project*, die mehr als 45.000 Kunstwerke von über 6.000 Künstlerinnen und Künstlern zeigen.[4] Mit Beginn der zweiten Phase verbesserte Google verschiedene technische Funktionen: Suchfunktionen sowie Video- und Audioinhalte wurden integriert. Auch Instrumente der Bildungsarbeit fanden Eingang (bspw. *Look Like an Expert*, DIY). Die dritte Phase startete 2015 mit Partnern aus den

3 Keith Christiansen zit. n. *Google Cultural Institute*. https://www.google.com/culturalinstitute/beta/exhibit/SQIymAo9GNvEJA (Zugriff am 07.03.2017).

4 Diese Daten sind die zuletzt publizierten Angaben. In: http://www.google.com/culturalinstitute/about/artproject/ (Zugriff am 07.03.2017).

Abb. 1: Das Metropolitan Museum of Art New York präsentiert das Werk *Die Kornernte* von Pieter Bruegel dem Älteren auf dem Portal des Google Cultural Institute. Begleittext: „Thomas P. Campbell, Leiter des Metropolitan Museum: Die Sammlung des Metropolitan Museum umfasst mehrere zehntausend Kunstwerke, die die menschliche Kreativität über einen Zeitraum von 5000 Jahren belegen. Ich denke jedoch, dass sich bestimmte Meisterwerke abheben. Die Kornernte gehört zu diesen Gemälden, die jedermann anspricht."

darstellenden Künsten bzw. dem Musik- und Veranstaltungssektor. Aktuell kooperieren hier 16 Partner in der Kategorie Musik (darunter die Berliner Philharmoniker), 13 in der Kategorie Oper (darunter die Staatsoper Berlin), 15 in der Kategorie Theater (darunter die Royal Shakespeare Company), zehn in der Kategorie Tanz (darunter die Opéra National de Paris) und vier in der Kategorie Performance Art, im Deutschen übersetzt mit Aktionskunst (darunter das Marina Abramovic Institute).[5] Das Portal präsentiert überwiegend Abbildungen, zumeist Fotografien, aber auch historische Dokumente, bspw. Plakate. Sie ergänzen Filmaufnahmen im 360 Grad-Format, die von zwei bis drei fest installierten Kameras von der Bühne aus aufgenommen wurden, ein Wechsel zwischen den Perspektiven dieser Kameras ist möglich, der Standort hingegen ist festgelegt. Die Videos führen teilweise direkt auf das Google-Portal von YouTube, teilweise ist YouTube als zweiter Bildschirm integriert. In den meisten

5 https://performingarts.withgoogle.com/en_us/music (Zugriff am 07.03.2017); Google Art Project. In: *Wikipedia*. https://en.wikipedia.org/wiki/Google_Art_Project (Zugriff am 07.03.2017).

Fällen aber führen die Darstellungen der Kulturbetriebe direkt zum Portal des *Google Cultural Institute,* wo als ‚Ausstellungen' bezeichnete Zusammenstellungen von z. T. historischen Fotografien und erläuternden Texten unterschiedliche Aspekte der Institutionen erläutern. Das *Google Arts Project* ist im *Google Cultural Institute* aufgegangen; 2015 hatte Google hierfür 800 Partner aus 60 Ländern gewonnen, die mehr als 170.000 Kunstwerke und rund 6 Mio. Dokumente, also Archivalien, Videos und Fotodokumente, ins *Cultural Institute* einbrachten. 2013 eröffnete das *Google Cultural Institute* ein Labor als Forschungs- und Entwicklungseinheit mit Sitz in Paris. Dort entstand bspw. das *Projekt 89plus* für alle ab 1989 geborenen Künstlerinnen und Künstler.[6]
Um nun die Attraktivität dieser Kooperationsangebote für Kulturbetriebe und ihr Potential in deren Digitalisierungsstrategien bewerten zu können, soll betrachtet werden, inwieweit die Kooperationen den Kulturbetrieb unterstützen, seine Ziele umzusetzen: So kann, wer die Kommunikation und das Marketing eines Kulturbetriebs verantwortet, das Angebot des *Google Art Project* im Grunde nicht nicht wollen. Denn es erlaubt, die Online-Präsenz der eigenen Institution und ihr Interaktionspotential mit Kundinnen und Kunden massiv auszuweiten. Für die Integration in die Kommunikationsstrategie des Kulturbetriebs setzt Google keine Einschränkungen. Gilt dies auch für die Kooperationen in den darstellenden Künsten, so fällt hier zum einen die geringe Anzahl an Filmaufnahmen im Portal auf, die außerdem meist sehr kurz sind; juristische Argumente dürften hier ausschlaggebend gewesen sein. Zum anderen überwiegen Aufnahmen aus Probensituationen. Das kann einen eigenen Reiz darstellen, wenn es sich um einen veritablen Probenprozess handelt, der Einblick in den kreativen Schaffensprozess erlaubt, mutet aber bspw. bei Alex Hassells Verkörperung von King Henry V seltsam an, wenn er vor einem leeren Auditorium in Stratford-upon-Avon eine kurze Sequenz seiner Rolle durchspielt.[7] Für das Marketing ist es kontraproduktiv, die eigene Spielstätte ohne Gäste zu zeigen. Allerdings werden wiederum die vielen historischen Fotografien für Liebhaberinnen und Liebhaber von besonderem Wert sein.[8] Nur eine auffällig geringe Anzahl an Kulturbetrieben bindet die Kooperation jedoch aktiv in die eigene Kommunikation ein; den meisten Partnern scheint der informierende

6 http://www.89plus.com/ (Zugriff am 07.03.2017).

7 https://performingarts.withgoogle.com/de/performances/royal-shakespeare (Zugriff am 07.03.2017).

8 Berlin State Opera and Staatskapelle Berlin – A Walk through History. In: *Google Arts & Culture.* https://www.google.com/culturalinstitute/beta/exhibit/bAKyu0Ck1uGdLg (Zugriff am 07.03.2017).

und werbende Effekt auszureichen, der für die Google-Portale angenommen wird und über den keine öffentlich zugänglichen Auswertungen vorliegen. So findet sich bspw. zwar noch der gemeinsam vom *Art Project* und den Staatlichen Museen zu Berlin produzierte Imagefilm von 2011 auf YouTube, der seitdem insgesamt 1.049 Mal aufgerufen wurde. Das Pergamonmuseum der Staatlichen Museen zu Berlin jedoch platziert auf seiner Internetseite nur einen Link mit Bild, der mit *Art Project* überschrieben ist – der Firmenname fehlt hier;[9] die Staatlichen Kunstsammlungen Dresden wiederum gehen identisch vor, benennen in der Überschrift der Direktverlinkung das Projekt jedoch vollständig.[10] Auf der Seite der Berliner Philharmoniker hingegen lässt sich kein Hinweis auf das Projekt finden.[11] Besonders auffällig ist dies beim Städel Museum, das aufgrund seiner gleichermaßen expansiven wie auch qualitativ hochwertigen Digitalisierungsstrategie als Benchmark unter den Kunstmuseen gelten darf. Auch hier findet sich kein aktiver Verweis auf die Kooperation.[12] Es scheint also Gründe zu geben, weshalb auch Kulturbetriebe, die Kommunikation in Social-Media-Kanälen auf höchstem Niveau betreiben, sich gegen eine aktive Präsentation der Kooperation entschieden haben.

Inwieweit das imagebildende Potential in internetaffinen Zielgruppen schlussendlich vollumfänglich ausgenutzt werden kann, hängt nicht nur von der Frage ab, ob eine Institution dieses Vorgehen innerhalb der eigenen Digitalisierungsstrategie will, sondern auch davon, ob sie es von der Personaldisposition her kann. Nicht nur während der Vorbereitungsphase benötigt die Umsetzung des Angebots für die Auswahl und Aufbereitung der Objekte, die Bereitstellung der Metadaten und begleitenden Texte hohe Personalkapazitäten, die bekanntlich in vielen Institutionen zu knapp bemessen sind. Auch die Koordination des Gesamtprozesses in einer Institution – von den Verhandlungen über den Vertragsabschluss und die Koordination der nächtlichen Aufnahmen für die Rundgänge bis hin zur Freischaltung der Internetpräsenz: Um das *Arts Project* oder *Cultural Institute* fortdauernd in die eigenen Online-Kanäle einzubinden,

9 http://www.smb.museum/museen-und-einrichtungen/pergamonmuseum/home.html (Zugriff am 07.03.2017).

10 http://www.skd.museum/de/museum-erleben/social-media/index.html (Zugriff am 07.03.2017). Das Projekt wird in der Kategorie ‚Museum erleben' vorgestellt.

11 https://www.berliner-philharmoniker.de/suche/?q=philharminik&filter=pages,upcoming (Zugriff am 07.03.2017).

12 http://www.staedelmuseum.de/de (Zugriff am 07.03.2017). Zur Verfügung steht der Blog-Artikel, der den Start der Kooperation vermeldet: Karoline Leibfried: Hinter den Kulissen. Digital ins Städel – Wir sind Teil des Google Art Projects!, 29.05.2013. http://blog.staedelmuseum.de/digital-ins-stadel-–-wir-sind-teil-des-google-art-projects/ (Zugriff am 07.03.2017).

benötigt man relevante Personalkapazitäten. Auch muss sichergestellt sein, dass bei den virtuellen Rundgängen keine Aufnahmen bspw. der Positionen von Überwachungskameras entstehen, die sicherheitsrelevante Informationen enthalten. Kuratorische Vorgaben zu Ausstellungen können im *Arts Project* dargestellt werden. Durch die fehlende Integration eigener Datenbanken und Fachkataloge hingegen geht der Sammlungskontext zu den eigenen Beständen verloren; Sammlungsgeschichte und das eigene Profil sind kaum abbildbar. Weitere Punkte, die einer detaillierten juristischen Prüfung unterzogen werden müssen, sind u. a. die Haftpflichtversicherung während der Aufnahmen, die Kosten für die Erstellung der Aufnahmen, Einzelheiten bei den Nutzungsrechten (insbes. die Dauer), die Laufzeit und die Möglichkeit einer ordentlichen Kündigung. Google hat das Recht, die Projekte jederzeit einzustellen. Um von dieser Option unabhängig zu bleiben, verbietet es sich für Kulturbetriebe, die eigene Online-Strategie schwerpunktmäßig auf den Google-Portalen aufzubauen. Von einer Partnerschaft auf Augenhöhe kann keine Rede sein.

Warum aber bietet Google diese Kooperationen an, warum sind diese Initiativen für den Konzern attraktiv? Immer wieder wird betont, *Art Project* und *Cultural Institute* seien aus einer Initiative der Mitarbeiterinnen und Mitarbeiter heraus entstanden, denen im Rahmen der vielgerühmten 20 %-Regelung ein Tag Freiraum in der Woche zur Verfügung stand, um an eigenen Projekten zu arbeiten, deren Erfolgsaussichten unbestimmt sind. Die Portale seien also Liebhaberprojekte passionierter Informatikerinnen und Informatiker. Dass diese Regelung existierte, ist gesichert; sie wurde allerdings 2013 zurückgenommen.[13] Dass sie jedoch in irgendeiner Weise ausschlaggebend gewesen sein könnte, um ein profitorientiertes Unternehmen wie Google zu bewegen, Personal, Technik und Geld einzusetzen, ohne einen *return on investment* zu erwarten, wie dies bei vergleichbaren Projekten, die wie AdWords und Gmail aus der Arbeitszeitregelung heraus entstanden, der Fall ist, kann ausgeschlossen werden.

Zum *Google Cultural Institute* und dem *Google Arts Project* existieren kaum kritische Stimmen. Eine der wenigen ist Elizabeth Merritt, Gründungsdirektorin des *Center for the Future of Museums* im US-amerikanischen Museumsverband *American Association of Museums*: Die Kooperationen von Google seien „just an evolution on the scale and scope of the traditional relationship between museums and sponsors. […] Museums should make savvy use of these kinds of relationships."[14] Bisher hat keine publizistische Diskussion stattgefunden,

13 Jacob Schulz: Google-Boss Page beendet Erfolgsprogramm. In: *Süddeutsche Zeitung*, 17.08.2013. http://www.sueddeutsche.de/digital/-prozent-zeit-fuer-mitarbeiter-google-boss-page-beendet-erfolgsprogramm-1.1748360 (Zugriff am 13.06.2017).

14 Eric Pfanner: Quietly, Google Puts History Online. In: *New York Times*, 20.11.2011.

die zwischen der marktbeherrschenden Stellung und der Initiative des Konzerns im Kulturbereich eine Verbindung gezogen hätte.[15] Zögern lassen sollte Führungskräfte in Kulturbetrieben eine andere, mögliche Antwort auf die Frage nach der Motivation des Konzerns. Betrachtet man das Angebot von Google mit den kommunikationstheoretischen Grundlagen des Fundraisings, zeigt sich die politische Ebene, die eine dezidierte Führungsentscheidung verlangt. Dieser Ansatz erlaubt es, die marktbeherrschende Position des Konzerns und sein Image insbesondere im Kulturbereich in Verbindung mit den Initiativen im Kulturbereich zu bringen. Fundraising wird verstanden als die umfassende Mittelbeschaffung einer Organisation. Dabei werden zwei Formen von Fundraising unterschieden: Sponsoring und Spenden. Ein Sponsoring liegt vor, wenn Institutionen oder Personen durch Finanz- oder Sachmittel bzw. durch Dienstleistungen auf Basis eines Vertrags, der Leistungen und Gegenleistungen definiert, unterstützt werden.[16] Die Google-Kooperationen beruhen auf einem solchen Konstrukt von Leistungen und Gegenleistungen und sind damit von Charakter und Zielstellung her Sponsoringverträge. Spenden hingegen unterstützen gemeinnützige Institutionen oder Personen durch Finanz- oder Sachmittel bzw. durch Dienstleistungen und unterliegen meistens einer Zweckbindung. Sie basieren jedoch nicht auf einer vertraglich vereinbarten Gegenleistung. Spenden sind in Deutschland steuerlich als Sonderausgabe absetzbar. Für den Sponsor ist die Sponsoringsumme steuerlich als Werbungskosten bzw. als Betriebsausgabe zu behandeln, für den Gesponserten als Einkunft aus Gewerbetätigkeit.[17] Zielsetzungen von Unternehmen beim Sponsoring können sein: den eigenen Bekanntheitsgrad zu erhöhen, neue Kunden zu gewinnen, die Bindung an bestehende Kundinnen und Kunden und die eigenen Mitarbeiterinnen und Mitarbeiter zu vertiefen oder eine (neue) Kundengruppe preisgünstig anzusprechen. Im Besonderen aber verfolgt Sponsoring das Ziel, das eigene Image zu verbessern. Als Imagetransfer wird der Prozess bezeichnet, in dem Sponsor und Sponsoringnehmer gegenseitig vom guten Ruf des Partners profitieren.[18]

http://www.nytimes.com/2011/11/21/technology/quietly-google-puts-history-online.html (Zugriff am 07.03.2017).

15 Meine Analyse bezieht sich dabei primär auf den deutschsprachigen Raum. Wissenschaftliche Arbeiten zu diesem Thema sind mir nicht bekannt.

16 Armin Klein / Werner Heinrichs: Sponsoring. In: *Kulturmanagement von A–Z. Wegweiser für Kultur- und Medienberufe.* München: dtv 2001, S. 352–355, hier S. 353.

17 Ebd., S. 353.

18 Marita Haibach: *Handbuch Fundraising. Spenden, Sponsoring, Stiftungen in der Praxis.* Frankfurt: Campus 2006, S. 18.

Übertragen auf das Angebot von Google lassen sich folgende Punkte feststellen: Wenn Google in der Kooperation anbietet, Abbildungen in das Webportal des *Arts Project* zu integrieren, dann handelt es sich um einen Sponsoringvertrag mit einer Kombination aus Sach- und Dienstleistungen; der Konzern stellt seine Technik und seine Personalexpertise zur Verfügung. Die Gegenleistungen bestehen in verschiedenen kommunikativen Leistungen, bspw. in der Einräumung von Nutzungsrechten an Abbildungen, die teilweise, etwa für ‚Making of'-Videos, auch dauerhaft eingeräumt werden sollen, und der Nennung der Kooperation in der eigenen Öffentlichkeitsarbeit. Google kehrt dabei den Prozess des Fundraisings um: Der Sponsor fragt hier den Gesponserten, ob er kooperationswillig ist. Für Fundraiserinnen und Fundraiser ist das eine völlig neue Situation, war doch sonst Frustrationstoleranz deren wichtigste Eigenschaft. Google dreht damit aber auch das Prinzip der Kundenorientierung um: Müssen für gewöhnlich Fundraiserinnen und Fundraiser die Fördermotive und Kommunikationsbedürfnisse eines potentiellen Förderers ermitteln, hat Google mit seinem Angebot einen Entwicklungsbedarf vieler Kulturinstitutionen erkannt. Um den Imagetransfer, den diese Sponsoringvereinbarungen nach sich ziehen, qualifizieren zu können, sind verschiedene Analysen notwendig, deren Ergebnis sich je nach Zielgruppe unterscheiden kann. Die wichtigsten Fragen dabei sind: Welches Image hat Google? Speziell: Welches Image hat Google in der – für den Untersuchungsbereich dieses Aufsatzes: deutschen – Kulturszene? Für die Analyse eines Unternehmensimages sind komplexe Methoden entwickelt worden, die hier nicht zur Anwendung kommen können. Symptomatisch soll jedoch die intensive und international beachtete Debatte stehen, die 2014 in der *Frankfurter Allgemeinen Zeitung* geführt wurde.

Die Debatte liefert ausreichende Anhaltspunkte zum Image des Konzerns. Die wichtigsten Überschriften lauteten: „Angst vor Google: Warum leistet niemand diesem Monopolisten Widerstand?"[19] und „Warum wir Google fürchten"[20]. Alle Kommentare drehten sich um die Marktmacht und die damit verbundene Monopolstellung von Google, die sich wie folgt zusammenfassen lässt: Google gehört zu den wertvollsten Marken der Welt; seine Suchmaschine hat einen

19 Robert Maier: Von der Suchmaschine zur Weltmacht. Angst vor Google. In: *Frankfurter Allgemeine Zeitung*, 03.04.2014. http://www.faz.net/aktuell/feuilleton/debatten/weltmacht-google-ist-gefahr-fuer-die-gesellschaft-12877120.html (Zugriff am 07.03.2017).

20 Mathias Döpfner: Warum wir Google fürchten. In: *Frankfurter Allgemeine Zeitung*, 16.04.2014. http://www.faz.net/aktuell/feuilleton/medien/mathias-doepfner-warum-wir-google-fuerchten-12897463.html (Zugriff am 07.03.2017).

weltweiten Marktanteil von 88 %, in Deutschland sogar von über 94 %.[21] Mit Android gehört Google das wichtigste Betriebssystem für Smartphones etc.,[22] mit YouTube die größte Videoplattform der Welt.[23] Chrome hat die stärkste Stellung im Browser-Segment, Gmail ist weltweit der am meisten genutzte Email-Dienst.[24] Gleichzeitig sieht sich Google mit wachsender Kritik konfrontiert: Google wird vorgeworfen, seine Gewinne zu transferieren und die Ergebnisliste seiner Suchmaschine zu filtern. Die Firma wird für ihren Umgang mit Konkurrenz und ihren Umgang mit den Daten der Nutzerinnen und Nutzer kritisiert. Ihr werden Urheberrechtsverletzungen u. v. a. mehr vorgeworfen. Aktuell laufen Kartellrechtsverfahren bei der EU.[25]

Werden das *Google Arts Project* und das *Google Cultural Institute* mit den kommunikationstheoretischen Begriffen des Sponsorings analysiert, lässt sich der dezidiert strategische Anspruch dieser beiden Projekte von Google erkennen. These dieses Aufsatzes ist: Mit dem *Google Arts Project* und dem *Google Cultural Institute* dehnt Google seine Monopolstellung in den Kulturbereich aus und sucht gleichzeitig, sein Image in dieser Szene zu verbessern. Vermutet werden kann, dass der Begriff Sponsoring bewusst nicht eingesetzt wird, um ein Verhältnis auf Augenhöhe zu suggerieren, das so nicht existiert. So bewerten Kritikerinnen und Kritiker die aktuell laufende *Digital News Initiative*, die im Unterschied zu den Kulturinitiativen kritische publizistische Beachtung gefunden hat, als „PR-Maßnahme zur Besänftigung der Gemüter"[26] und befürchten, dass die Medienanbieter gezielt in eine technische Abhängigkeit geführt werden sollen. Der Begriff Sponsoring taucht nach Kenntnis der Autorin einmal im Zusammenhang mit den kulturellen Projekten von Google und

21 Marktanteile führender Suchmaschinen in Deutschland in den Jahren 2014 bis 2016. In: *Statista*. https://de.statista.com/statistik/daten/studie/167841/umfrage/marktanteile-ausgewaehlter-suchmaschinen-in-deutschland/ (Zugriff am 07.03.2017).

22 Marktanteile der mobilen Betriebssysteme: Android dominiert weiter; Windows Phone versinkt in der Nische. In: *GoogleWatchBlog*, 23.05.2016. https://www.googlewatchblog.de/2016/05/marktanteile-betriebssysteme-android-windows/ (Zugriff am 07.03.2017).

23 Jona Kirchen: YouTube in Zahlen. In: *Broadmark*, 25.05.2015. https://broadmark.de/plattformen/youtube-in-zahlen/25917/ (Zugriff am 07.03.2017).

24 Sean Ludwig: Gmail finally blows past Hotmail to become the world's largest email service. In: *venturebeat*, 28.06.2012. http://venturebeat.com/2012/06/28/gmail-hotmail-yahoo-email-users/ (Zugriff am 07.03.2017).

25 Google Inc. In: *Wikipedia*. https://de.wikipedia.org/wiki/Google_Inc.; Kritik an Google Inc. In: *Wikipedia*. https://de.wikipedia.org/wiki/Kritik _an_Google_Inc. (Zugriff am 07.03.2017).

26 Rainer Stadler: Digital News Initiative. Google unterstützt digitalen Journalismus. In: *Neue Zürcher Zeitung*, 24.02.2016. http://www.nzz.ch/wirtschaft/unternehmen/digital-news-initiative-verlage-erhalten-google-gelder-ld.5676 (Zugriff am 07.03.2017).

einmal mit den Aktivitäten des Konzerns im Bereich des digitalen Journalismus auf.[27] Führungskräfte, nicht nur in Kulturbetrieben, müssen kalkulieren, ob sie durch eine Sponsoringkooperation mit Google einen Imageschaden provozieren – oder wie im Falle der Projekte im digitalen Journalismus – auch einen ökonomischen Nachteil haben.

„Wie hast du's mit Google?" ist die digitale Gretchenfrage geworden, die Führungskräfte von Kulturinstitutionen zu beantworten haben, wenn Google auf sie mit dem Angebot, das man nicht ablehnen kann, zukommt: Darf eine öffentlich geförderte Kulturinstitution den ihr anvertrauten Gemeinbesitz so einsetzen, dass die Monopolstellung eines Unternehmens gefestigt wird? Hier erreicht die Diskussion final die Werteebene: Nein, sie darf es nicht. Es ist eine politische Debatte zu führen, in der auch die Kulturpolitik ihre Haltung zu formulieren hat. Führungskräfte von Kulturinstitutionen, die vor der Frage stehen, ob sie in dieser Weise mit Google kooperieren wollen, können gleichermaßen gute Gründe benennen, die Kooperation anzunehmen als auch abzulehnen. Das *Google Arts Project* wie auch das *Google Cultural Institute* erhöhen definitiv die Zugänglichkeit von Kunst und Kultur und sind gleichzeitig frei von Werbung für kommerzielle Produkte von Google oder anderen Unternehmen. Kritische Hinweise, dass potentielle Kunstdiebe die Webanwendung für die Vorbereitung ihrer Diebstähle verwenden könnten, hat Google bereits aufgenommen. Führende Kulturmacher bewerten die Kooperationsangebote durchaus positiv. So lässt sich Neil MacGregor, ehemaliger Direktor des British Museum, zitieren:

> The world today has changed, the way we access information has been revolutionised by digital technology. This enables us to give the Enlightenment ideal on which the Museum was founded a new reality. It is now possible to make our collection accessible, explorable and enjoyable not just for those who physically visit, but to everybody with a computer or a mobile device. And this isn't just about putting the collection 'online'. Through our partnership with Google, we hope to give people new ways to experience and enjoy the Museum, new ways to learn, and new ways to teach.[28]

Ausschlaggebend für die Entscheidung auf Führungsebene könnte sein, von welcher Art die Kulturbetriebe und ihre Finanzierung sind. Kulturbetriebe,

27 Vgl. Schulz: Google-Boss Page beendet Erfolgsprogramm; Stefan Schulz: Google-Sprecher Ralf Bremer. Wir nennen es Sponsoring-Vertrag. In: *Frankfurter Allgemeine Zeitung*, 21.09.2013. http://www.faz.net/aktuell/feuilleton/medien/google-sprecher-ralf-bremer-wir-nennen-es-sponsoring-vertrag-12582834.html (Zugriff am 07.03.2017).

28 The British Museum's unparalleled world collection at your fingertips. Unique new partnership with Google's Cultural Institute makes museum's objects accessible to all. In: *The British Museum*, 12.11.2015. http://www.britishmuseum.org/about_us/news_and_press/press_releases/2015/with_google.aspx (Zugriff am 07.03.2017).

die privatwirtschaftlich agieren, können die Gretchenfrage mit Fug und Recht anders beantworten. Nicht zu vernachlässigen ist dabei der ‚Mitmachdruck'[29], den die immer größer werdende Zahl an teilnehmenden Institutionen implizit auf andere Kulturbetriebe ausübt.

‚Don't be evil' war ein von Google ernst gemeinter Slogan, der beim Börsengang das Leitbild des Konzerns gegenüber seinen Investoren transportierte.

> Don't be evil. We believe strongly that in the long term, we will be better served – as shareholders and in all other ways – by a company that does good things for the world even if we forgo some short term gains. This is an important aspect of our culture and is broadly shared within the company.[30]

Evil wird hier in seinem spezifischen Verständnis innerhalb des *computing slangs* verstanden: Etwas ist böse, wenn es für den Programmierer unerwünscht, nachteilig oder kontraindiziert, schlicht: eine schlecht programmierte Anwendung ist. Das größtmöglich denkbare Böse liegt darin, die eigene Vision nicht effektiv implementiert zu haben.[31] Weil der Slogan aber so massiv falsch verstanden worden war, folgte ein neuer: „Do the right thing."[32] Die einzige Logik, der Google stets folgte, war die eigene: Google ist ein profitorientiertes Unternehmen und will weiter wachsen. Auch wenn Google das *Arts Project* und das *Cultural Institute* unter einem philanthropischen Leitbild kommuniziert,[33] gab es nie einen Anlass, Google idealistisch oder idealisierend zu betrachten.

Es ist mehr als berechtigt, es ist sogar angebracht, gegenüber Googles Aktivitäten im Kultursektor Unbehagen zu spüren. Die digitale Gretchenfrage ist kaum widerspruchsfrei zu beantworten, hört doch die Kollaboration mit dem Konzern – und damit seine wirtschaftliche Unterstützung – nicht mit der Entscheidung, beim *Arts Project* oder *Cultural Institute* nicht zu kooperieren, auf. Sie setzt sich, indem wir Gmail, YouTube oder einen anderen Google-Dienst nutzen, in unserem Alltag fort.

29 Alexander Menden: Unter die Bindehaut. In: *Süddeutsche Zeitung*, 03.02.2011. http://www.sueddeutsche.de/kultur/2.220/google-art-project-unter-die-bindehaut-1.1054121 (Zugriff am 07.03.2017).

30 Sergey Brin / Larry Page: 2004 Founder's IPO Letter. https://abc.xyz/investor/founders-letters/2004/ipo-letter.html (Zugriff am 07.03.2017); Eike Kühl: Alphabet. Google sagt, was böse ist. In: *Die Zeit*, 05.10.2015. http://www.zeit.de/digital/internet/2015-10/alphabet-google-dont-be-evil-slogan-motto (Zugriff am 07.03.2017).

31 Ian Bogost: What Is 'Evil' to Google? Speculations on the company's contribution to moral philosophy. In: *The Atlantic*, 15.10.2013. http://www.theatlantic.com/technology/archive/2013/10/what-is-evil-to-google/280573 (Zugriff am 07.03.2017).

32 Don't be evil. In: *Wikipedia*. https://en.wikipedia.org/wiki/Don%27t_be_evil (Zugriff am 07.03.2017).

33 Als Beispiel: http://googlepolicyeurope.blogspot.dk/2012_03_11_archive.html (Zugriff am 07.03.2017).

Die hohe Kunst des Vertrauens

Eine explorative Studie über Vertrauen und Kontrolle in Kulturbetrieben

Christopher Vorwerk

0. Vorbemerkung

„Ich vertraue Ihnen, Sie werden das schon machen", so endete während meiner Promotionsphase fast jedes der ungefähr vierteljährlich stattfindenden Betreuungsgespräche mit Christopher Balme. Kurz darauf verabschiedete man sich, schloss die Tür und entschwand als Doktorand wieder aus der Schwabinger Villa, in der das Münchner Institut für Theaterwissenschaft residiert. Das große Vertrauen, das Christopher Balme in seine Doktorandinnen und Doktoranden gesetzt hat, zeigte sich oft auch im Rahmen von Fachtagungen. Nicht selten wurden die kurzen Einführungen zu Person und Thema des Vortragenden von ihm in etwa mit den folgenden Worten geschlossen: „Es ist ein hochspannendes Thema. Ich verstehe davon nicht viel und freue mich umso mehr auf den nun folgenden Vortrag". Sein Vertrauen in den eigenen wissenschaftlichen Nachwuchs schien fast grenzenlos zu sein.

Derweil hatte das eigene Forschungsthema, zumindest oberflächlich betrachtet, so fast gar nichts mit Vertrauen zu tun. Bei der Entwicklung eines Qualitätsmanagementkonzepts für das öffentliche Theater, meinem damaligen Forschungsgegenstand, trugen die überwiegend aus der Industrie stammenden, dann aber verworfenen Ausgangskonzepte Namen wie „Totales Qualitätsmanagement", „Kontinuierliche Verbesserung" oder auch „Null-Fehler-Toleranz".[1] Und in der Tat hat sich die Kulturmanagementforschung in den vergangenen Jahren und Jahrzehnten vor allem mit der Planbarkeit und damit auch der Kontrolle kultureller Produktion und Vermittlung beschäftigt, wie die vielfältige Literatur insbesondere in den Bereichen Kultur-Marketing und Kultur-Controlling verdeutlicht. Und auch in der Kulturpolitik als wichtigem Bezugspunkt von Kulturmanagement, zumindest in Deutschland, wurde in den vergangenen Jahren das in Kultureinrichtungen und ihre Teams gesetzte Vertrauen durch eine strikte Kulturplanung ersetzt, wie die vielerorts erarbeiteten Kulturentwicklungspläne beweisen.

Was bedeutet also Vertrauen, jene Ressource, die Christopher Balme so großzügig verteilt hat, im Kulturbetrieb heute eigentlich noch? Vielleicht ist ja die vorherrschende ‚Kontrollwut' der gängigen Kulturmanagementliteratur gerade die Antwort auf ein vermeintlich in Kulturorganisationen existierendes Chaos, bei dem leichtfertig auf Systeme des Vertrauens gesetzt wird, die aber allzu oft scheitern und zur Ressourcenverschwendung führen? Stimmt die Lenin zugeschriebene Volksweisheit „Vertrauen ist gut, Kontrolle ist besser" vielleicht wirklich oder sollte man sich doch eher an Niklas Luhmann halten, der Vertrauen als einen sinnvollen „Mechanismus der Reduktion sozialer Komplexität" versteht?[2] Es scheint an der Zeit zu sein, sich dem Thema von Vertrauen und Kontrolle in Kulturorganisationen einmal aus wissenschaftlicher Sicht zu nähern.

1. Einleitung

Die Welt, in der Kunst und Kultur produziert und gemanagt werden, scheint heute – in der Mitte der zweiten Dekade des 21. Jahrhunderts – immer komplexer zu werden. Zusätzliche Anforderungen, etwa an die Betreuung von Social-Media-Plattformen und von digitalen Vertriebskanälen, an den Aufbau von Fundraising- und Audience-Development-Aktivitäten, lassen auch kleine Kulturorganisationen beständig wachsen und bereits recht große Einrichtungen werden immer öfter zu Mega-Konglomeraten fusioniert, wenn vormals unabhängige Betriebe auf Synergieeffekte hoffend organisatorisch und

1 Christopher Vorwerk: *Qualität im Theater. Anforderungssysteme im öffentlichen deutschen Theater und ihr Management.* Wiesbaden: VS 2012.

2 Niklas Luhmann: *Vertrauen: Ein Mechanismus der Reduktion sozialer Komplexität.* Stuttgart: UTB 2014.

administrativ zusammengelegt werden. Die Stiftung Oper in Berlin beispielsweise bündelt seit einigen Jahren die Kräfte der zuvor voneinander unabhängigen drei Berliner Opernhäuser sowie des hiesigen Staatsballetts und beschäftigt in Summe circa 2.000 Mitarbeiterinnen und Mitarbeiter.

Bei zunehmender Unübersichtlichkeit stellt der Zuwachs an Personal in jedem Fall alle Menschen in einer Kultureinrichtung vor neue Herausforderungen. Im Umgang mit dieser Situation bieten sich für die betroffenen Akteure zwei grundverschiedene Verhaltensformen an: Entweder kann das eigene Handeln in der Kulturorganisation unter das Primat des Vertrauens oder aber unter das Primat der Kontrolle gestellt werden.

Beide Managementmodi, Vertrauen und Kontrolle, haben prima vista ihre ganz eigenen Vor- und Nachteile. Der Modus des Vertrauens reduziert auf radikale Weise Komplexität, negiert sie fast völlig. Wer anderen vertraut, so scheint es, hält sich Probleme vom Hals. Man vertraut den Teammitgliedern in der Hoffnung, dass alles schon irgendwie gut gehen wird. Wenn das dann auch wirklich der Fall ist, hat sich die Komplexitätsreduktion gelohnt, da keine unnötige Energie verschwendet worden ist. Wenn aber der gewünschte Zustand nun nicht eintritt, so ist das Problem aller Voraussicht nach über kurz oder lang in der doppelten Größe und Bedrohlichkeit zurück. ‚Blindes Vertrauen' scheint daher nur in wenigen Fällen wirklich angebracht zu sein. Vor diesem Hintergrund verwundert es dann auch nicht mehr, dass in Fällen eines Intendantenwechsels der jeweils neue Hausherr – in seltenen Fällen ist es eine neue Regentin – mit einer eigenen Entourage in den Theatertempel einzieht, eben mit seinem Kernteam, in dem jeder jedem vertraut, kurz: mit dem Kreis seiner Vertrauten.

Wie sieht hingegen das Handeln unter dem Primat der Kontrolle aus? Kulturmanagerinnen und Kulturmanager, die primär im Modus der Kontrolle operieren, sind vermutlich schwer zu überraschen. Schließlich sind sie zu jedem Zeitpunkt stets darüber informiert, was ihre Teammitglieder wie und wo gerade machen. Im besten Fall läuft alles in gelenkten Bahnen; Abweichungen vom Plan werden durch regelmäßige Kontrollen frühzeitig erkannt und umgehend korrigiert. Im Idealfall läuft alles wie am Fließband. Doch die Kontrollnotwendigkeit von Teams und Prozessen kann schnell Überhand nehmen, wenn sich Fehler plötzlich häufen. Und wenn letztendlich alles strikt durchgeplant und durchkontrolliert ist, geht voraussichtlich zugleich jeglicher Raum für Innovationen verloren, die gerade durch Abweichungen und ungeahnte Verzweigungen entstehen können.

2. Forschungsdesign

Hört man auf den Volksmund, so kann man Vertrauen erarbeiten, aufbauen, einfordern, besitzen, aber auch wieder verlieren, es verspielen und sogar zerstören. Bestenfalls ist Vertrauen blind oder man bekommt zumindest einen Vorschuss dieser kostbaren Ressource. Für Kulturmanagerinnen und Kulturmanager kann ein gesundes Selbst-Vertrauen sicherlich niemals schaden, das Gegenteil, nämlich großes Misstrauen, hingegen vermutlich schon.

Der vielfältige Umgang der deutschen Sprache mit dem Vertrauen reißt bereits die Bedeutung, aber auch die Komplexität des Themas an. Dieser kurze Aufsatz beansprucht daher keinesfalls eine abschließende wissenschaftliche Betrachtung des Themas von Vertrauen und Kontrolle in Kulturbetrieben. Ganz im Gegenteil versteht sich der Beitrag vielmehr als eine erste explorative Näherung an ein mögliches neues Forschungsgebiet für das Kulturmanagement, denn bislang existieren keine wissenschaftlichen Arbeiten zu diesem Thema.

Im Sinne eines explorativen Forschungsansatzes überspringt dieser Beitrag bewusst eine Auswertung der bislang vorliegenden Forschungsergebnisse zum Thema von Vertrauen und Kontrolle im Allgemeinen und in Organisationen im Speziellen. Vielmehr sollen über den nachfolgend beschriebenen Ansatz überhaupt erst allererste Erkenntnisinteressen erkundet werden, die dann perspektivisch an anderer Stelle unter der Zuhilfenahme von bestehender Fachliteratur und weiterführenden Studien vertieft werden können.

2.1. Arbeitshypothesen

Welche Grundannahmen lassen sich zunächst für die beiden Modi des Vertrauens und der Kontrolle in Kulturbetrieben treffen? Für eine erste explorative Erschließung dieses neuen Forschungsgebiets lassen sich die folgenden heuristisch ermittelten Arbeitshypothesen aufstellen:

1. Mitarbeiterinnen und Mitarbeiter in Kultureinrichtungen neigen entweder dazu, andere Menschen in der eigenen Organisation eher zu kontrollieren oder ihnen eher zu vertrauen. Vertrauen und Kontrolle sind in diesem Sinne als Extreme eines Kontinuums zu verstehen. Die Mitarbeiterinnen und Mitarbeiter sind dabei in der Lage, die eigene dominierende Verhaltenstendenz innerhalb dieser beiden Pole zu benennen.
2. Vertrauen und Kontrolle sind situativ geprägt: Die eigene Verhaltenstendenz zwischen Vertrauen und Kontrolle kann zwar am jeweiligen Arbeitsplatz gelten, muss aber nicht identisch mit dem Verhalten im privaten Umfeld sein. So ist es denkbar, dass eine Person im Privatleben grundsätzlich vertrauensvoll agiert, im Berufsleben hingegen eher kontrollierend handelt (und anders herum).

3. Vertrauen und Kontrolle sind eine Sache der Perspektive: Es kann durchaus ein Unterschied zwischen der Eigen- und der Fremdwahrnehmung des tendenziell dominierenden Verhaltens vorliegen. So ist es beispielsweise vorstellbar, dass eine Person sich selbst zwar als eher vertrauend einschätzt, aber von den Kolleginnen und Kollegen doch eher als kontrollierend wahrgenommen wird (und auch anders herum). Das Gleiche gilt entsprechend für das Agieren im privaten Umfeld.
4. Die Dominanz der Verhaltensmodi von Vertrauen und Kontrolle ist über die Zeit veränderlich: Es ist anzunehmen, dass sich das jeweils dominierende Verhalten im Lauf der Zeit verändert. Hierbei ist sowohl eine Entwicklung von einem eher kontrollierenden zu einem eher vertrauenden Verhalten als auch anders herum möglich. Verhaltensveränderungen können zudem unter Umständen mehrfach und dann auch in wechselnden Richtungen auftreten.
5. Die Ausübung von Vertrauen und Kontrolle am Arbeitsplatz ist nicht einheitlich, sondern differenziert sich mit Blick auf die jeweils eigene hierarchische Position aus. So ist es zum Beispiel vorstellbar, dass ein Teammitglied auf mittlerer Hierarchieebene die ihm oder ihr unterstellten Personen kontrolliert, während es den übergeordneten Führungskräften vertraut.

Diese erste heuristische Annäherung an das Thema von Vertrauen und Kontrolle in Kulturbetrieben zeigt schnell, dass das Forschungsgebiet außerordentlich komplex ist. Um die formulierten Arbeitshypothesen zu validieren, wurde daher im nächsten Schritt des Forschungsdesigns eine standardisierte Online-Befragung konzipiert und durchgeführt.

2.2. Fragebogenaufbau

Die standardisierte Online-Befragung „Trust and Control – An Arts Management Survey“ war vom 19. bis zum 29. Februar 2017 im Internet auf surveymonkey.de öffentlich zugänglich. Der Fragebogen wurde über die Social-Media-Plattform facebook.com in meinem privaten Netzwerk verbreitet, das zahlreiche Kulturmanagerinnen und Kulturmanager aufweist. Aufgrund der Internationalität des zugänglichen Netzwerks wurden die Fragen auf Englisch formuliert. Der Fragebogen umfasste die im Anhang zu diesem Artikel aufgeführten in sechs Sektionen gegliederten 20 Fragen.

In Ergänzung zu Fragen zur Prüfung der oben aufgeführten Arbeitshypothesen sind in Sektion I bzw. VI Fragen zur Art der Kultureinrichtung, in welcher die Befragten tätig sind, sowie soziodemographische Fragen enthalten.

Ferner wurden in der Sektion IV zwei Fragen aus der US-amerikanischen „General Social Survey“ aufgenommen. Hier wird nach dem grundsätzlichen Vertrauen in andere Menschen sowie in das Management am eigenen Arbeitsplatz gefragt.
Zur Beantwortung der sich im Fragebogen befindenden Skalen-Fragen wurde die Darstellung eines horizontalen Schiebereglers gewählt, der auf die Mitte der Skala vorjustiert war. Die elfstufige Skala war gekennzeichnet durch die Pole „Trust“ und „Control“, also „Vertrauen“ und „Kontrolle“, ohne weitere Stufenbeschriftungen. Für die Auswertung wurden nach der Befragung alle Skalen in Zehnerabschnitte von 0 („Vertrauen“) bis 100 („Kontrolle“) transformiert.
Die Unterschiede in der Eigen- und Fremdwahrnehmung aus These 3 lassen sich in diesem Forschungsdesign nicht eins zu eins integrieren. Um dennoch eine Annäherung für diesen Aspekt zu bekommen, wurde davon ausgegangen, dass die Befragten selbst ein Bewusstsein dafür besitzen, wie ihr Verhalten von den Kolleginnen und Kollegen bzw. von ihrem Umfeld wahrgenommen wird, das sie daher gebeten wurden ersatzweise anzugeben.

3. Auswertung

Als Rücklauf der Umfrage liegen insgesamt 29 Datensätze vor. Davon bricht ein Datensatz bereits nach der Sektion I ab, was eine weitere Auswertung unmöglich macht. Dieser Datensatz wird daher im Folgenden nicht weiter berücksichtigt. Bei einem der nunmehr verbleibenden 28 auswertbaren Datensätze wurden die soziodemographischen Fragen der Sektion VI nicht beantwortet. Aufgrund des geringen Rücklaufs wird dieser Datensatz, wo es möglich ist, dennoch in die Auswertung einbezogen.

3.1. Soziodemographische Auswertung

Unter den Befragungsteilnehmern befinden sich 21 Frauen, aber nur 5 Männer; eine Person möchte ihr Geschlecht nicht angeben. Das Alter der Befragten ist breit gefächert und spannt sich von 26 bis 68 Jahren, jedoch liegt der Schwerpunkt im Alterssegment zwischen 30 und 40 Jahren, worunter 19 der 28 und damit zwei Drittel der Befragten fallen. Als Arbeitsort geben 13 Befragte die Vereinigten Staaten von Amerika an, zehn die Bundesrepublik Deutschland, zwei Personen das Vereinigte Königreich und jeweils eine Person Österreich bzw. Polen. Es liegt in den Antworten somit ein fast hälftiger Split zwischen einer US-amerikanischen und einer europäischen Sicht auf Vertrauen und Kontrolle in Kulturbetrieben vor.

Die Größe der Kultureinrichtungen, in denen die Befragungsteilnehmer tätig sind, reicht vom tapferen Einzelkämpfertum bis hin zum 300 Personen starken Großbetrieb. In Organisationen mit einer Beschäftigungsgröße von bis zu zwölf festangestellten Mitarbeiterinnen und Mitarbeitern sind neun der befragten Kulturmanagerinnen und Kulturmanager beschäftigt, elf Befragte sind in Betrieben mit zwischen 15 und 50 Angestellten tätig und wiederum neun Befragte arbeiten in Organisationen mit 100 bis 300 Beschäftigten. In den vorliegenden Antworten spiegeln sich dementsprechend Perspektiven aus kulturellen Klein-, Mittel- und Großbetrieben wider.

Auch die durch die Kultureinrichtungen vertretenen künstlerischen Sparten sind vielfältig: Tanz und Visuelle Kunst sind jeweils durch eine Kulturorganisation repräsentiert, die Oper ist zweimal, die Musik sechsmal, das Theater neunmal und multidisziplinäre Einrichtungen achtmal vertreten.

Der Charakter der Kulturbetriebe, in denen die Befragungsteilnehmerinnen und -teilnehmer beschäftigt sind, lässt sich in jeweils acht Fällen als produzierend bzw. als sowohl produzierend als auch präsentierend bezeichnen. Eine produzierende Organisation wäre etwa eine freie Theatergruppe ohne eigene Spielstätte; ein deutsches Stadttheater mit eigenem Ensemble und festem Haus wäre hingegen als sowohl produzierend als auch präsentierend einzustufen. Überwiegend präsentierend arbeitet hingegen etwa eine Kunsthalle, in diese Kategorie von Kultureinrichtungen fallen sechs der vertretenen Organisationen. Die Künste ausschließlich fördernd tätig sind ferner drei Organisationen, dies könnten zum Beispiel Kulturstiftungen sein; weitere zwei Einrichtungen sind ausschließlich in der kulturellen Bildung aktiv und nochmals zwei Betriebe fallen in andere Arbeitsbereiche der Kultur.

Die Befragten nehmen in der Hierarchie der Kultureinrichtung, in der sie arbeiten, verschiedene Positionen ein: Vier Befragte sind Junior-Assistenten, fünf Junior-Manager, elf Middle-Manager und acht Top-Manager. Eine Person gibt als Position Volunteer/Intern an. Die im Fragebogen darüber hinaus auswählbare Position eines Senior-Assistenten ist als einzige nicht vertreten.

Die bisherige Verweildauer der Befragten in den jeweiligen Kulturorganisationen reicht von zwei Monaten bis zu zwölf Jahren. Der statistische Durchschnitt liegt bei knapp 33 Monaten, der Median bei 20 Monaten, also bei nur etwas über anderthalb Jahren.

Im Ergebnis liegt somit trotz des geringen Rücklaufs ein insgesamt vielfältiges und damit für die weitere Analyse auch vielversprechendes Sample vor.

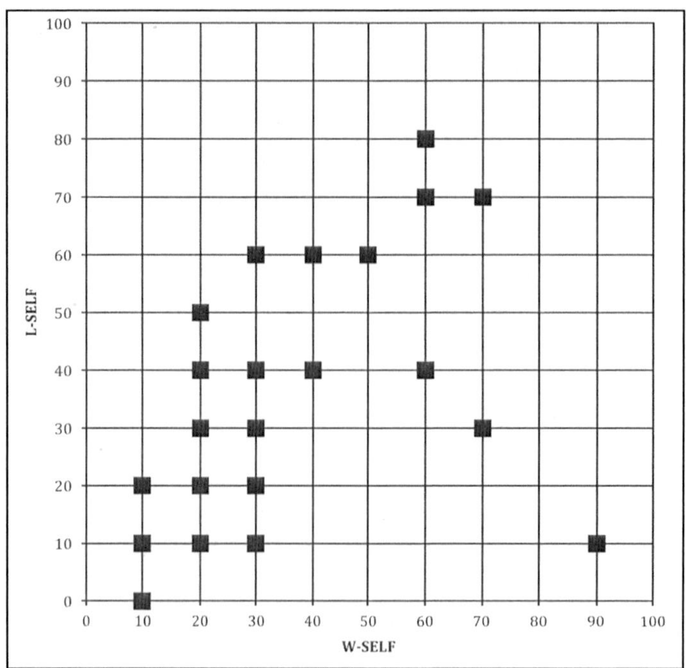

Abb. 1: Vertrauen und Kontrolle am Arbeitsplatz und im Privatleben (Graphische Überlagerung bei identischen Werten).

3.2. Statistische Auswertung

Mit einem Rücklauf von 28 auswertbaren Datensätzen erfüllt die Studie zwar die Zwecke einer ersten explorativen Erkundung des Themenfelds von Vertrauen und Kontrolle in Kulturbetrieben, entspricht aber keinesfalls den Kriterien einer repräsentativen Umfrage. Dennoch sollen hier einige statistische Analysen angestellt werden, um einen ersten Blick aus der Vogelperspektive auf mögliche Tendenzen zu gewinnen, aus denen dann ein verfeinertes Forschungsdesign abgeleitet werden kann. Mit Bezug auf die zuvor aufgestellten Arbeitshypothesen können die folgenden Ergebnisse festgehalten werden:

1. Danach gefragt, ob die Befragungsteilnehmerinnen und -teilnehmer die anderen Personen in ihrer Organisation eher kontrollieren oder ihnen eher vertrauen, tendieren mit 20 von 28 Personen die meisten Befragten dazu, den anderen Teammitgliedern eher zu vertrauen. Bei einer Skala von 0 bis 100, bei der 0 „Vertrauen" und 100 „Kontrolle" anzeigen, liegt der angegebene Wert im Durchschnitt bei 36 Punkten.

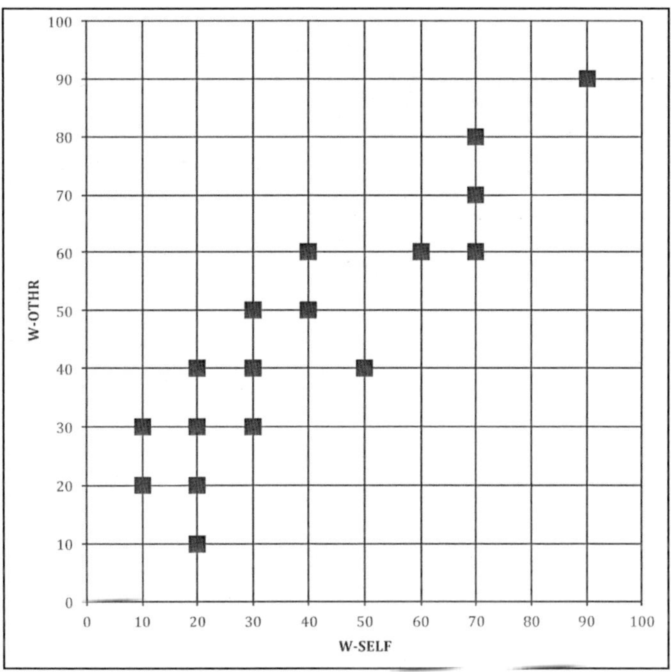

Abb. 2: Fremd- und Selbstwahrnehmung von Vertrauen und Kontrolle am Arbeitsplatz (Graphische Überlagerung bei identischen Werten).

Nur eine Minderheit neigt dazu, andere Menschen im Betrieb eher zu kontrollieren. Vertrauen könnte somit der grundsätzlich dominierende Verhaltensmodus in Kulturbetrieben sein.

2. Stellt man nun das Verhalten am Arbeitsplatz und jenes im Privatleben einander gegenüber, so ist dieses nach eigener Einschätzung der Befragten in sieben von 28 Fällen in der Eigenwahrnehmung deckungsgleich. (Abb. 1) In 12 von 28 Fällen geben die Befragten an, dass sie im privaten Umfeld kontrollierender handeln als auf der Arbeit. Besonders bemerkenswert ist dabei, dass in jedem zweiten dieser Fälle der Scheitelpunkt des angenommenen Kontinuums zwischen Vertrauen und Kontrolle sogar überschritten wird und somit eine deutliche Verhaltensdifferenz vorliegt. In den übrigen neun Fällen ist das Verhalten anders herum, bei diesen Kulturmanagerinnen und Kulturmanagern wird im Privaten anderen Menschen stärker vertraut als auf der Arbeit. Die Differenz ist in dieser Variation deutlich größer ausgeprägt und

beträgt in einem Extremfall sogar 80 Skalen-Punkte. Das Verhalten am Arbeitsplatz und im Privatleben ist also nicht unbedingt immer identisch und ist vielmehr als situativ zu verstehen.

3. Wie sieht es mit der Kongruenz von Selbst- und Fremdwahrnehmung in Sachen Vertrauen und Kontrolle am Arbeitsplatz aus? Im Ergebnis sind von den Befragten elf der Annahme, dass die Eigen- und die Fremdwahrnehmung deckungsgleich sind. Doch gehen auch 13 von 28 Befragten und damit knapp die Hälfte davon aus, dass die übrigen Teammitglieder sie als etwas kontrollierender empfinden, als sie sich selbst sehen; nur vereinzelt ist es umgekehrt. (Abb. 2) Die Abweichungen zwischen Eigen- und Fremdwahrnehmung betragen in allen Fällen maximal zwei Skalenstufen, und der Scheitelpunkt der Skala wird nur in einem einzigen Fall überschritten. Für den Vergleich zwischen Selbst- und Fremdwahrnehmung im Privatleben ergibt sich ein ähnliches Bild: In 13 von 28 Fällen wird hier eine Kongruenz angenommen, in den übrigen Fällen liegt eine leichte Differenz von maximal drei Skalenstufen vor, der Scheitelpunkt wird nur in zwei Datensätzen überschritten. (Abb. 3)
4. Mit Blick auf die Einschätzung, wie die Befragten ihr eigenes betriebliches Verhalten vor fünf Jahren einordnen würden, lässt sich aus einem Vergleich zum heutigen Verhalten elfmal ein Vertrauenszuwachs, aber auch achtmal ein Vertrauensverlust feststellen. Der Vertrauensverlust umfasst dabei jeweils zwei bis drei Skalenstufen, der Vertrauenszuwachs fällt im Vergleich deutlich größer aus und umfasst eine Spanne von einer bis zu sieben Stufen. In sieben der elf Fälle des Vertrauenszuwachses kommt es sogar zu einer Verschiebung von einer eher kontrollierenden Selbsteinschätzung hin zu einem eher vertrauenden Verhalten; in der Hälfte der acht Fälle des Vertrauensverlustes kommt es dagegen zu einer Verschiebung in die entgegengesetzte Richtung. Wie sieht dann aber die Erwartung der einzelnen Befragten aus, wie sich das eigene Verhalten fünf Jahre in die Zukunft gedacht entwickeln wird? Zehn Personen gehen davon aus, dass sich keinerlei Veränderung ergeben wird. Weitere zehn Befragte erwarten, dass sie in den kommenden fünf Jahren den anderen Menschen im Betrieb mehr vertrauen werden, während sieben Befragte von einem abnehmenden Vertrauen und entsprechend einer Zunahme der Kontrolle ausgehen. Die beiden Modi des Vertrauens und der Kontrolle scheinen somit nicht absolut, sondern über die Zeit hinweg veränderlich zu sein.

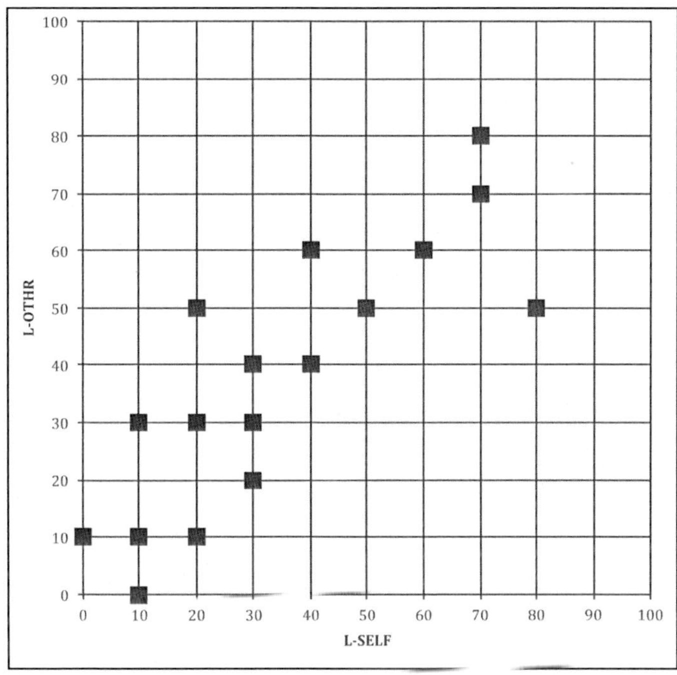

Abb. 3: Fremd- und Selbstwahrnehmung von Vertrauen und Kontrolle im Privatleben (Graphische Überlagerung bei identischen Werten).

5. Ein weiteres Erkenntnisinteresse der Studie war der Einsatz der Verhaltensmodi von Vertrauen und Kontrolle mit Blick auf die jeweiligen Hierarchiestufen. Im Ergebnis liegen ganz unterschiedliche Verhaltenskombinationen vor, jedoch ohne dass ein klares Grundmuster zu erkennen ist. Während einige Befragte zum Beispiel die ihnen direkt unterstellten Mitarbeiterinnen und Mitarbeiter kontrollieren, aber dem Top-Management vertrauen, liegt ebenso das gegensätzliche Verhaltensmuster vor. Dieses Ergebnis unterstreicht noch einmal den situativen Einsatz von Vertrauen und Kontrolle im Kulturbetrieb.

Die Anzahl der Menschen, denen die Befragungsteilnehmerinnen und -teilnehmer in ihrer Kultureinrichtung fast völlig vertrauen, reicht von 0 bis zu 35 Menschen, denen vertraut wird. Die Hälfte der Befragten vertraut gerade einmal zwischen einem und sechs der eigenen Kolleginnen und Kollegen. Deutlich aufschlussreicher ist die prozentuale Verteilung: Bezogen auf die

Organisationsgröße vertrauen elf der 28 Befragten nicht mehr als jedem fünften Teammitglied, weitere neun der Befragten maximal jedem zweiten und fünf Befragte mehr als jedem zweiten. Auffällig ist, dass gerade bei den besonders großen Kultureinrichtungen mit über einhundert Mitarbeiterinnen und Mitarbeitern der Anteil der engen Vertrauten besonders niedrig ist. Prozentual liegt dieser bei zwei bis zehn Prozent der Belegschaft. Dabei ist hingegen kein möglicher Zusammenhang zwischen der Größe einer Einrichtung und einem eher vertrauenden oder eher kontrollierenden Verhalten zu erkennen.

Abschließend danach befragt, ob man anderen Menschen im Allgemeinen vertrauen oder aber im Umgang mit ihnen gar nicht vorsichtig genug sein kann, geben drei Viertel der Befragten an, dass man ihnen in der Regel vertrauen kann; ein Befragter gibt an, dass ihnen sogar immer vertraut werden kann. Nur sechs Befragungsteilnehmer sind der Ansicht, dass man mit Blick auf andere Menschen nicht bzw. niemals vorsichtig genug sein kann. Auch dem Management des eigenen Kulturbetriebs wird mehrheitlich vertraut: Der Aussage, dass man dem Management in der Organisation, in der man arbeitet, vertrauen kann, stimmen 68 % der Befragten zu, weitere 18 % stimmen dem sogar stark zu. Die übrigen Befragten stimmen dieser Aussage nicht oder stark nicht zu.

Zusammenfassend ergeben sich aus der statistischen Auswertung die folgenden Tendenzen: Die befragten Kulturmanagerinnen und Kulturmanager agieren überwiegend eher vertrauend, sie vermuten aber oft, dass die Kolleginnen und Kollegen ihr Verhalten als etwas kontrollierender ansehen als sie selbst. Ein ‚blindes Vertrauen' besteht in der Regel nur zu einer Handvoll von Menschen. Zudem scheinen die beiden dominierenden Verhaltensmodi des Vertrauens und der Kontrolle nicht über die Zeit hinweg konstant, sondern vielmehr veränderlich zu sein. Auch ist das Verhalten im Privatleben und auf der Arbeit nicht unbedingt kongruent; es kann sogar mitunter stark voneinander differieren. Zusammenhänge mit dem Lebensalter, der Verweildauer im jeweiligen Betrieb, dessen Größe oder der Hierarchieposition der befragten Kulturmanagerinnen und Kulturmanager bestehen im Verhältnis zu den beiden Verhaltensmodi Vertrauen und Kontrolle im Übrigen offensichtlich nicht.

3.3. Beschreibende Auswertung

Die vorliegenden Datensätze lassen sich über die statistische Analyse hinaus außerdem in beschreibender Form als Kurzprofile darstellen, die unterschiedliche Verhaltenspositionierungen zwischen Vertrauen und Kontrolle im Kulturbetrieb aus individueller Sicht einzelner Kulturmanagerinnen und Kulturmanager illustrieren. Verbindet man so die einzelnen Datenpunkte innerhalb eines Datensatzes, entstehen differenzierte Bilder im Spannungsfeld zwischen Vertrauen und Kontrolle. Um die erarbeitete globale Perspektive auf Vertrauen und Kontrolle im Kulturbetrieb um Detailansichten zu ergänzen, werden im Folgenden daher einzelne Datensatzprofile vorgestellt. Hierbei sind etwaige spekulative Elemente, die einer besseren Veranschaulichung der Positionierungen dienen, entsprechend sprachlich gekennzeichnet.

> P. ist mit 68 Jahren ein gestandener Mann. Als Top-Manager führt er seit zehn Jahren ein US-amerikanisches Theater mit 300 Beschäftigten, denen er stark vertraut, zwanzig von ihnen sogar fast völlig. Er geht davon aus, dass sein Team das auch weiß. Trotz der langen Karriere, die bereits hinter ihm liegt, hat das Vertrauen in die Belegschaft in den vergangenen fünf Jahren sogar nochmals leicht zugenommen. Privat ist und wirkt P. vielleicht etwas kontrollierender als auf der Arbeit, aber nicht sehr. Es scheint, als würde P. in sich ruhen; das Theater läuft wie eine gut geölte Maschine.[3]

> Seit wenigen Monaten leitet die 57-jährige Q. in den USA einen multidisziplinären Veranstaltungsort. Sie ist fast eine Einzelstreiterin, denn neben ihr arbeitet nur eine weitere Person für die Organisation. Es könnte sich hierbei um eine Assistenz oder auch eine gleichrangige Co-Leitung handeln. Das Vertrauen in diese Person ist auf jeden Fall fast absolut. Das passt zum Naturell von Q., die anderen Menschen grundsätzlich fast immer vertraut, ob auf der Arbeit oder im Privatleben. Das war vor fünf Jahren so und wird ihrer Ansicht nach auch in weiteren fünf Jahren so sein. Auch glaubt Q., dass die anderen Menschen sie so wahrnehmen, wie sie sich auch selbst sieht.[4]

Mit P. und Q. (Abkürzungen sind hier wie im Folgenden rein zufällig gewählt) liegen zwei Profile vor, denen gemeinsam ist, dass es sich mit 68 und 57 Jahren um zwei Akteure mit einer bereits langen Berufserfahrung handelt, die beide zudem mit hohem Vertrauen in andere Menschen agieren. Ihr Arbeitsumfeld ist jedoch äußerst unterschiedlich: Während P. ein sehr großes Theater leitet, führt Q. einen kleinen Zwei-Personen-Betrieb. Fast scheint es so, als wenn P. und Q. schon immer mit einem großen Vertrauen ausgestattet gewesen wären. Andere Menschen, wie zum Beispiel D., lernen erst zu vertrauen:

> Noch vor fünf Jahren tendierte D. dazu, die anderen Menschen in ihrer Organisation eher zu kontrollieren als ihnen zu vertrauen. Da war sie gerade zwei Jahre in jenem Veranstaltungszentrum in den USA tätig, für das sie noch heute arbeitet. Fünf Jahre später, mit 52 Jahren, vertraut sie als Leiterin der Einrichtung fast allen Mitarbeiterinnen und Mitarbeitern, 30 der 35 Angestellten sogar fast völlig. Sie glaubt, dass sich das Vertrauen in den nächsten fünf Jahren sogar noch weiter verstärken wird. Das überrascht sie eventuell selbst ein wenig,

3 W-SELF 20; W-OTHR 20; W-PAST 30; W-FUTR 20; L-SELF 30 L-OTHR 30; SUB 20 COL 20; BOSS 30; T-GNRL Usually trusted; T-MGMT Agree.

4 W-SELF 10; W-OTHR 20; W-PAST 20; W-FUTR 10; L-SELF 10 L-OTHR 10; SUB 10 COL 10; BOSS –; T-GNRL Usually trusted; T-MGMT Strongly agree.

> denn privat neigt sie eher leicht dazu, andere Menschen zu kontrollieren. Doch sie ist sich eigentlich sicher: Grundsätzlich kann man anderen Menschen immer vertrauen.[5]

Während D. an Vertrauen gewinnt, scheint es zugleich Kulturmanagerinnen und Kulturmanager zu geben, bei denen sich über die Zeit die dominanten Modi von Kontrolle und Vertrauen abwechseln, wie der Fall S. zeigt:

> Mit 37 Jahren führt S. in den USA ein Theater mit 35 Beschäftigten. Im Privatleben vertraut sie grundsätzlich anderen Menschen. S. ist mit der Organisation, an deren Spitze sie steht, bereits seit zweieinhalb Jahren verbunden. Vor fünf Jahren hat sie im Beruf noch alle anderen Menschen sehr stark kontrolliert. Heute vertraut sie ihnen fast umfassend, darunter vor allem den ihr direkt unterstellten Mitarbeiterinnen und Mitarbeitern. Aus ihrer Sicht weiß ihr Team das auch. Den Kolleginnen und Kollegen auf der eigenen hierarchischen Stufe begegnet sie hingegen schon deutlich kontrollierender. Bei ihren unmittelbar Vorgesetzten wird sogar ganz genau hingeschaut. S. denkt nämlich, dass den Aufsichtsgremien keinesfalls vertraut werden kann. Auch geht S. mit Blick auf die Zukunft davon aus, dass sie bald wieder vollständig in den Kontrollmodus zurückfallen wird. Es könnte spekuliert werden, dass sich S. auf der Suche nach einer anderen beruflichen Position befindet.[6]

Ein anderes Profil, das der Person M., zeigt dass es auch eine starke Trennung des beruflichen und privaten Verhaltens zwischen den beiden Polen Vertrauen und Kontrolle geben kann:

> Seit drei Jahren arbeitet M. ehrenamtlich in einer kulturellen Bildungseinrichtung, die in mehreren künstlerischen Sparten tätig ist. M. kontrolliert die anderen beiden Personen in der Organisation fast völlig und geht naheliegender Weise davon aus, dass diese auch dies von ihr denken. Das eigene Kontrollverhalten wird auch für die Zukunft weiter prognostiziert. Der Leitung der Organisation vertraut M. hingegen schon, wie M. auch im direkten privaten Umfeld anderen Menschen fast komplett vertraut. Mit Blick auf die Gesellschaft als Ganzes ist M. aber grundsätzlich äußerst skeptisch. M. ist der Meinung, dass man im Umgang mit den meisten Menschen in der Regel gar nicht vorsichtig genug sein kann.[7]

Mit Q. liegt bereits ein Fall vor, bei dem ein Akteur in einem äußerst kleinen Team mit einem hohen Vertrauenslevel agiert. Das Profil der N. zeigt ein ähnliches Muster:

> N., 38 Jahre alt, arbeitet in Österreich in einem kleinen Musikbetrieb mit gerade einmal sechs Beschäftigten. Dort ist sie seit anderthalb Jahren auf Junior-Management-Ebene beschäftigt. N. vertraut allen anderen Menschen, sowohl beruflich als auch privat umfassend, drei der fünf anderen Teammitglieder vertraut sie sogar fast blind. Sie ist der

5 W-SELF 20; W-OTHR 20; W-PAST 60; W-FUTR 10; L-SELF 40 L-OTHR 40; SUB 20 COL 20; BOSS 0; T-GNRL Always trusted; T-MGMT Strongly agree.

6 W-SELF 10; W-OTHR 30; W-PAST 80; W-FUTR 80; L-SELF 20; L-OTHR 30; SUB 10 COL 40; BOSS 80; T-GNRL Usually trusted; T-MGMT Strongly disagree.

7 W-SELF 90; W-OTHR 90; W-PAST –; W-FUTR 90; L-SELF 10 L-OTHR 10; SUB –; COL 90; BOSS 0; T-GNRL Always can't be too careful; T-MGMT Agree.

Auffassung, dann man anderen Menschen grundsätzlich vertrauen kann. Dieses Vertrauen hat N. auch in die Leitung des Musiktriebs, in dem sie tätig ist. Dabei vertraut sie interessanterweise ihren direkt unterstellten Mitarbeiterinnen und Mitarbeitern wie auch der Führung der Organisation etwas mehr als den gleichrangigen Kolleginnen und Kollegen. Vielleicht besteht hier ein gewisses Konkurrenzverhältnis. Doch ist ebenso zu vermuten, dass für N. ohne Vertrauen die Arbeit in einem so kleinen Team überhaupt nicht möglich wäre.[8]

Deutlich größer ist das Team, in dem T. arbeitet. Auch bei ihr herrscht der Modus des Vertrauens vor, jedoch mit einer wichtigen Einschränkung: Der Leitung wird misstraut.

Der zehn Jahre jüngeren T. geht es ähnlich wie N. Sie arbeitet seit anderthalb Jahren als Assistentin in einer US-amerikanischen Kulturfördereinrichtung mit 30 Angestellten, sie hat also deutlich mehr Kolleginnen und Kollegen als N. Jedem zweiten in der Organisation vertraut T. fast völlig. Die Vertrauenslevel sind insgesamt weitgehend identisch mit denen von N. Im Vergleich zu N. neigt T. jedoch dazu, ihren direkten Vorgesetzen etwas mehr zu vertrauen als den ihr unterstellen Mitarbeiterinnen und Mitarbeitern. Außerdem hat sie, anders als N., eher wenig Vertrauen in die oberste Leitung der Einrichtung. Vielleicht hofft sie insgeheim auf einen Führungswechsel.[9]

Im Vergleich zu T. vertraut die Assistentin L. nicht nur nicht der Leitung der Kultureinrichtung, in der sie arbeitet, sondern eigentlich fast allen Menschen, wie das folgende Kurzprofil verdeutlicht:

Die 35-jährige L. arbeitet seit zweieinhalb Jahren auf Assistenzebene in einem deutschen Opernhaus mit insgesamt 300 Angestellten. Sie tendiert ein wenig dazu, die Kolleginnen und Kollegen wie auch die Vorgesetzten eher zu kontrollieren als ihnen zu vertrauen. Sie geht davon aus, dass sich diese Tendenz in der Zukunft sogar noch etwas verstärken wird. Der Opernleitung misstraut sie sehr stark. Auch neigt L. außerhalb der Arbeit dazu, andere Menschen zu kontrollieren. Dies stimmt überein mit ihrem Blick auf die Gesellschaft als Ganzes. Sie ist der Meinung, dass man im Umgang mit anderen niemals vorsichtig genug sein kann. In allen Bereichen geht L. davon aus, dass die Mitmenschen sie selbst auch als eher kontrollierend wahrnehmen. Nichtsdestotrotz hat sie auf der Arbeit einen kleinen Kreis von fünf Personen, denen sie fast völlig vertraut.[10]

Mit K. liegt ein weiteres Profil mit hoher Kontrolltendenz vor. Jedoch hat die Theatermanagerin die Hoffnung, dass sich das eigene Verhalten zukünftig ändern wird:

8 W-SELF 10; W-OTHR 20; W-PAST 10; W-FUTR 10; L-SELF 0 L-OTHR 10; SUB 20 COL 30; BOSS 20; T-GNRL Usually trusted; T-MGMT Agree.

9 W-SELF 20; W-OTHR 10; W-PAST 20; W-FUTR 10; L-SELF 20 L-OTHR 10; SUB 30 COL 20; BOSS 10; T-GNRL Usually trusted; T-MGMT Disagree.

10 W-SELF 60; W-OTHR 60; W-PAST -; W-FUTR 80; L-SELF 70 L-OTHR 70; SUB –; COL 70; BOSS 80; T-GNRL Always can't be too careful; T-MGMT Strongly disagree.

> Ein Jahr und einen Monat ist K., 41, nun als Top-Managerin in einer den Theatersektor unterstützenden Einrichtung in den USA tätig. Sie steht an der Spitze des zwölf Personen starken Teams. Im Grunde ist sie ein wahrer ‚Kontrollfreak'. Als ein solcher wird sie privat und auch beruflich gesehen und so sieht sie sich auch selbst. Aktuell vertraut sie in ihrer Einrichtung niemandem auch nur annährend völlig. Sie hofft aber, dass sich die Lage in den kommenden fünf Jahren ändern wird. Dann erwartet sie, den anderen mehr vertrauen zu können als sie kontrollieren zu müssen. Denn eigentlich geht sie von der Annahme aus, dass den meisten Menschen normalerweise vertraut werden kann. Dies gilt dabei eher für die unterstellten Mitarbeiterinnen und Mitarbeiter sowie den Kolleginnen und Kollegen als für die übergeordneten Vorgesetzten.[11]

Diese neun Kurzprofile zeigen, wie unterschiedlich das individuelle Handeln zwischen Vertrauen und Kontrolle in Kulturbetrieben doch ausgeprägt ist. Zugleich deutet sich bereits bei dieser kleinen Auswahl an, welche Möglichkeiten für eine qualitative Forschung zu Vertrauen und Kontrolle im aufgeworfenen Forschungsfeld bestehen.

4. Fazit

Mit Blick auf weitere Forschungen zum Thema von Vertrauen und Kontrolle in Kulturbetrieben könnte in einem ersten Schritt das Sample der verwendeten Umfrage vergrößert werden. Interessant wäre zu erfahren, ob die in dieser Mini-Studie vorliegende Tendenz, dass Kulturmanagerinnen und Kulturmanager ihren Teammitgliedern mehrheitlich eher vertrauen als sie zu kontrollieren, bestätigt wird. Hierbei wäre ein Vergleich mit anderen Arbeitssektoren ratsam, um zu bestimmen, ob es sich um eine Spezifität des Kultursektors handelt. Wenn dem so ist, wäre die gesamte wissenschaftliche Disziplin des Kulturmanagements neu auszurichten, die bislang vornehmlich auf den Modus der Kontrolle setzt. Ratgeber mit aufwändigen Strategieansätzen und langen Check-Listen für die Kulturmanagementpraxis müssten dann Hilfestellungen zu Vertrauensaufbau und Vertrauenserhalt weichen.

Um Hinweise zur Beherrschung einer möglichen ‚Kunst des Vertrauens' zu geben, wäre es zugleich notwendig, die Bedingungen des Entstehens und des Vergehens von Vertrauen in Kulturorganisationen zu erforschen. Die vorliegende Studie hat bereits erste Hinweise dahingehend gegeben, dass der Einsatz von Vertrauen und Kontrolle nicht nur über die Zeit hinweg veränderlich ist, sondern, so ist es aus dem Vergleich von privatem und beruflichem Verhalten ableitbar, auch grundsätzlich situativ unterschiedlich ist. Vertrauen

11 W-SELF 70; W-OTHR 80; W-PAST 70; W-FUTR 30; L-SELF 70 L-OTHR 80; SUB 30; COL 30; BOSS 70; T-GNRL Usually trusted; T-MGMT Agree.

und Kontrolle sind also nicht statische, sondern dynamische Verhaltensmodi. Welche Faktoren führen also zu Vertrauen? Und welche zu einem eher kontrollierenden Verhalten? Dabei wäre ferner zu berücksichtigen, dass Vertrauen eine Angelegenheit der Perspektive zu sein scheint. Fremd- und Eigenwahrnehmung müssen so nicht unbedingt kongruent sein, wie die Auswertung der Studie gezeigt hat.

Zur weiteren Erforschung könnte daher ein systemisches Verständnis von Kulturmanagement hilfreich sein, das eine Kulturorganisation als ein Netzwerk aus Menschen auffasst. Zwischen diesen Menschen spannt sich dann ein dynamisches Netz aus Vertrauen, das an manchen Verbindungen stärker und anderen Verbindungen schwächer ausgeprägt ist. An anderer Stelle wurde bereits das Theater als ein System aus Anforderungen skizziert, was auch allgemein für Kultureinrichtungen gelten kann:

> Als Anforderungssystem ist das Theater ständigen, dynamischen Veränderungen unterworfen. Neue Elemente kommen hinzu, alte brechen heraus. Zugleich werden zusätzliche Anforderungsstellungen aufgebaut, andere verkümmern. Die Pulsfrequenz, mit der Anforderungen gesendet werden, ändert sich ebenso wie die Inhalte der Anforderungen. Aufgrund seiner Verortung in Raum und Zeit ruht das Anforderungssystem Theater nicht, sondern pulsiert und ändert seine Gestalt fortwährend. Es gleicht damit einem lebendigen Nervensystem.[12]

Die Ressource ‚Vertrauen' wäre der Analogie des Nervensystems folgend ein wichtiger Botenstoff in dem so beschriebenen Anforderungssystem einer Kultureinrichtung. Wie lässt er sich systemimmanent ausschütten, wie gar von außen stimulieren? Die Beantwortung dieser Fragen könnte nichts anderes bedeuten als einen völligen Paradigmenwechsel in der Kulturmanagementforschung und -praxis: weg von einem rationalisierenden und hin zu einem humanistischen Kulturmanagement.

12 Vorwerk: *Qualität im Theater*, S. 67–68.

Anhang: Fragebogen „Trust and Control – An Arts Management Survey“

SECTION I

1. **TIME: For how long have you been working in your current arts organization (in months)?**

   (Open-Ended Numeric Response)

2. **POST: Which word describes your current position in your organization best?**
   - Junior Manager (1–3 subordinates)
   - Middle Manager (4–20 subordinates)
   - Top Manager (20+ subordinates)
   - Junior Assistant (up to 10 years of experience)
   - Senior Assistant (10+ years of experience)
   - Volunteer/Intern

3. **SIZE: How many people with permanent contracts work in your organization in total?**

   (Open-Ended Numeric Response)

4. **TYPE: In what kind of arts organization do you currently work?**
   - Presenting (e.g. Concert Hall, Museum)
   - Producing (e.g. Independent Theatre Ensemble)
   - Producing and Presenting (e.g. Repertory Theater)
   - Educational (e.g. Art School)
   - Art Support (e.g. Arts Foundation)
   - Other: ________________

5. **FIELD: In which field of the arts do you currently work?**
   - Music
   - Dance
   - Theatre
   - Opera
   - Visual Arts
   - Film
   - Literature
   - Multidisciplinary
   - Other: ________________

SECTION II

6. **W-SELF: At work, do you see yourself in general as someone who rather trusts other people in your organization or as someone who rather controls them?**

   TRUST 0 10 20 30 40 50 60 70 80 90 100 CONTROL

7. **W-OTHR: At work, do you think other people in your organization think of you as someone who in general rather trusts other people in your organization or as someone who rather controls them?**

   TRUST 0 10 20 30 40 50 60 70 80 90 100 CONTROL

8. **W-PAST: Five years ago, at work, do you think you have been someone who rather trusted other people in your organization or someone who rather controlled them? (Please leave blank, if, at that time, you were in no professional work setting.)**

   TRUST 0 10 20 30 40 50 60 70 80 90 100 CONTROL

9. **W-FUTR: Five years into the future, do you think you will be someone who rather trusts other people in your organization or someone who rather controls them? (Please leave blank, if, at that time, you will be in no professional work setting anymore.)**

   TRUST 0 10 20 30 40 50 60 70 80 90 100 CONTROL

SECTION III

10. **L-SELF: In general, including your non-work life, do you see yourself as someone who rather trusts other people or as someone who rather controls them?**

    TRUST 0 10 20 30 40 50 60 70 80 90 100 CONTROL

11. **L-OTHR: In general, do you think your friends, family, and non-work acquaintances think of you as someone who rather trusts other people or as someone who rather controls them?**

    TRUST 0 10 20 30 40 50 60 70 80 90 100 CONTROL

SECTION IV

12. **T-NMBR: How many people in your organization do you trust almost completely?**

    (Open-Ended Numeric Response)

13. **T-GNRL: Generally speaking, would you say that people can be trusted or that you can't be too careful in dealing with people?**

    - People can almost be trusted.
    - People can usually be trusted.
    - You usually can't be too careful in dealing with people.
    - You almost always can't be too careful in dealing with people.
    - Can't choose. / Don't know.

14. T-MGMT: Please indicate whether you strongly agree, agree, disagree, or strongly disagree with the following statement: "I trust the management at the place where I work."

- Strongly Agree.
- Agree.
- Disagree.
- Strongly Disagree.
- Can't choose. / Don't know.

SECTION V

15. SUB: Do you rather tend to trust or to control your subordinate employees? (Leave blank if not applicable.)

TRUST 0 10 20 30 40 50 60 70 80 90 100 CONTROL

16. COL: Do you rather tend to trust or to control your same-level colleagues? (Leave blank if not applicable.)

TRUST 0 10 20 30 40 50 60 70 80 90 100 CONTROL

17. BOSS: Do you rather tend to trust or to control your direct boss? (Leave blank if not applicable.)

TRUST 0 10 20 30 40 50 60 70 80 90 100 CONTROL

SECTION VI

18. AGE: What is your age?

(Open-Ended Numeric Response)

19. GDR: What is your gender?

- Female
- Male
- Other
- Prefer not to answer.

20. CTR: In which country do you currently work?

(Open-Ended Response)

(Theater-)Geschichte schreiben

Theater und ‚Kalter Krieg' im doppelten Deutschland

Plädoyer für theaterwissenschaftliche Forschung

Anja Klöck

Seit der Öffnung der innerdeutschen Grenze im November 1989, der Auflösung der Sowjetunion im Dezember 1991 und des Ostblocks in den Folgejahren wird der Begriff ‚Kalter Krieg' zur Bezeichnung einer historischen Epoche verwendet, die einen Horizont von der Zuspitzung des Ost-West-Konflikts zwischen den USA und der UdSSR nach dem Ende des Zweiten Weltkriegs bis zum Zerfall des Ostblocks Anfang der 1990er Jahre aufspannt. Die unreflektierte Verwendung des Begriffs ‚Kalter Krieg' zur Bezeichnung einer historischen Epoche unterschlägt jedoch seine Verhaftung in dem Konflikt, dem er Vorschub leistet: Zum medial vervielfältigten Schlagwort wurde der ‚Kalte Krieg' durch eine Rede des US-amerikanischen Präsidentenberaters Bernard M. Baruch im März 1947 nach den gescheiterten Versuchen, Atomwaffen und Atomenergie unter internationale Kontrolle und den Standpunkt der Westalliierten mit jenem der Sowjetunion dazu in Einklang zu bringen.[1] Baruch verwendet den

1 Gemeint ist hier die Rede im Abgeordnetenhaus von Columbia, South Carolina im März 1947. Vgl. Bernd Stöver: *Kalter Krieg 1947–1991. Geschichte eines radikalen Zeitalters*. München: Beck 2007, S. 14. Der Begriff kursierte allerdings schon vor dieser Rede, um die steigenden politischen Spannungen zwischen UdSSR und USA nach dem Ende des Zweiten Weltkriegs zu bezeichnen. Vgl. z. B. George Orwell in: *The Observer*, 10.03.1946: „After the Moscow Conference last December, [...] Russia began to make a 'cold war' on Britain and the British Empire." (Zit. n. *The Oxford English Dictionary*. Oxford: Clarendon [2]2000, S. 463.)

Begriff zur Bezeichnung und Ankündigung einer „neuen Art von Krieg" zwischen den USA und der UdSSR, der eine „Vorstufe des militärischen Konflikts" darstelle.[2] Eine Historisierung des Begriffs im amerikanischen Politikdiskurs von 1946/47 ermöglicht die Frage, inwiefern der ‚Kalte Krieg' als Epochenbegriff denselben mit den Mitteln der Geschichtsschreibung in der Gegenwart fortschreibt: inwiefern er beispielsweise die historiografische Praxis immer schon auf die sowjetisch-amerikanische Konfliktebene beschränkt; sich perspektivisch an der Supermacht USA orientiert; das globale Ausmaß des Ost-West-Konflikts nach 1947 und die zahlreichen ‚heißen' Kriege mit mehr als 20 Millionen Toten unterschlägt[3]; kulturelle und soziale Aspekte über eine militärisch-politische Konfliktebene hinaus als Forschungsgegenstände ausblendet.[4] Innerhalb der *Cold War Studies* geht seit einigen Jahren die kritische Diskussion dieser Fragen einher mit der Forderung nach einer „Emanzipation historischer Forschung aus dem normativen und intellektuellen Korsett ihres Gegenstandes"[5]. Eine Historisierung des Begriffs ermöglicht nämlich auch die Erschließung seiner performativen (soll heißen: wirklichkeitskonstituierenden) Wirkmacht. Durch die Benennung des Konflikts als ‚Kalter Krieg' wird dieser auf einer nicht-militärischen Konfliktebene überhaupt erst hervorgebracht. Die nicht-militärische Konfliktebene beschränkt sich dabei bekanntlich nicht auf den Bereich der politischen Rhetorik, sondern umfasst u. a. auch die Bereiche Kultur, Wirtschaft und Sport: „Innovation um der Überlegenheit willen, Überlegenheit zum Zwecke einer vermeintlichen Unverwundbarkeit – und eben auch zum Nutzen des sozialen Status und Prestiges der Betreiber."[6] Eben

2 Zit. n. Bernard. M. Baruch:*The Public Years*. New York: Holt, Rinehart & Winston 1960, S. 388. Vgl. Stöver: *Kalter Krieg*, S. 14.

3 Insbesondere die Umdeutung des ‚Kalten Kriegs' als *Long Peace* durch John Lewis Gaddis ist im Kontext der *Cold War Studies* kritisiert worden. Vgl. John Lewis Gaddis: *The Long Peace. Inquiries into the History of the Cold War*. New York: Oxford UP 1989. Zur Kritik siehe die in Anm. 4 u. 5 angegebene Literatur.

4 Vgl. Patrick Major / Rana Mitter: East Is East and West Is West? Towards a Comparative Socio-Cultural History of the Cold War. In: Dies. (Hrsg.): *Across the Blocs: Cold War Cultural and Social History*. London / Portland: Cass 2004, S. 1–22; Andrew Hammond: On the Frontlines of Writing. Introducing the Literary Cold War. In: Ders. (Hrsg.): *Global Cold War Literature: Western, Eastern and Postcolonial Perspectives*. New York: Routledge 2012, S. 1–16; Ders.: From Rhetoric to Rollback. Introductory Thoughts on Cold War Writing. In: Ders. (Hrsg.): *Cold War Literature: Writing the Global Conflict*. London / New York: Routledge 2006, S. 1–14.

5 Bernd Greiner: Kalter Krieg und ‚Cold War Studies', Version: 1.0. In: *Docupedia-Zeitgeschichte*, 11.02.2010. http://docupedia.de/zg/Cold_War_Studies?oldid=106516 (Zugriff am 30.03.2017).

6 Ebd.

diese performative Wirklichkeitskonstitution ist die Leistung des Begriffs, die es in ihrer Widersprüchlichkeit zu erforschen und historiografisch darzustellen gilt. Theater- und tanzhistorische Gegenstände bieten sich dafür nachgerade an. Das zeigen einschlägige Studien und Forschungsprojekte unter anderen von Naima Prevots, David Caute, Bruce McConachie, Charlotte Canning und Christopher Balme.[7] Augenfällig bewegen sich diese Studien alle in einem anglo-amerikanischen Diskursfeld, das sich an jenen blinden Flecken abarbeitet, die der Begriff ‚Kalter Krieg' politikgeschichtlich in demselben mitproduziert hat. Hier leisten sie wichtige Beiträge zu dem von Patrick Major und Rana Mitter bereits 2004 geforderten Wandel innerhalb der Geschichtsschreibung zum ‚Kalten Krieg': „to take culture seriously as a category [...] rather than as an afterthought to the analysis of high politics"[8].

Vor diesem Hintergrund stellt sich der Forschungsstand zu den Wechselwirkungen zwischen ‚Kaltem Krieg' und Theater in der deutsch-deutschen Zeitgeschichte als erstaunlich desolat dar. Zwar wurden zur deutsch-deutschen Theatergeschichte während der ersten Dekade nach der Wiedervereinigung einige Ausstellungen erarbeitet.[9] Darüber hinaus aber liegen nur punktuell Einzelstudien vor,[10] so dass ein wissenschaftliches Forschungsfeld gegenwärtig

7 Naima Prevots: *Dance for Export. Cultural Diplomacy and the Cold War*. Middleton, CT: Wesleyan UP 1998; David Caute: *The Dancer Defects. The Struggle for Cultural Supremacy during the Cold War*. Oxford: Oxford UP 2003; Bruce A. McConachie: *American Theater in the Culture of the Cold War: Producing and Contesting Containment, 1947–1962*. Iowa City: University of Iowa Press 2003; Charlotte M. Canning: "In the Interest of the State": A Cold War National Theatre for the United States. In: *Theatre Journal* 61 (Oktober 2009), S. 407–420; dies.: Teaching Theatre as Diplomacy: A US Hamlet in the European Court. In: *Theatre Topics* 21,2 (2011), S. 151–162; Christopher Balme / Berenika Szymanski-Düll (Hrsg.): *Theatre, Globalization and the Cold War*. New York: Palgrave 2017. Siehe auch das aktuell von Christopher Balme geleitete ERC-Forschungsprojekt „Developing Theatre: Building Expert Networks for Theatre in Emerging Countries after 1945". http://www.developingtheatre.theaterwissenschaft.uni-muenchen.de/about_us/index.html (Zugriff am 30.03.2017).

8 Major / Mitter: East Is East, S. 1.

9 Vgl. Henning Rischbieter: *Durch den Eisernen Vorhang: Theater im geteilten Deutschland 1945–1990*. Berlin: Propyläen 1999; Stiftung Stadtmuseum Berlin (Hrsg.): *„Damit die Zeit nicht stehenbleibt!" Theater in Berlin nach 1945 – Nachkriegszeit*. Berlin: Henschel 2002; Stiftung Stadtmuseum Berlin (Hrsg.): *„Nun ist es Zeit, das Antlitz neu zu schaffen": Theater in Berlin nach 1945 – Schauspiel*. Berlin: Henschel 2002.

10 Vgl. Sang-Myon Lee: *Peter Weiss' „Marat/Sade" und das Theater in der Zeit des „Kalten Kriegs"*. Berlin: Köster 1993; Simone Barck / Inge Münz-Koenen (Hrsg.): *Im Dialog mit Werner Mittenzwei. Beiträge und Materialien zu einer Kulturgeschichte der DDR*. Berlin: Trafo 2002; Joachim Werner Preuß: *Theater im ost-/westpolitischen Umfeld. Nahtstelle Berlin 1945–1961*. München: Iudicum 2004; Klaus Wannemacher: *Erwin Piscators Theater gegen das Schweigen. Politisches Theater zwischen den Fronten des Kalten Kriegs (1951–1966)*. Tübingen: Niemeyer 2004; Renate Meyer-Braun: *Löcher im Eisernen Vorhang. Theateraustausch zwischen Bremen*

nicht erkennbar ist. Gerade aber über theater- und kulturwissenschaftliche Gegenstände könnte ein wichtiger Beitrag zur Aufarbeitung deutsch-deutscher Geschichte im globalen Spannungsfeld des Ost-West-Konflikts geleistet werden. Innerhalb der Sondersituation Deutschlands, wo sich nach der doppelten Staatengründung 1949 mit Bundesrepublik und DDR zwei Stellvertreter der konfliktträchtigen Hegemonialmächte am ‚Eisernen Vorhang'[11] unmittelbar gegenüber standen, war die im ‚Kalten Krieg' implizierte permanente Bedrohungs- und Konkurrenzsituation besonders wirkmächtig. Die Frage, wie eine deutsch-deutsche Kulturgeschichte für die zweite Hälfte des 20. Jahrhunderts konzipiert und mit welchen analytischen Begriffen sie erfasst werden könnte, wird seit 1990 im Feld der zeithistorischen Forschung und der *Cold War Studies* kontrovers diskutiert. 1993 plädierte Christoph Kleßmann in einem einschlägigen Aufsatz dafür, beim Schreiben einer Beziehungsgeschichte der beiden deutschen Staaten sowohl Abgrenzung und Trennung als auch Verflechtung historiografisch in den Fokus zu nehmen.[12] Während einerseits kaum noch bestritten wird, „dass eine deutsche Nachkriegsgeschichte nicht als jeweils isolierte Geschichte der beiden deutschen Staaten geschrieben werden kann", sondern immer nur als „Verflechtungsgeschichte", wurde und wird das nach Kleßmann propagierte Modell einer „asymmetrisch

und Rostock während des Kalten Krieges (1956–1961). Berlin: Trafo 2007; Barry Baker: *Theatre Censorship in Honecker's Germany. From Volker Braun to Samuel Beckett.* Bern: Lang 2007; Ernst Schumacher: *Ein bayerischer Kommunist im doppelten Deutschland. Aufzeichnungen des Brechtforschers und Theaterkritikers in der DDR 1945–1991*, hrsg. v. Michael Schwartz im Auftrag des Instituts für Zeitgeschichte München-Berlin in Zusammenarbeit mit der Akademie der Künste Berlin. München: Oldenbourg 2007; Fabian Bien: *Oper im Schaufenster. Die Berliner Opernbühnen in den 1950er Jahren als Orte nationaler kultureller Repräsentation.* Wien: Böhlau 2011. Als eine der wenigen deutschsprachigen Anthologien neueren Datums zur Kultur des ‚Kalten Kriegs' siehe Michael Hansel / Michael Rohrwasser (Hrsg.): *Kalter Krieg in Österreich. Literatur – Kunst – Kultur.* Wien: Zsolnay 2010.

11 Der Begriff ‚Eiserner Vorhang' wurde erstmals von den Nationalsozialisten in Bezug auf den Einflussbereich der Sowjetunion verwendet (vgl. Max Walter Clauss: Hinter dem Eisernen Vorhang. In: *Reich*, 18.02.1945, S. 1). Wie auch der Begriff ‚Kalter Krieg' wurde ‚Eiserner Vorhang' durch den anglo-amerikanischen Politikdiskurs von 1946/47 zum internationalen Schlagwort, und zwar für „die Abriegelung des Herrschafts- und Einflussbereichs der damaligen Sowjetunion gegenüber der westlichen Welt". (Eiserner Vorhang. In: Gerd Schneider / Christiane Toyka-Seid: *Das junge Politik-Lexikon.* Bonn: bpb 2017. https://www.bpb.de/nachschlagen/lexika/das-junge-politik-lexikon/161031/eiserner-vorhang (Zugriff am 30.03.2017).)

12 Christoph Kleßmann: Verflechtung und Abgrenzung. Aspekte der geteilten und zusammengehörigen deutschen Nachkriegsgeschichte. In: *Aus Politik und Zeitgeschichte* (*APuZ*) B 29–30 (1993), S. 30–41, hier S. 30. Vgl. auch ders.: Spaltung und Verflechtung – Ein Konzept zur integrierten Nachkriegsgeschichte 1945 bis 1990. In: Ders. / Peter Lautzas (Hrsg.): *Teilung und Integration. Die doppelte deutsche Nachkriegsgeschichte als wissenschaftliches und didaktisches Problem.* Bonn: bpb 2005, S. 20–37.

verflochtenen Parallelgeschichte" unter Historiker*innen kritisch diskutiert.[13] Die These der asymmetrischen Verflechtung geht davon aus, dass die Bundesrepublik Referenzgesellschaft für die DDR gewesen sei.[14] Umgekehrt sei eine explizite Fixierung der Bundesrepublik auf die DDR nicht gegeben gewesen und habe hinter einer Orientierung an Westmächten wie etwa den USA zurückgestanden:[15] „Der wechselseitige Bezug war zu allen Zeiten asymmetrisch. Die Bundesrepublik konnte problemlos ohne die DDR existieren. […] Der Umkehrschluss galt nie."[16] Dass der Umkehrschluss sehr wohl galt, hat u.a. Uta Balbiers deutsch-deutsche Geschichte des Leistungssports gezeigt.[17] Im Bereich des Leistungssports „etablierte sich die DDR seit Mitte der 1950er Jahre als richtungsweisender Rivale" der Bundesrepublik.[18] Die Prägung der Bundesrepublik durch ihre „verinnerlichten Herausforderungen durch den Osten" bleibe aber nach wie vor Desiderat in der Forschung zur gesamtdeutschen Nachkriegsgeschichte.[19] Ähnlich wie die deutsch-deutsche Sportgeschichte könnte eine deutsch-deutsche Theatergeschichte einen Kontrapunkt zu gängigen politikhistorischen Argumentationsmustern setzen. Denn auch im Bereich der Theaterarbeit und Theaterausbildung etablierte sich die DDR in den 1950er Jahren als „richtungsweisender Rivale" der Bundesrepublik.[20] Einschlägig waren beispielsweise die Erfolge des (Ost-)Berliner Ensembles beim Festival International d'Art Dramatique in Paris[21] und die in Folge ausgerufene „*Révolution brechtienne*".[22] Dadurch avancierte Bertolt Brecht beispielsweise zu

13 Detlev Brunner / Udo Grashoff / Andreas Kötzing: Asymmetrisch verflochten? Einleitung. In: Dies. (Hrsg.): *Asymmetrisch verflochten? Neue Forschungen zur gesamtdeutschen Nachkriegsgeschichte*. Berlin: Links 2013, S. 11–17, hier S. 13.

14 Ebd., S. 12.

15 Zu dieser konstatierten Asymmetrie vgl. Christoph Kleßmann: *Zwei Staaten, eine Nation. Deutsche Geschichte 1955–1970* [1988]. Bonn: bpb ²1997, S. 447.

16 Kleßmann: Spaltung und Verflechtung, S. 22.

17 Vgl. Uta Andrea Balbier: *Kalter Krieg auf der Aschenbahn. Der deutsch-deutsche Sport 1950–1972. Eine politische Geschichte*. Paderborn: Schöningh 2007.

18 Ebd., S. 15.

19 Lutz Niethammer: Methodische Überlegungen zur deutschen Nachkriegsgeschichte. Doppelgeschichte, Nationalgeschichte oder asymmetrisch verflochtene Parallelgeschichte? In: Christoph Kleßmann / Hans Misselwitz / Günther Wiehert (Hrsg.): *Deutsche Vergangenheiten – eine gemeinsame Herausforderung*. Berlin: Links 1999, S. 307–327, hier S. 326; dazu auch Balbier: *Kalter Krieg auf der Aschenbahn*, S. 15.

20 Ebd.

21 1954 zeigte das BE dort *Mutter Courage und ihre Kinder*, 1955 *Der kaukasische Kreidekreis*.

22 Den Begriff prägte 1955 Roland Barthes mit seinem Leitartikel „La révolution brechtienne" in *Théâtre populaire* 3,11 (1955).

einer Ikone kultureller Leistungsfähigkeit der jungen DDR.[23] Die internationale Anerkennung dürfte demnach auch für einige Kulturfunktionäre der SED überraschend groß ausgefallen sein. Allein anhand des obsessiven Blicks westdeutscher Kritiker, Kulturpolitiker und Theatermacher[24] auf Brecht und die internationalen Erfolge des Berliner Ensembles Anfang der 1950er Jahre ließe sich Kleßmanns These von Verflechtung und Abgrenzung problemlos untermauern und gleichzeitig jene der asymmetrischen Orientierung der DDR an der Bundesrepublik verwerfen. Der konkurrierende Blick des Westens auf den ostdeutschen Theatermacher Brecht manifestierte sich im weiteren Verlauf der Koexistenz zweier deutscher Staaten nachhaltig in den Brecht-Boykotten der Bundesrepublik. Auslöser für den ersten Boykott, also das Nicht-Spielen von Brechts Stücken in Westdeutschland, war bekanntlich ein nicht vollständig abgedruckter Brief von Brecht an Walter Ulbricht nach der Niederschlagung des Arbeiteraufstands am 17. Juni 1953.[25] Weitere Brecht-Boykotte folgten nach der Niederschlagung des Ungarn-Aufstands durch die Sowjetunion 1956 und 1961 nach dem Mauerbau. Das Nicht-Spielen von Brechts Stücken in der Bundesrepublik in Folge politisch-militärischer Ereignisse auf der anderen Seite des ‚Eisernen Vorhangs' ist *ein* Gegenstand deutsch-deutscher Theater- und Kulturgeschichte, der einer genaueren theaterwissenschaftlichen Untersuchung bedarf. Zu den Maßnahmen und Diskussionen ab 1953 liegen keine neueren Studien vor. Selbst für den offen ausgesprochenen Boykott nach Beginn des Mauerbaus am 13. August 1961, der in West-Berlin bis 1965 dauerte,

23 Vgl. Ines Hahn: Wer in Berlin Theater macht, macht nicht nur Kunst. Er hat Farbe zu bekennen. Schwierigkeiten mit Brecht? In: *„Nun ist es Zeit, das Antlitz neu zu schaffen"*, S. 60–67, hier S. 60. Für die internen nationalen, auf Konsens verpflichteten Diskussionen in der DDR öffnete der internationale Erfolg von Brechts Theaterarbeit allerdings abermals das kulturpolitische Spannungsfeld Stanislawski-Brecht, das man mit der Stanislawski-Konferenz im April 1953 zu schließen gehofft hatte. Vgl. Dagmar Buchbinder: Die Staatliche Kommission für Kunstangelegenheiten (1951–1953) – eine Kulturbehörde ‚neuen Typus'. In: Jochen Staadt (Hrsg.): *„Die Eroberung der Kultur beginnt!" Die Staatliche Kommission für Kunstangelegenheiten der DDR (1951–1953) und die Kulturpolitik der SED.* Frankfurt am Main: Lang 2001, S. 9–276, hier S. 135.

24 Diese Nomen zu gendern wäre ahistorisch, denn es gab zu dieser Zeit meines Wissens keine westdeutschen Kritikerinnen, Kulturpolitikerinnen oder Regisseurinnen, die sich in den Brecht-Debatten profilierten.

25 Bertolt Brecht an Walter Ulbricht, 17.06.1953. In: Ders.: *Briefe*, hrsg. v. Günter Glaeser. Frankfurt am Main: Suhrkamp 1981, S. 693. Der Brief, den Brecht am Morgen des 17. Juni an Ulbricht schrieb, bestand aus drei Sätzen. Im zweiten forderte er „eine große Aussprache mit den Massen über das Tempo des sozialistischen Aufbaus", also Dialog statt Bestrafung. Der letzte Satz bekundete Brechts Verbundenheit mit der SED. Nur dieser wurde im *Neuen Deutschland* abgedruckt. Vgl. Guntolf Herzberg: *Anpassung und Aufbegehren. Die Intelligenz der DDR in den Krisenjahren 1956/58.* Berlin: Links 2006, S. 105.

beziehen sich jüngere Publikationen auf Studien, die während des ‚Kalten Kriegs' entstanden sind und somit in diesem zu historisieren wären.[26] Neue Erkenntnisse aus der Archivforschung liefert allein ein medienwissenschaftlicher Aufsatz aus dem Jahr 2014.[27] Darin skizziert Stephan Buchloh drei Fälle, in denen staatliche Stellen in der Bundesrepublik direkt in die Spielplangestaltung eingriffen, um Aufführungen von Brecht-Stücken an Schauspielhäusern der Bundesrepublik zu verhindern. In diesen Fällen, so Buchloh, könne durchaus von Zensur im materiellen und alltagssprachlichen Sinne gesprochen werden.[28] Voraussetzung für diese wirklichkeitskonstituierenden Eingriffe in den kulturellen Alltag der Bundesrepublik war die Wahrnehmung von Brechts Theaterarbeit in Ost-Berlin in den frühen 1950er Jahren als „richtungsweisender Rivale" der Theaterarbeit in der Bundesrepublik.[29]

Fallbeispiel Schauspielausbildung: Bedrohungsszenarien und Modernisierungsideologien

Nach der doppelten Staatengründung 1949 stellte das staatlich subventionierte Theater ein Leitmedium zur Demonstration ideologisch-kultureller Überlegenheit, globaler Allianzen und zur Konstruktion nationaler Identitäten dar.[30]

26 Hahn: Wer in Berlin Theater macht, S. 60–67. Zu den älteren Studien, auf die sich auch Hahn zum Teil bezieht, vgl. André Müller: *Kreuzzug gegen Brecht: Die Kampagne in der Bundesrepublik 1961/1962*. Berlin: Aufbau 1962; Autorenkollektiv: Brecht in der Öffentlichkeit der BRD: Bühne, Presse, Parlamente. In: *Alternative* 16,93 (1973), S. 275–283; Josef Hohnhäuser: Brecht und der Kalte Krieg. Materialien zur Brecht-Rezeption in der BRD. In: Heinz Ludwig Arnold (Hrsg.): *Bertolt Brecht II*. München: Text + Kritik 1973, S. 192–203; Jürgen Hofmann: Der observierte Brecht. Oder: Von der epochalen Werktreue des Polizeistandpunkts. In: *Vorgänge* 19,4 (1980), S. 83–100; Henning Müller: *Theater der Restauration. Westberliner Bühnen, Kultur und Politik im Kalten Krieg*. Berlin: Henschel 1981, S. 216–225.

27 Stephan Buchloh: Erotik und Kommunismus im Visier: Staat gegen Bertolt Brecht und gegen die ‚Schundliteratur. In: York-Gothart Mix (Hrsg.): *Kunstfreiheit und Zensur in der Bundesrepublik Deutschland*. Berlin: de Gruyter 2014, S. 67–95.

28 Es handelt sich dabei um folgende Fälle: 1. die Verweigerung des Auswärtigen Amtes unter der Führung von Minister Heinrich von Brentano (CDU), dem Theater der Stadt Bochum eine Finanzhilfe zu gewähren, um die *Dreigroschenoper* auf dem Festival International d'Art Dramatique in Paris zu zeigen; 2. das Verbot einer Premiere von *Pauken und Trompeten* am Städtischen Theater Lübeck durch den Senat der Hansestadt 1961 wegen der politischen Lage in Berlin nach dem Mauerbau; 3. das Verbot der Aufführung von *Mutter Courage und ihre Kinder* am Schauspielhaus Baden-Baden durch Oberbürgermeister Ernst Schlapper (CDU) 1962 aufgrund Brechts „politischer Haltung" und der politischen Lage nach dem Mauerbau. Buchloh: Erotik und Kommunismus, S. 93–94, zur Frage des Zensurbegriffs siehe ebd., S. 69–71, 84.

29 Balbier: *Kalter Krieg auf der Aschenbahn*, S. 15.

30 Vgl. Hans Daiber: *Deutsches Theater seit 1945: Bundesrepublik Deutschland, Deutsche Demokratische Republik, Österreich*. Stuttgart: Reclam 1976; Werner Mittenzwei et. al.: *Theater*

Das Spannungsfeld ‚Kalter Krieg' wurde auch durch staatlich subventionierte Theaterpraktiken immer wieder neu und widersprüchlich verhandelt. Dazu zählten nicht nur die künstlerisch-ästhetischen Praktiken in den Subventionstheaterbetrieben, sondern auch und in besonderem Maße die Ausbildung des Nachwuchses an den staatlichen Schauspielschulen und die Aushandlung einer ‚richtigen' Schauspielmethode. Jüngere theaterwissenschaftliche Studien aus den USA zeigen, dass die Stanislawski-Aneignungen in den USA der späten 1940er und 50er Jahre in der *containment*-Politik der USA zu historisieren sind und auf das im ‚Kalten Krieg' angelegte Szenario einer kommunistischen Bedrohung reagierten.[31] So auch Lee Strasbergs *Method* und die von ihm geforderte Professionalisierung,[32] die u.a. zur Absicherung der Schauspielenden gegen den Generalverdacht kommunistischer Aktivitäten durch das House Committee on Un-American Activities (HUAC) dienten[33]: „Professionalism was Strasberg's first line of defense in the advice he gave to fellow actors hounded by HUAC."[34]

Auch in Deutschland war Schauspielen als lokale, kulturelle Praxis und als zu institutionalisierender Ausbildungsbereich nach 1945 Teil eines größeren, globalen Spannungsfelds. Bereits vor dem Kriegsende hatten deutsche kommunistische Exilkünstler in Moskau im Auftrag des stalinistischen Regimes Programmatiken für eine geplante antifaschistische Erneuerung deutscher

in der Zeitenwende. Zur Geschichte des Dramas und des Schauspieltheaters in der Deutschen Demokratischen Republik 1945–1968. Berlin: Henschel 1972; Jürgen Baumgarten: *Volksfrontpolitik auf dem Theater – Zur kulturpolitischen Strategie in der ‚antifaschistisch-demokratischen Ordnung' in Berlin 1945–49.* Gaiganz: Politladen 1975; Wigand Lange: *Theater in Deutschland nach 1945: Zur Theaterpolitik der amerikanischen Besatzungsbehörden (1945–1949).* Frankfurt am Main: Lang 1980; Rolf Schneider: *Theater in einem besiegten Land: Dramaturgie der deutschen Nachkriegszeit 1945–1949.* Frankfurt am Main / Berlin: Ullstein 1989.

31 Amy Lynn Steiger: *Actors as Embodied Public Intellectuals: Reanimating Consciousness, Community and Activism Through Oral History Interviewing and Solo Performance in an Intertextual Method of Actor Training.* Unveröffentlichte Dissertation, University of Texas, Austin, 2006.

32 Bruce McConachie: Method Acting and the Cold War. In: *Theatre Survey* 41,1 (2000), S. 47–68.

33 Das House Committee on Un-American Activities (HUAC) zur Untersuchung „unamerikanischer Umtriebe" beim Repräsentantenhaus der USA verurteilte Anfang 1948 zehn Drehbuchautoren, Schauspieler und Regisseure aus Hollywood zu Haftstrafen, weil sie sich geweigert hatten, vor dem Ausschuss über Mitgliedschaften in der kommunistischen Partei auszusagen. Bertolt Brecht wurde am 30. Oktober 1947 von dem Ausschuss zu möglichen Verbindungen zur kommunistischen Partei befragt, vgl. das Transkript unter http://en.wikisource.org/wiki/Brecht_HUAC_hearing_(1947-10-30)_transcript (Zugriff am 30.03.2017).

34 McConachie: Method Acting, S. 58.

Kultur erarbeitet.[35] Einer von ihnen war Maxim Vallentin[36]: er wurde nach dem Kriegsende am „15. Juni 1945 abkommandiert zum Einsatz nach Deutschland" und stand „[a]b 18. Juni 1945 in Weimar zur Verfügung der Partei."[37] Sein Auftrag war zunächst der Wiederaufbau der Schauspielausbildung an der Staatlichen Hochschule für Musik in Weimar, aus der heraus dann mit direkter Unterstützung der Sowjetischen Militäradministration Thüringen 1947 das Deutsche Theaterinstitut (DTI) „zur methodischen Erneuerung des deutschen Theaters" entstand.[38] Über Vallentin lässt sich ein ideologisch aufgeladener Kulturtransfer im Schauspielbereich (stalinistische Stanislawski-Aneignung) in Deutschland diskursiv und methodisch nachweisen.[39] Das im Herbst 1947 gegründete Deutsche Theaterinstitut „zur methodologischen Erneuerung *des* deutschen Theaters" (meine Hervorhebung) erhebt dabei nicht zufällig einen gesamtdeutschen, die Besatzungszonen übergreifenden Anspruch. Die Gründung dieses Instituts ist ein Beispiel *par excellence* für

35 Diese Praxis im Theaterbereich entsprach der allgemeinen Erneuerungsstrategie der Sowjetunion, die unmittelbar vor und nach Kriegsende mit den sogenannten Gruppen Ulbricht, Sobottka und Ackermann Moskauer Exilkommunisten nach Deutschland einfliegen ließ: „Sie hatten den Auftrag, die Neugründung der KPD vorzubereiten und die Deutschlandpolitik der SU mit deutscher Stimme zu vertreten." (Preuß: *Theater im ost-/westpolitischen Umfeld*, S. 27.)

36 Vgl. Maxim Vallentin: Einleitende Bemerkungen zur Ausarbeitung von Richtlinien (Theater) [1944]. In: Petra Stuber: *Spielräume und Grenzen. Studien zum DDR-Theater*. Berlin: Links 1998, S. 257–261. Maxim Vallentin hatte in den 1920er Jahren in Deutschland mit Max Reinhardt, Leopold Jessner und anderen führenden Theatermacher*innen gearbeitet. Aufgrund seiner Aktivitäten in der kommunistischen Theatergruppe Das rote Sprachrohr wurde er von den Faschisten verfolgt und emigrierte 1933 über Prag in die Sowjetunion. Vom Komitee für Kunstangelegenheiten beim Rat der Volkskommissare der SU wurde er als Oberspielleiter ans Dnepropetrowsker Gebietstheater berufen. 1937/38 war er Regisseur am Staatstheater Engels und von 1938 bis zu seiner Abberufung nach Weimar Mitarbeiter der deutschsprachigen Redaktion des Moskauer Rundfunks. Vgl. Lebenslauf von Maxim Vallentin, 1947. Akademie der Künste (AdK), Berlin, Maxim Vallentin Archiv, Nr. 1590, und den Eintrag zu Vallentin in *Wer war wer in der DDR?: ein Lexikon ostdeutscher Biographien* [2000], hrsg. v. Helmut Müller-Enbergs in Kooperation mit der Bundesstiftung zur Aufarbeitung der SED-Diktatur. Berlin: Links [5]2010. http://www.bundesstiftung-aufarbeitung.de/wer-war-wer-in-der-ddr-%2363%3B-1424.html?ID=3616 (Zugriff 30.03.2017).

37 Lebenslauf von Maxim Vallentin, 1947. AdK, Berlin, Maxim Vallentin Archiv, Nr. 1590.

38 Vgl. „Befehl Nr. 230" der SMA Thüringen vom 28. Oktober 1947. HMT Leipzig Archiv: Bestand C, T 302/1.3, Bl. 1. Vgl. auch Christa Hasche / Traute Schölling / Joachim Fiebach: *Theater in der DDR. Chronik und Positionen*. Berlin: Henschel 1994, S. 11.

39 Anja Klöck: The Performance of History as "Technique": Actor Training in Germany After 1945 and After 1989 / Istorija kaip vaidybos „technika": aktorių rengimas Vokietijoje po 1945 ir po 1989 m. In: *Art History & Criticism / Meno istorija ir kritika* 6 (2010), S. 155–161; dies.: Acting on the Cold War: Imperialist Strategies, Stanislavsky, and Brecht in German Actor Training after 1945. In: Balme / Szymanski-Düll: *Theatre and the Cold War*, S. 239–257.

die wirklichkeitskonstituierenden Wechselwirkungen zwischen Schauspielausbildung und dem im Frühjahr des Jahres im politischen Diskurs proklamierten ‚Kalten Krieg'. In einer Broschüre des DTI von 1948 wird der Studiengang Schauspiel als achtsemestriger Studiengang vorgestellt mit anschließender vierjähriger Verpflichtung der Absolvent*innen, „mit einem aus dem Institut hervorgehenden Ensemble einen Vertrag abzuschließen".[40] Die einzelnen Jahrgänge sollten zu ‚berufsreifen Ensembles' ausgebildet werden, um nach ihrem Abschluss im Kollektiv und unter der künstlerischen Leitung ihres hauptverantwortlichen Lehrers andernorts systematisch zur methodisch-ideologischen Erneuerung der deutschen Theaterlandschaft beizutragen. In einem „Bericht über die Arbeit der Schauspielabteilung" von 1947 wird deutlich, dass Vallentin und seine Kollegen sich nicht dauerhaft als Leiter der Schauspielschule sahen, sondern sich bereits um Nachfolger bemühten, die sie nach ihrem Weggang mit einem derartigen Ensemble hätten ersetzen können.[41]

In der Sowjetischen Besatzungszone wurden somit frühzeitig Tatsachen geschaffen (Institution, Programmatik, Lehrpläne, Lehrbücher, potenzielle Absolventen), die auch für Ausbildungsfragen in den westlichen Besatzungszonen richtungsweisend wurden. In der amerikanischen Besatzungszone in München warnte Hans Gebhardt, ein Freund des zu diesem Zeitpunkt bereits verstorbenen langjährigen Intendanten der Münchner Kammerspiele Otto Falckenberg, vor der Programmatik des DTI. In einem Memorandum an das Bayerische Staatsministerium für Unterricht und Kultus schreibt er Anfang des Jahres 1949:

> Kein Zweifel: Die Arbeit dieses Theater-Instituts läuft unter richtiger Einschätzung der gesellschaftlichen Funktion des Theaters auf die Bildung politisch gestimmter Schauspielereinheiten hinaus, die in der erwarteten Expansion für die Besetzung der westlichen Theater vorgesehen sind. Kein Zweifel aber auch, daß in Weimar künstlerisch hochwertige und systematische Arbeit geleistet wird, die sich damit legitimiert, in das Vakuum des westlichen Theaters zu stoßen. Um sich dagegen zu behaupten gibt es nur ein Mittel: Die Einrichtung einer öffentlichen Theaterschule mit einer Erziehung,

40 Deutsches Theater-Institut Weimar Schloss-Belvedere. Institut zur methodischen Erneuerung des deutschen Theaters. Aufnahmebedingungen, Lehrplan und Methode, Studiengebühren, Institutsordnung (Wintersemester 1948). HMT Leipzig Archiv: Bestand C (DTI), T 302/5, S. 4.

41 Bericht über die Arbeit der Schauspielabteilung. HMT Leipzig Archiv: Bestand C, T302/2 (1945–47), S. 3. Das erste und einzige derart entstandene Ensemble, das Junge Ensemble unter der Leitung von Maxim Vallentin, ging 1951 nach Berlin und gründete dort 1952 das Maxim Gorki Theater, dessen Intendanz Vallentin übernahm.

> die dem abendländischen und christlichen Menschen angemessen ist, und einem System, das dem Stanislawskis mindestens gewachsen ist.[42]

Das Memorandum ist ein frühes Zeugnis westdeutscher Wahrnehmung ostdeutscher Schauspielausbildung unter dem Einfluss des ‚Kalten Kriegs' der unmittelbaren Nachkriegszeit. Das Grundmuster der hier implizierten Bedrohungs- und Konkurrenzsituation lässt sich wie folgt zusammenfassen:

- Angst vor transnationaler (hier transzonaler) kommunistischer Expansion mit Hilfe des Theaters;
- Angst vor qualitativer Unterlegenheit des Westens in Bezug auf Schauspielausbildung und Theaterpraxis;
- Streben nach dem eigenen technischen Aufstieg, Fortschritt und nach systematischer Modernisierung der eigenen Theaterarbeit;
- Respekt vor der hohen künstlerischen Qualität ostdeutscher Theaterausbildung und -praxis.

Noch im ersten Quartal 1949 stattete eine Delegation der Otto Falckenberg Schule der Kammerspiele München (1946 als Schauspielschule eröffnet und 1948 posthum nach Otto Falckenberg benannt) dem DTI in Weimar einen Besuch ab, um sich von der dort geleisteten Arbeit einen Eindruck zu verschaffen. Im Archivbestand des DTI befindet sich wiederum eine Broschüre der Otto Falckenberg Schule vom Februar 1949: Hierin betont der Schulleiter Heinrich Sauer, dass in München „auf wissenschaftlicher und technischer Grundlage" gearbeitet werde und dem Unterricht „die Erkenntnisse Otto Falckenbergs, dem langjährigen Leiter der Münchner Kammerspiele, zu Grunde" lägen.[43] Diese Resonanzen zwischen dem DTI in der Sowjetischen Besatzungszone und der Falckenberg Schule in der Amerikanischen Besatzungszone sind nicht zufällig, sondern Ausdruck einer als real empfundenen Konkurrenz- und Bedrohungssituation. Dabei fällt auf, dass sich im Bereich der Schauspielausbildung der Osten sehr viel früher als „richtungsweisender Rivale" für den Westen zu etablieren schien als im Bereich des Leistungssports.[44]
Die amerikanische Militärregierung in München beschäftigte sich indes ebenfalls und unabhängig von Gebhardts Memorandum mit methodischen Fragen

42 Hans Gebhardt: Gedanken zu einer Theaterschule, unpubliziertes Manuskript, 1949. Bayrisches Hauptstaatsarchiv, München: MK 50662, S. 6.

43 Broschüre *Otto Falckenberg Schule* vom Februar 1949. HMT Leipzig Archiv: C, III., T 303/4.

44 Balbier: *Kalter Krieg auf der Aschenbahn*, S. 15.

der Schauspielausbildung. In einem Schreiben vom 6. November 1948 wird Heinrich Sauer von der Falckenberg Schule für das *reorientation program* „Germans to US" vorgeschlagen.[45] Als Leiter der einzigen „accredited school of drama in Bavaria" sollte er im Jahr 1949 jeweils 30 Tage an der American Academy of Dramatic Arts in New York und an der Yale School of Drama in New Haven verbringen: „to study advanced methods of teaching and staging to be applied to leading dramatic school in Munich upon his return".[46] Als Begründung nennt der Leiter des Cultural Affairs Branch „antiquated methods"[47], die selbst an anerkannten Schauspielschulen (West)Deutschlands noch gelehrt würden. Die geforderte *reorientation* sollte den deutschen Schauspielernachwuchs weg orientieren von der formstrengen, ‚werktreuen' Spielweise des Klassikertheaters, das sich während der NS-Zeit entwickelt hatte. Diese sei für die Präsentation zeitgenössischer US-Dramatik ungeeignet. Mit Hilfe fortschrittlicherer amerikanischer Methoden sollten die Schauspielschüler in München zukünftig zum glaubhaften Spiel insbesondere jener Dramen befähigt werden, die zur Vermittlung des amerikanischen Demokratie- und Kulturverständnisses als besonders geeignet lizenziert worden waren.[48]

Während in Gebhardts Memorandum das im ‚Kalten Krieg' implizierte Bedrohungs- und Konkurrenzszenario wirkt, stützt sich die Argumentation des Cultural Affairs Branch auf die mit dem Begriff verwobene Modernisierungsideologie: Durch diese legitimierte die Besatzungsmacht im globalen Kontext ihre Überlegenheit und ihre Vormachtstellung. In der Malerei argumentierte Clement Greenberg beispielsweise während der ersten Jahre des ‚Kalten Kriegs' für eine formale Überlegenheit und Fortschrittlichkeit des amerikanischen

45 Schreiben des Leiters des Cultural Affairs Branch des Office of Military Government for Bavaria vom 6. November 1948, OMGB, Cultural Affairs Branch. BayHStA: Office of Military Government for Bavaria (OMGB), 10/48-3/5 („Exchange projects 1948/49"), Fiche 1.

46 Liste „Projects for 1949/50" vom 14. März 1949. Ebd. Eine direkte Transferanalyse für die mögliche Reorientierung von und durch den Schulleiter Sauer an amerikanischen Methoden der Schauspielausbildung gestaltete sich aber insofern als schwierig, als er kurze Zeit nach seiner Amerikafahrt schon nicht mehr als Leiter der Otto Falckenberg Schule wirkte: Im Jahr 1950 wurde er durch Gerhard Hering abgelöst, der wiederum nur zwei Jahre im Amt blieb.

47 Ebd.

48 Die Information Control Division der amerikanischen Militäradministration hatte über 60 zeitgenössische Theaterstücke amerikanischer Autoren für die Übersetzung, den Druck und die Aufführung im Nachkriegsdeutschland freigegeben: Stücke, die fast alle dem amerikanischen psychologischen Realismus zuzuordnen sind. Vgl. Wigand Lange: Verzeichnis der für Deutschland freigegebenen, übersetzten und in den Westzonen oder der Sowjetischen Besatzungszone aufgeführten amerikanischen Dramen. In: Ders.: *Theater in Deutschland nach 1945*, S. 730–740.

abstrakten Expressionismus gegenüber der europäischen Avantgarde.[49] Im Gegensatz dazu greift die Modernisierungsideologie des Cultural Affairs Branch in München für den Bereich des Schauspielens nicht die ästhetische Kategorie der avantgardistischen Moderne auf. Vielmehr findet, ähnlich wie in der Sowjetischen Besatzungszone, aber unter anderen ideologischen Vorzeichen, ein Rückgriff auf realistische und naturalistische Theaterformen statt. Die darin verwobene idealisierte künstlerisch-ästhetische Praxis des Schauspielers als wirklichkeitsabbildend und ‚wahrhaftig' wird als fortschrittlicher gegenüber den „antiquated methods" der Lehrer an den deutschen Schauspielschulen positioniert. Damit partizipieren Schauspielkunst und Schauspielausbildung an der allgemeinen, während des ‚Kalten Kriegs' entwickelten Modernisierungsideologie der USA, wodurch die ehemalige Position der USA als einer europäischen Kolonie in eine Position der kulturellen Vormachtstellung transformiert werden sollte.[50] Umorientierungsprogramme der amerikanischen Militäradministration wie jenes für Heinrich Sauer sind daher nicht nur als ein amerikanischer Beitrag zur kulturellen Entnazifizierung und Demokratisierung Deutschlands zu betrachten, sondern immer auch als gekoppelt an Strategien kultureller Hegemonie im Kontext der Systemkonkurrenz Ost/West.

Die Apotheose des ‚Systems' des russischen Schauspielpädagogen Konstantin Sergejewitsch Stanislawski am DTI in Weimar war gleichfalls eingebunden in ein Modell von Innovation und (schauspiel)technischem Fortschritt: Stanislawski diente hier zugleich als schauspielpädagogische Autorität und als Ikone des Fortschritts. Im *Lehrbuch der Schauspielkunst* beschreibt Vallentin den ‚menschlichen Realismus' Stanislawskis als „große kulturelle Leistung des bürgerlichen Theaters", an dessen ‚fortschrittliche Traditionen' das Theater der Sowjetunion wie auch die Weimarer Ausbildung anknüpfe.[51] Innerhalb dieser Fortschrittsideologie erschien die Schauspiellehrmethode in Weimar als Innovation und Weiterentwicklung Stanislawskis.

49 Frederic Jameson: *A Singular Modernity. Essay on the Ontology of the Present.* New York: Verso 2002, S. 165–167.

50 Vgl. Serge Guilbaut: The Creation of an American Avant-Garde, 1945–1947. In: Ders.: *How New York Stole the Idea of Modern Art. Abstract Expressionism, Freedom, and the Cold War*, aus d. Franz. v. Arthur Goldhammer. Chicago / London: University of Chicago Press 1984, S. 101–163.

51 Ottofritz Gaillard: *Das Deutsche Stanislawski-Buch. Lehrbuch der Schauspielkunst.* Berlin: Aufbau 1946, S. 19.

Anhand dieses Fallbeispiels aus dem Bereich der Schauspielausbildung werden folgende Aspekte einer deutsch-deutschen Kulturgeschichte im globalen Spannungsfeld des Ost/West-Konflikts konkret beschreibbar:

1. die im Begriff ‚Kalter Krieg' implizierte Bedrohungs- und Konkurrenzsituation;
2. das wirklichkeitskonstituierende Potenzial derselben;
3. der angestrebte bzw. praktizierte (sowjetisch-deutsche und amerikanisch-deutsche) Kulturtransfer;
4. die Modernisierungs- und Fortschrittsideologien der Hegemonialmächte;
5. die wechselseitige deutsch-deutsche Bezogenheit.

Sowohl der sowjetisch-deutsche als auch der amerikanisch-deutsche Kulturtransfer im Bereich der Schauspielausbildung waren *ideologisch* im Ost-West-Konflikt verhaftet. Fragen der Schauspielmethodik waren in der unmittelbaren Nachkriegszeit nicht nur im Kontext des kulturellen Wiederaufbaus mit dem Transfer kultureller Werte und politischer Haltungen verknüpft, sondern immer auch mit dem wirklichkeitskonstituierenden Potenzial des ‚Kalten Kriegs'. Die Konzeption, Institutionalisierung und Verstaatlichung der Schauspielausbildung partizipierte an globalen Prozessen, und zwar weit über die hier nur angerissene unmittelbare Nachkriegszeit hinaus.

Conclusio

Die Theatergeschichtsschreibung könnte einen wichtigen Beitrag zu einer reflektierten, global kontextualisierten deutsch-deutschen Kulturgeschichte in der zweiten Hälfte des 20. Jahrhunderts leisten. Dafür bietet sich eine historiografische Praxis an, die das den Theater- und Ausbildungspraktiken jeweils zugeschriebene wirklichkeitskonstituierende Potenzial ins Zentrum der Analyse stellt: Was wollten und sollten Institutionen, Personen und künstlerisch-ästhetische Praktiken leisten, welches Potenzial zur kulturellen Vermittlung wurde ihnen im Kontext des ‚Kalten Kriegs' zugeschrieben und wie wurden ebensolche Zuschreibungen und kulturpolitische Programmatiken umgesetzt oder unterlaufen? Welche Widersprüche lassen sich zwischen Strategien transnationaler und nationaler Repräsentation aufzeigen; welche zwischen kulturpolitischen Strategien und lokalen künstlerischen Praktiken? Die Bearbeitung dieser Fragen erfordert einen interdisziplinären historiografischen Ansatz, der Archivforschung, Diskurs-, und Aufführungsanalyse, fachspezifische Werk-, Autoren-, und Institutionenkenntnis sowie Kulturtransferforschung verbindet mit zeithistorischen und institutionengeschichtlichen Fragestellungen. Das dem Theater als kulturelle Institution und Praxis im ‚Kalten Krieg‘ zugeschriebene wirklichkeitskonstituierende Potenzial bietet die Möglichkeit einer Verklammerung von ‚ostdeutscher Kulturgeschichte‘ einerseits und ‚deutscher Kulturgeschichte der Bundesrepublik‘ andererseits zu einer deutsch-deutschen Geschichte wechselseitiger Bezogenheit in einem globalen Spannungsfeld.[52]

52 Kleßmann: Spaltung und Verflechtung, S. 23. Die von Kleßmann kritisierte Trennung west- und ostdeutscher Geschichte ist auch im Bereich der Kulturgeschichte zu beobachten. Vgl. *Mitteilungen aus der kulturwissenschaftlichen Forschung* 32 (1992): Kultur in Deutschlands Osten; *Mitteilungen aus der kulturwissenschaftlichen Forschung* 33 (1993): Ostdeutsche Kulturgeschichte, Red. Herbert Pietsch; Axel Schildt / Detlef Siegfried: *Deutsche Kulturgeschichte. Die Bundesrepublik – 1945 bis zur Gegenwart.* München: Hanser 2009.

Migranten wie wir

Von fremdsprachigen Debüts und von Debüts in fremder Sprache

Berenika Szymanski-Düll

> From the earliest age, when, indeed, I was quite a small boy in the dear German Fatherland, I had a great desire for adventure of travel, and one of my chief delights was to wander, in imagination, with travelers over the grand, new lands of America and Australia, or through the ancient and enchanting countries of the East.[1]

In seinen Erinnerungen beschreibt der 1837 in Kassel geborene Daniel Bandmann sein schon als kleiner Junge entfachtes Interesse am Reisen; er benennt Amerika und Australien, die Länder des Ostens, und wie er mittels seiner Vorstellungskraft diese damals „neuen" Territorien besuchte. In *An Actor's Tour. Seventy Thousand Miles with Shakespeare* zeigt er uns, wie er sich durch seinen Beruf als Schauspieler den Traum vom Reisen schließlich erfüllen konnte und auf verschiedenen Kontinenten der Welt diverse Rollen des englischen Dramatikers spielte. Dies ist jedoch nur ein Aspekt der Mobilität Bandmanns, die einhergeht mit technischen Entwicklungen der Zeit und dem damit zusammenhängenden Boom des Tourneetheaterwesens, das neue geographische Dimensionen annahm und Gastspiele weltweit ermöglichte. Im Zitat finden wir einen weiteren: Hier fällt auf, dass der Schauspieler seine Erinnerungen nicht in

1 Daniel Bandmann: *An Actor's Tour. Seventy Thousand Miles with Shakespeare*. Boston: Cupples, Upham 1885, S. 1.

seiner Muttersprache Deutsch verfasst hat, sondern auf Englisch, womit auch seine sprachliche Mobilität sichtbar wird. Im Zuge der Massenmigration im 19. Jahrhundert ist Daniel Bandmann Anfang der 1850er Jahre in die USA ausgewandert, wo er nach einem Debüt auf Deutsch die Mühe auf sich genommen hat, die Bühnensprache ins Englische zu wechseln. Die sprachliche Mobilität des Schauspielers ging sogar so weit, dass er teilweise in drei Sprachen spielte: in Deutsch, Englisch und Französisch.[2]
Ein Debüt in einer Fremdsprache war in der zweiten Hälfte des 19. Jahrhunderts zwar keineswegs eine übliche Praxis, jedoch durchaus eine Möglichkeit, die gerade Schauspielerinnen und Schauspieler mit Migrationshintergrund wählten, um sich einen neuen Wirkungskreis zu erarbeiten. So hat neben Bandmann beispielsweise Bogumil Dawison die Bühnensprache geändert und nach seinem Debüt auf Polnisch den Beschluss gefasst, sich im deutschsprachigen Raum in deutscher Sprache zu etablieren. Seine Landsfrau, Helena Modrzejewska, hat nach ihrer Migration in die USA begonnen, auf Englisch zu spielen, und die in Prag geborene Fanny Janauschek hat sogar zwei Mal die Sprache gewechselt, zunächst vom Tschechischen ins Deutsche und dann ins Englische. Doch wie kam ein solcher Sprachwechsel bei Publikum und Kritik der Zeit an? Ausgehend von Mary Louise Pratts Begriff der „Contact Zone“[3] möchte ich am Beispiel Daniel Bandmanns und Helena Modrzejewskas dieser Frage nachgehen. Geographisch setze ich dabei den Schwerpunkt auf die USA, das Land, das beiden Schauspielern zum internationalen Durchbruch verhalf und das gerade aufgrund seiner Historie eine interessante Stellung einnimmt zwischen nationalem Bestreben auf der einen Seite und Offenheit für Fremdes auf der anderen; meinen zweiten Referenzpunkt bildet Großbritannien, da sowohl Modrzejewska als auch Bandmann auch hier auf Englisch auftraten und Erfolge feierten.

Emergenz von Kontaktzonen

Um Situationen kultureller Begegnung zu beschreiben, entwickelte Mary Louise Pratt das Konzept der „Contact Zone“, das sie folgendermaßen definiert: „I use this term to refer to social spaces where cultures meet, clash, and grapple with each other, often in contexts of highly asymmetrical relations of power, such as

2 So lässt sich einer Ankündigung der *New York Times* entnehmen: „He will first produce 'Narcissus,' and will make a triple attack upon it by representing it in English, French and German.“ (Amusements at the Theatres. In: *New York Times*, 13.07.1879, S. 6.)

3 Mary Louise Pratt: Arts of the Contact Zone. In: *Profession* (1991), S. 33–40.

colonialism, slavery, or their aftermaths as they are lived out in many parts of the world today."[4] Wie hier deutlich wird, sind die in Kontaktzonen entstehenden Bedingungen für Interaktion nicht für alle gleich, was einerseits mit den angesprochenen asymmetrischen Machtverhältnissen einhergeht, andererseits aber mit verschiedenen kulturellen Prägungen und damit unterschiedlichen Praktiken und Perspektiven der beteiligten Personen zusammenhängt. Dies wiederum birgt enormes Konfliktpotenzial, kann Streit und Exklusion befördern, verfügt aber zugleich über einen produktiven Charakter, denn die Begegnung in der Kontaktzone ist trotz asymmetrischer Machtverhältnisse reziprok, da sie Aushandlungsprozesse in Gang zu setzen vermag und damit verschiedene Formen von Handlungsmacht produziert. Kontaktzonen sind also besondere Orte der Vergemeinschaftung, die performativ immer neu generiert werden und das Ergebnis gemeinsamer Präsenzen der Beteiligten sind. Die Emergenz von Kontaktzonen stellt damit bestehende Konzepte von Gemeinschaft – wie z. B. die von Nationen – zur Disposition, durchkreuzt überkommene Vorstellungen, evoziert Umdeutungen. In diesem Zusammenhang stellt Pratt die zentrale Rolle der Sprache als Kommunikationsmedium heraus und betont – in Anlehnung an Benedict Anderson[5] –, dass im Zuge der Gemeinschaftsbildung und gerade im Aufbau moderner Nationen sowohl die gesprochene als auch die geschriebene Sprache eine wichtige Rolle spielte:

> Languages were seen as living in 'speech communities,' and these tended to be theorized as discrete, self-defined, coherent entities, held together by a homogeneous competence or grammar shared identically and equally among all the members. This abstract idea of the speech community seemed to reflect, among other things, the utopian way modern nations conceive of themselves as what Benedict Anderson calls 'imagined communities.'[6]

Dieser Aspekt erscheint interessant, wenn man auf die USA blickt, denn trotz sprachlicher Diversität aufgrund der historischen Siedlungs- und Migrationsgeschichte des Landes kommt auch hier der Sprache in Bezug auf die Gemeinschaftsbildung eine wichtige Rolle zu. So wurde nach dem Unabhängigkeitskrieg 1775–1783, als sich 13 britische Kolonien gegen ihr Mutterland auflehnten und die United States of America gründeten,[7] Englisch – die Sprache eben dieser Siedlerkolonien – zur Sprache der neugegründeten

4 Pratt: Arts of the Contact Zone, S. 34.

5 Vgl. Benedict Anderson: *Die Erfindung der Nation. Zur Karriere eines folgenreichen Konzepts.* Erw. Neuausgabe. Frankfurt / New York: Campus 1996.

6 Pratt: Arts of the Contact Zone, S. 37.

7 Vgl. zum Unabhängigkeitskrieg z. B. Jürgen Heideking / Christof Mauch (Hrsg.): *Geschichte der USA.* Tübingen / Basel: Francke 2007.

Republik. Es gab zwar durchaus Bestrebungen, auch andere Sprachen – wie beispielsweise Griechisch oder Latein – als Landessprache zuzulassen, gerade um sich von der einstigen Kolonialmacht England abzugrenzen, doch waren diese letztendlich keine ernsthafte Alternative und die eigene Variante des Englischen, das Amerikanisch-Englische, setzte sich mit der Zeit durch.[8] Die Propagierung dieser Sprache war den wichtigsten Denkern der Nation ein großes Anliegen. So plädierte beispielsweise Noah Webster in seinen *Dissertations on the English Language* (1789) für die Eigenständigkeit der amerikanisch-englischen Sprache: „As an independent nation, our honor requires us to have a system of our own in language as well as in government. Great Britain, whose children we are and whose language we speak, should no longer be our standard [...].“[9] Seinen Sprach-und Rechtschreibreformen kann insbesondere aufgrund ihrer Orientierung am tatsächlichen Sprachgebrauch eine große Bedeutung zugesprochen werden.[10] Angesichts der engen Verzahnung von Sprache und Nation verwundert es daher nicht, dass wichtige politische Manifeste auf Englisch verfasst, englischsprachige Zeitungen und Zeitschriften gegründet und erste literarische Werke geschrieben wurden, die die neue Nation in englischer Sprache lobten und verteidigten. Gleichzeitig ist eine große sprachliche Diversität in der jungen US-Nation zu konstatieren, die damit einhergeht, dass die zahlreichen hier lebenden und permanent neu einreisenden Migranten nicht nur ihre eigene Kultur, sondern auch ihre jeweilige Landessprache weiterpflegten. So betrachtet, ist die Geschichte der USA bereits seit der Besiedelung Nordamerikas die Geschichte einer sich in verschiedenen Formen des Kontakts manifestierenden Interaktion unterschiedlicher Kulturen, wobei diese Interaktion – wie der Amerikanist Volker Depkat betont – als ein Prozess „in einem konfliktträchtigen Kraftfeld“ beschrieben werden muss, „in dem mehrere Kulturen und ihre Trägergruppen um Hegemonie konkurrieren“.[11] Dieses Feld wird genauso von Spannungsverhältnissen zwischen Dominanz und Marginalität bestimmt wie von Kämpfen um das Recht auf Eigenart und von Prozessen der Infragestellung von Deutungshoheiten. Denn auch wenn prinzipiell eine Offenheit für Diversität innerhalb der jungen amerikanischen Nation konstatiert werden kann, so

8 Vgl. Hubert Zapf: Die Literatur der frühen Republik. In: Ders. (Hrsg.): *Amerikanische Literaturgeschichte*. Stuttgart / Weimar: Metzler 2010, S. 35–84, hier S. 41.

9 Noah Webster: *Dissertations on the English Language*. Gainesville, FL: Scholars' Facsimiles & Reprints 1951, S. 20.

10 Vgl. Zapf: Die Literatur der frühen Republik, S. 41.

11 Vgl. hierzu Volker Depkat: *Geschichte Nordamerikas. Eine Einführung*. Köln / Weimar / Wien: Böhlau 2008, S. 151.

überwog letztendlich die Dominanz der britisch-stämmigen Siedler und ihrer Sprache in nahezu allen öffentlichen Bereichen – so auch im Theater.
Auch wenn im revolutionären Amerika das Theater anfangs zu den britischen Importgütern zählte, die von den vielen sich separierenden Siedlern boykottiert wurden, und aufgrund des Rufs als religionswidrig und frivol viele Gegner hatte, etablierte es sich schließlich als ein Unternehmen, das nicht nur der Unterhaltung diente, sondern auch erste amerikanische Stücke auf die Bühne brachte und erste eigene nationale Stars etablierte. Gerade nach dem Unabhängigkeitskrieg wurden viele feste Theater gebaut. Die Sprache dieser Theater war vorwiegend Englisch, mit Ausnahme derjenigen, die von Migranten gegründet wurden und sich vor allem auch an das jeweilige migrantische Publikum richteten, indem sie Aufführungen in der Heimatsprache förderten.[12]
Aufgrund fehlender Subventionen waren alle Theater auf zahlendes Publikum angewiesen. Als ein wichtiger Erfolgsgarant erwies sich in diesem Zusammenhang das Starwesen, welches darauf basierte, in Europa gefeierte Schauspielerinnen und Schauspieler in die USA einzuladen. So konstatierte ein Redakteur der US-amerikanischen Zeitschrift *Scribner's Monthly*: „The willingness of ours to welcome the wandering stars of the stage is known to all foreign actors and actresses of celebrity, and a triumphal trip to America is often counted on as the crowning achievement of a successful career […].“[13]
In der Tat genossen die USA sehr schnell den Ruf eines lukrativen Ortes für Gastspiele, weswegen es nicht verwundert, dass zahlreiche europäische Schauspielerinnen und Schauspieler hier ihre Auftritte absolvierten. Anders als heute, wo Gastspiele – egal ob im In- oder Ausland – durch gesamte Ensembles durchgeführt werden, reisten die Stars im 19. Jahrhundert mit ihrem Rollenrepertoire zumeist alleine und waren darauf angewiesen, in bereits vorhandenen Strukturen aufzutreten. Für internationale Gastspiele bedeutete dies, entweder in Häusern zu gastieren, die sich vorwiegend auf migrantisches Publikum aus dem jeweiligen Land spezialisierten; oder es bedeutete, in einem fremdsprachigen Kontext aufzutreten, was zur gleichzeitigen Präsenz unterschiedlicher Sprachen in einer Aufführung führen konnte. So spielten beispielsweise Bogumil Dawison, Tommaso Salvini oder Eleonora Duse während ihrer USA-Tourneen

12 So beispielsweise die deutschsprachigen Bühnen in New York – worunter u. a. das Stadttheater, das Germania-Theater und das Thalia zu nennen wären; vgl. hierzu Rudolf Cronau: Das deutsche Theater in Amerika. In: Ders.: *Drei Jahrhunderte der Deutschen in Amerika*. Berlin: Reimer 1909, S. 517–521. http://www.digitalis.uni-koeln.de/Cronaud/cronaud517-521.pdf (Zugriff am 15.03.2017).

13 Foreign Actors on the American Stage. In: *Scribner's Monthly,* 02/1881, S. 521.

auf Deutsch bzw. Italienisch, während ihre Mitspielerinnen und Mitspieler auf Englisch agierten. Dies stieß nach anfänglicher Skepsis durchaus auf breite Akzeptanz und war Praxis im 19. Jahrhundert nicht nur in den USA, sondern auch in Europa. So resümiert *Scribner's Monthly* schließlich:

> After all, this mixing of languages is not a matter of great importance. […] The spectators accept it by tacit convention – as they will accept almost any other incongruity, however humorous it may seem, if it be necessary to further their enjoyment, and if it be frankly presented at the start.[14]

Umso interessanter erscheint vor diesem Hintergrund die Frage, welche Reaktionen Schauspielerinnen und Schauspieler hervorriefen, die nicht explizit als Stars auf Einladung für eine Gasttournee in die USA einreisten, sondern vielmehr als Migranten die Bühne betraten und ihre Rollen nicht in ihrer Muttersprache, sondern auf Englisch spielten. Wie sah die Aushandlung in der so entstandenen Kontaktzone aus?

In Anlehnung an Pratts Begriff „Contact Zone" verstehe ich theatrale Kontaktzonen als Räume, in denen Akteure, Rezipienten, Sprachen, Texte und Ästhetiken aus unterschiedlichen kulturellen und sprachlichen Kreisen in einem theatralen Rahmen in Kontakt kommen und damit in Interaktion treten. Was diese Kontaktzonen so besonders macht, ist der spezifische Charakter des Theaters mit der Exposition von Handlung und Sprache auf der Bühne, der Kommunikation sowohl zwischen den Akteuren auf der Bühne als auch zwischen Bühne und Zuschauer. Alle Kontakte und Interaktionen finden im Hier und Jetzt statt und führen zu einer räumlichen und zeitlichen Co-Präsenz kulturell unterschiedlicher Personen, Themen, Sprachen, Ästhetiken, was nicht nur für den Augenblick der Aufführung Konsequenzen hat. Sowohl vor als auch während wie auch nach dem Theaterereignis interagieren diese – ob bewusst oder unbewusst –, lösen Fragen und Diskussionen aus, ziehen Verhandlungen nach sich, befördern Neudefinitionen.

Mimikry der Sprache

Betrachten wir den Fall Daniel Bandmanns und den Helena Modrzejewskas, die eine andere als ihre Muttersprache zur Bühnensprache wählten, so lässt sich feststellen, dass das öffentliche Echo auf ihre Auftritte sowohl in den USA als auch in England gespalten war. Obwohl Bandmann gut zehn Jahre früher als Modrzejewska sein Debüt in Englisch gab, sind in den Rezensionen durchaus Parallelen zu finden: Auf der einen Seite wird durchaus Bewunderung geäußert,

14 Foreign Actors on the American Stage, S. 521.

so vor allem für den Umstand, dass beide Schauspieler in nur wenigen Monaten eine fremde Sprache erlernt hatten. So lobt beispielsweise *The Times* 1873 die Englischkenntnisse des deutschen Schauspielers und betont die enormen Verbesserungen in seiner Aussprache: „Most remarkable is the mastery which he has acquired over the English language. Within the last twelve month the foreign accent was strong upon him; now, were it not for the 'Herr' in the programme, it would be difficult to discover that he is not an Englishman."[15] Gerade dieses Lob einer britischen Zeitung zeugt davon, dass Bandmann an der Perfektionierung seiner Aussprache hart arbeitete und zu diesem Zwecke professionell von einem Lehrer unterrichtet wurde. So auch Helena Modrzejewska, die schon kurz nach ihrer Einreise in die USA im Jahr 1876, bei der sie über keine nennenswerten Englischkenntnisse verfügte, Sprachunterricht nahm, um die Chancen, auf einer englischsprachigen Bühne debütieren zu können, zu erhöhen. In der Briefkorrespondenz der Schauspielerin und der ihres Mannes werden zwar immer wieder Angebote für ein Engagement auf Polnisch erwähnt, doch werden diese nie konkretisiert.[16] Zwar existierten in den USA zur Zeit ihrer Emigration durchaus polnischsprachige Bühnen, doch gehörten sie nicht der Hochkultur an, sondern waren vielmehr Vergnügungsstätten polnischer Auswanderer aus der Arbeiterschicht.[17] Ein Debüt auf einer solchen Bühne kam für die ehrgeizige Schauspielerin daher nicht in Frage; ihr Ziel war es, sich als internationaler Star auf renommierten Bühnen zu etablieren. Und um dieses Ziel zu erreichen, konnte sie nicht wie ihre italienischen, französischen oder deutschen Kolleginnen und Kollegen in ihrer Muttersprache spielen, die niemand hören wollte, sondern musste in Englisch auftreten. Im Fall eines Erfolges, dessen war sich die Polin sicher, würde sie auch Rollen auf Polnisch übernehmen.[18] Aus diesem Grund änderte sie nicht nur ihren Nachnamen in Modjeska,[19] um das

15 Princess's Theatre. In: *The Times*, 13.02.1873.

16 Hinweise hierfür finden sich z.B. im Brief Modrzejewskas an die Krakauer Familie vom 17.10.1876 oder im Brief ihres Mannes Karol Chłapowski an Józef Chłapowski vom 15.11.1876. Beide Briefe sind abgedruckt in der sehr umfangreichen Sammlung der Korrespondenz von Helena Modrzejewska und ihrem Mann, die auch die englischsprachige Korrespondenz der beiden beinhaltet, allerdings in polnischer Übersetzung: Alicja Kędziora / Emil Orzechowski (Hrsg.): *Modrzejewska / Listy 1.* Warszawa: Państwowy Instytut Wydawniczy 2015, hier S. 338–340, 349–353.

17 Beth Holmgren: *Starring Madame Modjeska. On Tour in Poland and America.* Bloomington / Indianapolis: Indiana UP 2012, S. 149.

18 Vgl. z. B. Karol Chłapowski an Józef Chłapowski, ca. 15.11.1876. In: Kędziora / Orzechowski (Hrsg.): *Modrzejewska / Listy 1*, S. 349.

19 Vgl. hierzu Helena Modjeska: *Memories and Impressions of Helena Modjeska.* New York: Macmillan 1910, S. 334.

amerikanische Publikum nicht bereits beim Lesen der Werbeanzeigen mit für dieses unaussprechlichen Buchstabenkombinationen abzuschrecken, sondern engagierte auch eine Lehrerin – Jo Tuholsky –, mit der sie an ihrem Bühnenenglisch feilte: Sie lernte zunächst die Aussprache der einzelnen Wörter der Textpassagen ihrer Rollen, memorierte diese anschließend und rezitierte sie schließlich vor Tuholsky, die sehr genau jeden Fehler korrigierte.[20]
Trotz aller Bemühungen blieb der Akzent Modrzejewskas jedoch bestehen. Und damit war auch die Kritik an ihrer Aussprache in nahezu jeder Rezension unüberhörbar. Diese Kritik wurde umso schärfer, als sie begann, Rollen von Shakespeare auf Englisch zu spielen. So schrieb beispielsweise ein Rezensent der *New York Times* anlässlich einer Vorstellung Modrzejewskas als Viola: „[...] it was frequently impossible to understand her, and some of the loveliest verse put into the sweet mouth of Viola became, as she spoke it, unintelligible."[21] Auch Daniel Bandmann machte dieselbe Erfahrung und musste viel Kritik und Häme für seine englischsprachigen Shakespearedarbietungen in den USA ertragen. Das *Daily Dramatic Chronicle* beschrieb z. B. die Publikumsreaktion auf seine Hamletdarbietung als desaströs: „[...] Daniel E. Bandmann played 'Hamlet' so badly that he was hissed a little, and had not the house been 'crowded to excess with his countrymen,' would have been hissed a good deal more."[22] Das Hauptargument der Rezensenten war, dass die Schönheit der Shakespeare'schen Verse durch Performances von ausländischen Schauspielerinnen und Schauspielern zerstört und damit die Bedeutung der Worte in ein falsches Licht gestellt werden würde. So monierte insbesondere der renommierte New Yorker Theaterkritiker William Winter in genau dieser Hinsicht Modrzejewskas Shakespeare-Auftritte: „In most of Modjeska's Shakespearean performances her cadences of elocution, her mispronunciation of English words, and her foreign accent somewhat marred the beauty of the verse and impaired its meaning."[23] Winter ging bei seiner Kritik sogar so weit, dass er nicht nur den Akzent der polnischen Aktrice beanstandete, sondern auch die Frage aufwarf, inwiefern hier eine rassische Unvereinbarkeit vorliege zwischen den Vorstellungen der Schauspielerin und der des Dichters.[24] Zum sprachlichen Aspekt rückte also der Aspekt der Herkunft hinzu. Diese Kritik richtete der Rezensent übrigens nicht nur an Modrzejewska, sondern an alle ausländischen Schauspielerinnen und

20 Modjeska: *Memories and Impressions,* S. 317.

21 Modjeska as Viola. In: *New York Times,* 19.12.1882.

22 Shocking. In: *The Daily Chronicle,* 10.01.1866.

23 William Winter: *Wallet of Time.* New York: Moffat, Yard 1915, S. 391.

24 Ebd.

Schauspieler, die sich erdreisteten, Shakespeare auf Englisch zu spielen. Winters Ansicht nach waren die Rollen des englischen Dramatikers den Akteuren vorbehalten, die von seiner ‚Rasse' abstammten:

> It is a fact, which all the protests made by foreign actors and their over-zealous advocates cannot obscure, that the greatest actors are those who, illustrating a true ideal of Shakespeare's great characters, do so with perfect interpretative art; and the actors in whom that union of ideal and execution has been manifested at the best have been and are actors of Shakespeare's race.[25]

Auch Kritiker aus England argumentierten oftmals in dieselbe Richtung. Es war jedoch nicht die Nationalität alleine, die Modrzejewska und Bandmann im Wege stand – schließlich genossen beide durchaus Erfolge sowohl in den USA als auch in Großbritannien – und das obwohl sie auf Englisch spielten. Es war auch nicht allein der Umstand, dass sie als Ausländer Shakespeare in England oder den USA spielen wollten, schließlich spielten viele ausländische Schauspielerinnen und Schauspieler die großen Rollen des Dramatikers erfolgreich auf englischen und US-amerikanischen Bühnen. Meiner Ansicht nach lag das Problem in der Kombination aus Ethnizität, Sprache und Rolle. Während also Sarah Bernhardt oder Eleonora Duse Shakespeare in den USA oder in England spielten, so spielten sie in ihrer Muttersprache; das Fremde war eindeutig als das Fremde markiert und interessanterweise auch akzeptiert. Modrzejewska und Bandmann hingegen maßen es sich an, die Sprache des verehrten Dichters als Nicht-Muttersprachler nachzuahmen. Ihre Auftritte in der Fremdsprache können daher im Sinne Homi Bhabhas als Mimikry[26] bezeichnet werden. Die Bühnensprache Modrzejewskas und Bandmanns ahmte die englische Sprache zwar nach, war aber doch nicht dieselbe; eine Annäherung fand zwar statt, doch ein unerreichbarer Rest, eine Dissonanz blieb bestehen und zeigte Differenz an, eine Differenz, die in den herrschenden Diskurs eindrang und als Störfaktor innerhalb des kulturellen Referenzrahmens empfunden wurde, was das Homogene in Frage stellte, ihm widersprach und Aushandlungsprozesse in Gang setzte. Auf diese Weise erschufen Bandmann und Modrzejewska mit ihren Auftritten eine Kontaktzone und untergruben konservative Vorstellungen von der Shakespeare'schen Sprache wie auch von Nationalität auf der Bühne.

In diesem Zusammenhang sind vor allem zwei weitere Aspekte hervorzuheben: Und zwar erstens, dass sich beide Schauspieler durch die Kritik nicht entmutigen ließen, sondern ihr mit einer Mischung aus Unverständnis, Trotz und

25 Ebd., S. 391–392.

26 Vgl. Homi K. Bhabha: *Die Verortung der Kultur*. Tübingen: Stauffenburg 2011, S. 125–136.

Kritik begegneten und eindeutig ihre Sicht der Dinge in die Öffentlichkeit trugen: Daniel Bandmann wählte die Strategie, seinen Kritikern schriftlich zu antworten und diese Antworten in der jeweiligen Zeitung zu veröffentlichen. So schrieb er beispielsweise bezüglich der Kritik an seiner Aussprache an die *London Times*:

> I regret that, being a foreigner, and never having studied the English language till very recently, it is quite possible that I do not pronounce every word with the accent of a gentleman [...]; but I am a hard working student, and zealously anxious to do full justice to the language of my author.[27]

Hier betont er nicht nur die Mühen, die er auf sich genommen hat, um eine sehr gute Aussprache des Englischen zu erreichen, sondern hebt auch hervor, dass es ihm daran gelegen sei, der Shakespeare'schen Sprache gerecht zu werden. Auch Helena Modrzejewska ließ die Angriffe nicht auf sich sitzen. Und auch wenn sie die Argumente der Rezensenten zum Teil nachvollziehen konnte, vor allem in Hinblick darauf, dass durch eine fehlerhafte Aussprache die Poetik und die Melodie der Shakespeare'schen Verse an Schönheit verlören, wählte sie trotz negativer Kritiken hinsichtlich ihrer sprachlichen Defizite nicht nur die Strategie, an ihrem Englisch noch härter zu arbeiten, sondern auch der Kritik zu trotzen und immer neue Shakespearerollen auf Englisch einzustudieren – 15 an der Zahl. So betont sie in ihren Memoiren:

> If the plays are rendered in English by foreign-born actors, their lack of familiarity with the acquired language may make their pronunciation defective, and thus imperil, if not the poetry of the sentence, at least the music of the verse.
> The latter is my own case, and therefore, whenever my pronunciation was found fault with, I could do nothing but accept the criticism in all humility and endeavor to correct the errors of my tongue; yet I persisted without discouragement, and went on studying more and more Shakespearean parts, conscious that their essential value consisted in the psychological development of the characters, and confident that I understood them correctly and might reproduce them accordingly to the author's intentions.[28]

Auch bei Helena Modrzejewska findet sich also das Argument wieder, dem Autor gerecht werden zu wollen, was insbesondere auf die Rollengestaltung und die psychologische Anlage der Figuren sowie deren Entwicklung im Stückverlauf abzielte. Daneben versuchte sie, die Argumentation bezüglich der Doktrin der Rasse zu entkräften, indem sie im Namen ausländischer Schauspielerinnen und Schauspieler gerade die Universalität des Dichters betonte und darauf hinwies, dass Shakespeare seine Rollen keineswegs national britisch

27 Letter to the Editor. In: *London Times*, 09.10.1868.

28 Modjeska: *Memories and Impressions*, S. 531–532.

angelegt habe, sondern dass diese gerade international seien und je nach Drama in einem anderen Land, einer anderen Nation verortet sind:

> We foreigners, born outside the magic pale of the Anglo-Saxon race, place Shakespeare on a much higher pedestal. We claim that before being English he was human, and that his creations are not bound either by local or ethnological limits, but belong to humanity... Our argument is that when Shakespeare wanted to present English people he located them in England, or at least gave them English names [...]; while he presents Roman, Greeks, Jews, Italians, or Moors, he does not mean them to be travestied Anglo-Saxons, but to have characteristics of their own race and nation.[29]

Der zweite wichtige Aspekt, der in diesem Zusammenhang ebenso erwähnt werden sollte, ist, dass die Kritik an Modrzejewska und Bandmann nicht bedeutete, dass die beiden Künstler keine Chance auf Erfolg in den USA und England hatten. Der Publikumsgeschmack – und beide Schauspieler waren enorm beliebt beim Publikum – lag auf ihrer Seite; aber auch die Qualität ihres Spiels. So lobte Peter Robertson vom *Pacific Life* bereits das Debüt Modrzejewskas und verzieh ihr den ausländischen Akzent aufgrund ihres sehr guten Auftritts:

> The fifth act of *Adrienne Lecouvreur*, in the version played during the last week to crowded houses at the California, is one which tests an actress, and when we say that Miss Helena Modjeska, rising above all defects of pronunciation and accent, made it an emphatic success, it is enough to stamp her as considerably better than most of the strange stars we have hitherto met in this western boundary of the continent.[30]

Gerade hier offenbart sich eine interessante Differenzierung zwischen sprachlichen Defiziten und künstlerischem Können. Neben aller Kritik an der Sprache wurde die Schauspielkunst sowohl Bandmanns als auch Modrzejewskas in den USA und auch in Großbritannien gelobt und mit anderen Schauspielerinnen und Schauspielern – sowohl ausländischer als auch heimischer Provenienz – in Vergleich gesetzt. Mit einem Unterschied, der uns wieder zum Zusammenhang von Ethnizität, Sprache und Rolle führt, aber auch zu Unterschieden zwischen den USA und England: Während sowohl Bandmann als auch Modrzejewska sich durchaus in Großbritannien durchsetzen konnten, so feierten sie ihre Erfolge doch vorwiegend mit Rollen französischer oder deutscher Autoren, denn hier, so die Kritik, konnte die fehlerhafte Aussprache verziehen werden. Die Versuche, mit Shakespeare zu reüssieren, scheiterten hingegen an nationalen Vorstellungen. Nichtsdestotrotz muss zugleich festgehalten werden, dass beide Schauspieler hin und wieder auch Shakespeare in England spielten und

29 Ebd., S. 530.

30 Peter Robertson: Life on the Stage. In: *Pacific Life*, 24.08.1877.

hierfür von dem einen oder anderen Rezensenten durchaus – wenn auch vereinzelt – Lob erfuhren. So urteilte die *Daily Post* über Bandmanns Auftritt als Hamlet in Birmingham 1869 beinahe euphorisch: „It is simple justice to say that Mr. Bandmann's Hamlet is by far the most perfect realisation of Hamlet ever seen on the English stage."[31]

Gerade die Tatsache, dass es neben kritischen auch begeisterte Stimmen in den Rezensionen gab, zeugt davon, dass keine kategorische Ablehnung des Spiels Shakespeares durch Nicht-Muttersprachler konstatiert werden kann, sondern dass hier die für Kontaktzonen so charakteristische Ambivalenz zum Vorschein kommt.

Betrachten wir die Rezensionen Bandmanns und Modrzejewskas in den USA, so lässt sich feststellen, dass sich beide Schauspieler – trotz einiger negativer Kritiken – hier im Gegensatz zu Großbritannien als Shakespeare-Darsteller durchaus etablieren konnten. Zu begründen ist dies sicherlich mit der Geschichte des Landes, das – wie bereits dargelegt – als Migrationsland per se in seinen Nationalitätsbestrebungen durchlässiger für Fremdes war und wo Englisch parallel zu vielen anderen Sprachen existierte und somit keineswegs den gleichen Status wie in England hatte. Andererseits entwickelte sich Shakespeare in den USA erst im Verlauf des 19. Jahrhunderts von der Populär- zur Hochkultur. Während gerade in der ersten Hälfte des 19. Jahrhunderts im Theater ein weniger sakraler Umgang mit dem Dichter zu konstatieren ist als in Großbritannien, was sich z.B. darin äußerte, dass seine Stücke oft in Verbindung mit Farcen, Minstrel Shows etc. aufgeführt wurden, so setzte erst in den folgenden Jahren peu à peu ein Geniekult um Shakespeare ein, der einen kulturelitären Diskurs bewirkte, im Zuge dessen auch Winters Aussagen einzuordnen sind. Nichtsdestotrotz muss festgehalten werden, dass gerade das Theater das Medium darstellte, das den Amerikanern Shakespeare nahebrachte und ihnen half, den englischen Autor in ihre Kultur zu integrieren. Shakespeare war populär und gegenwärtig in den USA, und zwar so sehr, dass an manchen Abenden in mehreren Theatern der Stadt gleichzeitig dasselbe Stück des englischen Dramatikers gespielt wurde und die Häuser trotzdem ausverkauft waren.[32] Im Zuge dessen verzieh das US-Publikum – das sich an Shakespeares Stücken nicht satt sehen konnte – viel, auch die durchaus fehlerhafte Aussprache der Shakespeare'schen Verse; vorausgesetzt, das schauspielerische Können des Schauspielers bzw. der

31 Mr. Bandmann as „Hamlet". In: *Birmingham Daily Post*, 22.03.1869.

32 Zu Shakespeare in den USA vgl. Lawrence W. Levine: *Highbrow/Lowbrow: The Emergence of Cultural Hierarchy in America*. Cambridge, MA: Harvard UP 1988, S. 13–81.

Schauspielerin überzeugte. Und sowohl Bandmann als auch Modrzejewska überzeugten, sogar schließlich den ihnen gegenüber so kritisch eingestellten William Winter, der in seinem Buch *Shakespeare on the Stage* Bandmanns Darstellung des Shylock – neben der von Bogumil Dawison, Ernst von Possart und Ermete Novelli – retrospektiv zu den gelungensten eines europäischen Schauspielers zählte, auch wenn er von seinen rassistischen Vorstellungen nicht abzulassen vermochte und Bandmann vor allem deswegen lobte, weil er gerade aufgrund seiner jüdischen Abstammung Shylock so überzeugend darzustellen vermocht habe:

> Among the presentment of Shylock which have been given upon the American Stage by European actors [...] the most notable were those of Daniel Edward Bandmann, who, however, acted the part in both German and English [...]. Bandmann, a Jew, of German lineage, asserted the majestic Hebrew racial ideal [...]. [33]

Helena Modrzejweska hingegen schaffte es, jenseits der Beschreibungen ihrer Abstammung ihre Kritiker umzustimmen, die sich schließlich vor Begeisterung überschlugen. So schrieb das *San Francisco Evening Bulletin*: „There is not much to be said at this day about Modjeska's 'Rosalind'. Taken all in all it is the best on the American stage."[34] Einen nicht unerheblichen Faktor an diesem Erfolg spielte auch Edwin Booth, einer der wohl angesehensten Shakespearedarsteller seiner Zeit in den USA, der in der Saison 1889/1890 der polnischen Schauspielerin das Angebot machte, gemeinsam auf Tournee zu gehen und Stücke von Shakespeare zu spielen. Hierdurch schaffte es die polnische Aktrice schließlich, in den Olymp der US-Bühne zu gelangen und sogar den so stark skeptischen Winter von sich und ihrer Shakespearekunst zu begeistern:

> Modjeska was fortunate as Juliet, by reason of the exquisite beauty of her face and person, the charm of her sympathetic temperament, and the refinement of her style: she had outgrown the part before she ever acted it in America. Her comprehension of it, however, was complete, and completely indicated.[35]

Modrzejewskas und Bandmanns Mimikry der Sprache markierte beide Schauspieler zwar weiterhin als Fremde, doch ihre Schauspielkunst überzeugte so sehr, dass der abweichende Akzent und mit ihm die fremde Provenienz der Akteure aller Kritik und des enormen Konfliktpotentials zum Trotz nicht nur eine Aushandlung in der Kontaktzone zu evozieren vormochte, sondern auch überkommene Vorstellungen hinterfragte und schließlich Akzeptanz erfuhr.

33 William Winter: *Shakespeare on the Stage*, 3 Bde. New York: Moffat, Yard 1911, Bd. 1, S. 161.

34 In: *San Francisco Evening Bulletin*, 13.02.1885.

35 Winter: *Shakespeare on the Stage*, Bd. 3, S. 172.

Die vorgestellte Nation

Kronprinz Ludwig und *Teutschlands Errettung*

Meike Wagner

Ein 26-jähriger Kronprinz einer mittleren süddeutschen Monarchie schreibt 1814 unter dem Eindruck der Völkerschlacht bei Leipzig ein gegenwartsnahes Theaterstück mit dem vielsagenden Titel *Teutschlands Errettung*. Was verspricht er sich davon? Gemäß den herrschenden Zensurvorschriften wird das Stück, da es Bezug auf aktuelles politisches Geschehen nimmt und eine deutliche nationaldeutsche Tendenz ausdrückt, nicht zur Aufführung zugelassen werden. Sollte er, auf Rang und Namen pochend, eine öffentliche Aufführung durchsetzen, so würde er sich in Opposition zur Staatsmacht – also dem regierenden König und Vater – stellen. Ein riskantes Unterfangen, zumal er sich als künftiger Souverän auch selbst angreifbar machen würde – insbesondere in Zeiten einer sich etablierenden bürgerlichen Öffentlichkeit. Ein öffentlich gegebenes Theaterstück muss sich grundsätzlich kritisieren lassen – auch das eines Kronprinzen. Ein Verriss könnte böse Folgen für Ruf und Position haben.
Kronprinz Ludwig von Bayern wird sein Stück *Teutschlands Errettung* niemals aufführen lassen. Zu seinen Lebzeiten wird er es auch nicht publizieren. Dennoch überarbeitet und kommentiert er das Manuskript bis 1820, dann gerät es in Vergessenheit. 1825 übernimmt er den bayerischen Thron. Das Theaterstück als Medium und seine inhaltliche Tendenz sind nicht mehr die adäquaten Äußerungsformen eines Königs.

Abb. 1
Zeitgenössischer Kupferstich nach dem Ölgemälde *Kronprinz Ludwig in altdeutscher Tracht* von Joseph Stieler, um 1816.

In meinem Beitrag möchte ich Ludwigs Theaterstück in ein Verhältnis setzen zu historischen Konzepten von Theater des frühen 19. Jahrhunderts im Spannungsverhältnis zwischen politischem Medium und poetischer Ausdrucksform des höfischen Lebens. Ludwig operiert in diesem Feld des ‚Theatralen' und agiert ziemlich modern im Sinne einer ‚Medienmoderne des Theaters' und auch im Sinne einer politischen Neukonzeption von monarchischer Herrschaft. Andererseits verklärt er sein Verständnis von ‚Volkssouveränität' mit nationalistischer Sendung und ausgeprägtem Franzosenhass. Genau wie sein Theaterstück bleibt er auch als Person höchst ambivalent zwischen moderner Entwicklung und romantischer Grundhaltung. Diese Ambivalenz wird sich immer wieder in politischen Konflikten zeigen – nicht zuletzt 1848 bei seinem skandalumwitterten Abgang zwischen politischer Revolution und Soap Opera.

Ludwig in altdeutscher Tracht

Im Jahr 1816 ließ Kronprinz Ludwig sich von seinem Hofmaler Joseph Karl Stieler in altdeutscher Tracht porträtieren. Dieses Ölgemälde wurde von Stielers Schülern, aber auch anderen Künstlern mehrfach kopiert, und auch populäre Druckformen (Stiche, Litographien) davon zirkulierten in Bayern. (Abb. 1) Das

Motiv muss daher in der Zeit als allgemein bekannt vorausgesetzt werden. An diesem Bild offenbart sich die ganze Ambiguität der Person Ludwigs gegenüber der nationalen Bewegung der napoleonischen Ära und auch in späteren Zeiten. Ludwig hat das sogenannte altdeutsche Kostüm angelegt und gibt sich damit als Bekenner zur nationalen Bewegung zu erkennen. Entscheidend für Ludwigs Kleidertracht war wohl die Begegnung mit Freiherr vom Stein und Ernst Moritz Arndt in Frankfurt am Main im Juli 1814, die ihn in seiner nationaldeutschen Haltung sehr bestärkte. Arndt beschreibt nach dieser Zusammenkunft den Kronprinzen als „für ein neues freies Deutschland entflammt"[1]. Lautstark debattierte er mit ihm in der Öffentlichkeit, um dafür von Stein eine Ermahnung zu erhalten: „Kommen Sie, Königliche Hoheit, und kühlen den Eifer mit einer Tasse Tee. Sie sprechen so laut, daß die Leute stillestehen und glauben, ich halte hier einen Jakobinerklub."[2] Worum es im Einzelnen ging, ist nicht überliefert.

In der Zeit von Ludwigs Frankfurtbesuch erschienen Arndts wesentliche Broschüren; darunter auch die Schrift *Über Sitte, Mode und Kleidertracht. Ein Wort aus der Zeit* (1814), in der er die nationale Einheit wiederum aus der antifranzösischen Gesinnung heraus entwickelte und eine ‚solide', ‚schlichte' altdeutsche Tracht einer verwerflichen, dekadenten, schnelllebigen französischen Mode gegenüberstellte. Für Arndt waren Kleidung und Sprache in Bezug auf die nationale Frage gleich: „Die für die Tugend des teutschen Geschlechts zunächst wichtigsten Dinge wären für das Innerliche und Aeußerliche eine teutsche Sprache und eine teutsche Kleidertracht."[3] Die Kleidung wird von ihm zur Gesinnungssache erklärt – der freie ‚teutsche' Mann zeigt sich im mittelalterlichen Rock: „[Des Mannes] gewöhnliches Kleid ist der alte deutsche Leibrock, welcher, nirgends ausgeschnitten, schlicht herabfällt, so daß er die Hälfte der Schenkel über dem Knie bedeckt."[4] Ludwig übernahm diese Kleiderordnung gerne und galt als einer der prominentesten Träger des altdeutschen Rocks.

Wie Bernward Deneke 1986 dargestellt hat, waren diese Kleidertracht Ludwigs und andere Insignien nationaldeutscher Gesinnung durchaus umstritten am bayerischen Hof. Deneke zitiert aus den Erinnerungen des Staatsministers Maximilian von Montgelas:

1 Ernst Moritz Arndt: *Meine Wanderungen und Wandlungen mit dem Reichfreiherrn vom Stein*. Berlin: Contumax 2015, S. 112.

2 Ebd., S. 113.

3 Ernst Moritz Arndt: *Über Sitte, Mode und Kleidertracht. Ein Wort zur Zeit*. Frankfurt am Main: Körner 1814, S. 49.

4 Ebd., S. 51.

> Gegen die lächerlichen angeblich deutschen Kleidertrachten, welche Persönlichkeiten des 19. Jahrhunderts das Ansehen gaben, den Gräbern des 16. entsprungen zu sein, erliess man, aus Rücksicht auf die Prinzen, welche dergleichen duldeten oder selbst begünstigten, zwar kein bestimmtes Verbot, aber die Polizeidirektoren erhielten Anweisungen, bei Fremden wie Einheimischen auf deren Ablegung zu dringen.[5]

Die ostentative Demonstration deutschnationaler Haltung war dann doch nicht zu dulden, die Prinzen hingegen konnten sich auf ihren Sonderstatus verlassen, blieben allerdings – vor allen Dingen Ludwig – Max I. und seiner Regierung doch ein Stück weit suspekt.

Ludwig befand sich als Kronprinz mit deutschnationaler Gesinnung in einer widersprüchlichen Rolle. Sein altdeutscher Rock und das Hofporträt machen das deutlich. Zum einen ist es sehr wahrscheinlich, dass Ludwig sich den altdeutschen Rock für ein kaiserliches Karussell während des Wiener Kongresses machen ließ.[6] Ludwig war am 23. November 1814 unter den Teilnehmern dieses Karussells in der Wiener Reitschule, bei dem Angehörige des höchsten Adels in altdeutscher Kleidung ein mittelalterliches Ritterspiel aufführten. So verbindet sich hier die nationaldeutsche Gesinnung des Prinzen, die durchaus mit einem Verfassungsnationalismus einherging, mit dem gängigen Vergnügungsprogramm des Spätabsolutismus – im Kreise seiner restaurativen Verwandten. Zum anderen lässt sich bei genauerem Blick erkennen, dass Ludwig auf dem Porträt den altdeutschen Rock mit einer höchstfürstlichen Auszeichnung verbindet. Er trägt den Hubertusorden auf der Brust, den Ersten Ritterorden des Bayerischen Königreichs, der ausschließlich Fürsten, Souveränen und deren männlichen Nachkommen vorbehalten war.

Warum halte ich mich so lange mit dem altdeutschen Leibrock auf, wo doch mein Thema ein nationaldeutsches Theaterstück Ludwigs sein soll? An diesem Beispiel zeigt sich in nuce, welche spezifische Position Ludwig zwischen Thronfolgerrolle und jungnationalem Aufschwung einnahm, welchen Zwängen er unterworfen war, aber auch welche besonderen Möglichkeiten sich ihm auftaten. Und diese Position Ludwigs ist maßgeblich für die Entstehung des Schauspiels *Teutschlands Errettung* als Beitrag zu einer imaginierten nationalen Gemeinschaft.

5 *Denkwürdigkeiten des bayerischen Staatsministers Maximilian Grafen von Montgelas (1799–1817)*. Stuttgart: Cotta 1887, zit. n. Bernward Deneke: Kronprinz Ludwig und der altdeutsche Rock. In: Johannes Erichsen / Uwe Purschner (Hrsg.): *„Vorwärts, vorwärts sollst du schauen…" Geschichte, Politik und Kunst unter Ludwig I.*, Teil: Aufsätze. Regensburg: Pustet 1986, S. 153–169, hier S. 163.

6 Vgl. Deneke: Kronprinz Ludwig, S. 155.

Ludwig gehörte zur privilegierten Schicht des europäischen Hochadels – Bildungs- und Reisemöglichkeiten standen ihm in höchstem Maße offen –, gleichzeitig stand er als Thronfolger des wichtigsten Rheinbund-Fürsten unter genauer Beobachtung – nicht zuletzt durch seinen Vater Max I. In der napoleonischen Zeit hatte Ludwig zu wesentlichen oppositionellen Denkern und Denkerinnen, aber auch zu fast allen politischen und militärischen Führern direkten und teilweise engen Kontakt. Er verkehrte nicht nur mit Stein, Arndt und Madame de Staël, sondern unterhielt auch enge Beziehungen zum österreichischen Kaiser (seine Schwester Amalie heiratete 1816 Franz I.), dem russischen Zaren (eigentlich sein Schwager in spe, da seine Heirat mit der Großherzogin Katharina geplant war), und er hatte genaue Kenntnis vom privaten und öffentlichen Leben Napoleons. Januar bis August 1806 verbrachte Ludwig in Paris, in engem Kontakt mit Napoleon und seiner Familie. Nach der Einsetzung der bayerischen Monarchie im Januar 1806, der Napoleon in München beiwohnte, war Ludwig nachdrücklich aufgefordert worden, nach Paris zu kommen. Seine Anwesenheit wurde als Bekenntnis zum neuen bayerisch-französischen Bündnis gewertet. Als Kronprinz musste er sich der Staatsräson beugen und verbrachte in Paris eine Zeit des camouflierten, inneren Widerstands, die seinen Franzosen- und Napoleon-Hass wesentlich verstärkte – wie seine Tagebuchaufzeichnungen aus der Zeit belegen.[7] Heinz Gollwitzer hat Ludwig in seiner maßgeblichen Biographie als „Vasall und Frondeur"[8] beschrieben und trifft damit die spannungsgeladene Dramatik seiner frühen Kronprinzenzeit. Für Ludwig war die nationale Bewegung eine Möglichkeit, sich als ‚Moderner' zu profilieren und seiner Opposition gegen Napoleon Ausdruck zu verleihen. Dies war nicht ohne Risiken, zeitweise glaubte Ludwig, Napoleon würde mit allen Mitteln seine Thronfolge in Bayern verhindern und seinen Schwager Eugène de Beauharnais, den Stiefsohn Napoleons, an seine Stelle setzen.[9] In seinem Tagebuch vermerkt er, Napoleon habe gesagt, er frage sich, warum er diesen Prinzen, also ihn, nicht füsilieren lasse.[10]

7 Vgl. Heinz Gollwitzer: *Ludwig I. von Bayern. Königtum im Vormärz. Eine politische Biographie.* München: Süddeutscher Verlag 1986, S. 127–133; Max Spindler: *Kronprinz Ludwig von Bayern und Napoleon I.* München: Bayerische Akademie der Wissenschaften 1942.

8 Gollwitzer: *Ludwig I. von Bayern*, Kapitelüberschrift, S. 120.

9 Vgl. ebd., S. 152.

10 Zit. n. Spindler: *Kronprinz Ludwig*, S. 32.

Ludwigs Nationalismus

Ludwigs Nationalismus lässt sich an grundlegende Aspekte einer Nationalidee anschließen.[11] Die gesamte Diskussion um die altdeutsche Tracht und deren Verbindung mit ‚deutscher Ehrlichkeit' und ‚deutscher Standhaftigkeit' steht in engem Zusammenhang mit der Idee eines ‚ursprünglichen' *Nationalcharakters* einer Gemeinschaft, den es herauszufinden und (wieder) herzustellen gilt. Damit einher geht auch die versuchte Bildung einer *Nationalidentität*. Dies wird im napoleonischen Bayern insofern virulent als die konstanten Umbildungen des Staatsterritoriums und der Einflusssphären eine Unsicherheit erzeugten, der nun mit Konzepten von nationaler Identität begegnet werden sollte. Für Ludwig war es wichtig, in Bayern die alten Stämme (Oberbayern, Niederbayern) mit den neuen Stämmen (Franken, Schwaben) in einer nationalbayerischen Identität zu verklammern, um der Idee eines gesamtbayerischen Staatsgebildes ein solides Fundament zu geben. Der politische Geltungsanspruch einer Nation im Sinne der Volkssouveränität gegenüber der herrschenden Dynastie wurde von Ludwig durchaus ernst genommen. Er hat Aspekte von Volkssouveränität in seinen Verfassungsentwürfen für Bayern von 1814 formuliert, die, obgleich er nicht direkt an den Verfassungsberatungen teilnahm, einen Einfluss auf die bayerische Verfassung von 1818 hatten. Der ständische Landtag (Zweite Kammer) in Bayern war für Ludwig ein wichtiges politisches Instrument, obgleich insbesondere in der zweiten Hälfte seiner Regierungszeit sein Verhältnis zu den Abgeordneten stark konfliktgeladen war. Die konstitutionelle Monarchie sah er als wünschenswertes und auch zeitgemäßes Regierungsmodell. Die Legitimation des herrschenden Souveräns sollte aus der Nation erwachsen, nicht aus göttlichem Willen.

Der Nationalismus schließt hier quasi eine Leerstelle, die durch den Verfall ursprünglicher Legitimationsdiskurse entstand. Der Verlust an religiöser Wirksamkeit und Machtfülle – damit auch der religiösen Begründung des dynastischen Herrschersubjekts – und die Entstehung eines Geschichtsbewusstseins, das die Idee eines politisch handelnden Subjekts und einer Gestaltbarkeit der Umstände propagierte,[12] wurden in allen Gesellschaftsschichten wahrnehmbar. Ludwig suchte in dieser Phase der Transformation der Verhältnisse mithilfe des Nationalismus neue Begründungszusammenhänge von Gemeinschaft und Herrschaft zu etablieren. Dies war insbesondere virulent, als gerade die bayerische Monarchie – ein Konstrukt napoleonischer

11 Ich folge hier den vier Grundlagen des Nationalismus, wie Anthony D. Smith sie formuliert in: *Theories of Nationalism*. London: Duckworth 1971.

12 Vgl. zur ‚Abstraktion des Menschen' Georg Wilhelm Friedrich Hegel: *Grundlinien einer Philosophie des Rechts*. Hamburg: Meiner 1995, insb. §209, 180.

Machtpolitik – nach der französischen Niederlage in Frage stand. Der rechtzeitige Lagerwechsel der Bayern wenige Wochen vor der entscheidenden Schlacht bei Leipzig half der Sache der Monarchie, fragwürdig blieb das bayerische Königtum dennoch. Ludwigs Konzepte und seine Mittel, diese zu materialisieren, waren nur bedingt erfolgreich, immer jedoch auf der Höhe seiner Zeit.

Für die Einordnung des zur Diskussion stehenden Theaterstücks *Teutschlands Errettung* ist Benedict Andersons Idee der *imagined communities* hilfreich, vor allen Dingen der Aspekt der medialen Vermittlung, der für die Materialisierung der imaginierten Gemeinschaft wichtig ist. Anderson betont sehr deutlich die Rolle der Presse und des gedruckten Worts für die Konfiguration einer Nation im Zeichen der bürgerlichen Gesellschaft.[13] Für die Etablierung und Aufrechthaltung einer imaginierten Gemeinschaft sind die medialen Symbolsysteme von größter Wichtigkeit. Auf die Gemeinschaft stiftende Wirkung von Zeitungsmedien hat Gabriel Tarde bereits 1901 hingewiesen.[14] Er hält allerdings nicht nur die Vermittlungsfunktion des Gedruckten, also die Reichweite über ein bestimmtes Territorium hinweg, für relevant, sondern auch den Charakter der Aktualität als gemeinschaftlich erlebten ‚Kultur*zeit*raum' für wichtig. So entstünde etwa aus dem imaginiert zeitgleichen Aufschlagen der heutigen Zeitung so etwas wie ein präsentisches Gemeinschaftsgefühl. Daher, so Tarde, lässt sich das Gefühl des Ausgestoßenseins oder auch Abgestoßenseins erklären, das einen befalle, wenn man die Zeitung von gestern aufschlage.[15] Der hier betonte präsentische Aspekt von medialer Imaginationsleistung ermöglicht es, Andersons ‚imaginierte Gemeinschaften' über Printmedien hinaus zu denken. Eine Vielfalt von medialen und medialisierten Kultur- und Kunstformen können dann das Ihrige dazu beitragen, die nationale Gemeinschaft zu imaginieren. Ludwig – so könnte man im Anklang an Anderson formulieren – hatte eine ganze Klaviatur von medialen Imaginationsimpulsen zur Verfügung, um den von ihm vertretenen Nationalismus in der Form eines antifranzösischen Kulturkonzepts kombiniert mit einem nationalen Verfassungsliberalismus zu implementieren.

Das Theater spielte dabei eine prominente Rolle; ebenso bewusst gefördert und auch instrumentalisiert wurden Presse und Gedächtniskultur. Sofort bei seinem Regierungsantritt 1825 hob er die Zensur der innenpolitischen Presse auf und förderte somit das bayerische Zeitungswesen als nationales Öffentlichkeitsforum. Schon in seiner Kronprinzenzeit etablierte er eine

13 Vgl. Benedict Anderson: *Imagined Communities. Reflections on the Origin and Spread of Nationalism*. London: Verso 1983, S. 74.

14 Vgl. Gabriel Tarde: *L'Opinion et la foule*. Paris: Alcan 1901.

15 Vgl. ebd., S. 4.

Abb. 2: Obelisk am Karolinenplatz in München, Detail, 2017.

nationale Gedächtniskultur, die sich auch in den Kontext der medialen nationalen Imagination einordnen ließe. Der Plan für die Walhalla als deutschnationale Ruhmeshalle etwa geht auf das Jahr 1808 zurück. Ein komplexes Beispiel monumentaler, nationaler Gedächtniskultur ist der Obelisk auf dem Karolinenplatz in München. (Abb. 2) Das Monument für die 30.000 bayerischen Opfer des napoleonischen Russlandfeldzugs 1812 wurde am 18. Oktober 1833, dem 20. Jahrestag der Völkerschlacht bei Leipzig, aufgestellt. Eine der vier Inschriften lautet: „Auch sie starben für des Vaterlands Befreyung". Ludwig deutete hier im Sinne der nationalen Imagination die Opfer der bayerischen Kriegsallianz *mit* Napoleon in Helden des Befreiungskampfes *gegen* Napoleon um. Die Idee der nationalen Befreiung vom französischen Aggressor überwölbt also das von dynastischen Interessen geleitete Bündnis mit Frankreich. Verkürzt könnte man sagen, Ludwig reklamiert die nationale Befreiung und verweist den verlustreichen dynastischen Irrtum in den Verantwortungsbereich seines Vaters Max I. – ein Monument gewordener Generationenkonflikt. In seinem Schauspiel *Teutschlands Errettung* thematisiert er dieses Problem in der medialen Form des Theaters in einem Dialog zwischen dem preußischen König und dem bayerischen Offizier, der den Alliierten den Bündniswillen des bayerischen Königs mitteilt:

Preußischer König:	Warum erhob sich Bayerns Volk denn nicht? Geschah nicht früher das, was itzt geschieht?
Bayerischer Offizier:	Es bethete das Volk um Segen für Die Waffen Rußlands, selbst als gegen sie Die bayerischen gefochten haben; doch Gehorchen ist des Unterthanen Pflicht. Der Bayer hat dieselbe stets erfüllt; Er kämpfte für und gegen wen sein Fürst Es will, mit unerschütterlicher Treue.[16]

Ludwig scheint hier seine eigene Position zu thematisieren, gleichzeitig trifft er eine spannungsvolle Unterscheidung zwischen Fürsten- und Volkswille, die nur durch ‚unerschütterliche Treue' aufgehoben wird. Hier wird sozusagen der Subtext für die Obeliskeninschrift geliefert, Ludwigs Mahnmal erinnert an die tragische Differenz zwischen Fürstenwillen und Volkswillen, zwischen napoleonischer Gefolgschaft und Befreiungskampf und stilisiert ihn selbst gleichzeitig zum ‚echt nationalen' König, der im Einklang mit dem Volkswillen steht.
An anderen Stellen gibt er in seinem Stück immer wieder Hinweise auf eine grundsätzliche Revolutionsgefahr, wenn Volk und Fürst zu stark in ihrem Wollen voneinander abweichen, wenn die Fürsten zu lange ‚am Volk vorbei regieren'. Im Stück werden hier vor allen Dingen französische Bevölkerungsgruppen beschrieben, die von der langen Kriegszeit erschöpft, in der Gefahr stehen, von Napoleon abzufallen. Andererseits stellt er auch die preußischen Freiwilligen als potentielle ‚Brandherde' dar, falls der König sich nicht zum Krieg gegen Napoleon entschließen sollte:

Erster Freywilliger:	Und will der König sich und uns verlassen, Verlassen wir das Vaterland doch nicht. Beharrlichkeit sey unser Losungswort.[17]

Ludwig und das Theater

Ludwigs Theaterstücke – er hat insgesamt drei Dramen geschrieben, die alle weder aufgeführt noch zu Lebzeiten je publiziert wurden[18] – wurden lange als dramatische Zeugnisse betrachtet, die wegen ihrer literarischen Minderwertigkeit den Weg in die Öffentlichkeit nicht fanden. Walter Schmitz etwa äußert sich hier tendenziell polemisch:

16 Ludwig I. von Bayern: Teutschlands Errettung. In: Johannes Erichsen / Uwe Purschner (Hrsg.): *„Vorwärts, vorwärts sollst du schauen …" Geschichte, Politik und Kunst unter Ludwig I.*, Teil: Schauspiele von König Ludwig I. Regensburg: Pustet 1986, S. 135–259, hier S. 229.

17 Ebd., S. 159.

18 Die Publikation erfolgte erst 1986 zum 200. Geburtstag von Ludwig I.

> Die Dramen [Ludwigs] verfälschten nicht nur die Realität einem poetischen Schema zuliebe, sondern sie geben uns auch jene Wunschbilder preis, die ihr Verfasser gelegentlich mit der Wirklichkeit verwechselte. Seiner Phantasie waren die populären Autoren seiner Zeit wahlverwandt; Iffland und Kotzebue, die solches Volkskönigtum propagierten, sind seine Muster, und ihre Werke hat Ludwig fleißig gelesen und sich daran um so leichter das dramatische Handwerk aneignen können, als ihm hier auch ‚Schillers Manier' wieder begegnete, die von Kotzebue alsbald virtuos beherrscht wurde.[19]

Schmitz kritisiert Ludwigs Epigonentum, den Versuch, sich ‚schillerisch' politisch-dramatisch zu geben, bei gleichzeitiger Orientierung an heute wenig goutierten Populärstücken. Dabei geht jedoch der zeitgenössische Diskurs um Theater als gesellschaftlich und politisch wirksames Medium verloren. Ich möchte dagegen eine Lesart von Theater als eigene mediale Form für die Imagination der nationalen Gemeinschaft vorschlagen. Ludwig hatte, so meine These, eine sehr genaue Vorstellung von der öffentlichen medialen Wirksamkeit von Theater. Und wenn er sich dieser Form bediente, um den Befreiungskriegen ein Monument zu setzen, so geschah dies nicht als ‚Unfall' seines dichterisch ansonsten durchaus passablen Schaffens.

Ludwig betrachtete Friedrich von Schiller als den idealen Vertreter eines neuen nationalen Theaters, das die vormals genossenen absolutistischen Hoftheatervergnügungen mit Verve von der Bühne fegte. In den Jahren 1813 und 1814 war Schiller der meistgespielte Autor im Münchner Hoftheater; welchen Anteil der Kronprinz an dieser Auswahl hatte, lässt sich nur vermuten. Ludwig hat später als Regent das Hoftheater sehr genau kontrolliert, höchst selbst Zensureingriffe und dramaturgische Verbesserungen von eingereichten Stücken vorgenommen und den Spielplan ‚auf allerhöchsten Befehl' – so der Hinweis auf dem Theaterzettel – stark beeinflusst. Der Trend zur Entwicklung neuer bürgerlicher Theaterformen und Theaterinstitutionen machte sich auch in München bemerkbar. So unterstützte er etwa bereits 1812 als einziges Mitglied des Königshauses die Gründung des Isarthor-Theaters mit seiner Aktienzeichnung.

Aber auch die politische Freiheit des Theater war ihm ein Anliegen, so setzte er sich etwa 1828 über die Einwände des dänischen Gesandten in Preußen hinweg und ließ *Struensee* von Michael Beer[20], das die politische Intrige gegen den Aufklärer Johann Friedrich Struensee am dänischen Hof zum Thema hatte,

19 Walter Schmitz: Auf dem Schauplatz der Geschichte. Ludwig I. von Bayern als Dramatiker. Ein Nachwort. In: Erichsen / Purschner (Hrsg.): *„Vorwärts, vorwärts sollst du schauen…"*, Teil: Schauspiele, S. 433–439, hier S. 436.

20 Der Dramatiker Michael Beer war der Bruder von Giacomo Meyerbeer, der auch die Schauspielmusik zu *Struensee* beisteuerte.

als ‚Zeitstück' in München öffentlich aufführen.[21] Hier gab er den Tendenzen junger deutscher Dramatiker nach, die immer wieder versuchten, Stücke mit einem Gegenwartsbezug auf die Bühne zu bringen. In der Regel war dies den Zensurbehörden – vor allen Dingen in Österreich und Preußen – ein Dorn im Auge und wurde streng untersagt. Ebenso war es verboten, lebende Angehörige der Herrscherfamilien auf die Bühne zu bringen. In den 1840er Jahren wurde dieses Verbot in Preußen auch auf Verstorbene ausgedehnt und somit zu einem umfassenden Kontrollhebel gegen das neue engagierte historische Trauerspiel im Zeichen von Jungdeutschen und Junghegelianern. Ludwigs eigenes Stück, *Teutschlands Errettung*, hätte bei einer Veröffentlichung oder Aufführung gegen beide Verbote – Gegenwartsbezug und Herrscherinszenierung – massiv verstoßen, so dass Ludwig sein Stück keinesfalls beim Theater hätte einreichen können – auch nicht anonym.

Das Theater wurde in der Zeit als Resonanzboden für politische Agitation gefürchtet. Die waltende Zensurpraxis unterstellte dem Theater eine erhöhte Wirksamkeit durch direkte präsentisch vermittelte Ansprache und die große Menschenansammlung im Auditorium. Vielfach wurde die Theateraufführung strenger zensiert als das gedruckte Drama. Die preußische Polizei appellierte daher an die Verantwortlichkeit des Dichters, das Medium Theater mit Mäßigung zu nutzen – und dieses Zitat soll hier nur exemplarisch für eine Vielzahl an Warnungen vor dem Theater stehen. Die Polizei stellte fest, dass „jedem Dichter besonders aber demjenigen des Dramas was er öffentlich vorzustellen beabsichtige die Pflicht obliege in Anführung solcher Begebenheiten, welche aufregende Wirkung haben könnte mit größter Behutsamkeit zu verfahren."[22] Und aufregende Wirkung erzielen natürlich zuallererst „geschichtlich[e] Wahrheiten aus der neuesten Periode"[23].

Wenn das stimmt, dann stellt sich mit dem Theater ein höchst wirksames Medium zur Verfügung für eine Förderung der ‚imaginierten nationalen Gemeinschaften'. Man kann unterstellen, dass Ludwig das bewusst einkalkulierte, als er sein Drama verfasste. Ob er dabei tatsächlich eine Aufführung im Sinn hatte, lässt sich nicht definitiv festlegen. Allerdings gibt es einige Indizien, die dafürsprechen. So hat er ausführliche Anmerkungen für den Einsatz von

21 Vgl. Schreiben des Hofes an den Bundesgesandten in Frankfurt, von Lerchenfeld, 27.03.1828. Bayerisches Hauptstaatsarchiv, München, MA Nr. 1961.

22 Polizeiliches Vernehmungsprotokoll, Causa Maltitz, 15.01.1828. Landesarchiv Berlin, A Pr. Br. Rep. 30–5, Nr. Th 357.

23 Ebd.

Schauspielmusik verzeichnet: „Die Musik soll seyn – vor dem I. Aufzuge: Ernst, nicht schwermüthig, aber noch weniger munter“[24] usw. Auch verwies er auf die pragmatische Auslassung bestimmter historischer Begebenheiten zur besseren Aufführbarkeit (handschriftliche Anmerkung von 1820).[25] Erst sehr viel später, im Jahr 1843 machte sich Ludwig nochmals Gedanken über die Aufführbarkeit und verwarf eine solche Möglichkeit: „Zur Aufführung dürfte es sich nicht eignen, zu lange Reden, zu breite Betrachtungen enthaltend. Daß es die verschiedene damalige Stimmung und Gesinnung zu zeigen hat, dürfte vielleicht solches beym Leser entschuldigen.“[26]

Auch diese Bemerkung reflektiert auf zweierlei Weise die Öffentlichkeitssituation. Zum einen die Aufführungssituation des Theaters, der das Theaterstück nicht gewachsen sein würde; zum anderen die Lesesituation. Ludwig kalkuliert auf die Publikation im Druck oder auch auf den Leser der Nachwelt. Sein Theaterstück sollte in Kommunikation treten.

Teutschlands Errettung

Mit der kritischen Einschätzung der Bühnenwirksamkeit liegt Ludwig sicher nicht falsch. *Teutschlands Errettung* hat keine eigentliche dramatische Handlung, es ist eher ein ausgedehntes dramatisches Zeitbild der Befreiungskriege. Ludwig hat sich in seinen ausführlichen Anmerkungen immer wieder zur historischen Wahrheit von bestimmten Aussagen der Dramenfiguren und Begebenheiten geäußert. Er besteht darauf, dass er zwar gelegentlich aus dramaturgischen Gründen bestimmte Inhalte anderen historischen Personen zugeordnet habe, aber dennoch alles so durch eigenes Erleben oder andere Zeugenaussagen verbrieft sei.[27] Dadurch erscheint das Schauspiel eher als dramatisierte Erinnerungen an die Befreiungskriege denn als eigenständiges dramatisches Werk.

Das Stück beginnt kurz vor der Völkerschlacht bei Leipzig, stellt das Ringen des preußischen Königs um eine Entscheidung für oder gegen Napoleon dar, hat seinen Höhepunkt im Sieg der preußisch-österreichisch-russischen Allianz und endet mit dem Beschluss, Napoleon bis über den Rhein nachzufolgen. Ludwig beginnt sein Stück Anfang 1814 noch während des Vorrückens der alliierten Truppen gegen Paris, enthusiasmiert von der nationalen Stimmung des

24 Ludwig I.: Teutschlands Errettung, S. 141.

25 Ebd., S. 137.

26 Ebd., S. 136.

27 Vgl. ebd., S. 137–138: „An den Leser“; vgl. auch ebd., S. 262–270: „Das Schauspiel Teutschlands Errettung betreffende geschichtliche Anzeigen“.

Aufbruchs, wie er 1820 rückblickend schreibt: „Im Anfang des 1814ten Jahres in Teutschland herrlichster Zeit, wo alle seine Söhne glühendes Gefühl für dasselbe vereinigte, begann ich, bruchstückweise, das Schauspiel Teutschlands Errettung zu schreiben, der ich sie nicht mit dem Schwerdte erkämpfen durfte."[28]

Diese Bemerkung lädt dazu ein, Ludwigs literarische Betätigung als Sublimierung der verordneten Untätigkeit im Befreiungskampf zu lesen. Doch Ludwigs Schauspiel ist mehr als das dramatisierte Tagebuch einer hochemotionalen Phase. Neben der sehr detaillierten und idealisierten Schilderung der Herrscherpersönlichkeiten stellt er ein Panorama der Napoleonischen Kriege auf, schildert Kriegsverbrechen, Kriegsfolgen, Hoffnungen und Verfehlungen der Bevölkerung und der Soldatengruppen. Immer ist die französische Seite extrem negativ gezeichnet und die deutschnationale Einfärbung führt zu einer überhöhten und idealistisch verklärten Darstellung der anti-französischen Personen. Ganz klar leitend ist der Zweck der nationalen Imaginierung. Ludwig unternimmt sogar den Versuch, Alexander I. als selbstlosen Unterstützer der deutschnationalen Sache darzustellen. Die eigentlichen Motive und der eigene Machtwille Russlands, Napoleon von der europäischen Landkarte zu fegen, werden ausgeblendet.[29]

Im Sinne der nationalen Sache setzt Ludwig Napoleon und Freiherr vom Stein als Antipoden gegeneinander. Napoleon wird als diabolischer Machtmensch beschrieben, seine Verbündeten müssen mit ihm untergehen, denn: „Der Hölle sich verschrieben, der entgeht / Derselben nimmer; Jeder, welcher sich / Mit mir verbunden, bleibet meine Beute."[30] Ludwigs Napoleon befürwortet das historisch belegte, grausame Vorgehen seines Generals Louis-Nicolas Davoust[31] gegen die Bevölkerung von Hamburg und lässt einen italienischen Kundschafter ad hoc füsilieren. Er wird so zum direkten Abbild seiner vom Krieg verrohten Soldaten, die sich mit Plünderungen, Demütigungen und Vergewaltigungen rühmen. Emotionslos schätzt dieser Napoleon das Niederbrennen von Dörfern als Kriegsgeschick ein und lässt die Abordnung der Kaufleute aus Bordeaux, die, um Frankreichs Wirtschaftskraft besorgt, ein Ende der Kriegshandlungen anmahnen, kalt abblitzen. Obgleich das Drama von Franzosenhass getränkt ist,

28 Ebd., S. 261: Nachbemerkung vom 18. September 1820.

29 Vgl. etwa 4. Aufzug, 3. Auftritt: „*Kaiser von Rußland*: Nichts / Verlange ich für mich, mein Reich ist frey; / Daß solches jezo wieder Teutschland werde, / Dahin gerichtet geht mein ganzes Streben" (ebd., S. 218).

30 Ebd., S. 196 (III.7).

31 Eigentlich Louis-Nicolas d'Avoût; hier in der älteren deutschen Schreibweise, die auch Ludwig in seinem Stückmanuskript verwendete.

lässt Ludwig hier wiederum eine Differenz zwischen Volk und Fürst aufscheinen. Die Schilderung der Kaufleute ist durchaus sympathisch, was natürlich Napoleon in umso schlechterem Licht erscheinen lässt.

Die positive Gegenfigur, der Freiherr vom Stein nimmt einen fast ebenso großen Raum ein wie Napoleon. Stein tritt in neun Szenen in wechselnden Konstellationen auf. Er ist es, der die großen Themen der nationalen Bewegung verkörpert, den Franzosenhass als gemeinsames Konstituens des deutschen Nationalismus formuliert und von allen Seiten als Antreiber und einigendes Moment geschätzt wird. Der historische Stein hatte in der Tat eine wesentliche Rolle in der Vermittlung zwischen dem preußischen und dem russischen Hof, jedoch verdichtet Ludwig die Spannung zwischen ‚Unentschlossenheit' und ‚Angriff' dramatisch, um Stein tatsächlich mit den militärischen Ereignissen in Verbindung zu bringen. Stein ist im Theaterstück stets mit nationalen Argumenten zur Stelle, wenn der preußische König, der russische Kaiser, Generäle und Staatsminister ins Zaudern geraten. Seine Ideen sind auch in den Volksszenen präsent und werden von einzelne Stimmen der ‚Freywilligen' wieder und wieder argumentativ ins Feld geführt. Ludwigs uneingeschränkte Verehrung für den historischen Stein lässt sich aus der prominenten Rolle im Schauspiel herauslesen. Umgekehrt war Stein eher zurückhaltend bei der Einschätzung Ludwigs. Auf dem Wiener Kongress sind sich beide wiederbegegnet, wo Stein keinerlei Verständnis für Ludwigs Streben nach Rückgewinn der pfälzischen Landesteile hatte.[32] Derart dynastische Interessen hatten keinen Platz in Steins nationaler Konzeption; im Schauspiel blieb Ludwig ganz in diesem von Stein gesetzten Rahmen; dynastische Interessen werden in keiner Weise propagiert.

Ludwigs nationalistische Konzeption beinhaltet auch Aspekte einer religiös eingefärbten ‚nationalen Sendung'. Deren Topoi lassen sich im Sinne einer konstruktivistischen Perspektive auf den Nationalismus in den Kontext der *invented traditions*[33] einordnen. Im Schauspiel greift Ludwig volkstümliche religiöse Motive auf, die in der Zeit weit verbreitet waren. So tritt etwa der Pilger Adam Müller zweimal an entscheidenden Stellen auf, um dem preußischen König Gottes Willen und die Prophezeiung eines preußischen Sieges zu verkünden. Adam Müller gehörte zum Legendenrepertoire der Völkerschlacht bei Leipzig und lässt den Sieg der ‚teutschen Nation' als göttlichen Willen erscheinen. Ein weiteres volkstümliches religiöses Narrativ ist der so genannte

32 Vgl. Gollwitzer: *Ludwig I. von Bayern*, S. 177.

33 Vgl. Erik Hobsbawm / Terence Ranger (Hrsg.): *The Invention of Tradition*. Cambridge: Cambridge UP 1983.

Abb. 3: *Der heilige Augenblick*, Grafik, um 1814.

‚Heilige Augenblick'. (Abb. 3) Ludwig widmet den letzten Auftritt des 4. Akts diesem ‚heiligen Augenblick'.

Schwarzenberg:	Wir siegen! Verfolget fliehet überall der Feind!
Kaiser von Rußland und *König von Preußen* (zum oesterreichischen Kaiser):	Bruder, der Herr ist mit dir!
Kaiser von Oesterreich:	Gott!

(*Indem die drey Monarchen mit entblöstem Haupt auf die Knie sinken, bleibt Schwarzenberg und das ganze Gefolge stehen, aber mit gesenkten und enblösten Häuptern. Die Strahlen der hinter dem Gewölke hervorgekommenen Sonne beleuchten die knienden Monarchen. Eine sanfte Anbethung ausdrückende Musik ertönt und währt auch noch nachdem der Vorhang herabgefallen ist, gehet aber in Siegesmusik über*)[34]

34 Ludwig I.: Teutschlands Errettung, S. 242.

Ludwig visualisiert hier die Apotheose des nationalen Sieges. Er muss in den Anmerkungen allerdings einräumen, dass dieser ‚heilige Augenblick' so nie stattgefunden hat. Er hat sich hierfür von einem weit verbreiteten Stich inspirieren lassen:

> Ein diese Unterschrift führender Kupferstich: Der heilige Augenblick, stellt denselben vor. ‚Bruder, der Herr ist mit dir!' soll der Russische Kaiser zum Oesterreichischen nach erkämpftem Sieg gesagt haben. Daß als derselbe entschieden, die drey Herrscher vor ihrem Beherrscher auf die Knie gesunken seyen, ist, so sehr es einer Tatsache gleich geglaubt wurde, eine schöne Dichtung nur, wie mir meine Schwester, die Kaiserin, sagte.[35]

Ludwig hat also hier bewusst ein Motiv aus der volkstümlichen Erzählung über die Völkerschlacht herausgegriffen, um sein Schauspiel genau in diesen Kontext wirksam einzupassen. Die nationale Sache erforderte diese dramaturgische Strategie, um den Impuls für die imaginierte Gemeinschaft als deutsche Nation zu setzen.

Zusammenfassend lässt sich feststellen, dass Kronprinz Ludwigs Theaterstück *Teutschlands Errettung* einen Moment der politischen Geschichte spiegelt, darüber hinaus aber auch spannende Einblicke in die Öffentlichkeitskonstellation des frühen 19. Jahrhunderts gewährt und dem Theater in der Imagination des frühen deutschen Nationalismus eine spezifische Rolle zuweist. In diesem Sinne ist Ludwigs theatralische Sendung mehr als nur die Laune eines spätabsolutistischen Thronanwärters.

35 Ludwig I.: *Teutschlands Errettung*, S. 269.

Pigeons

Rashna Darius Nicholson

After over 23 years, the newly renovated Royal Opera House, visibly restored to its former glory, opened its doors in 2017 to a select crowd formed by members of Mumbai's high society. Closed off from the heady fumes and clamour of Girgaon traffic by glass panes, split air conditioning and an army of security personnel, this edifice stands as a monument to Mumbai's recent efforts to preserve its colonial heritage. However, notwithstanding these noble intentions, the Opera House's management encountered an unforeseen problem in the form of a family of pigeons that refused to find an alternative home despite costly fumigation treatment. These pictures, taken over the course of two days, inadvertently chronicle the failure to get rid of these unwanted pests, tenacious relics of a different Opera House and a different Bombay.

View of the exterior.

Security measures in front of the as yet un-renovated restaurant area.

Keeping time.

View of the fumigated interior.

Fumes backstage.

The next day.

Wissen schaffen, lehren, mehren

Intermediality, Participation and the Public Sphere (Reloaded)[1]

Aristita I. Albacan

Imagination is the essence of the soul.

Premises

A very talented London-based artist (musician, puppeteer, writer and art therapist) recently made me aware of the above quote, which she believed had been formulated by Immanuel Kant. She considered imagination a quintessential part of our ability to experience and, ultimately, relate to the complex reality we live in and, therefore, highly relevant to any artistic or scholarly endeavor

1 The title is a direct reference to the *Matrix* trilogy: *The Matrix* (US 1999, D: The Wachowski Brothers), *The Matrix Reloaded* (US 2003, D: The Wachowski Brothers) and *The Matrix Revolutions* (US 2003, D: The Wachowski Brothers), written and directed by the Wachowski brothers. It also has in mind the 'making of' movies that circulated at the time of the trilogy's release, equally relevant for the proposal here. The reference implied here does not refer to the dystopian world proposed by the trilogy, but rather to our relationship with different media and their related technologies, as well as to the iconic 'bullet time' effect, which highlights an enhanced perception and bears connections to an enhanced awareness of reality in general and, also, in terms of the field. The choice for a linguistic/symbolic association with the meaning of the second film of the trilogy refers to my conviction that, although developed some decades ago, intermedial or participatory elements of theater and performance can lead to faster change, both in the field and societal, this time around due to their interconnection, and, ultimately, following the route of the trilogy, perhaps lead to revolution. Again, this is only a symbolic association, a synthesis by way of imagination.

aiming to 'reconnect art with life'. The quote sounded different to my recollections of Kant's work. However, I agreed with its proposition. It turns out that the quote was not entirely accurate in terms of its wording, but the same in spirit. Kant claims that: "[s]ynthesis in general is [...] the mere effect of the imagination, of a blind though indispensable function of the soul, without which we would have no cognition at all, but of which we are seldom conscious."[2] In other words, the highest aspiration and key legacy of avant-garde movements, e.g. Dada, Fluxus, etc., or artists and thinkers such as Beuys, that is, of reconnecting art with life through the powers of artistic imagination, once again, becomes relevant today.

There is an indirect connection between Kant's dictum and Christopher Balme's ethos, as I have experienced it since the very beginning of our professional relationship, in the sense that aiming to explore novel territories and finding imaginative ways to do this was/is a measure of one's passion for the field. I come from a vocational/artistic background, where theater has been considered a 'matter of life and death.' This was an idea pertaining to the Eastern European communist heritage, post-Stanislavskian in its nature. The inherent limitations in terms of knowledge acquisition before the fall of the Wall rippled off even after 1989, in terms of mentality and selection of information. The university training combined vocational study of diverse directing techniques with theoretical explorations of the arts, anthropology, politics, etc., all aiming at embracing the world and its new realities in the best way possible. The mixed focus on practice and theory in the early years created a rather productive tension that rippled far beyond. I find myself having spent most of my career (so far) negotiating between theory and practice, becoming a quasi-perpetual student of this tension and discovering – again and again – that the most efficient way, although not the easiest, at times, is to look for diverse, imaginative ways to bridge the two, whenever possible.

This will not be an academic essay in the traditional sense since I am neither a practitioner only, nor a proper theorist. Rather, I strive to combine the two in a hybrid, intermedial way, whenever possible. Nor will this be a recollection of Christopher Balme's mentorship, notwithstanding how important this has been. (All contributors to this book are indebted in a way or another, and all happy to have met or encountered him, at the very least.) Instead, this will be an attempt, inevitably fragmented, to (briefly) articulate a series of academic

2 Immanuel Kant: *Critique of Pure Reason*, transl. from the German by Paul Gyer / Allen W. Wood. New York: Cambridge UP 1998, p. 103.

thoughts that intertwined with Balme's preoccupations, even after the mentorship period, an acknowledgement of rather similar foci that – I believe – holds some current relevance in the field, for both theory and practice.
I propose a suite of thoughts/stations: from intermediality to participation to the public sphere. Hopefully, they will function as bridging factors. If not, at least as creative tensions on topics pertaining to theater and performance studies still to be resolved. If not for us, perhaps for those who now choose to 'risk' and study these intertwined fields and are so eager to find ways forward. My proposal starts and ends with the spectator, not understood as a passive/disempowered/zombied-out subject, but rather as someone (potentially) 'activated' throughout the experience of theater and/or performance, someone whose evolved media literacies are being stimulated and enriched rather than just massaged or re-confirmed. I'm not sure where this proposition will lead, but imagination – whether in terms of practice or theory – certainly has the ability to rekindle our souls and the way we think about reality by way of theater and performance.

Station 1: Intermediality, an old story?
I will begin this journey, not with the theorist Walter Benjamin – as it has been traditionally done in order to historically localize the discussion of media in relation to theater/performance – but rather with the Fluxus artist and scholar Dick Higgins and his observation that intermediality is not a linear concept, but rather connected to perception in complex, holistic ways:

> Besides the post-cognitive tendency in the new arts, another characteristic of many of them is that they are intermedial, that is they fall conceptually between established or traditional media [...] Intermedia differ from mixed media; opera is a mixed medium, inasmuch as we know what is the music, what is the text, and what is the mise-en-scene. In an intermedium, on the other hand there is a conceptual fusion.[3]

Higgins' statement – highly relevant, still, to Western contemporary practices – emphasizes intermediality's contextual, provisional function in relation to the spectator's evolving literacies and horizon(s) of expectations. Higgins' in-depth analysis of the impact of intermediality upon perception is linked to McLuhan's dictum about media as extensions of human senses.[4] Later on, Philip Auslander,

3 Dick Higgins: *Horizons: the Poetics and Theory of the Intermedia*. Carbondale, IL: Southern Illinois UP 1984, pp. 15–16.

4 I refer here to the two key studies by Marshall McLuhan: *The Gutenberg Galaxy. The Making of Typographic Man* [1962]. Toronto: University of Toronto 2011, and *Understanding Media. Critical Edition: The Extensions of Man* [1964], ed. by Terrence Gordon. Berkeley: Gingko 2002.

Jay David Bolter and Richard Grusin expanded on this substantially, contributing very useful insights.[5] I will not dwell on their work, as it is well-known and has achieved wide academic recognition.[6] Suffice to say that it is – by now – generally acknowledged that, in terms of the formation and development of new artistic practices, contingency and contextuality are intrinsic to intermediality and understanding media, including the performative.

In terms of spectatorship, intermediality means an activation/stimulation of involvement, an alteration of perception and, ultimately, an enhanced investment on the part of the observer. It also contributes to the formation/emancipation of a spectator whose literacies are becoming more and more evolved and horizon(s) of expectation more complex, whose experience of the performance (potentially) implies a re-thinking of the material and conceptual world, ultimately of reality, first experienced during the live performance, and then, occasionally, taken further in his/her relationship to everyday life via diverse forms of post-participatory practices. In sum, through its transformative, cognitive potential, intermediality contains the basis for providing a more fluid way to access and process reality via the experience of performance. Intermediality means, ultimately, synthesis. A synthesis of elements not necessarily thought together before. Synthesis requires imagination, as Kant suggested. Fresh thinking about this matter might require a more in-depth consideration of mediality and the role of the imagination in connection to participation, which would exceed the subject of this article.

Nevertheless, the "conceptual fusion" highlighted by Higgins is connected to fluidity in terms of perception, which leads, firstly, and an enhancement of it, then to observation, which in turn leads to access. This implies an initial dismantling and then a reconfiguration of the conceptual and material world 'on stage', a journey from the sequential modes of knowledge/understanding/appropriation that we have all become accustomed to, to more complex notions/new imaginative syntheses that can at times substantially alter the ways we engage with theater/performance and the world we live in, and ultimately hold the potential to re-shape the way we relate to society and its issues.

5 Cf. Philip Auslander: Liveness, Mediatization and Intermedial Performance. In: *Degrés: Revue de synthèse a orientation sémiologique* 28:101 (2000), pp. e1–e12; Jay David Bolter / Richard Grusin: *Remediation: Understanding New Media*. Cambridge: MIT Press 1999.

6 A brief history of the concept of intermediality, mainly in relation to theater and performance, is provided in: Aristita I. Albacan: *Intermediality ad Spectatorship in the Theatre Work of Robert Lepage*. Newcastle upon Tyne: Cambridge Scholars 2016.

Balme's preferred definition of intermediality,[7] Boenisch's addition,[8] Chapple and Kattenbelt's more inclusive considerations of the notion as an umbrella term[9] and other, further developments of the notion, all speak, theoretically, of formal discovery leading to enhanced spectatorial access and transformative potential in terms of connecting imagery to reality through a novel, imaginative understanding of the latter. From new synthesis to action, participation can lead to the discovery of ways forward in the field of theater and performance.

Station 2: Enhancing perception – a social story?

The question then arises of whether the notion of access predominantly applies to meaning or to the development/creation of a more inclusive sensorium, as Sara Ahmed discusses in *The Cultural Politics of Emotion*. And then, what contribution does participation – literal access – makes to meaning and the sensorium? Or does it contribute to both of them at the same time? And if so, in what ways? What does access do?[10]

Theater foregrounds perception and contemplation through its very set-up (material and symbolic) while performance foregrounds action/change/alteration, even endurance, at times. Nevertheless, both are communicative acts, both aim to intensely involve the audience and, arguably, both stimulate thinking about reality. Both (potentially) lead to the acquisition of knowledge. Moreover, participatory practices strive – sometimes quite successfully – toward an embodied perception, a different path into knowledge.

7 "[T]he attempts to realize in one medium the aesthetic conventions and habits of seeing and hearing in another medium." Christopher Balme: *Pacific Performances: Theatricality and Cross-Cultural Encounter in the South Seas*. Houndmills: Palgrave Macmillan 2006, p. 7.

8 "Intermediality, I suggest, is an effect created in the perception of the observers that is triggered by performance [...]." Ibid., p. 114.

9 Freda Chapple and Kiel Kattenbelt, editors of *Intermediality in Theatre and Performance*, provide quite an inclusive definition of intermediality, almost as an 'umbrella term'. They situate intermediality at the intersection *in-between* performers, observers (spectators), media (their related spaces) and the art forms implied involved at one particular moment in time. Cf. Freda Chapple / Chiel Kattenbelt (eds): *Intermediality in Theatre and Performance*. Amsterdam & New York: Rodopi 2006. Later on, Sarah Bay-Cheng / Chiel Kattenbelt / Andy Lavender / Robin Nelson (eds): *Mapping Intermediality in Performance*. Amsterdam: Amsterdam UP 2010, focuses on mapping (more) recent territories of intermediality rather than attempting to make further definitions.

10 Ahmed's work on the "cultural politics of emotion" provides a useful provocation about this issue: Rather than asking what it is, what access *does*, she considers emotions as cultural practices, not psychological states, based on the fact that bodies are given value and integrated socially by emotion. Ahmed discusses emotions as gateways into the social and material worlds. Cf. Sara Ahmed: *The Cultural Politics of Emotion*. Edinburgh: Edinburgh UP 2004.

Theater is the place for watching and, therefore, for understanding reality through the most remote/detached of senses. Although many more senses are implied in the act of theater spectatorship, traditionally, watching is considered the predominant sense. Performance, on the other hand, is the accomplishment of an act, which means that its very observation implies a closer connection to embodied perception, not only pertaining to the act of watching, but also involving the kinetic in its potentiality. Thus, empathy and the way this is experienced bodily may play a role in differentiating between the two[11] – not only at the level of the individual, but also the collective. Moreover, performance has been defined quite often in terms of being a process (which is ultimately a paradigm from the humanities), as well as a goal and an end in itself, in terms of economic, technological and social discourse. The relationship between acting, performing and spectating must then, logically, differ and this is still considered a central concern in the field. Nevertheless, both seem, by way of practice, to fall under the umbrella of the performative, communicative acts, seemingly presented to the public in order to stimulate a response to issues considered either central or at least of relevance in relation to current realities, i.e. the public sphere. Both constitute themselves as collective encounters/meetings, in which transitory communities of thinking and/or (even) participation can take shape. Both seem to provoke similar responses in terms of the spectatorial investment, in spite of sensorial differences.

As implied before, in a way, and (I hope, as a director) only in theory, one can define theater as one degree more sensorially remote than performance, mainly in terms of kinesthetic involvement and intensity. But its main coordinates are similar and the collective set-up seems quintessential to this, especially in terms of its potential to utilize perception to further explore empathy and imaginative synthesis, perhaps even collective thinking/re-thinking of reality/devising. In addition, as the last decade of practice has demonstrated, no matter how they might differ in terms of their discourses and aesthetic approaches, both theater and performance relate to similar, collectively related modes of spectatorship, and both have proven to be medially equipped to 'activate' spectators into participation. Both, therefore, have a somewhat similar role in terms of their potential impact on the public sphere.

11 That is not to say that theater does not involve a kinetic response, on the contrary, but to a level that might not be relevant in the context of this discussion.

Station 3: Authenticity – is it real/does it matter?
Authenticity relates to a spectatorial need for a mode of perception that stimulates the impression of 'the real' based on the potentialities proposed by the performance, whether theatrical or performative. 'Reality', in this context, means the erasure of the frame/screen, of the illusion of the unmediated – or immediacy, in terms of perception, as Bolder and Grusin have defined it.[12] Also, in the excessively mediatized context in which we live, it can mean hypermediacy.[13] In a world of never-ending frames/screens that have the potential to multiply infinitely with only one click, authenticity means aspiring to contain the 'real', its substance, whatever that might be, in a formal mixture of live and mediatized,[14] even for a small period of time. Whether this is possible or not, philosophically speaking, is another matter. Whether this is relevant/useful, in terms of perception, in theater and performance via diverse Authenticity effects – the offsprings of Brecht's *Verfremdungseffekte* – has become an issue that carries aesthetic weights hat could be diversely perceived, depending on locality, and can provide special added value, especially for practitioners.
Nevertheless, the experience of authenticity is not a singular experience; it goes hand in hand with Ahmed's notion of emotion as a cultural practice and potentially connects with an enhanced engagement of the spectator with the public sphere and its themes, whatever they might be. The dynamic relationship between the 'real' and the 'fictional' then becomes the fluid border between the two, with which we have become accustomed to, by establishing/negotiating varying degrees of artificiality/fictionality. Moreover, the transposition of techniques, aesthetic conventions and technologies of one medium into another, considered temporarily unfamiliar – in other words, intermediality – activates effects that 'feel real' and lead to the opening of new fields of perception, providing access to and creating a renegotiated relationship with reality. Perceptual experiences of such a kind have the potential to provoke similarly collective responses and behavioral patterns in terms of spectatorship in response to the particular sensorial fields produced in performance, which connect to reflexive/cognitive abilities that turn the experience into an event, a combination of

12 They define immediacy as a "style of representation whose goal is to make the viewer forget the presence of the medium and believe that s/he is in the presence of the object of representation." Bolter / Grusin: *Remediation*, p. 272.

13 Hypermediacy is described as "a style of representation whose goal is to remind the viewer of the medium." Ibid., p. 273.

14 Auslander maintains that the "mediatized" form is initially modeled on the "live," however it eventually usurps the position of the "live." As a response, the "live" form starts to replicate the "mediatized" one. See Philip Auslander: *Liveness: Performance in a Mediatized Culture*. London / New York: Routledge 2002, p. 158.

rather similar subjectivities and collective articulations. Authenticity in experience then inevitably relates to the contextual and the provisional, brought into the picture by intermediality.

Station 4: Narcissus/narcosis effect

In his theory of media, McLuhan was adamant that the Narcissus/narcosis effect was a necessary step in the experience of new media.[15] McLuhan's theory has been (repeatedly) confirmed by our very daily experience and practice, by engaging with each and every new medium that has been developed, in everyday life and in the arts. This development been verified by a diverse range of academic studies dealing with novel ways of practicing theater and performance (far too many to be mentioned here).

Intermedial moments, by provoking the effect of medial and sensorial in-between-ness, seem to act as productive antidote/counter-effect by turning the self-reflexive potentialities of media, however new, into cognitive potential. Once the novel potential has been appropriated and internalized, participatory strategies become possible – it becomes possible to 'activate' the newly acquired abilities and literacies. Enhanced mediality leads, then, to a heightened awareness during the act of spectatorship, opening the gates of imaginative ways towards knowledge acquisition and communication. Body-based intersubjectivity in this instance translates into an understanding of how this awareness arises collectively in two steps: firstly by undoing and then by redoing the relationship with the event and its experienced elements, on different terms and from a different imaginative perspective. This is potentially the breach through which 'art can relate to life' – as all historical avant-garde practices have envisioned, while also building a bridge to the social sphere.

Sensory fields evolve in relation to our multiple literacies, which, no matter how much we might differ individually, are connected to the enhanced mediality that we are collectively exposed to on a daily basis, and which is even more enhanced in the situation of live performance. The "distribution of the sensible"[16] that Rancière speaks of thus becomes a fluidized state that amalgamates the

15 McLuhan argues that the first step in relation to any new media is characterized by fascination, followed by a numbing of the senses caused by a mirroring effect, which can prove quite difficult to overcome. This is followed by a second step – activation – which takes place once the potential of the medium has been appropriated / internalized and an understanding of the way in which the medium works has been acquired.

16 Please see the most articulate critique of participation in: Jacques Rancière: *The Politics of Aesthetics*. London: Continuum 2005, p. 85.

human, the personal and the collective, while maintaining a direct connection to the materiality of the individual body through the activated sensorium. This involves the individual spectator – at several, intertwined levels – in a communicative and performative process, part of a potential investment of the onlooker into the current realities of the public sphere.

Station 5: Participatory practices

Participation has been widely discussed as a factor in empowering audiences as well as artists: opening new fields of enquiry, potentially enhancing the cognitive, communicative, emotional and perceptual aspects of theater and performance.[17] In fact, by its very ethos, participation promotes equality, democracy, inclusion, collective action in relevant social circles and proves to be therapeutic at a societal level. In sum, it combines therapeutic, pedagogical and overtly political goals, notwithstanding the performative. I suggest that its impact comes from the ability of its own performance – as a concept and attitude – to challenge and potentially usefully play with perceptions of reality in terms of the present/future/historical experience of it. In other words, its impact comes from its power to (potentially) lead to new and imaginative syntheses of reality that are perceived as forward-looking, per se, whether they refer to the past, present or future. Making sense of reality implies highlighting certain values, prioritizing particular topics/issues of interest for the moment. And, properly driven craft, in artistic terms. However, this inevitably leads to biases. Some people even consider the positive use of the term to be hyperbolic or overrated.[18] In sum, the notion of participation suffers from overuse, in spite of its rather short life in the arts ,so far. It is used more frequently as an 'umbrella term' than intermediality is, however strange this might seem in relation to the advent of media.

17 "Post 1968, participatory theater and public art performance has been symptomatic of a broader belief that participatory democracy could provide an antidote to the discontent of a generation." Carol Martin: *Theater of the Real.* Basingstoke: Palgrave Macmillan 2013, p. 24.

18 Arguably, Augusto Boal's Theater of the Oppressed – now canonical – is the first (and most) relevant example in terms of the effectiveness of participatory practice. But modes of participation seem to be much more diverse than Boal proposes and various other applied theater techniques envisage, even outside of their ethos. They span from widely successful one-to-one performances to various type of 'promenade' / participative endeavors, to 'interactive' performances that combine the experience of the live and the mediatized (i. e. Blast Theory, Gob Squad, Proto-Type Theatre etc.), in fact requesting participation to various degrees, and many other forms.

Nevertheless, participation – in terms of theater and performance – has definitely become connected with attempts toward generating involvement in the public sphere and, through the 'social turn', this has become an important element in the field. Sruti Bala offers a fruitful critique in her study and proposes a useful categorization of participatory practices: (1) representative, a mixture of the aesthetic and the political; (2) related to collectivity, which she considers either thematic or related to creative processes; and (3) related to theatricality, meaning activating spectators to the point at which they become performers/agents of artistic exchange. In the latter case, Bala suggests that, "by being aware of taking on the position of the spectator, the act viewed is marked as perceptible".[19] In other words, what is perceived has the potential to become especially relevant, as per the discussions above (in stations 2, 3 and 4). Nevertheless, in general terms, all three categories potentially intertwine in theater and performance.

The transformative potential of participatory practices, however, relies on their relationality, their attempt to not only create objects or momentary artefacts that might be of artistic value and/or that hold certain artistic interest – which can function as and/or can be defined as media (in the end) – but in their ability to create relevant encounters, situations, in sum, momentarily events that attempt to challenge/renegotiate modes of being together – in performative or quasi-performative contexts – in which we discover our own ability to enact change. In the introduction to *Participation: Documents of Contemporary Art*, Claire Bishop talks about the two main tendencies in participatory practices, one being to 'activate' spectators, the other to investigate the social dimensions of participation itself. The entire book – an edited volume that brings together a plethora of relevant examples – highlights different ways (theoretical and practical) of intertwining the two and looks for relevant arguments for doing so.

In 1973, Beuys claimed that art was the only evolutionary-revolutionary power that had the capacity to build "A SOCIAL ORGANISM AS A WORK OF ART" by "dismantling the repressive effects of a senile social system".[20] Decades later, Beuys' postulate has proven to be true and has been reinforced by way of a range of diverse practices that have been successful in terms of their impact on spectatorship. It has also highlighted the possibility of an ongoing imaginative

19 Sruti Bala: Vectors of Participation in Contemporary Theatre and Performance. In: *TDR* 37:3 (2012), pp. 236–248, here p. 245.

20 Joseph Beuys: I Am Searching for Field Character // 1973. In: Claire Bishop (ed.): *Participation: Documents of Contemporary Art*. London / Cambridge, MA: Whitechapel Gallery & MIT Press 2006, pp. 125–126, here p. 125.

remix of experiences, literacies and expectations connected with societal values, the public sphere and their dynamics. Nowadays, many artistic practices, including art therapy, confirm the many possibilities of art in relation to participation.

It is clear that participation connects art to reality, no need to demonstrate the obvious, academically. One last thing that must be at least mentioned here, since the subject of participation is too broad to be discussed properly in this context, is that the negotiation of tensions between the definition of self and the other plays a quintessential role in participatory performative practices. (Perhaps another topic to explore in the future.)

Station 6: The public sphere

In summarizing the different forms of the public sphere based on Habermas' definition, Balme identifies three of relevance: (1) representative, pertaining to absolutist or feudal political regimes; (2) bourgeois, pertaining to democratic regimes; and (3 s.) incidental and transitory, pertaining to particular occurrences in the arts or, more precisely, perfomative interventions.[21] Above all, a 'discourse arena' for a wide range of socio-political thoughts and other related notions of currency based on dynamic negotiations between what is considered 'private' and 'public', at certain points in time and in specific contexts. It is clear, by now, that the public sphere has played a crucial, regulatory "role in the functioning of the so called free societies".[22] Its relationship with theater and performance mirrors the tensions described in the sections above and constitutes itself as a negotiation between the 'inside' and the 'outside' of the realm of theater and performance, between the dynamics of experience provided for the spectator by a particular event and the wider socio-political issues of currency. In other words, the public sphere is inherently relational, as participatory practices are.

Issues arise in the public sphere when certain elements become unclear and public negotiation – thinking and re-thinking/re-configuration – becomes necessary. A similar dynamic with intermediality in terms of ways of working. As well as with participation, which is also relational. The first negotiates ideas and concepts, with all the emotions associated. The second provides the set-up

21 Christopher Balme: Public Sphere and Contemporary Performance. In: *Critical Stages/Scènes Critiques* 7 (2012). http://www.critical-stages.org/7/public-sphere-and-contemporary-performance/ (accessed July 13, 2017).

22 Ibid., p. 1.

(material and symbolic) for a renegotiation/re-thinking of artistic discourse from a different perspective, but also implies a reconfiguration of the sensorium, perceived both individually and collectively. The third negotiates and renegotiates the relevance of ideas and concepts, in terms of experience, potentially even empowerment or, at the very least, an in-depth understanding that includes the embodied experience. Consequently, the three could be efficiently intertwined in theater and performance. Their interrelation can enhance the field and the spectatorial experience, and potentially help to clarify issues pertaining to reality.[23] Imaginative thinking/consideration/experience provokes an enhanced, arguably more efficient involvement or investment in the relationship with reality, in terms of spectatorhip.

Station 7: Spectatorship

Even if spectating has traditionally meant being subdued by the 'framing' of the perspectival vision of 'reality' by way of an 'end-on' set-up and has also implied apparent physical passivity, kinesthetic reactions, however subtle, take place in relation to the 'reality on stage' and this, in itself – the combination of sensorial stimulation and relevant meaning – is potentially enough to create/stimulate an active response in relation to the public sphere.

This means that, arguably, even in the most 'passive' of all instances, there is the potential to activate the spectator in relation to the public sphere, depending on the discourse on stage. Moreover, if intermedial strategies are implemented, activation can be enhanced, leading to potential breakthroughs in terms of perception and experience. With participatory strategies added to this equation, I would argue that theater and performance's potential to activate spectatorship could be augmented to a third degree.

In the end, irrespective of history and context, the act of spectatorship has always maintained itself as a sensitive encounter that combines/intertwines materiality and metaphorical aspects. On the part of practitioners-, the discourse exposed to the audience always tends to be presented in ways that powerfully evoke a reality of interest, which, even obliquely, connects to the public sphere.

23 "Academic and artistic interest in something is usually a clear sign that signs are unclear, conceptual boundaries are blurred and that old certainties are anything but that." Ibid.

Missing examples

Analyzing different performances or artistic strategies in the context of this essay would have defied its purpose. However, examples that relate to the proposed 'parcours' are many and very diverse: from Dada artists/performers, to all Situationists, to many of the Fluxus artists and, more recently, to Christoph Schlingensief, Marina Abramovic, Gob Squad, Blast Theory, Prototype-Theater, Rimini Protokoll, William Kentridge etc. This list is far from complete and could continue for another page. Please, dear reader, feel free to participate, to fill it in if you wish to – even virtually.

The work that fits into the category discussed by this text is as diverse as the reality in which we live. Nevertheless, the three main steps listed in the title of this study, part of a (potential) matrix of new performance, are key to their practice on an on-going basis.

A conclusion

Intermediality can ultimately be considered one key transformative part of an imaginative process that takes place both on the part of practitioners and of spectators. By undoing and then re-doing/re-configuring narratives – the discourse proposed 'on stage' – into a new synthesis (see Higgins' "conceptual fusion" above), intermediality foregrounds perception and the spectator's ability to see the 'real', the 'fictional' and their different combinations in a different light. It thus provides a potential space for discovery, perhaps for finding solutions or, at the very least, new articulations of discourse that could lead to increased effectiveness in the relationship between theater, performance and the realm of the public sphere. In other words, intermediality is a much-needed, fresh input in a world where racism, xenophobia, political extremism etc. have recently become increasingly dangerous currency and notions of the "post-factual" or the "post-truth" aim to explain all these new and potentially dystopian surges.

The public sphere is (historically and intrinsically) connected to media. Theater and performance, having spent a good few decades redefining themselves in relation to other (newly developed and developing audio-visual) media, have been focusing on self-referentiality as a means of meaningfully surviving and have been arduously investigating their own mediality. They have discovered a new focus on participatory practices, which has been quite extensively explored in the past decade. The realm of participation, which certainly brings with it an increased embeddedness within experience, a potential additional investment in the 'real' via multi-sensorial/kinesthetic effects and an ability to renegotiate the relationship between the personal, the collective and the communicative exchanges in general, creates the basis – I suggest – for a shift from self-referential/medial scrutiny (from a partial Narcissus/narcosis effect in theater, in the past decades) to a more direct engagement with the public sphere – together with the added bonus of newly acquired multi- and intermedial dramaturgical strategies and related spectatorial literacies. In sum, this trajectory, moving from intermediality to participation, in whatever form this might take (and I have shown that there is a wide variety of potentialities) can provide fertile ground for rethinking the role and impact of theater/performance in the public sphere. In other words, an imaginative shift from resistance toward forward action, in which the role of the spectator is taken further, making him or her a more active observer than before – or, perhaps, active in ways not yet envisioned, but still to be imagined. These are, in the end, academic musings, fragments of thoughts that will be taken further into the future.

Forschen am Spielfeldrand

Interdisziplinarität in der Theaterwissenschaft

Iris Cseke / Katharina Knüppel

Die Überlegungen dieses Essays bewegen sich am Spielfeldrand, dort, wo Akteur*innen und Publikum aufeinandertreffen, wo Wechsel stattfinden, wo Strategien verhandelt werden. Hier untersuchen wir die Schnittstellen von Theater – das stets Spiel ist, im doppelten, doppelbödigen Sinne – mit anderen Medien, mit anderen Räumen, mit Gesellschaft und Politik. Hier befragen wir Methoden zum Forschen an den Rändern, die sich, wie das Theater selbst, durch bewegliche, fragile und stets neu zu konstruierende Strukturen auszeichnen. Wir betrachten Produktionen und Inszenierungen, die sich jenseits etablierter Medienkategorien, Bühnen- und Kommunikationsräume bewegen, die im Dazwischen neue Erfahrungen eröffnen. Die beiden Teile des Aufsatzes skizzieren beispielorientiert die Kernfragen und -themen zweier aus interdisziplinärer Forschung entstandener Dissertationen, die sich einerseits mit den Schnittstellen von Theater und öffentlichem (digitalem) Raum beschäftigen, andererseits mit den intermedialen Verflechtungen von Theater und anderen Künsten.

1. Halbzeit. Vom Ereignis zum Netzwerk: Wo ist die Theateröffentlichkeit?

Wo hört Kunst auf und wo fängt politischer Protest an? Fragen wie diese werden spätestens seit den 1960er Jahren immer wieder gestellt, insbesondere dann, wenn Inszenierungen die Theaterbühne verlassen und sich auf öffentliche Plätze verlagern, wie es bei den Aktionen zwischen Kunst und Politik von Christoph Schlingensief oder des Zentrums für politische Schönheit der Fall ist. Wenn zusätzlich der theatrale Raum und der digitale Raum miteinander verschmelzen, erhalten diese Fragen neue Relevanz und Antworten sind nicht leicht zu finden: Wie lässt sich der Theaterraum verorten und wie ist das Verhältnis zwischen Akteur*innen und Zuschauer*innen, wenn Online-Performances zugleich Theatererlebnisse sind und Theateröffentlichkeiten jederzeit – über das flüchtige Theaterereignis hinaus – zu politischen Öffentlichkeiten werden können? Wo verlaufen die Grenzen des Theaterraums, wenn Online-Öffentlichkeiten, z. B. fragile Communities auf Twitter, YouTube und Facebook, Teil der Inszenierung sind und live mit ihr verschaltet werden? Diese Fragen der Verortung bringen methodische Fragen der Inszenierungsanalyse mit sich und bedingen neue Überlegungen über passende theoretische Rahmungen von Theater und Theateröffentlichkeit(en). Wenn der digitale Raum im Produktionsprozess der Inszenierung von vornherein mitgedacht wird, ist der Theaterraum, der Ort des Geschehens, nicht mehr nur auf der Bühne oder im öffentlichen Raum außerhalb des Theaters zu finden, sondern genau an der Schnittstelle zwischen Erfahrungs- und Kommunikationsräumen online und offline. Dadurch erweitert sich auch die Theateröffentlichkeit. Dieser Begriff wird hier verstanden als Kommunikationsraum und netzwerkartiges Diskursforum, als „*Netzwerk*öffentlichkeit“[1]. Teilöffentlichkeiten wie die Theateröffentlichkeit, die Online-Öffentlichkeit, städtische und politische Öffentlichkeiten oder auch Gegenöffentlichkeiten, die durch Protestereignisse erzeugt werden, verschmelzen miteinander und lassen sich nur als heterogene „issue publics“[2], als „Themenöffentlichkeiten“ jenseits institutioneller Grenzen abbilden. Über die Interaktion der Theaterakteur*innen und Internetnutzer*innen entsteht ein Netzwerk im Spannungsfeld zwischen Inszenierung und Öffentlichkeit(en), dessen Spuren die Inszenierungsanalyse und Öffentlichkeitsforschung herausarbeiten müssen.

Der hier zugrunde gelegte Begriff der Netzwerköffentlichkeit bietet dafür erstens den theoretischen Wegweiser zu Netzwerk-Theorien, mit denen

1 Christian Nuernbergk: *Anschlusskommunikation in der Netzwerköffentlichkeit. Ein inhalts- und netzwerkanalytischer Vergleich der Kommunikation im „Social Web“ zum G8-Gipfel von Heiligendamm.* Baden-Baden: Nomos 2013, S. 283. Der Begriff der Netzwerköffentlichkeit wird bereits verwendet in Christoph Bieber: *Politische Projekte im Internet. Online-Kommunikation und politische Öffentlichkeit.* Frankfurt / New York: Campus 1999, S. 189–205.

2 Bernhard Peters: *Der Sinn von Öffentlichkeit,* hrsg. v. Hartmut Weßler. Frankfurt am Main: Suhrkamp 2007, S. 284.

Kommunikationsräume im Internet erfasst werden können. Zweitens wird hier Netzwerköffentlichkeit als eine empirisch analysierbare Kategorie verstanden, da alle Spuren der Kommunikation im Internet als öffentlichkeitsbildende Prozesse aus kulturwissenschaftlicher *und* sozialwissenschaftlicher Sicht untersucht werden sollen. Wenn Technik laut Bruno Latours Akteur-Netzwerk-Theorie (ANT) „stabilisierte Gesellschaft"[3] ist, geben Kommentare, Links, Likes und Videos im Internet Rückschlüsse auf menschliche Beziehungen und können als *Zugangspunkte* zur Netzwerköffentlichkeit gesehen werden. Drittens schließt der hier verwendete Begriff der Netzwerköffentlichkeit in Anlehnung an Christopher Balmes Konzept der Theateröffentlichkeit nicht nur Jürgen Habermas' rationalen, auf Text und Sprache ausgelegten Diskursbegriff mit ein, sondern auch Chantal Mouffes Konzept des *agonistic pluralism*, laut welchem auch explizit auf Affekt und Emotionen ausgelegte – verbale und nonverbale – Diskurse (Gegen-) Öffentlichkeiten erzeugen können.[4]

Das Internet und das Theater können in dieser Netzwerköffentlichkeit nicht nur Plattformen für künstlerische Praktiken sein, sondern selbst Rollen als politische Akteure übernehmen und Bühnen für intermediale Proteste bieten. Für die Kritik an digitalen Technologien, an der Manipulation des Netzes durch Trolls und Diskussionsroboter oder an den Mechanismen digitaler Überwachung lassen sich sowohl im Internet selbst als auch im Theater mimetisch subversive Inszenierungsstrategien beobachten, die im Folgenden näher beleuchtet werden. Im Internet bilden sich als eine Art Metakritik *am* Netz *im* Netz alternative (Gegen-)Öffentlichkeiten heraus, wie z. B. die Initiative „Twitter+resistance=#Twistance"[5] als Protest gegen Donald Trumps Präsidentschaft. Um ‚Fake News' mit der Macht der Wahrheit zu begegnen, legten sich im Januar 2017 zahlreiche mutmaßliche Mitarbeiter*innen offizieller US-Behörden inoffizielle Twitter-Accounts an, wie z. B. *AltNationalParks* oder *RogueNASA*. Das Ziel hierbei war, wissenschaftlich untermauerte Informationen z. B. zum Klimawandel oder zur Erderwärmung zu verbreiten. Die US-amerikanische

3 Bruno Latour: Technik ist stabilisierte Gesellschaft. In: Andréa Belliger / David J. Krieger (Hrsg.): *ANThology. Ein einführendes Handbuch zur Akteur-Netzwerk-Theorie*. Bielefeld: Transcript 2006, S. 369–397, hier S. 395.

4 Vgl. Christopher Balme: *The Theatrical Public Sphere*. Cambridge: Cambridge UP 2014, S. 11, S. 45–46; Jürgen Habermas: *Vorstudien und Ergänzungen zur Theorie des kommunikativen Handelns*. Frankfurt am Main: Suhrkamp 1984, S. 130; Chantal Mouffe: Artistic Activism and Agonistic Spaces. In: *Art & Research. A Journal of Ideas, Contexts and Methods* 1,2 (2007), S. 2–5, hier S. 5.

5 Vgl. eine Liste solcher Twistance-Accounts unter: https://twitter.com/StollmeyerEU/lists/twistance/members (Zugriff am 14.06.2017).

Regierung versuchte bereits, durch Löschungen dagegen vorzugehen, was die Gegenöffentlichkeit auf Twitter nur bestärkte, wie der Nutzer notaltworld am 24. Januar 2017 treffend zusammenfasst: „Can't wait for President Trump to call us FAKE NEWS. You can take our official twitter, but you'll never take our free time!"[6]

Das Theater kann solch eine mimetisch subversive Kritik nicht nur auf die Bühne bringen, sondern stellt sie zur Diskussion, indem es sich an staatliche Abhörmechanismen heranwagt und diese nachahmt, wie es z. B. bei *Supernerds – Ein Überwachungsabend*, einer Produktion des Schauspiel Köln, der Fall ist. Hier hält die Kritik *am* Netz und an der Überwachung mittels digitaler Technologien nicht nur *ins* Netz, sondern auch in Theater, Fernsehen und Radio Einzug.

Politisches Theater als Netzwerk zwischen Bühnenraum und digitalem Raum

Wenn zum Theater in der Netzwerköffentlichkeit die Dimension von politischem Aktivismus hinzukommt, wird der digitale Raum als künstlerisch-politisches Aktionsfeld bewusst mitinszeniert, wie es bei *Supernerds – Ein Überwachungsabend* der Fall ist. Dieses Theaterprojekt der Regisseurin Angela Richter wird auf der eigenen Webseite als „transmediales Projekt zum Thema digitale Überwachung, inszeniert im TV, Theater & Web"[7] bezeichnet. Hier sind Theater und das Netz selbst (politische) Akteure der Netzwerköffentlichkeit und gehen über ihre Funktion als künstlerischer Akteur auf der Ebene der ästhetischen Wahrnehmung hinaus. Neben der Verschmelzung von Theater und Politik findet hier ebenso die Verschmelzung der Theateröffentlichkeit mit der Öffentlichkeit inner- und außerhalb des Internets statt.

Supernerds hatte am 28. Mai 2015 am Schauspiel Köln Premiere, wurde im Rahmen des DokFest München im Mai 2016 an den Münchner Kammerspielen gezeigt und hatte bereits Gastspiele in Großbritannien und Australien. Die Inszenierung basiert auf Recherchen und Interviews mit Whistleblowern wie Edward Snowden, Julian Assange oder Chelsea Manning und ist zwischen Theateraufführung, Fernseh- und Radiosendung sowie Online-Computerspiel im Internet angesiedelt. Ins Zentrum der Inszenierung rückt das gegenseitige digitale Ausspähen in der heutigen Zeit. Die Uraufführung am Schauspiel

6 Siehe ausführlich dazu: Eike Kühl: Wissenschaftler im Guerilla-Kampf. In: *Zeit Online*, 26.01.2017. http://www.zeit.de/digital/internet/2017-01/donald-trump-wissenschaftler-usa-rogue-twitter (Zugriff am 02.04.2017).

7 *Supernerds*. https://www.supernerds.tv/ (Zugriff am 14.06.2017).

Köln wurde online gestreamt und von einer Live-Sendung des WDR begleitet, die mit Expertengesprächen zum Thema immer wieder auf der Bühne zugeschaltet wird. Die interaktiven Experimente, die mit den Smartphones der Theaterzuschauer*innen vor Ort gemacht werden, um Überwachung z. B. durch gehackte Handykameras live zu simulieren, werden wiederum in die Fernsehsendung des WDR projiziert, in der die Moderatorin mit der Regisseurin über die Recherchen zur Inszenierung spricht. Die Ansprache an das Theaterpublikum während der Experimente nimmt hier einen latent pädagogischen Tonfall an: „Wir sind die Guten, wir sagen euch wenigstens Bescheid, wenn wir eure Handykamera hacken."[8]

Das Narrativ der Überwachung wird in *Supernerds* bereits vor der Theateraufführung und der Live-Sendung auf unterschiedlichen Rezeptionsebenen dramaturgisch eingebaut: Die Zuschauer*innen konnten sich die Theaterkarten nur online kaufen und mussten dabei personenbezogene Daten wie ihre Handynummern preisgeben. Wie in der Presse zu lesen war, erhielten einige Zuschauer*innen bereits vor der Aufführung anonyme SMS, die nicht sofort dem Theaterstück zuzuordnen waren und die die Grenze zwischen Kunst und Privatsphäre der Zuschauer*innen überschritten.[9] Bereits einige Wochen vor der Premiere gab es zudem die Möglichkeit, auf der Webseite am *Sudden Life Gaming* als persönlicher „Erlebnisgeschichte" teilzunehmen oder „einen Freund zu überraschen",[10] um Überwachung und das Überwachtwerden nachzuempfinden. Damit bewegt sich *Supernerds* auf einem schmalen Grat zwischen der Reproduktion von staatlichen Abhörmechanismen und deren mimetischer Subversion als künstlerische Offenlegung von Überwachung und Datenspeicherung.

Die Inszenierung geht hier über das punktuelle Live-Erlebnis hinaus und führt vor und nach den Theateraufführungen den Diskurs um die Überwachungsgesellschaft außerhalb des Theaterraums fort. Der digitale Raum ist eine unverzichtbare, künstlerisch angelegte Rezeptionsebene des Werks, da die Inszenierung im Internet weiterlebt: auf der *Supernerds*-Webseite[11], im Onlinespiel *Suddenlife Gaming* sowie auf ihrem Facebook- und Twitterprofil. Hier

8 Angela Richter (Reg.): *Supernerds – Ein Überwachungsabend*. Schauspiel Köln, Premiere am 28.05.2015. Fernsehübertragung, ausgestrahlt im WDR, 28.05.2015.

9 Vgl. Andreas Rossmann: Das Theater wird Komplizin der NSA. In: *FAZ*, 28.05.2015. http://www.faz.net/aktuell/feuilleton/buehne-und-konzert/suddenlife-game-angela-richters-theaterstueck-supernerds-13614960.html (Zugriff am 02.04.2017).

10 Suddenlife Gaming. In: *Supernerds*. https://www.supernerds.tv/registrierung.html (Zugriff am 14.06.2017). Das Spiel ist derzeit nicht mehr verfügbar.

11 https://www.supernerds.tv/ (Zugriff am 02.04.2017).

werden fortlaufend Nachrichten zur Datenpolitik und zum Datenschutz gepostet, Tweets von *netzpolitik.org* oder Lesenswertes zu den Recherchen des Investigativteams der Panama Papers geteilt.[12]

Das intermediale Theaterprojekt ist kein geschlossenes Kunstsystem im Bühnenraum, sondern entspinnt sich als permanentes Netzwerk mit unterschiedlichen Diskursformen und -ebenen. Es wird zu einem Knotenpunkt von analogem und digitalem Erfahrungsraum, aus dem in der hier entstehenden Netzwerköffentlichkeit zwei Diskursstränge hervorgehen: das Theaterstück und die TV-Sendung als politischer, gesellschaftlicher Diskurs zum Thema der Überwachung einerseits und der Diskurs über *Supernerds*, der sich in der medialen Berichterstattung, den Kommentaren der Leser*innen dazu sowie auf Facebook und Twitter ausdrückt, andererseits. Die Kommentare reflektieren und kritisieren sowohl die Motive und Hintergründe der Inszenierung als auch die künstlerische Praxis in *Supernerds*, welche die Grenzen zwischen Überwachen und Überwachtwerden verwischt. Die Zuschauer*innen selbst wechseln im Laufe des Abends immer wieder die Rollen zwischen Voyeur*innen und Ausgespähten.

Für die Untersuchung dieser zeit- und raumunabhängigen Netzwerk*bildung*, die *Supernerds* initiiert, und für die damit einhergehende Netzwerk*analyse* bietet sich der Ansatz von Latours ANT an, um nicht in die Falle technikdeterministischer Interpretationen zu tappen. Theaterereignisse werden im Netz selbst zu Netzwerken mit zerstreuten Akteur*innen und die Netzwerkanalyse ist ein Prozess, mit dem Kommunikations- und Handlungsräume jenseits der nicht mehr eindeutig ziehbaren Grenzen zwischen virtuellen und physischen Räumen beschrieben werden können. Zur Erfassung des sich permanent wandelnden Netzwerks zwischen Inszenierung und Öffentlichkeit werden drei Analysekategorien vorgeschlagen, die nicht isoliert voneinander, sondern komplementär zueinander zu betrachten sind: Erstens, die Diskurs*ebenen*, d. h., in welchen Medien und Foren verläuft die Kommunikation in der Theateröffentlichkeit? (Wo) findet ein politischer Diskurs statt? Zweitens, die Diskurs*formen* als ein detaillierter Blick darauf, wie und was die Akteur*innen kommunizieren und wie die Diskursformen sich auf die Generierung von Öffentlichkeit auswirken. Bei der Untersuchung der medialen Öffentlichkeit nehmen neben der Diskursform des Texts die (Video-)Bilder und die Tonspuren sowie non-verbalen Verlinkungen und sonstige Aktionen der Nutzer*innen

12 Auf *Facebook*: https://www.facebook.com/projektsupernerds/?fref=ts; auf *Twitter*: https://twitter.com/supernerds_tv?lang=de (Zugriffe am 02.04.2017).

einen gleichrangigen Stellenwert ein. Und drittens, welche Diskurs*ordnungen* rahmen die Netzwerköffentlichkeit, die als Kommunikationsraum untersucht wird? Welche Relevanz hat hier die Internet-Öffentlichkeit und welches Gewicht kann und soll den zahlreichen Kommentaren in sozialen Netzwerken überhaupt verliehen werden?
Der letzte Punkt wird unerlässlich, wenn eine große Öffentlichkeit als normative Größe, als ein zu erreichendes Ziel angesehen wird, um die gesellschaftliche Debatte zu einem bestimmten Anliegen zu initiieren. Dies ist insbesondere der Fall, wenn der digitale Raum nicht als *zusätzlicher* Rezeptionsraum bespielt wird, sondern das Internet ein zentraler Akteur politisch motivierter Proteste wird, die die Theateröffentlichkeit nicht auf der Ebene künstlerischer Reflexionen, sondern vorrangig auf der Ebene theaterinstitutioneller Diskurse und der Kulturpolitik ansprechen und mobilisieren wollen.

Theaterpolitik im Netz

Akteur*innen aus dem Kulturbetrieb, die in der Netzwerköffentlichkeit von vornherein als Protestakteur*innen statt als Akteur*innen einer Theaterinszenierung ‚auftreten', verfolgen mit solch bewusst platzierten Strategien das Ziel, die (Theater-)Öffentlichkeit im Netz – und möglichst schnell auch diejenige außerhalb – für ein konkretes Anliegen zu mobilisieren. Sie wollen auf Missstände aufmerksam machen und Gegenöffentlichkeiten miteinander vernetzen, um auf diese Weise eine Debatte in Kommentaren und Blogs zu entfachen und so Themen in der medialen Berichterstattung zu platzieren. Die Mechanismen der Protestinszenierungen und die Theateröffentlichkeit müssen hier ebenfalls als Netzwerke mit unterschiedlichen Diskursformen auf unterschiedlichen Kommunikationsebenen komplementär zueinander betrachtet werden.
Die YouTube-Videos mit dem Motto *TW in LE bleibt!* („Theaterwissenschaft der Uni Leipzig bleibt") zum Erhalt des Instituts für Theaterwissenschaft an der Universität Leipzig sind ein Beispiel für kulturpolitischen Protest in der Netzwerköffentlichkeit.[13] Sie zielen darauf ab, eine Gegenöffentlichkeit zu institutionellen und kulturpolitischen Entwicklungen zu etablieren. In den Videos, die im Februar 2014 parallel zu Protesten auf dem Campus der Universität und zu einer Online-Petition veröffentlicht wurden, sprechen sich renommierte deutsche und internationale Intendant*innen, Wissenschaftler*innen,

13 Vgl. die Videos im Kanal: *TW in LE*. In: *YouTube*. http://www.youtube.com/channel/UC3eUEH3C2LugUDv3yUqoXMw/feed (Zugriff am 02.04.2017).

Regisseur*innen und Schauspieler*innen mit kurzen Statements und szenischen Darbietungen für den Erhalt des Instituts für Theaterwissenschaft in Leipzig aus. Dem Institut drohte aufgrund massiver Stellenkürzungen durch die sächsische Landesregierung die Schließung. Die Videos wurden als „Videogrußbotschaften" während der Solidaritätsveranstaltung *Die Theaterwelt läuft Sturm* für das Institut im Schauspiel Leipzig am 7. Februar 2014 gezeigt und im Anschluss durch weitere Protestvideos im YouTube-Kanal ergänzt, der die Öffentlichkeit auch über Leipzig hinaus informieren soll. Die geplanten Kürzungen wurden nach dem Regierungswechsel in Sachsen im Herbst 2014 teilweise zurückgenommen, aber erst seit Herbst 2016 ist die Zukunft des Instituts tatsächlich gesichert. Diese positive Entwicklung kann gewiss nicht (nur) direkt auf die Videoproteste zurückgeführt werden, dennoch haben solche vernetzten Proteste, die YouTube-Videos, Online-Petitionen und Interventionen im öffentlichen Raum miteinander verknüpfen, eine hohe mobilisierende Wirkung auf die Öffentlichkeit, auch jenseits des lokalen städtischen Aktionsraums.

Mit einer ähnlichen Absicht wendet sich der Verband der Freien Theater in Ungarn (FESZ),[14] zu dem auch international renommierte Regisseur*innen wie Árpád Schilling und Viktor Bodó gehören, gezielt an die Internet-Öffentlichkeit. Das auf YouTube veröffentlichte Protestvideo *FESZ – Protest gegen die verzögerte Auszahlung von Zuschüssen*[15] soll auf die massiven, existenzbedrohenden Kürzungen durch die ungarische Regierung und die deutlich verzögerte Auszahlung von bereits zugesagten Projektzuschüssen für die Freie Szene aufmerksam machen. Die Videos sind der Anlass, um einen kritischen Diskurs in der ungarischen Gesellschaft gegen die Kulturpolitik der regierenden Fidesz-Partei zu erzeugen; sie haben jedoch auch in der internationalen Theateröffentlichkeit eine hohe Resonanz erzielt. Unter den zahlreichen Videos, die auf YouTube unbemerkt ‚schlummern', dringen auch diese Protestvideos des FESZ erst durch Verweise in der Berichterstattung anderer Medien auf den Radar der öffentlichen Aufmerksamkeit. Sie wurden in den Onlineauftritten

14 FESZ ist die Abkürzung für *Független Előadó-művészeti Szövetség* [dt. Verband Freier Darstellender Künstler].

15 Der FESZ hat zwei Versionen des Videos auf YouTube hochgeladen. Vgl. die lange Videoversion mit dem Namen: *FESZ – tiltakozás a müködési támogatások halogatásával szemben – TELJES* [Protest gegen die verzögerte Auszahlung von Zuschüssen – GESAMT] im YouTube-Kanal Krétakör Alapitvány, 07.11.2012. In: *YouTube.* http://youtu.beoQoaKy7iuSM, sowie die kurze Version: *FESZ – tiltakozás a müködési támogatások halogatásával szemben*, 07.11.2012. In: *YouTube.* http://youtu.be/YfenOc7leA0 (Zugriffe am 02.04.2017).

der ungarischen Tageszeitungen und auch auf dem deutschen Theaterportal *nachtkritik.de* geteilt.[16]
Das Protestvideo wurde am 7. November 2012 veröffentlicht, nachdem der Verband zahlreiche offene Briefe an das Ministerium für Humanressourcen geschickt und nie eine Antwort erhalten hatte. In der circa vierminütigen Gesamtversion des Videos veranschaulichen die einzelnen Mitglieder des FESZ anhand unterschiedlicher Statements ihre aktuelle Situation, drohende Theaterschließungen und die allgemeine Existenzgefährdung freier Theaterschaffender in Ungarn. Bereits drei Tage nach Upload dieses Videos auf YouTube antwortet das Ministerium mit dem selbst produzierten Video *Realistisches über die Kulturfinanzierung 2012*,[17] dessen Bildsprache dem Protestvideo des FESZ sehr ähnlich ist. Die damaligen Staatssekretäre im Amt listen allerdings nur große, vom Ministerium geförderte kulturelle Einrichtungen auf, ohne einen Bezug zum Anliegen der Freien Szene herzustellen. Zudem wurde die Kommentarfunktion bei diesem Video deaktiviert – ein starkes Zeichen der Dialogverweigerung an die Internet-Öffentlichkeit. Das Video wurde von den YouTube-Nutzer*innen allerdings sofort als kommentierbare Kopie der Öffentlichkeit zugänglich gemacht und im Kommentarbereich des Protestvideos des FESZ verlinkt. Es sind demnach die Kommentator*innen, die die verschiedenen Videos des Protestnetzwerks zueinander in Beziehung setzen und den Diskursraum auf YouTube immer wieder mit dem Kontext des Protests und der Kulturpolitik verschalten.

> Diese Künstler haben schon genug vorgewiesen und müssen nicht erklären, warum es wichtig ist, was sie machen. Was das Wichtigste ist: Laut dem Theatergesetz steht ihnen die Förderung zu, sie wurde ihnen auch schon zugesichert, sie haben sie nur nicht erhalten [...]. (Nutzer warbaby78 zum Video des FESZ in der Langversion, 2012)[18]

So entsteht nach und nach ein wachsendes intermediales Protestnetzwerk, das immer wieder neue Akteur*innen als erweitertes Sprachrohr in den Diskurs einbindet. Protestvideos und die Kommentare stehen damit in einem Spannungsfeld zwischen überregionaler Sicht- und Wahrnehmbarkeit des Protests und seiner lokalen Verortung in den gesellschaftlichen Diskursen, die unter den

16 Vgl. zur ausführlichen Darstellung dieses kulturpolitischen Protestnetzwerks Iris Cseke: *Netzwerke aus Inszenierung und Öffentlichkeit. Protest, Kunst und Theater auf YouTube*. München: epodium 2017, Kap. 6 (im Erscheinen).

17 Vgl. das Video *Reálisan a kultúra finanszírozásáról 2012* [Realistisches zur Kulturfinanzierung 2012], 10.11.2012. In: *YouTube*. http://youtu.be/ITaB0eVoHVQ (Zugriff am 02.04.2017).

18 Nutzerkommentar zu: *FESZ – tiltakozás a mûködési támogatások halogatásával szemben – TELJES* (Übers. aus d. Ungar. I. C.).

Kommentator*innen und außerhalb von YouTube in kulturpolitischen Debatten geführt werden.

Die Online-Archivierung dieser Protestnetzwerke macht zeitlich beschränkte Protest*ereignisse* somit permanent online verhandelbar. Damit lebt der Diskurs der Gegenöffentlichkeit weiter und kann im Netz als ‚Protestarchiv' permanent mitverfolgt und auch noch lange Zeit nach ergänzenden Protestereignissen und Interventionen im öffentlichen Raum kommentiert werden. Der Kommentar ist zudem stets aktueller Gradmesser der Glaubwürdigkeit der im Video positionierten Protestakteur*innen, sodass sich Gegenöffentlichkeiten im Netz jederzeit auch gegen diese selbst richten können, nicht nur gegen das im Video kritisierte Ministerium für Humanressourcen.

Die Reaktion des Ministeriums und die Kommentare der YouTube-Öffentlichkeit als Reaktionen auf den kulturpolitischen Protest beeinflussen nicht nur die Wahrnehmung des ersten Protestvideos des FESZ, sondern sie sind in die Dramaturgie eines zweiten Protestvideos als Metaebene eingearbeitet worden. Dieses zweite Protestvideo des FESZ wurde zehn Tage nach der Videoantwort des Ministeriums auf YouTube veröffentlicht[19] und stellt die Rechtfertigungsversuche im Antwortvideo der kulturpolitischen Akteur*innen aus dem Ministerium subversiv aus. Mit dieser Strategie kann der FESZ selbst Stellung zur Kritik an seiner eigenen Protestaktion beziehen und so werden auch eventuelle weitere kritische Kommentare der YouTube-Öffentlichkeit antizipiert und im Vorfeld entkräftet. Zudem sind die Protestakteur*innen des FESZ selbst im Kommentarbereich ihrer Videos präsent und versuchen so, Fragen der Kritiker*innen zu beantworten, weitere Hintergrundinformationen zur kulturpolitischen Lage in Ungarn zu liefern und eventuelle Missverständnisse aus dem Weg zu räumen. Nach und nach entsteht hier nahezu ein ‚Live-Dialog' zwischen verstreuten Protestakteur*innen und Rezipient*innen der Protestaktionen, der so nur in der Netzwerköffentlichkeit möglich ist.

Das Ministerium für Humanressourcen lenkte schließlich ein und hat der Freien Szene im Mai 2013 statt der gekürzten Zuschüsse den gesamten ihnen anfangs zugesicherten Betrag für 2012 ausbezahlt. Die Proteste der Freien Szene reißen allerdings bis heute nicht ab, sodass das Protestnetzwerk unendlich weiter gesponnen werden kann: Am 11. Juli 2014 hat die Gruppe Krétakör ein mit englischen Untertiteln versehenes Video auf YouTube geladen, in dem Árpád Schilling erklärt, dass er ab sofort auf jegliche Zuschüsse von Seiten

19 Vgl. das Video *FESZ – Reálisan a kultúra finanszírozásáról* [FESZ-Realistisches über die Kulturfinanzierung], 20.11.2012. In: *YouTube*. https://www.youtube.com/watch?v=X86TCau8qzw (Zugriff am 02.04.2017).

des Ministeriums für Humanressourcen verzichte.[20] Das Ministerium hatte trotz der Förderempfehlungen der Fachkommission die Zuschüsse für Krétakör im Jahr 2013 eigenmächtig um 25 % und 2014 um 50 % gekürzt.[21] Heute besteht Krétakör nicht mehr als Theaterkollektiv, sondern als Stiftung, die zu gesellschaftspolitischen Themen vor allem im Bereich Theaterpädagogik arbeitet. Im Februar 2016 wandte sich der FESZ erneut an das Ministerium und beklagte das „Ausbluten lassen“[22] der freien Szene. Die Fördermittel sind im Vergleich zum Vorjahr erneut zurückgegangen, eine grundsätzliche Besserung der Theaterfinanzierung ist somit nicht in Sicht; der Hauptteil der staatlichen Förderung geht an die großen Theaterhäuser, die seit dem Regierungswechsel 2010 nach und nach mit regierungsfreundlichen Intendanten besetzt wurden.[23]

Das YouTube-Video ist also lediglich ein Knotenpunkt eines online und offline verlaufenden Protestarrangements, zu dem die initiierten Diskurse in den Kommentarspalten auf YouTube, in anderen Netzwerken wie Twitter und Facebook und in den Online-Portalen der berichtenden Zeitungen unmittelbar dazugehören. Langfristig soll hier über das Video selbst hinaus die journalistische Berichterstattung als Multiplikator dienen, den Druck zu erhöhen, damit politische Entscheider*innen und Intendant*innen die Forderungen der Protestakteur*innen aufgreifen.

Um diese vielschichtigen Diskurse in der Netzwerkoffentlichkeit auf den unterschiedlichen Ebenen zu erfassen, sind neben den Video- und Inszenierungsanalysen, die die Erzählstrategien und die Bildsprache beleuchten, auch empirische sozialwissenschaftliche Methoden der Öffentlichkeitsforschung nötig wie z. B. die qualitative Inhaltsanalyse, um die Kommentarinhalte nach Themenkategorien strukturiert listen zu können und einen umfassenden Einblick in die online und offline verhandelten gesellschaftlichen Diskurse der Netzwerköffentlichkeit zu gewinnen. Mithilfe

20 Vgl. das Video: *Zéro Ministeriumi Támogatás* [Ministerielle Förderung ist gleich Null], 11.07.2014. In: *YouTube*. http://youtu.be/-7Rv_P9Nvgk (Zugriff am 02.04.2017).

21 Vgl Katalin Szemere: Schilling besokallt. Nem pályázik többe a Krétakör [Schilling hat genug. Krétakör bewirbt sich nicht mehr auf Ausschreibungen]. In: *nol.hu*, 11.07.2014. http://nol.hu/kultura/schilling-besokallt-nem-palyazik-tobbe-a-kretakor-1473699 (Zugriff am 02.04.2017).

22 Balog Zoltánhoz fordulnak a független színházak [Die Freie Szene wendet sich an Zoltán Balog]. In: *origo.hu*, 15.02.2016. http://www.origo.hu/kultura/egyfelvonas/20160215-a-miniszteriumhoz-fordulnak-a-fuggetlen-szinhazak-tamogatas-balog-zoltan-hoppal-peter.html (Zugriff am 29.06.2017).

23 Vgl. hierzu Christine Wahl: Die Vermeidung des Politischen. Das Kortárs Drámafesztivál Budapest konnte 2016 nach einer Pause wieder stattfinden. Dennoch kein Grund zum Optimismus – ein Festivalreport aus Ungarn. In: *Theater heute*, 03/2017, S. 40–45.

der Inhaltsanalyse der datierten Kommentare zusammen mit der kritischen Analyse der Medienberichterstattung und der Performanz der Akteur*innen im öffentlichen Raum außerhalb des Internets können sehr genaue Ereignisprotokolle der Proteste generiert und aktuelle Geschehnisse immer wieder neu kontextualisiert werden.
Ein tiefer, detaillierter Blick in die Kommentarspalten und die Flut der Videobilder, die die Online-Öffentlichkeit als Teil der Netzwerköffentlichkeit abbilden, ist demnach unerlässlich, um die Kommunikationsströme und Plattformen zu kennen und einordnen zu können sowie mit einem kritisch reflektierten Diskurs online, aber auch auf Diskussionspodien außerhalb des Internets auf diese reagieren zu können: „Erforscht werden nicht mehr ausschließlich das Internet und seine Nutzer; vielmehr können Kultur und Gesellschaft mit dem Internet erforscht werden."[24]

2. Halbzeit. Theater als intermediale Wahrnehmungsanordnung

Wie für den ersten Teil dieses Essays, lassen sich die Wurzeln der folgenden Fragestellungen bis in die 1960er Jahre zurückverfolgen: In dieser Zeit der sogenannten zweiten Avantgarde findet nicht nur eine Öffnung von Kunst- und Theaterräumen in den öffentlichen Raum statt, gleichzeitig lösen sich in experimentellen Formaten wie Happenings, Performances, Installationen etablierte Medienkategorien auf. Rosalind Krauss spricht in Bezug auf die theatralen Tendenzen in der bildenden Kunst von „Sculpture in the Expanded Field".[25] Diese Erweiterung des Spielfelds in der Begegnung von Theater und Skulptur setzt sich seither in vielfältiger Gestalt fort und erhält mit der Digitalisierung um den Jahrtausendwechsel neue Dimensionen. Ausgehend von aktuellen Transformationen des vielschichtigen Werks des Dramatikers, Lyrikers, Romanciers, Hörspielautors, Theater- und Fernsehregisseurs Samuel Beckett (1906–1989) lotet das folgende Unterkapitel die hier entstehenden Zwischenräume aus. In der Verschränkung von darstellender und bildender Kunst schreiben der deutsche Bildhauer Peter Welz gemeinsam mit dem amerikanischen Choreographen William Forsythe sowie das irische Theaterkollektiv Pan Pan Theatre in experimentellen Formen die (Theater-)Ästhetik Becketts fort: Rund 50 Jahre nach ihrer Entstehung werden Becketts Prosatexte und Stücke für das elektronische Medium Radio mit den Darstellungsmitteln des digitalen Zeitalters neu

24 Richard Rogers: Das Ende des Virtuellen. Digitale Methoden, aus d. Engl. v. Berthold Rebhandl. In: *Zeitschrift für Medienwissenschaft* 5,2 (2011), S. 61–77, hier S. 77.
25 Rosalind Krauss: Sculpture in the Expanded Field. In: *October* 8 (1979), S. 30–44.

belebt. Die installativen Inszenierungen leisten durch den Medienwechsel nicht nur eine Neuperspektivierung der Ausgangstexte, sondern eröffnen neue intermediale Erfahrungsräume für den/die Rezipient*in.

Von schwindelerregender Prosa zur begehbaren Videoskulptur – Peter Welz: *whenever on on on nohow on | airdrawing* (2003)

Zwischen Choreographie, Videokunst, Skulptur und architektonischer Multiscreen-Installation oszilliert Peter Welz' Arbeit *whenever on on on nohow on | airdrawing*, deren Titel auf eine Lektürenotiz des ausgebildeten Bildhauers während der Auseinandersetzung mit Becketts spätem Text *Worstward Ho* zurückgeht.[26] Gemeinsam mit dem Choreographen William Forsythe folgt Peter Welz Fragen nach dem Körper im Verhältnis zum umgebenden Raum, die Becketts Text aufwirft – „First the body. No. First the place. No. First both."[27] Ebenso wie die vom Text produzierte Dialektik von Stasis und Bewegung, die durch Negation des Gesagten im angestrebten *Aufs Schlimmste zu*[28] jedes Voranschreiten wieder zurücknimmt, sind sie gleichermaßen relevant für die Skulptur wie für den Tanz. In einer mehrstufigen Transformation des Ausgangssatzes mithilfe der Mittel von Video und Architektur übersetzen die Künstler diesen in ein begehbares räumliches Dispositiv.

Im ersten Schritt transformiert Forsythe die titelgebende Kadenz *whenever on on on nohow on* in eine improvisierte Choreographie, in welcher er den repetitiven Rhythmus der Phrase bzw. der Struktur von *Worstward Ho* als Ganzes aufgreift. Durch wiederholte, immer größer werdende Bewegungen, sich selbst aktivierend durch die Berührung und Manipulation eigener Körperteile, katapultiert sich der Tänzer von einer Bewegungssequenz in die nächste. Unterbrochen wird der Bewegungsfluss durch Momente des Rekalibrierens, in denen Forsythe sich sammelt und die dem zögernden Voranschreiten von Becketts Prosa entsprechen. Diese Dynamik des Vor und Zurück lässt sich auch in der Variation von Forsythes Auf- und Ab-Bewegungen auf der vertikalen Achse nachvollziehen: Aus liegender oder sitzender Position arbeitet er sich mit kreisförmigen Bewegungen, den Impulsen von Armen und Torso folgend, nach oben, bis ihn die Gravitation wieder zum Boden lenkt. So finden Struktur und Rhythmus

26 Peter Welz in einem Telefoninterview mit der Verfasserin Katharina Knüppel am 09.09.2013.

27 Samuel Beckett: *Worstward Ho*. London: Calder 1983, S. 8.

28 So lautet der Titel der deutschen Übersetzung des Texts, erschienen 1989 bei Suhrkamp.

des von Welz vorgegebenen Textfragments in der insistierenden Wiederholung der Silbe „on" und ihrer Umkehrung zu „no" eine Entsprechung.
Die von Forsythe getanzte Sequenz wird von Peter Welz mit fünf synchronisierten Videokameras aus verschiedenen Blickwinkeln gefilmt, welche die Dimensionen der klassischen Skulptur von vorne, von oben und von der Seite mit der Perspektive des tanzenden Körpers selbst kombinieren: Zwei kleine Überwachungskameras an Forsythes Handgelenken – eine nach innen auf seinen Körper hin, die andere nach außen in den Raum hinein gerichtet – zeichnen eine Innenansicht der Bewegung auf. Die Kombination von objektiver und subjektiver Kamera doppelt zugleich die Bewegung des Beckett'schen Ausgangstexts, die dem Leser suggeriert, mit seinen mentalen Blicken in die Szenerie hinein und hinaus zu zoomen: „Move in. Out of. Back into. No. No out. No back. Only in. Stay in. On in. Still."[29]
Im Ausstellungsraum werden die filmischen Bilder synchron auf fünf lebensgroße Leinwände, frei stehend arrangiert, mit raumgreifenden Dimensionen von 3x4 Metern projiziert.[30] In diesem collagierten architektonischen Dispositiv legen sich, je nach Position des/der Betrachters*in und seiner/ihrer Blickrichtung, die Bewegungen auf unterschiedlichen Leinwänden übereinander und vermitteln so ein Bewusstsein für die Simultaneität des Gezeigten. Um Forsythes schnelle Bewegung nachvollziehbar zu machen, wird die etwa fünfminütige Choreographie erst in Echtzeit und dann in verlangsamter Abspielgeschwindigkeit gezeigt, sodass ein Durchlauf des geloopten Materials insgesamt 17 Minuten dauert.[31] Auf akustischer Ebene hören die Rezipient*innen eine Kulisse aus rhythmischen Atemgeräuschen, dem Quietschen von Schritten auf dem Boden sowie dem Aufeinanderklatschen von Körperteilen, die den tanzenden Körper spürbar machen. Die Betrachter*innen treten buchstäblich in die Choreographie ein: „Der Ausstellungsraum bietet hier Möglichkeiten, Tanz zu zeigen, die die Guckkastenbühne nicht hat. In der Installation kann man sich durch die tanzenden Figuren bewegen."[32]
Durch den von Welz initiierten Dialog zwischen Galerieraum und Raum des Videos entsteht eine Doppelung der räumlichen Wahrnehmung der Zuschauer*innen – das Publikum selbst bewegt sich, während sich Forsythe

29 Beckett: *Worstward Ho*, S. 7.

30 Hamza Walker: Scheitern als Wahl. In: Carsten Ahrens (Hrsg.): *Peter Welz, to unsay*. Goslar: Mönchehaus-Museum für moderne Kunst 2005, S. 19–28, hier S. 19.

31 Ebd.

32 Peter Welz zit. n. Christoph Benjamin Schulz: Filmen für Forsythe – Peter Welz und Thierry de Mey. In: *Schnitt. Das Filmmagazin* 45,1 (2007), S. 24–27, hier S. 25.

bewegt, sodass eine ästhetisch wirksame Spannung zwischen real erfahrener und virtueller Raum- und Zeitlichkeit etabliert wird. So wie die fünf Perspektiven es ermöglichen, zugleich das Innere und das Äußere des Tanzes zu sehen, erleben die Betrachter*innen sich als innerhalb und außerhalb der Videos zugleich. Vor allem die verschwommenen Bilder der beiden Handkameras sowie die hörbaren Atemgeräusche Forsythes fördern durch die unmittelbare Nähe zum Körper des Tänzers den kinästhetischen Nachvollzug der gesehenen Bewegungen. Über den Sehsinn hinaus werden in der Rezeption der akustische sowie der taktile Sinn aktiviert.

Welz setzt seine ästhetische Reflexion zur bewegten Figur im Raum fort, indem er Forsythes Choreographie in Zeichnungen überführt. Dafür überträgt er Ausschnitte der Bewegungssequenz mit einem Stift auf Transparentpapier, indem er der Linienführung eines Körperteils, beispielsweise der linken oder rechten Hand, folgt: Mit dieser Serie von *air drawings* – „Luftzeichnungen" – vollzieht er Forsythes Einschreibung der titelgebenden Phrase in den Raum nach. In der Übertragung der Bewegung aus dem dreidimensionalen Raum in die zweidimensionale Zeichnung wird die zeitliche Dimension des Tanzes in einem statischen Medium in einer Art „Chrono-Kartographie"[33] visualisiert. Auf transparenter Folie gezeichnet, können die Zeichnungen in der Projektion über die Linse gelegt wieder in den Dialog mit den bewegten Bildern der Videos gebracht werden. So vermitteln sie zusätzliche Informationen über die choreographische Struktur, welche die Betrachter*innen beim bloßen Zusehen in einer Live-Situation nicht erfahren würden.

Die fünfte und letzte Transformation besteht in der Übersetzung der Bewegung in Architektur: Welz nutzt einzelne Segmente seiner *air drawings* als Ausgangspunkt für die Konstruktion von Bauelementen, die als plastische Modelle der Spurformen des Tanzes funktionieren: Ausgehend von den Bewegungsabläufen des Tanzes entstehen skulpturale Rauminstallationen, die als Bildträger der Videos genutzt werden.[34] Diese Ableitung des Projektionsmodus aus der Bewegung führt zu einer noch stärkeren Verwebung von Inhalt und Darstellung. Peter Welz verschärft damit nochmals das kinästhetische Erfahrungsmoment der aus *Worstward Ho* abgeleiteten Phrase *whenever on on on nohow on*: Indem er die Struktur des Beckett'schen Ausgangstexts zunächst von William Forsythe in Tanz übersetzen lässt, um diesen anschließend in

33 Gabriele Brandstetter: *Figur und Inversion. Kartographie als Dispositiv von Bewegung.* München: Fink 2002, S. 257.

34 Vgl. Abbildungen in Carsten Ahrens (Hrsg.): *Peter Welz.* Ausstellungskatalog, Weserburg – Museum für Moderne Kunst. Heidelberg: Kehrer 2009, S. 68–79.

einer räumlichen Architektur auszustellen, positioniert er die Rezipient*innen schließlich inmitten Becketts repetitiver Strukturen. Die schwindelerregende Wirkung der insistierenden Wiederholungen wird körperlich erlebbar im so generierten Dialog zwischen räumlicher Wahrnehmung und ästhetischer Erfahrung, durch welchen sich das Kunsterlebnis von der semiotischen auf die somatische Ebene verschiebt.[35]

Vom Hörfunk zur Audio-Skulptur – Pan Pan Theatre: *All That Fall* (2011) und *Embers* (2013)

> *All That Fall* is specifically a radio play, or rather radio text, for voices, not bodies… I am absolutely opposed to any form of adaption with a view to its conversion into 'theatre' […]. If we can't keep our genres more or less distinct […], we might as well go home and lie down.[36]

Diese vielzitierte Ablehnung jeglicher Adaption seines Hörspiels für die Bühne – und scheinbar jedes Medienwechsels – begreift das Künstlerkollektiv Pan Pan Theatre als Herausforderung, Becketts Radiodramen *All That Fall* und *Embers* in installative Theaterinszenierungen zu transformieren und trotzdem Becketts ästhetische Überlegungen zu ihrer Spezifik zu respektieren. Ihre Produktionen bewegen sich zwischen Theater, Skulptur und audiovisueller Rauminstallation. In dieser intermedialen Grundstruktur haben sie wenig Berührungspunkte mit dem Hörfunk der 1960er Jahre, für den Beckett seine Stücke ursprünglich verfasste, und der Rezeptionssituation vor einem Empfangsgerät dieser Zeit, dem man üblicherweise allein in Privaträumen, umgeben von Alltag, lauschte. Stattdessen finden sich die Zuhörer*innen in eigens gestalteten Umgebungen, die mit komplexem Licht- und Sounddesign sowie mit skulpturalen Elementen operieren und einen Erfahrungsraum schaffen, der dezidiert vom Alltag enthoben ist, um ein möglichst immersives Hörerlebnis zu generieren.

35 Eine ausführliche Untersuchung des Beispiels findet sich in Katharina Knüppel: *Samuel Becketts Spuren im 21. Jahrhundert. Intermediale Transformationen in bildender Kunst und Choreographie*. München: epodium 2017 (im Erscheinen).

36 Samuel Beckett an Barney Rosset, 27.08.1957, zit. n. Clas Zilliacus: *Beckett and Broadcasting. A Study of the Works of Samuel Beckett for and in Radio and Television*. Turku: Åbo Akademi 1976, Frontispiz.

„The Lord upholdeth all that fall and raiseth up all those that be bowed down."[37]

Dieser Psalm ist titelgebend für das Stück *All That Fall*, das Beckett 1956 für den britischen Sender BBC erdachte und das im Januar 1957 erstmals gesendet wurde. „It is a text written to come out of the dark"[38], konstatierte Beckett, und als solchen erlebt ihn das Publikum der Produktion von Pan Pan Theatre, die 2011 erstmals in Dublin gezeigt wurde. Die Zuhörer*innen sitzen in lose im Raum verteilten Schaukelstühlen, die als intertextueller Verweis auf Becketts kurzes Drama *Rockaby* zu lesen sind, in dem eine alte Frau von einer Tonbandstimme in den letzten Schlaf geschaukelt wird. Der umgebende schwarze Raum, mit einem dunklen Teppich ausgelegt, ist nur schwach vom Dämmerlicht unzähliger Glühbirnen erleuchtet, die niedrig von der Decke hängen wie ein Sternenzelt. Auf den Schaukelstühlen befinden sich Kissen mit eingestickten Totenköpfen – ein erster Hinweis auf die morbide Dimension von Becketts Radiotext. Die Geschichte von Mrs. Rooney, die sich auf den Weg macht, um ihren blinden Mann Dan an seinem Geburtstag vom Bahnhof abzuholen, beginnt schauerlich mit einem Pfeifen, einem Heulen und Tiergeräuschen. Die Erzählung entspinnt sich wie eine simple Fabel – je näher Mrs. Rooney dem Bahnhof kommt, desto elaborierter werden ihre Transportmittel: vom Pferdekarren über ein Fahrrad bis zur Limousine steigt sie mit jeder Begegnung auf ein neues Fahrzeug um. Gleichzeitig herrscht von Beginn an eine unheimliche Atmosphäre, da überall der Tod zu lauern scheint – ein Huhn stirbt, ein Auto bricht zusammen, Schuberts Lied *Der Tod und das Mädchen* erklingt. Als sie den Bahnhof erreicht, hat ihr Mann Verspätung. Auf dem Rückweg entlockt sie ihm nach und nach den Grund: Ein Kind ist aus dem Zug gefallen. Aber das ist noch nicht die ganze Wahrheit…

Hatte schon Beckett in der ersten Produktion für den BBC großen Wert auf die Ausgestaltung der Geräuschkulisse gelegt, erlaubt die Audiotechnik des 21. Jahrhunderts dem Sounddesigner von Pan Pan Theatre, die Zuhörer*innen nicht gegenüber des Lautsprechers und damit des Dramas, sondern inmitten der Stimmen und Geräusche zu situieren. Die Tonqualität suggeriert den Lauschenden, jemand spreche direkt in ihr Ohr, was eine unmittelbare körperliche

37 Samuel Beckett: All That Fall. In: Ders.: *The Complete Dramatic Works*. London: Faber & Faber 1990, S. 169–200, hier S. 198.

38 Michael Billington: All That Fall review – a chance to savour uncanny Beckett in the dark. In: The Guardian Online, 14.06.2015. https://www.theguardian.com/stage/2015/jun/14/all-that-fall-review-pit-barbican-london (Zugriff am 02.04.2017).

Erfahrung geniert.[39] Gekoppelt an die an- und abschwellende Klangkulisse variiert zugleich die Intensität der Glühbirnen, die in spannenden Momenten plötzlich blendend hell erstrahlen, während zu anderen Zeiten für das Publikum kaum die Umrisse der anderen Zuhörer*innen erkennbar sind. In beiden Extremen spiegelt das Lichtdesign die Blindheit des Protagonisten Mr. Rooney, mit der Beckett ein medienreflexives Moment aktualisiert, da es sich beim Radio um ein rein auditives Medium handelt.

Die Dunkelheit der Umgebung verstärkt die Konzentration auf den Hörsinn und lässt auch dank des reduzierten, abstrakten ‚Bühnenbilds' Raum für innere Bilder: Die Geschichte entspinnt sich „in the realm of pure imagination."[40] Wie von Beckett gewünscht, sind keine Schauspieler*innen anwesend, sondern alle Stimmen und Geräusche kommen von Band vorproduziert. In der Abwesenheit von Live-Akteur*innen werden die Zuhörer*innen selbst Teil des Spiels, wie Jacob Gallagher-Ross beschreibt:

> In the half-dark room, we're all part of the scenery. And it's fascinating to watch your fellow listeners, haloed by ambient light, hang on Beckett's words [...]. The production toys with the borders between inside and outside the mind: As the wry voices sound in the gloom, it's sometimes as if we're inside the characters' heads, or they're inside ours.[41]

„Silence in the house, not a sound, only the fire, no flames now, embers. Embers."[42]

Die hier beschriebene Erfahrung, sich als Zuhörer*innen in den Köpfen der Figuren zu befinden, verschärft Pan Pan Theatre mit der Inszenierung von *Embers.* Becketts zweites Radiodrama, erstmals 1959 gesendet, scheint zunächst nur aus Geräuschen zu bestehen: Langsam mischen sich unter den Rhythmus der Meeresbrandung Orgeltöne (in der zeitgenössischen Produktion sind sie durch Klavierspiel ersetzt) und der Monolog eines alten Mannes, Henry, der zusammenhanglose Sätze vor sich hinspricht, um Ordnung in seine

39 Vgl. Judith Wilkinson: Theatre in an Expanded Field? *All That Fall* and *Embers* reimagined by Pan Pan. In: *Journal of Beckett Studies* 23,1 (2014), S. 128–136, hier S. 133.

40 Vgl. Jason Zinoman: The Nervous Leading the Blind to the End. 'All That Fall', Pan Pan's Take on Beckett, at BAM. In: *The New York Times*, 20.12.2012. http://www.nytimes.com/2012/12/21/theater/reviews/all-that-fall-pan-pans-take-on-beckett-at-bam.html?_r=1 (Zugriff am 02.04.2017).

41 Jacob Gallagher-Ross: All That Fall. Into Your Rockers, Folks. In: *The Village Voice*, 19.12.2012. https://www.villagevoice.com/2012/12/19/all-that-fall-into-your-rockers-folks/ (Zugriff am 02.04.2017).

42 Samuel Beckett: Embers. In: Ders.: *The Complete Dramatic Works*, S. 251–264, hier S. 255.

Erinnerungen zu bringen. In seiner Erzählung verschmelzen Realität und Imagination, sodass die Zuhörer*innen nicht mit Sicherheit sagen können, was sich nur im Kopf des Protagonisten abspielt und was außerhalb. Mit seiner Stimme versucht er, das verhasste Meeresrauschen zu übertönen – sein Vater ist beim Baden im Meer auf ungeklärte Weise ertrunken –, indem er zu seiner vermutlich ebenfalls verstorbenen Ehefrau Ada spricht, deren Antworten er mit leiser, ferner Stimme hört, wie es in Becketts Regieanweisungen heißt.[43] Auch hier bleibt unklar, ob sie tatsächlich zu ihm spricht oder ob nur der Geist ihrer Stimme Henry heimsucht. „Close your eyes and listen to it, what would you think it was?"[44] Dieser Satz zu Beginn des Stücks liest sich so wie eine metatheatrale Anweisung an die Rezipient*innen.

Allerdings wird das Publikum der Produktion von Pan Pan Theatre die Augen kaum geschlossen halten, denn das skulpturale Element, in *All That Fall* subtil durch das Lichtermeer und die Schaukelstühle präsent, erhält hier eine dominantere Dimension: Ein 4 Meter hoher Totenschädel aus mehr als 2.000 Lagen mit Zinn überzogenem Sperrholz, die durch wechselnde Lichteinstrahlungen ihre Gestalt verändern, liefert ein starkes visuelles Bild für die solipsistische Dimension des Stücks. Im Schädel, für das Publikum die meiste Zeit unsichtbar, befinden sich zwei Schauspieler*innen, die den Text aus der riesigen Skulptur heraus live sprechen. Das (Selbst-)Gespräch zwischen Henry und Ada findet also buchstäblich im Kopf statt. Umgeben ist der Schädel von 562 kleinen, scheibenförmigen Lautsprechern, die an transparenten Schnüren zwischen Boden und Decke hängen. Sie sind nicht nur Quelle des immersiven Klangerlebnisses und dekoratives Gestaltungsmittel, sondern auch ein medienreflexiver Verweis auf das auditive Ursprungsmedium des Beckett'schen Texts: „[the speakers] hang as a kind of sound installation. So, it makes you aware of Beckett and makes you aware of the medium of sound"[45]. Das Drama entspinnt sich aber nicht nur auf der Ebene des Tons, sondern dezidiert zugleich auf der visuellen:

> The drama of the piece though, comes not only from the superb vocal performances by Andrew Bennett and Áine Ni Mhuirí, but from the stunning, ever-shifting washes of light and sound across the strange, stark surfaces of the skull.[46]

43 Vgl. ebd., S. 257.

44 Ebd., S. 255.

45 Gavin Quinn, zit. n. Wilkinson: Theatre in an Expanded Field?, S. 130.

46 Joyce McMillan, zit. n. Pan Pan Theatre: Embers. http://panpantheatre.com/shows/embers/ (Zugriff am 02.04.2017).

So überlagern sich in der Rezeption die äußeren Bilder des Lichtspiels auf der Oberfläche des Totenschädels mit den schemenhaft erkennbaren Gestalten darin und die imaginierten, die den Zuschauer*innen und -hörer*innen über die Textebene vermittelt werden. Becketts Vorstellung, dass seine Geschichten für das Radio aus dem Dunkeln kommen sollten, um sich im Reich der Imagination zu entfalten, wird hier nur teilweise eingelöst und in dem Maße eingeschränkt, als das skulpturale Moment der Inszenierung an Gewicht gewinnt.

Intermediales Installationstheater zwischen bildender und darstellender Kunst

Judith Wilkinson situiert die Produktionen von Pan Pan Theatre zwischen zeitgenössischer Installationskunst und experimentellem Theater und bezieht sich dabei auf Rosalind Krauss' Überlegungen zum Medium der Skulptur in den 1960er Jahren, die eingangs zitiert wurden.[47] Was Michael Fried an den sich im Raum ausbreitenden Werken dieser Zeit abwertend als „theatral" charakterisiert, leistet das, was auch Pan Pan Theatre gelingt: Nämlich den/die Zuschauer*in als Teil des Kunstwerks zu aktivieren und die relationale Struktur zwischen Raum, Kunstwerk und Rezipient*in auszustellen. Hier findet sich gleichsam eine Schnittmenge mit der Rezeptionssituation von Peter Welz' Videoskulptur: Wie in der Begegnung mit *whenever on on on nohow on* im Galerieraum, befinden sich die Zuschauer*innen in den Theaterräumen von Pan Pan Theater nicht in einer Perspektive des Gegenübers eines Kunstwerks, sondern inmitten mehrdimensionaler Text-, Klang- oder Theaterräume, die die Rezipient*innen nicht zuletzt auf die eigene Wahrnehmung zurückwerfen. Die von den zeitgenössischen Transformationen der Beckett'schen Ausgangstexte neu eröffneten Erfahrungsräume sind in beiden Fällen buchstäblich als Architekturen angelegt. „Die Multiplikation und Schichtung von Räumlichkeit und Bildlichkeit, vermittelt durch das Zusammenspiel unterschiedlicher Sinneskanäle (visuell, auditiv, die Propriozeptik und Raumwahrnehmung betreffend, aber auch haptisch-taktil)"[48], die Malte Hagener an der Installationskunst des postmedialen Zeitalters festmacht, entfaltet sich in Gestalt einer Steigerung der Aisthesis sowohl als begehbare Videoinstallation im musealen Raum als auch als skulpturale Klanginstallation im Theater.

47 Wilkinson: Theatre in an Expanded Field?, S. 135.

48 Malte Hagener: Wohin gehen, wohin sehen? Raum und multiple Bildschirme in der begehbaren Mehrkanalinstallation. In: Robin Curtis / Marc Glöde / Gertrud Koch (Hrsg.): *Synästhesie-Effekte. Zur Intermodalität der ästhetischen Wahrnehmung.* München: Fink 2010, S. 151–170, hier S. 169–170.

Forschen am Spielfeldrand – Wer macht die Regeln?

Ob es sich nun um intermedial agierende Protestnetzwerke oder um intermedial entfaltete Kunstwerke handelt – in beiden Fällen haben wir es mit vielschichtigen Gegenständen im permanenten Wandel zu tun, zumal die Zuschauer*innen, Leser*innen und Hörer*innen elementarer Teil der Anordnungen sind. Wie lassen sich diese in ihren Strukturen der Bedeutungsproduktion analysieren?

Wenn sich Theater- und Protestinszenierungen zwischen digitalem Raum, Bühnenraum und öffentlichem Raum nur noch als Netzwerke beschreiben lassen, müssen veränderte Parameter der Inszenierungsanalyse und neue Methoden für die Erfassung der Theateröffentlichkeit als Teil der Netzwerköffentlichkeit herangezogen werden. Öffentlichkeitsforschung muss hier als Netzwerkforschung über die Disziplingrenzen hinweg erfolgen und Methoden aus Theater-, Literatur-, Medien- und Kommunikationswissenschaften kombinieren. Dadurch können die heterogenen Diskursformen, Diskursebenen und Diskursanordnungen der sich entspinnenden Netzwerköffentlichkeit analytisch erfasst werden, wie das Theaterprojekt *Supernerds* und die vorgestellten Theaterproteste im Netz zeigen. Insbesondere bei der Erforschung der YouTube-Öffentlichkeit als politischer Akteur und Teil der Netzwerköffentlichkeit müssen sowohl die Erzählstrategien und der Bilderfluss innerhalb der Videos als auch verbale und non-verbale Diskurse auf und außerhalb der Plattform in den Blick genommen werden. Nicht zuletzt spielen diejenigen Diskursordnungen eine bedeutende Rolle, die die Wahrnehmung der Öffentlichkeitsakteur*innen durch Eingriffe durch das Dispositiv YouTube bzw. das Unternehmen Google beeinflussen. Dies können z. B. bestimmte Kommentaranordnungen, gekaufte Kommentare oder Videolöschungen sein. Diese Wechselwirkungen zwischen Technik und Gesellschaft können mit Bruno Latours ANT als Analysemethode und Theorierahmen ganzheitlich erfasst werden. Die ANT fordert Forscher*innen dazu auf, sowohl menschlichen als auch nicht-menschlichen Akteur*innen von Netzwerken „zu folgen“[49] und ihre *agency* nachzuzeichnen.

Wenn für die Diskursebene der Nutzerkommentare die sozialwissenschaftliche, empirische Methode der Inhaltsanalyse als Teil der Netzwerkanalyse herangezogen wird, ist allein die Anzahl von Kommentaren in Bezug auf die Resonanz von YouTube-Videos in der Öffentlichkeit nur wenig aussagekräftig. Die rein quantitative Datenanalyse der zahlreichen geposteten Kommentare muss

49 Bruno Latour: *Eine neue Soziologie für eine neue Gesellschaft. Einführung in die Akteur-Netzwerk-Theorie*, aus d. Engl. v. Gustav Roßler. Frankfurt am Main: Suhrkamp 2010, S. 28.

durch qualitative Kommentar- und Presseanalysen sowie durch hermeneutische Inszenierungs- und Videoanalysen ergänzt und kontextualisiert werden. Zielführend ist es hier, nach ‚Themenbündeln' aus Text, Bild und Ton zu suchen, um Themenöffentlichkeiten und deren Dynamiken über Plattformen und Medien hinweg unter die Lupe zu nehmen und so nach und nach das Netz der (Theater-) Öffentlichkeit zu spinnen.

Eine interdisziplinäre – analoge und digitale – Netzwerkforschung muss somit die zahlreichen audiovisuellen ‚Diskursarchive', die sich durch die Kommunikations- und Rezeptionsräume inner- und außerhalb des Internets ergeben, beleuchten und die spezifische Performanz von Theater- und Protestnetzwerken in den Blick nehmen, die sich durch den Wechsel zwischen unterschiedlichen Kommunikationsebenen, Diskursformen und -ordnungen sowie Akteur*innen der Netzwerköffentlichkeit als Bogen aufspannt.

Im Falle der künstlerischen Fortschreibung von Becketts Ästhetik mit den Darstellungsmitteln des 21. Jahrhunderts, die sich nicht mehr einem einzelnen Medium zuordnen lassen, sondern sich in den Zwischenräumen und Wechselspielen verschiedener Kunstformen entfalten, fordert die Vielfalt der Ansätze ebenfalls einen interdisziplinären Zugang, der über den Fokus der Literatur- und Theaterwissenschaft hinausgeht. Für solcherlei komparatistisch angelegte Untersuchungen wird eine andere theoretische und methodische Basis notwendig, als sie die klassischen Mittel der Text- oder Inszenierungsanalyse bereitstellen. Um einen breiten Rahmen abzustecken, bieten sich medienübergreifend anwendbare Konzepte wie die des Intermedialitätsforschers Lars Elleström an. Mithilfe transmedialer Beschreibungskategorien definiert dessen *Model for Understanding Intermedial Relations*[50] einen dynamischen, integrativen Medienbegriff, der Theater und andere Kunstformen in einem erweiterten Verständnis als intermediale Wahrnehmungsanordnung zu untersuchen erlaubt, die auf verschiedenen Sinneskanälen wirkt. Auch Rosalind Krauss liefert in ihren Überlegungen zu *Art in the Age of the Post-Medium Condition*[51] eine theoretische Grundlage für eine Neudefinition des Mediums im postmedialen Zeitalter, indem sie eine neue Form der Medienspezifik etabliert. Denn auch über die Grenzen der traditionellen Medien der Malerei oder Skulptur hinaus, entsteht in ihrem Verständnis wertvolle Kunst nur im produktiven Spannungsverhältnis zu einem

50 Lars Elleström: The Modalities of Media. A Model for Understanding Intermedial Relations. In: Ders. (Hrsg.): *Media Borders, Multimodality and Intermediality*. Basingstoke: Palgrave Macmillan 2010, S. 11–48.

51 Rosalind Krauss: *A Voyage on the North Sea. Art in the Age of the Post-Medium Condition*. London: Thames & Hudson 1999.

spezifischen Medium, welches allerdings von Künstler*innen selbst performativ gesetzt wird – im Sinne eines zu etablierenden Sets von Regeln, das als internalisierte Grundlage fungiert, vor deren Hintergrund Innovation erst möglich wird. Eine solche Medienspezifik aktualisiert sich losgelöst von den materiellen Eigenschaften des Trägermediums ebenso wie den ideologischen und dogmatischen Implikationen des Modernismus. Als disziplinübergreifend anwendbares Konzept lässt sich diese Theorie zur Beschreibung von Kompositionsprinzipien fruchtbar machen, die auf der Ebene der Tiefenstruktur eines Kunstwerks ansetzen und letztlich unabhängig von der medialen Gestalt wirksam werden. Vor allem für streng formalisierte Gegenstände lässt sich unter Rückgriff auf diese theoretischen Modelle und Konzepte medienunabhängig nach Strukturmomenten forschen, die, indem sie das Kunstwerk als Formgerüst regulieren und formen, selbst zum Gegenstand des Werks werden.

Die Probe

Historische und theateranthropologische Konturen

Wolf-Dieter Ernst

> [Ich wollte eine Inszenierung machen,] bei der die Zuschauer die gleiche Erfahrung machen wie ich, wenn ich den ganzen Tag im Theater probe und Unterhaltung überhaupt kein Thema mehr ist. Ich wollte Zuschauer und Schauspieler vereinen und war überzeugt, dafür ein Epos machen zu müssen, mit dem das Zeitbewusstsein aufgehoben wird. Es sollte lange dauern, über einen ganzen Tag, damit jeder Beteiligte seinen Alltag aufgeben und sich dem Ritual überlassen konnte.[1]

So äußert sich der belgische Schauspieler und Regisseur Luk Perceval rückblickend über seine zwölfstündige Inszenierung *Schlachten!* (orig. *Ten Oorlog!*) und liefert uns damit einige Hinweise auf den aktuellen Probendiskurs. Bestimmte Aufführungen seien demnach der Probe insofern ähnlich als hier das alltägliche Zeitbewusstsein außer Kraft gesetzt sei.

Im Folgenden gilt es, sich von diesem zeitkritischen Ansatz her der Probe zu nähern. Dafür wird hier eine theateranthropologische Perspektive vorgeschlagen. Diese Forschungsrichtung sieht – vereinfacht gesagt – die Probe nicht im engen Zusammenhang von Kunst, Arbeit und Produktivität. Vielmehr ist die Probe hier ein Abschnitt innerhalb eines zirkulären Modells der Produktion von Theater, das an der oben beschriebenen Zeiterfahrung orientiert ist. Zur

1 Luk Perceval zit. n. Thomas Irmer: Theater und Ritual. In: Ders. (Hrsg.): *Luk Perceval. Theater und Ritual.* Berlin: Alexander 2005, S.117–164, hier S.124.

Verdeutlichung dieses Ansatzes ist der Vorschlag Richard Schechners hilfreich. Schechner behauptet, dass die Zeitstruktur, die für Aufführungen charakteristisch sei, sich in sieben Phasen unterteilen lasse, die immer wieder durchlaufen werden müssen: Training, Workshop, Probe, Warm-up, Vorstellung, Ausklingen und Nachbereitung.[2]

Das Modell ist geeignet, von den Inhalten der Vorstellung und ihrem Charakter eines feierlichen Ereignisses abzulenken. Die Vorstellung ist – anders als aus ästhetischer Perspektive – nicht zwingend ein Kunstprodukt, das man von den Trainings- und Probenprozessen getrennt betrachten könnte. Damit rückt die Frage in den Vordergrund, welche Zeitstruktur und welches Zeitbewusstsein für diesen Prozess prägend ist. Der Fokus auf die Erwartung der Vorführung ist hier nur einer von vielen Aspekten. Hinzu kommen körperliche Befindlichkeiten und Bedürfnisse, die Erfahrung von Dauer und Beschleunigung und letztlich – mit Blick auf das Training – auch die länger andauernden und niemals datierbaren Bildungsprozesse. Es ist deutlich, dass dieser Ansatz sich etwas von der bestehenden Forschungslage zur Probe abhebt.

Bisher wird die Probe vor allem aus ökonomischer Perspektive betrachtet. Mieke Matzke etwa erkennt darin eine Phase, in der getestet und optimiert wird, um dem Erwartungs- und Vermarktungsdruck zu begegnen, der auf der künstlerischen Vorführung lastet.[3] Die Probe sieht sie in struktureller Ähnlichkeit zur Zeitökonomie industrieller Prägung. Eine damit verknüpfte Diskussion um die Probe betrifft ihren semi-öffentlichen Charakter im Kunstbetrieb. Eine Theaterprobe wird als geschützter Ort definiert, jedoch ist sie durch die Vorführung oder die Dokumentation in Fotos und Filmen direkt auf die Öffentlichkeit bezogen.[4] Was während der Probe gesagt wird, ist also schon tendenziell öffentlich gesagt, was gezeigt wird, wird auf den Blick der Öffentlichkeit ausgerichtet, häufig durch den Regisseur und sein Team verkörpert. Öffentliche Proben oder *work-in-progress* zielen auch darauf ab, diese Öffentlichkeit und ihre Macht zu reflektieren oder auch zu brechen. Diese Probenprozesse – je nachdem wie deren Ergebnis wiederum aufgenommen wird – können den Zuschauerblick zu einem gleichwertigen Element der Entstehung einer Vorführung machen. Freilich ist

2 Richard Schechner: *Between Theatre and Anthropology*. Philadelphia: University of Pennsylvania Press 1985, S. 20; vgl. auf Trainingsprozesse bezogen Wolf-Dieter Ernst: *Der affektive Schauspieler. Die Energetik des postdramatischen Theaters*. Berlin: Theater der Zeit 2012, S. 28–33.

3 Mieke Matzke: *Arbeit am Theater. Eine Diskursgeschichte der Probe*. Berlin: Theater der Zeit 2012.

4 Stefanie Dieckmann: *Die andere Szene. Theaterprobe und Theaterarbeit im Dokumentarfilm*. Berlin: Theater der Zeit 2014.

auch zu bedenken, dass die Öffentlichkeit und die Ökonomie der Probe dann ein Bündnis eingehen, wenn man den Einblick in den Probenbetrieb lediglich zur Authentizitätssteigerung des Kunstprodukts nutzt.

Letztlich wurde in Forschungen des Autors die Probe als ein Bildungsszenario aufgefasst.[5] In der Probe finden demnach immer auch Übertragungen statt, mit denen eigene Kenntnisse und Fertigkeiten und mithin auch die Persönlichkeit gebildet werden. Hier geht es um intersubjektive und körperliche Prozesse und das führt uns zurück zu den Zeitkonzepten der Theateranthropologie. Sie sollen nun weniger theoretisch ausgeführt werden, was sich als phänomenologische Kritik an der physikalischen Lagezeit in der neuen Phänomenologie von Hermann Schmitz explizit oder auch in der Forschung zur Theaterpädagogik und Bildungstheorie implizit nachlesen lässt.[6] Vielmehr sind in zwei Schritten einige Anregungen zu entwickeln, die hoffentlich die aktuelle Diskussion um die Probe bereichern oder auch verlagern können. Dabei geht es einerseits um theaterhistorische Quellen zur Probe, anderseits um die Bildungsbiografien des Regisseurs Luk Perceval und des Schauspielers Thomas Thieme.

Historische Befunde

Geht man der Frage nach, seit wann es die Probe im konventionellen Sinne gibt – also etwa sechs Wochen, Leseprobe, Szenenproben, Kostüm und Masken-Probe, Generalprobe und Wiederaufnahmeproben – so ist die Quellenlage keineswegs eindeutig.

Mit Blick auf die Quellen sticht die Leseprobe hervor. Sie steht im Zentrum der Literarisierung des europäischen Theaters im 18. Jahrhundert und der damit verbundenen Neujustierung des Verhältnisses, das der/die Schauspieler*in zu den

5 Diese Forschung wurde im Rahmen des DFG-Projektes „Vorschrift und Affekt. Die Diskurs- und Institutionengeschichte der Schauspielschulen 1870–1930“ betrieben. Vgl. hierzu Wolf-Dieter Ernst: Subjekte der Zukunft. Die Schauspielschule und die Rhetorik der Institution. In: Michael Bachmann / Friedemann Kreuder / Julia Pfahl (Hrsg.): *Theater und Subjektkonstitution*. Bielefeld: Transcript 2012, S. 159–172; ders.: Rhetorik und Wissensdynamik in der Schauspielerausbildung. Ernst Possart, Julius Hey und die Rutz-Sieversche Typenlehre. In: *Maske und Kothurn* 55,2/3 (2009): Theater/Wissenschaft im 20. Jahrhundert, S. 285–302; ders.: Schauspiel durch Medien. Die verdeckte Funktion der Techne bei Konstantin Stanislawski und Alexander Moissi. In: Stefan Bläske / Kay Kirchmann / Jens Ruchatz / Henry Schoenmakers (Hrsg.): *Theater und Medien. Grundlagen, Analysen, Perspektiven. Eine Bestandsaufnahme*. Bielefeld: Transcript 2008, S. 293–302.

6 Hermann Schmitz: *Höhlengänge*. Berlin: Akademie 1997, S. 170–172; Mira Sack: *Spielend denken. Theaterpädagogische Zugänge zur Dramaturgie der Probe*. Bielefeld: Transcript 2011; Ulrike Hentschel: *Theaterspielen als ästhetische Bildung: Über einen Beitrag produktiven künstlerischen Gestaltens zur Selbstbildung*. Berlin / Uckerland: Schibri 2010.

dramatischen Rollen einnimmt. Die Protagonist*innen dieser Theaterreform wie Johann Christoph Gottsched, Christlob Mylius oder Gotthold Ephraim Lessing fordern zur genauen Lektüre der dramatischen Vorlage auf – und zwar schriftlich. Daher sind uns diese Konzepte natürlich besser überliefert als die Theaterpraxen, die in mündlicher Überlieferung organisiert wurden. Immerhin wurde im 18. Jahrhundert für das Lesen eines Dramas bzw. einer Spielvorlage ein eigener Arbeitsschritt denkbar. Mylius etwa trennt in seinem 1750 erschienen „Versuch eines Beweises, dass die Schauspielkunst eine freye Kunst sey“[7] „die Vorbereitung zu den Vorstellungen“ von der „Vorstellung der Schauspiele selbst“[8] und setzt das Primat der Literatur: „Die Charaktere legt der Verfasser des Schauspiels den Comödianten vor“[9], so führt er aus, dem Beurteilungsvermögen und Witz der Akteure obliege es, die Umgestaltung der Vorlage vorzunehmen. Etwa ab den 1880er Jahren kennt man in diesem Sinne Leseproben etwa am Mannheimer Nationaltheater oder am Weimarer Hoftheater.
Einem Bericht Eduard Genasts über die erste Leseprobe von *Heinrich IV.* am Weimarer Hoftheater unter Johann Wolfgang von Goethe können wir entnehmen, in welcher Weise es sich dabei um ein Bildungsszenario handelt:

> Der Schauspieler Krüger, welcher den Falstaff spielte, konnte nach Goethes Intention den Ton nicht treffen, der zu diesem Charakter gehört, und nun las Goethe selbst einige Szenen mit so sprudelndem Humor und so überaus treffender Charakteristik vor, dass wir alle vor Lachen kaum zu lesen imstande waren. Krüger, ein höchst talentvoller Schauspieler, folgte Goethes Anleitung in Ton und Gebärde, ohne ihn sklavisch nachzuahmen, und wurde ein trefflicher Falstaff.[10]

Genast schildert hier einen geglückten Bildungsprozess: Goethe korrigiert den Ton des Schauspielers, indem er ihm eine Version vormacht, die zudem offensichtlich dazu geeignet ist, das gesamte Ensemble zu motivieren. Der Schauspieler wiederum überträgt den Ton Goethes in eine eigenständige Darstellung, was Genast mit der Verneinung der sklavischen Nachahmung deutlich macht.

7 Christlob Mylius: Versuch eines Beweises, dass die Schauspielkunst eine freye Kunst sey. In: *Beyträge zur Historie und Aufnahme des Theaters*. Stuttgart: Metzler 1750, S. 1–13.

8 Ebd., S. 7. Mylius, der früh verstarb, wird in der Theatergeschichte nur marginal betrachtet, obgleich seine Abhandlung, wie Hilde Haider-Pregler schreibt, „für den deutschsprachigen Raum als erster Ansatz einer Theaterästhetik betrachtet werden“ (Hilde Haider-Pregler: *Des sittlichen Bürgers Abendschule. Bildungsanspruch und Bildungsauftrag des Berufstheaters im 18. Jahrhundert*. Wien: Jugend und Volk 1980, S. 153) kann.

9 Mylius: Versuch eines Beweises, S. 9.

10 Eduard Genast: *Aus Weimars klassischer und nachklassischer Zeit*. Berlin: Hofenberg 2014, S. 27.

Goethe und andere Regisseure *avant la lettre* wie etwa Karl Immermann oder Franz von Dingelstedt werden nicht zuletzt mittels der Leseprobe zum Souverän der Theaterprobe. Sie deuten jedem Schauspieler „Ton und Haltung"[11] des Charakters. Die Leseprobe ist also nicht zwingend dazu geeignet, dass sich alle Schauspieler*innen gemeinsam den Text und seine grundsätzliche Eignung für das Theater vergegenwärtigen, wie dies noch in den Mannheimer Protokollen anklingt. In Eduard Devrients Schilderung der Arbeit Immermanns figuriert sie im Gegenteil in Form von „Spezial-Einzelproben":

> Des Dichters Werk, dacht ich, entspringt aus einem Haupte, deshalb kann die Reproduction desselben vernünftiger Weise auch nur aus einem Haupte hervorgehen. Ich las also das Stück, welches gegeben werden sollte, den Schauspielern vor. Dann hielt ich mit jedem Einzelnen Spezial-Leseproben, aus denen sich die allgemeine Leseprobe aufbaute. Ertönten in dieser noch Disparitäten des Ausdrucks, so wurden die schadhaften Stellen so lange nachgebessert, auch wo nichts Anderes half, vorgesprochen, bis das Ganze in der Rezitation als fertig gelten konnte. Die Action stellte ich darauf zuerst in Zimmerproben selbst, die oft nur einzelne Acte, zuweilen nicht mehr als ein Paar Scenen umfassten. Ich that dies im Zimmer, damit der Darstellende in den nackten, nüchternen Wänden seine Phantasie umso mehr anspannen lernte und die falschen Geister, die jetzt durch jeden deutschen Theaterraum flattern, die Dämonen des Gespreizten, Rhetorischen, oder der hohlen Handwerksmäßigkeit, nicht verwirrend auf ihn einwirkten. Stand das Gedicht so, ohne alle illusorische Nothkrücke, fertig da, dann ging ich mit den Leuten erst auf das Theater.[12]

Die Leseprobe nimmt in dieser Beschreibung eher die Züge des Einzelunterrichts bei einem Meister an und ähnelt damit durchaus der schauspielerischen Ausbildung und dem Training im Privatunterricht, wie sie im 18. und 19. Jahrhundert üblich waren. Auch in Genasts Schilderung der Probenarbeit Goethes wird man den Eindruck nicht los, es handele sich eher um körperliche Bildungsszenarien, wie man sie heute der Schauspielschule zuordnet:

> Bei der Hauptprobe von König Johann zeigt Christiane nicht genug Entsetzen vor dem glühenden Eisen; ungeduldig hierüber riß Goethe dem Darsteller des Hubert das Eisen aus der Hand und stürzte mit solch grimmigen Blick auf das Mädchen zu, dass dieses entsetzt und zitternd zurückwich und ohnmächtig zu Boden sank. Erschrocken kniete nun Goethe zu ihr nieder, nahm sie in seine Arme und rief nach Wasser. Als sie die Augen aufschlug, lächelte sie ihm zu, küsste seine Hand und bot ihm dann den Mund; eine schöne und rührende Offenbarung der väterlichen und kindlichen Neigung beider zu einander.[13]

11 Ebd., S. 29.

12 Karl Immermann zit. n. Eduard Devrient: *Dramatische und Dramaturgische Schriften*, Bd. 8: Geschichte der deutschen Schauspielkunst 4. Leipzig: Weber 1861, S. 261.

13 Genast: *Aus Weimars klassischer und nachklassischer Zeit*, S. 24.

Auch wenn man den ganz anders gelagerten Affekthaushalt der Goethezeit in Anschlag bringt, sollte deutlich sein, dass dieser Probenbericht eher einem Bildungsszenario mit einem paternalistischen Unterton vergleichbar ist denn jener kreativen Findungsphase, als welche die Probe im Kunstdiskurs figuriert. Es ist an dieser Stelle quellenkritisch anzumerken, dass Eduard Genast die Erinnerungen seines Vaters Anton Genast an das Weimarer Theater im Jahre 1792 erst um 1868 zu Papier bringt und Eduard Devrients *Geschichte der deutschen Schauspielkunst*, der wir den Hinweis auf Immermann entnehmen, keinen repräsentativen Anspruch entfalten kann. Genast gilt immerhin als der ‚letzte Schüler Goethes' – schwer zu sagen also, mit welchem Anspruch an Objektivität er insbesondere über des Meisters Probenarbeit berichtete. Jedoch lassen sich sozialgeschichtliche Hinweise finden, welche die theateranthropologische Annahme, die Probe sei ein Bildungsszenario, erhärten. Zunächst muss man den Grad an Innovation relativieren, der in der Probe im Theater des 18. und 19. Jahrhunderts zur Disposition stand. Er war eher gering. Analog zu den Stimmfächern kennt man in dieser Theaterepoche strenge Rollenfächer. Sie stellen eine Reduktion von Interpretationsmöglichkeiten dar und entsprechend beschränkt sich die Regie häufig auf das Einrichten eines Stücks. In diesem Bildungsszenario stehen die Musikalität von Stimme und Sprechen und die als richtig oder falsch bewertete Deutung eines Charakters im Vordergrund. Die Probenorganisation ist sicherlich von der üblichen Doppelverpflichtung der Schauspieler*innen im Sprechtheater und in der Oper geprägt.
Die Probe und die Vorführung können also im Sinne des theateranthropologischen Zirkels besser und enger auf Trainings- und Warm-up-Phasen bezogen werden, als wenn man darin die Herstellung eines innovativen Kunstprodukts erblicken will. Aus dieser Perspektive verwundert es nicht, wenn man von unglaublich kurzen Probenzeiten liest. Der Münchner Schauspieler und Regisseur Ernst von Possart etwa äußert sich im Abschnitt „Arbeit und Kunst" seiner Autobiografie *Erlebtes und Erstrebtes* zu seinen Spielverpflichtungen am Theater Bern 1863. „Es mussten [...] von mir in acht Tagen, neben den täglichen Proben und Vorstellungen, etwa 150 geschriebene Seiten erlernt und ohne Souffleur zur Darstellung gebracht werden."[14] Der Schauspieler Possart

14 Ernst Possart: *Erlebtes und Erstrebtes*. Berlin: Mittler & Sohn 1916, S. 112. Grund für diese Verdichtung war ein Gastspiel der berühmten Schauspielerin Lila von Bulyovsky. Possart studierte dafür zahlreiche Nebenrollen ein: Marinelli in Lessings *Emilia Galotti*, den Haushofmeister Pomponius in Carl Blums *Vicomte von Létorières* (frei nach Jean-François Bayard), den Capulet in Shakespeares *Romeo und Julia* und den Polizeipräsidenten Montrichard in Eugène Scribe und Ernest Legouvé's *Der Damenkrieg*. Hinzu kommt das Recital einer *Antigone*-Aufführung in der Vertonung von Felix Mendelssohn.

hatte also Verpflichtungen, die denen eines Studiomusikers ähneln, der vom Blatt oder nach vorgegebenen Skalen und Harmonien die Begleitung diverser Solisten besorgt.

Auch muss man die Probenzeiten in Relation zum Grad der handwerklichen Perfektion setzen, der in der Vorführung erreicht werden sollte. In Josef Kainz' Biografie heißt es zu seiner Zeit im Dilettantentheater, dem früheren Sulkofwskischen Haustheater unter der Leitung des ehemaligen Komparsenchefs Valentin Niklas: „Mehr als zwei Proben für ein Stück gibt es nicht."[15] Trotzdem aber fand dieses Theater sein zahlendes Publikum. Vielleicht schaute dieses Publikum weniger auf die Ästhetik, analog zum heutigen Schul- und Laientheaterpublikum, als vielmehr auf das soziale Faktum, dass sich hier Bürger*innen öffentlich präsentierten?

Aber auch der handwerkliche und künstlerische Standard an den Stadt- und Hoftheatern war keineswegs immer über garantierte Probenzeiten gesichert. Im Rückblick auf die Spielzeit 1835/36 des Hamburger Schauspielhauses, also einem Ort der Kunst, wird etwa in der *Norddeutschen Theater-Zeitung* über einen Misserfolg berichtet. Dabei scheinen die handwerklichen Standards mit Mängeln behaftet. Daher bliebe positive Resonanz auf das Stück bereits im 1. Akt aus, und so brächten die Zuschauer

> auf diese Weise die Darsteller und sich selbst um den Humor, der Einklang im Spiele stockt, Dekorationen bleiben hangen, die Zungen versprechen sich, man hört den Scenen zwischen zwei Personen nicht mehr zu, aus Langeweil entsteht Unmuth, […] das unglückliche Werk [weht] für immer von den Brettern […].[16]

Stücklaufzeiten von einer oder zwei Vorstellungen waren nicht zuletzt aufgrund derartiger Mängel durchaus üblich – was nicht gefiel, wurde schnell abgesetzt. Über Dingelstedts Münchner Zeit heißt es, seine Klassiker-Inszenierungen, wie beispielsweise die *Antigone* von 1851, seien in der Hinsicht außergewöhnlich, als sie auf „vier Wiederholungen"[17] kamen. Offensichtlich fragten sich die Theaterleiter*innen, warum sie aufwändige Proben und Inszenierungen

15 Helene Richter: *Kainz*. Wien / Leipzig: Speidelsche Verlagsbuchhandlung 1931, S. 25.

16 Carl Töpfer: Rückblick. In: *Thalia. Norddeutsche Theater-Zeitung, Kunst- und schönwissenschaftliches Unterhaltungs-Blatt*, Bd. 1, 1836, S. 7.

17 Otto Liebscher: *Franz Dingelstedt. Seine dramaturgische Entwicklung und Tätigkeit bis 1857 und seine Bühnenleitung in München*. Halle: Paalzow 1909. Zit. n. Manfred Brauneck: *Die Welt als Bühne*, Bd. 3, Stuttgart / Weimar: Metzler 1999, S. 146–147. In Genast gibt es freilich eine Auflistung der Spielzeiten, in der Stücke verzeichnet sind, die bis zu 30 Mal (*Wallensteins Lager*) gespielt wurden. Genast: *Aus Weimars klassischer und nachklassischer Zeit*, S. 54.

vornehmen sollten, wenn ein Stück sich erst einmal inhaltlich bewähren musste und womöglich noch verfeinert und verändert werden konnte.

Wiederum kann man aus theateranthropologischer Perspektive solche scheinbaren Widersprüche zwischen einem offensichtlich nur eingerichteten Dilettantenstück und einer handwerklich dürftigen Kunstproduktion gelassen betrachten: Im ersten Fall werden die Zuschauer*innen Zeug*innen eines Trainingsprozesses, in dem ein Ensemble in schneller Abfolge Stücke präsentiert. Es hat etwas von Sport. Im zweiten Fall ‚scheitert' die Vorführung, weil die Trainings- und Probenprozesse zugunsten einer Kunstbehauptung ausgeblendet werden, die sich nicht einlöst. Der Zuschauer fragt sich daher zu Recht, was geprobte wurde.

Wenn wir mit Blick auf diese wenigen historischen Konturen heute also selbstverständlich von einer Probenphase von sechs Wochen ausgehen, so muss man diese Idee wohl als eine historische auffassen. Sie entsteht mit der Aufwertung der Regie ab der Jahrhundertwende, deren Aufgabe sich vom Einrichten eines Dramas hin zur Ko-Autorschaft einer Aufführung wandelte. Sie setzt ferner voraus, dass etwa zeitgleich Ausbildungsinstitutionen dem professionellen Theater Schauspieler*innen zuführten, die in anfänglich sechs Monaten, später zwei bis drei Jahren die Bühnenreife erlangten. Kurzum, die Probe als ein Schutzraum, der aktuell im Wandel und unter ökonomischem Druck ist, kann historisch als Episode betrachtet werden.

Geht man nun theateranthropologisch davon aus, dass körperliche Prozesse der Bildung relativ konstant sind, so können wir nach Proben und Trainingsphasen – unabhängig davon, ob diese Phase auch so genannt wurde – fragen: Wann kommen die körperlichen und organischen Prozesse zu ihrem Recht, wenn diese mit Blick auf die Geschichte nicht zwingend an die uns vertraute Zeitstruktur und Zielstellung einer Probe zu binden sind?

Abschließend werden einige Auffälligkeiten in der Zeitstruktur dargestellt, welche die Bildungsbiografien von Luk Perceval und Thomas Thieme aufweisen und die hier als eine Art natürlicher Selbsthalt gegen den Ökonomisierungsdiskurs entfaltet werden sollen.

Luk Perceval / Thomas Thieme

Gehen wir von der eingangs zitierten Bemerkung zu *Schlachten!* aus. Die Vorgeschichte dieses 1999 gezeigten Theatermarathons ist auffällig und reicht rund 15 Jahre zurück, also eine Zeitspanne bis in die Mitte der 1980er Jahre, in der sowohl Thieme unter der Regie von Einar Schleef als auch Perceval mit Gründung seiner eigenen Theatertruppe ein Theater der Suche und der körperlichen Erfahrung begründen. Für Perceval ist die Entwicklung der eigenen Gruppe, der Blauwe Maandag Compagnie, prägend. Im Umfeld der belgischen Welle positioniert er sich zwischen dem ‚Laboratoriumstheater' etwa von Jan Fabre und dem konventionellen Unterhaltungstheater. Die Genealogie der Truppe weist entsprechend eine Spannung zwischen der langsamen Entwicklung einer originären Spielweise und dem rasanten Wechsel ästhetischer Formsprachen auf globalem Niveau auf.[18] In Percevals Erinnerungen figuriert die Verzögerung als ‚Heimweh' und Wunsch nach ‚Kollektivität', der die „Frist eines Arbeitsprozesses"[19] am Stadttheater diametral entgegen steht. Er spricht dort von „Zeitverschwendung"[20], wo er an mehreren Häusern seine Regieideen umsetzen durfte, und würde umgekehrt die mehrfachen Auszeiten und radikalen Ausdehnungen der Probenzeiten (bis zu 18 Monate für *Ten Oorlog*) für sich als Zeitgewinn verbuchen. Das ist gar nicht widersprüchlich, wenn man bedenkt, dass Thieme, der für den flämischen Schauspieler Jan Decleir einspringt, seine Rolle des Dirty Rich Motherfucker in *Schlachten!* innerhalb von drei Wochen einstudiert. Thieme durchlebt eine ähnliche Verkehrung des Zeitverständnisses wie Perceval, vor allem während seiner Zusammenarbeit mit Einar Schleef. Treffen nun beide 1999 aufeinander, so explodiert die Produktivität gewissermaßen.

Bislang freilich handelt es sich um messbare Zeit, die damit Teil einer Ökonomie ist. Die besondere Intensität der Gruppe kann jedoch nicht allein in Kategorien der Beschleunigung und Verlangsamung erklärt werden. Sie basiert auch auf einer anders gelagerten Zeitkonzeption: der Zeiterfahrung.

Wie erlebt man Zeit in einer Probe, wie erlebt man eine Probenphase? Schauspieler*innen berichten von einem Zustand des Involviert-Seins in die Probenarbeit sogar in Hinblick auf tägliche Verrichtungen, Phasen des Textlernens und der Entspannung. Theater ist auf dieser Ebene zwischenmenschlicher Energetik trotz eines hohen Grads an Arbeitsteilung mehr dem Handwerk und der Manufaktur verwandt, welches holistischer produziert, denn der Industrie, deren Qualität die Arbeits- und Zeitteilung in genau erfasste Entitäten darstellt.

Das führt uns zu einer besonders widersprüchlich erscheinenden Art, die Zeit zu füllen: Es ist Percevals Prinzip, Leere zu schaffen. Regie mit leeren Händen.

18 Vgl. hierzu ausführlich Luk Perceval: Accidenten I – Gesammelte Katastrophen. Eine Einleitung zu *Repetitie/I* (Probe/I). In: Irmer (Hrsg.): *Luk Perceval,* S. 17–85; Geert Sels: *Accidenten van een zaalwachter. Luk Perceval.* Leuven: van Halewyck 2005.

19 Perceval: Accidenten I, S. 47.

20 Ebd.

Phänomenologisch kann man sich diesen Gedanken an Hand des Verhältnisses von Figur und Grund veranschaulichen, so wie die Ausblendung des Grunds erst die Figur sichtbar hervorbringt, so ist die Ausblendung der Erfahrung von Leere die Grundlage dafür, dass wir ein Ereignis in der Zeit wahrnehmen. Eine Schärfung der Wahrnehmung – um die es immer in der Probenarbeit geht – erfolgt nun derart, die leere, nicht erfüllte Zeit zu fokussieren. Das funktioniert zunächst einmal formal, indem man ausschließt, was überflüssig ist, die eigene Erwartung und den Ehrgeiz eingeschlossen.

Die Schauspielmethode, die dieser Reduktion verwandt ist, ist die vom polnischen Regisseur Jerzy Grotowski konzipierte *via negativa*.[21] Grotowski entwickelt darin eine Schauspielmethode, die jenen von Konstantin Stanislawski, Bertolt Brecht, Wsewolod Meyerhold und anderen in einem Punkt diametral entgegensteht. Während diese nämlich davon ausgehen, man könne die Kunst des Schauspielens erlernen, in dem man bestimmte Fähigkeiten und Kenntnisse sukzessiv erwirbt, geht Grotowski davon aus, dass die Fähigkeiten und Kenntnisse bereits vorliegen, jedoch kulturell überlagert und blockiert sind. Der/die Schauspieler*in müsse diese Blockaden lösen, indem er/sie sich seiner/ihrer Kunst völlig hingibt.

Wichtig in zeitlicher Hinsicht ist jedoch, dass Grotowski-Übungen nicht prospektiv auf einen darstellerischen Zweck hin unternommen werden können. Das würde ihre Aufgabenstellung nämlich verfehlen, indem nur noch mehr Tricks und Sicherheiten angehäuft werden, welche die angestrebte Entblößung des/der Schauspielers*in gerade verhinderten. Jede Übung soll vielmehr meditativ und für sich vorgenommen werden, um sich darin befreiter und entleerter zu erfahren und diese Erfahrung in die Darstellung einfließen zu lassen. Man macht in diesem Sinne keine Übungen, um eine Rolle zu spielen, auch arbeitet man nicht mit Stanislawski gesprochen an sich, um sich für die Rollenarbeit zu präparieren. Man zeigt sich vielmehr ohne fremde Zwecke, ohne Rolle und Selbst.

Den Ideen Grotowskis folgend, zwingt Perceval sich und seine Schauspieler*innen zu lang andauernden Trainingsphasen, mit Waldläufen, Entspannungs- und Konzentrationsübungen, Körper- und Stimmerkundungen, die immer auf die körperliche Erschöpfung und die Zustände totaler Entleerung des/der Schauspielers*in von sozialem Ballast zielen. Die Effekte sind

21 Vgl. hierzu Jenna Kumiega: Laboratory Theatre. Grotowski. The Mountain Project. In: Richard Schechner / Lisa Wolford (Hrsg.): *The Grotowski Sourcebook*. London / New York: Routledge 1997, S. 231–247, hier S. 239–240; vgl. zu Gemeinsamkeiten des Trainings nach Grotowski und Stanislawski Thomas Richards / Jerzy Grotowski: *Theaterarbeit mit Grotowski an physischen Handlungen*, aus d. Engl. v. Claudia Marie Mense. Berlin: Alexander 1996.

verheerend, in der Probenphase zu *Othello* (1986) kommt es beinahe zum Zerwürfnis im Ensemble.

Die Gruppe hat offensichtlich die Erfahrung gemacht, sich einer Disziplin als Zweck an sich unterworfen zu haben, die der Arbeit an der Inszenierung und der Entwicklung einer szenischen Phantasie völlig entgegenläuft. Aber aus dieser Erfahrung nimmt Perceval mit, dass die theatrale Intensität immer erst durch Trainingsphasen erlangt werden kann und punktuell kehrt er daher zu solchen Übungseinheiten zurück, die auf das Absehen von finalen Zwecken abzielen und die körperliche Beanspruchung und Erschöpfung einkalkulieren. *Italienne* heißt so eine Technik. Die Deklamation des Texts wird übermäßig beschleunigt. Oder die Deklamation wird von physischen Aufgaben begleitet, etwa einem Federballspiel. Perceval mischt also Phasen des Trainings, die vom Ziel der Aufführung absehen, mit Phasen der Probe, die klar auf das Ziel fokussiert sind.

Nicht nur Grotowski selbst und Perceval sind auf der *Via Negativa* gescheitert, wenn sie darauf die Befreiung des Schauspielerkörpers suchten. Auch in der Theoriebildung scheinen die Ideen Grotowskis revisionsbedürftig: Der Bezug auf die *Via Negativa* erfolgt hier weniger im Sinne eines ästhetischen Programms, mit dem man eine Kulturkritik an der Bilderflut formulieren könnte oder die Medienspezifizität des Theaters gegen die anderen Medien zu behaupten versucht. Percevals Theater hat mit einem Purismus des Theaters der 1960er Jahre oder den politischen Befreiungsbewegungen, die sich auf den Körper berufen, überhaupt nichts zu tun. Er spricht stattdessen eher dunkel gefärbt von Schmerz und Liebe, Erbe einer christlichen Erziehung, die den Körper mit Selbsthass und Disziplinierung bearbeitet. Nicht ohne Grund nennt Perceval auch Heiner Müller als eine Einflussgröße. Heiner Müller, der ja weniger mit dem christlichen Weltbild als vielmehr mit einer marxistischen Variante der Erlösung und des Erleidens der Geschichte assoziiert werden kann, teilt doch mit Perceval das Zeitkolorit der 1980er Jahre, welches von einer Desillusionierung darüber geprägt ist, dass die revolutionären Bewegungen und Emanzipationsbestrebungen der 1960er Jahre zu Erfüllung ihrer Versprechen gelangen könnten.

Festzuhalten bleibt, dass die Vorstellung von der Leere eine Bewegung der Reduktion in Gang setzt, die den Grund der kategorial zu bestimmenden Zeit befragt. Diese Befragung führt zu einer qualitativ verschiedenen Zeiterfahrung, etwa der Erfahrung der Dauer, der Zeit der Erinnerung oder der Zeit der Meditation und Introspektion.

In den historischen und kulturanthropologischen Anmerkungen zum Probendiskurs geht es um eine Ergänzung der laufenden Forschung und der kulturökonomisch motivierten Debatten um veränderte Produktionsweisen am Theater. Die Ergänzung betrifft die Eigenzeit bzw. die vom Körper her gedachte Kritik kategorialer Zeit und ihrer Vermessung. Fasst man Theaterproben auch als Bildungsprozesse auf, so kann besser bedacht werden, dass diese Prozesse einer radikal anderen Zeitlichkeit unterliegen als andere ökonomische Produktionsprozesse. Gewiss sind Bildungsprozesse im weiteren, über die formale Bildung hinausweisenden Kontext immer in die kategoriale und messbare Zeit eingebettet, zugleich entziehen sie sich tendenziell der Messbarkeit. Das Beispiel von Percevals Theatergruppe, die ihre zeitlich klar definierte Zielvorgabe suspendierte und daran beinahe zerbrach, macht dies deutlich. Diese intrinsische Spannung von körperlicher Eigenzeit, die den Bildungsaspekt markiert, und einer messbaren Zeit-Aufwand-Kalkulation, welche die Theater wünschen, stellt den theateranthropologischen Aspekt der hier angestellten Überlegungen dar. Ihm entspricht aus historischer Perspektive der Befund, dass die Organisation und zeitliche Ausdehnung von Theaterproben stark variieren. Führte der hohe Grad der Standardisierung der Theaterproduktion im 18. und 19. Jahrhundert zu sehr kurzen Probenzeiten, so bringt die künstlerische Aufwertung der Regie gegen Ende des 19. Jahrhunderts Inszenierungstexte hervor, deren Produktion teilweise Monate an Vorbereitung, Training und Proben umspannt. Wenn also von ‚der Theaterprobe' die Rede ist, die es in Zeiten der ökonomischen Verknappung als kreativen Freiraum zu schützen gelte, so müssen in historischer Hinsicht zugleich andere Produktionsweisen und andere Formen der Theaterorganisation bedacht werden, um fundiert zu argumentieren. So beklagt etwa Marion Tiedke, Leiterin der Schauspielschule Frankfurt zurecht die maximierte Produktivität im zeitgenössischen öffentlich geförderten Theater:

> In einem solchen Theaterbetrieb trifft man auf Schauspieler, die oftmals sechs Produktionen in einer Spielzeit erarbeiten, die immer kürzere Probenzeiten erleben, die unter Fantasiestress und Ergebnisdruck arbeiten, teilweise die Leseprobe einer neuen Produktion schon vor der Premiere der neuen Aufführung bestreiten, die sich in vielfältigen Formaten neben den Aufführungen präsentieren, die mit wenig Geld ihren Lebensunterhalt bestreiten und die schon in der Mitte der Spielzeit völlig ausgelaugt sind oder vom Sabbatjahr träumen.[22]

Daran anschließend wird in historischer Hinsicht klar, dass diese Klage weder neu ist noch dass es radikal neue Instrumente bräuchte, um den Missstand

22 Marion Tiedke: Wer sich dauernd rechtfertigt, wird infrage gestellt. In: *nachtkritik.de*, 21.01.2014. https://nachtkritik.de/index.php?option=com_content&view=article&id=9002:debatte-um-die-zukunft-des-stadttheaters-vii-marion-tiedtkes-vortrag-zum-ueberleben-der-theater-als-ort-der-kunst&catid=101&Itemid=84 (Zugriff am 02.04.2017).

abzustellen. Vielmehr könnte im Hinblick auf die ‚informelle Entlohnung' der Probenden in Form einer intensiven Bildungserfahrung die Forderung im Zentrum stehen, dass neben der sozialverträglichen Organisation der Arbeit und der gestärkten berufsständigen Vertretung aller Bühnengewerke (inkl. den Dramatiker*innen) die Probe immer auch in Hinsicht auf die Eigenzeit Sinn machen muss. Dem ‚Fantasiestress und Ergebnisdruck' muss die eigene Definition von ‚Fantasie und Ergebnis' entgegenstehen. Dies beinhalte konkret ein kreatives Mitspracherecht, die Möglichkeit, ‚weiche' Bedürfnisse, und sei es die der Hinterfragung der Probenorganisation und die in Inszenierungen von René Pollesch zum Klischee gewordene Zigarettenpause so zu artikulieren, dass sie Relevanz gewinnen. Die Forderung geht weit über die objektivierbaren Kenndaten hinaus, wie viele Premieren und wie viele Wochen Probe jeweils gewährt werden sollen und welche Tricks und welches Handwerk ‚abgeliefert' werden sollen. *Ex negativo* macht Bernd Stegemann, Professor für Schauspielgeschichte und Dramaturgie an der Hochschule für Schauspielkunst Ernst Busch, anschaulich, was es mit den Erwartungen an eine gute Probe auf sich hat, wenn er den Mangel an Disziplin beschreibt, der an seiner Wirkungsstätte grassiere. So schreibt er über eine Ensembleprobe:

> Alles, was in den Bereich des ‚Handwerks' gehört, wird nur noch mit spitzen Fingern angefasst. Wenn es gilt, durch eine Übung eine bestimmte Technik zu erlernen, setzt ein automatischer Reflex ein: Statt die Übung zu machen, wird sie selbst zum Thema. Ein Mensch soll in der Realität beobachtet werden, um anschließend charakteristische Verhaltensweisen auf der Bühne wiederholen zu können. Statt der Absicht dieser Stanislawski Übung zu folgen, werden die Situation in der Schauspielklasse, die Phrasen des Schauspiellehrers, die Versuche der Mitstudierenden etc. dargestellt. Hierbei wird der Schauspieler zum Performer, der die Situation des Vorspielens in der Unterrichtssituation intelligent zur Grundlage seiner Vorführung macht. [...] Zwei Fragen bleiben bei einem solchen Verfahren jedoch unbeantwortet: Ist der Unterricht in einer Schauspielschule so relevant und rätselhaft, dass sein Dispositiv zur Darstellung gebracht werden muss, oder bleibt dieser Rückbezug nicht ein Studentenspaß? Und wäre zweitens die Arbeitszeit, die auf die ironische Rahmung der Übung verwendet worden ist, nicht sinnvoller für das Erlernen eines Handwerks verwendet worden?[23]

Die hier angestellten Überlegungen also sollen uns in Zeiten eines sich wandelnden Berufs- und Ausbildungsprofils für Schauspieler*innen daran erinnern, dass die Zeit des Theatertrainings nicht auf die Ausbildungszeit in der Schule beschränkt war und ist und dass sie eine weniger variable Konstante darstellt als die Kalkulation von Probenzeiten. Ingenieurwissenschaftlich formuliert muss man also einen bestimmten Risikofaktor in der Zeitkalkulation aufschlagen,

23 Bernd Stegemann: *Kritik des Theaters*. Berlin: Theater der Zeit 2013, S. 261–262.

um auf der sicheren Seite zu bleiben. Sei diese nun an Schulen delegiert oder ‚*on the job*' – bestimmte körperliche Trainingsprozesse lassen sich nur bedingt beschleunigen und einer neo-liberalen Optimierung zuführen.

Distributed Aesthetics and Public Spheres

Challenges for Theater Studies

Gero Tögl

> The close interconnection with public institutions [...] enables us to redefine theater's status. Instead of the traditional place of fiction and even dissemblance, where humans practice the art of dissimulation, we can reposition it as a privileged place of truth-telling. Where the witnessed truth, as opposed to the 'mere truth' is perceived as *parrhêsia*, that ancient democratic right to freedom of expression and opinion. From a disciplinary and methodological perspective, the problem is to define the limits. How do we fence it in? How do we draw boundaries and demarcation lines? My answer to that would be: not to do it too soon. To compete and participate in the public sphere you have to first enter it: run your flag up the pole and see who comes along.[1]

Christopher Balme's notion of a "theatrical public sphere" initiates discussion about theater scholarship post-Fischer-Lichte. This claim may seem less spectacular to members of the international community than to German theater historians and theoreticians, but due to the seminal role of Erika Fischer-Lichte in German theater studies over the course of the past 30 years, we have all been trained to think through a lens of semiotics, performativity and corporality. This is not to mitigate or ridicule any of her achievements as a scholar, but to highlight that – after the omnipresence of these methodological paradigms

1 Christopher Balme: *The Theatrical Public Sphere*. Cambridge: Cambridge UP 2014, pp. 201–202.

throughout the 1980s, 1990s and early 2000s – a more socio-politically interested perspective on the function of theater as an 'interlocutor' and 'communicator' as well as its role as an institution in past and present societies opens new windows to the world of theater, both historically and theoretically.[2] Upcoming challenges for theater scholars will be found in questions about theater's role in and reaction to a fundamentally altered media environment, ethical debates raised by the global economy, migration and climate change, and by the redefinition of artistic work as a social and political practice, often recently referred to as "artivism".[3] As Balme states on several occasions throughout his book *The Theatrical Public Sphere* (2014), this redefinition, or rather, extension of methodology and perspective, addresses a blind spot in previous theater scholarship and reacts to some theater practitioners' more recent projects of leaving the modernist conception of an autonomous artwork-on-stage behind. That is not to say that this specific conception of theater, or art in general, is outdated or irrelevant, but that, very broadly speaking, both in academia and in theater practice, a lively and controversial debate about theater as an institution has begun. Balme expresses a rather pessimistic view of contemporary theater's ability to fulfil the role of a public institution within the predominant paradigm, but, in the crisis of the 'classic' model, also sees a chance to reposition both theater and theater studies as a mediator between different forms of artistic expression, fact and fiction, analogue and digital, individual and collective, in order to provide a generation native to "distributed aesthetics" with a stage for *parrhêsia* and a medium of reflection. The institutional perspective Balme proposes requires us to open up the "black box"[4] of both theater and art in general, meaning that discourses that are still palpable, like the autonomy of art and ontological definitions of media, will have to be thoroughly historicized rather than perpetuated. By entertaining debate over theoretical definitions and methodological questions searching for analytical tools in neighboring academic disciplines, he argues more from a position of continuity than from that of an advocate of a new research paradigm. However, his insights are both provocative and challenging to long engrained avenues of research.

2 Of course, there are other noteworthy contributors to this development, i.e., Katharina Pewny: *Das Theater des Prekären. Über die Wiederkehr der Ethik in Theater und Performance.* Bielefeld: Transcript 2011; Shannon Jackson: *Social Works. Performing Art, Supporting Publics.* London / New York: Routledge 2011.

3 See Lilo Schmitz (ed.): *Artivismus. Kunst und Aktion im Alltag der Stadt.* Bielefeld: Transcript 2015.

4 Balme: *The Theatrical Public Sphere*, p. 201.

In this chapter, I would like to explore the notion of a theatrical public sphere on the basis of two examples. My first example is a report about teaching theater studies under the auspices of "distributed aesthetics".[5] My second example is a case study of an art project that negotiates between the field of theater and performance on the one hand and the more general field of social interaction on the other. I must stress that I am not a neutral observer in either of these cases. My report on teaching is based on my work as an assistant and course manager for Balme's Massive Open Online Course (MOOC) *Theatre and Globalization*, which was conceptualized based on the results of the Global Theatre Histories project at Ludwig Maximilians University in Munich. I will not provide a full account of all of the specifics of the content of the MOOC – it is freely available at https://www.coursera.org/learn/global-theatre and it would seem rather anachronistic to do so in the digital age. Instead, I will focus on some of the central concepts relevant to the methodological debate on researching and teaching the theatrical public sphere as a transnational phenomenon. The case study I have chosen for this chapter features a sub-project of the artivist collective DO TANK that ran during the 2014 Spielart Festival in Munich, in which I also participated, though with a different project.

Theatre and Globalization – a massive open online course

Theatre and Globalization was the first massive open online course (MOOC) on theater at coursera.org, currently one of the leading online teaching platforms. The company Coursera strategically collaborates with research institutions to provide wide audiences with access to teaching and insights into current research that would otherwise be restricted to a university audience. While Coursera is a profit-making company that charges students a modest fee for issuing certificates of completion, cooperating universities usually do not generate revenue from the programs they offer. Academic freedom was guaranteed during the production of the *Theatre and Globalization* MOOC due to a clear division of responsibilities between all of the parties involved: Coursera merely provided the platform and technical infrastructure for running the course, while LMU financed the production costs and offered detailed technical support through their central eUniversity unit. The sole responsibility for content remained with the teaching staff and course management.

5 Anna Muster / Geert Lovink: Theses on Distributed Aesthetics. Or, What a Network is Not. In: *The Fibreculture Journal* 7 (2005). http://seven.fibreculturejournal.org/fcj-040-theses-on-distributed-aesthetics-or-what-a-network-is-not/ (accessed May 22, 2017).

The course first began in February 2015 as a session course that ran for six weeks. An on-demand version was launched in July 2016. Both versions had reached a total of 9,143 learners by 20 May 2017 with an average of 37 new learners each week. It is safe to say that, by the publication of this *Festschrift*, more than 10,000 people will have enrolled. Roughly half of the users enrolled are active learners, while only 2.5 percent take all exams and pass the course with a certificate issued by Coursera. While this, of course, cannot be compared with university students' passing rates for seminars or lectures, and while technology or business-related MOOCS frequently attract much larger learner numbers, it shows that online courses are an excellent way of communicating humanities research to large audiences. I do not wish to conflate apples with oranges here, but it seems safe to say that the printed book, still the predominant medium of presenting humanities research in public, is no match in numbers for an online course.

Both in terms of researching the GTH project and teaching a MOOC, it is worth stating that it would never have been possible without the research methods and tools provided by the field of digital humanities. This reliance on digital scholarship affects several levels. First and foremost, accessibility to archival material is a huge issue. Much of our research was conducted using online newspaper databases to track and trace touring theater companies, impresarios or debates in a number of regions around the world. A full text search is key to understanding transnational and transcultural movements, as newspapers are currently one of the few resources available that a) served as the primary medium of transregional communication from the beginnings of the printed press during the 17th century until well into the 20th century; and b) searching for names and key words is an effective way to subvert the usually national and indeed local systems of organization both within the newspapers themselves, but also in archives and libraries. Additionally, digital mapping and data visualizations allow the user to depict movement in time and space simultaneously, thus providing a powerful visual narrative for communicating transnational activities. While it might be theoretically possible to track a troupe's movement throughout several regions or countries using press articles, reviews, playbills and advertisements, it would require much more manpower to do so without the help of digital databases. Of course, important points of departure for the MOOC's didactical concept were an introduction to online research databases and techniques for using them in research. Alongside digitized newspapers, this also concerned ancestry databases and online resources for primary and secondary literature, as well as some exclusive content on historical case studies.

While most of the content was delivered as pre-recorded video lectures and occasional further readings, Coursera offers a wide range of interactive elements that need to be taken into account. One general difference to regular lectures is that video lectures are split up into relatively short sections, allowing students to watch them piece by piece or to re-watch individual sections (instantly or during their quiz preparation). This also takes into consideration that people with limited bandwidth or download capacities select specific parts of the lectures to watch. Also, in order to avoid long monotonous talks, which, in a video-based medium, create instant fatigue for many people, interactive elements are a means of playfully learning through quick recapitulation. While traditional university lectures and conference talks usually limit questions until after the presenter has finished, Coursera strongly recommends using in-video questions of various kinds. They offer a variety of different formats from individual answers to multiple choice questionnaires. The precise selection is less important here, but internet distribution has now trained and conditioned us to become used to interactivity, which requires new formats from the people who design courses or write lectures.

While traditional seminars and colloquia are still considered the main interactive formats in university education, various social media, newsgroups and group chat technologies have also developed into highly efficient and helpful ways to provide ample room for discussion. Each course on Coursera comes with a series of discussion forums, which are typically organized according to the lecture modules, general questions, technical problems etc. Due to the large number of students enrolled in online courses and in MOOCs in particular, these are vital to course management, because virtually every question raised by participants is usually answered by one of their fellow students within a couple of minutes or hours. Thus, while the internet and social media have often been criticized for shortening adolescents' attention spans, for turning them into browsers and making them unable to engage with complicated issues in depth,[6] I can only testify to the contrary from my personal experience. Often, people would bring up interesting additional information, carefully considered explanations or engage in disciplined and fruitful debates over days and weeks. If individuals lack the necessary discipline and begin engaging in off-topic dialogues, antisocial or other disturbing behavior, they are usually brought back on topic by the group. However, I must critically add that this worked much better during the session course

6 The most notorious and reactionary critique of digital communication in education in Germany is, of course, Manfred Spitzer: *Digitale Demenz. Wie wir uns und unsere Kinder um den Verstand bringen*. Munich: Knaur 2012.

than it did using the on-demand format. I can only guess what the reasons for this might have been, but it seems that on-demand courses are considered something that people engage with from time to time, while session courses have to be completed within a given timespan, ultimately leading to more involvement. In any case, the students' capacity for self-regulation was impressive.

Forums also provide teachers with important feedback about whether their content works well with students, whether exam questions are adequate or whether there were any mistakes in the composition of the course. My general impression was that this feedback was very productive and helpful.

So, in summary: It is the multitude of digital and non-digital methods of expression and sharing information so characteristic of distributed aesthetics that distinguishes the interactive didactics of online courses from traditional and more linear ways of academic teaching, which themselves mirror the predominantly linear communication channels of earlier generations. I can only encourage colleagues from all disciplines to embrace these new, often-powerful possibilities and present their research both to limited groups of students at their universities and wider audiences. To some extent, MOOCs are a "remediation"[7] of university lectures and seminars, providing existing and successful formats with new possibilities and chances. In the context of this chapter, they are, most importantly, a highly effective means of reaching an audience far beyond the scope of 'the usual suspects' – humanities students. While direct effects are certainly hard to pinpoint, online teaching will certainly help to communicate topics, facts and, more generally, understanding for the various facets of contemporary and historical theater. A prominent example of this in the *Theatre and Globalization* course was the series of interviews that Balme conducted with peers from our discipline, which became a central element of our course. While the topic of globalization in itself was certainly a source of attraction for many people, I believe it is safe to assume that this also conveyed a broad sense of the multiple approaches within the discipline of theater studies. And, after all, the depiction of such a multitude of possible perspectives is ultimately a decisive element in Habermas' concept of the public sphere.

The Verbascum Project

DO TANK was a curated supporting program at the Spielart Festival in Munich in 2014. Satu Herrala, a dancer and, since 2015, the artistic director

7 Jay David Bolter / Richard Grusin: *Remediation. Understanding New Media*. Cambridge, MA: MIT Press 1998.

of the Baltic Circle Festival in Munich, and Angelika Fink, artistic director of PATHOS Munich, invited artists from different disciplinary backgrounds to explore various forms of political activism using artistic methods and approaches. Verena Holzgethan's and Paul Neuninger's main contribution to DO TANK was *The Verbascum Project*, a two-part interactive photo-installation. Both have backgrounds as landscape designers and their aim was to "[take] part in the travelling of plants through space and time", as was stated in the program flyers. More relevant to my discussion here, however, is the fact that this project also engaged in a long-lasting discussion on cultural politics in Munich. The focal point in this sometimes heated discussion was an old factory building: the *Jutierhalle*, which was erected in 1926 and housed a conduit pipes manufacturing company (hence the name, because the pipes were wired with jute to seal them). Later taken over by the city's wastewater system authority, it was repurposed as a theater in 2000 when the Kammerspiele used it as their temporary quarters during their renovations. In 2003, the Kammerspiele moved back to Maximilianstraße, but artistic director Frank Baumbauer (2001–2009) raised the idea of continuing to using the Jutierhalle as a production center for off-theater productions, festivals and occasional Kammerspiele productions. The city, however, turned his plan down. The area around the Jutierhalle, formerly an industrial area for military manufacturing, had long ceased to house actual factories and city developers wanted to tear down the derelict buildings. However, some of them, including the Jutierhalle, had since been landmarked. Thus, after the Kammerspiele had returned to their theater, the Jutierhalle was neither repurposed as a theater nor completely redeveloped. Instead, a heterogeneous group of artists from various backgrounds became increasingly aware of the area and began renting workshops, offices and storage space at the site. By 2006, local theater producers had adapted Baumbauer's plan and claimed the Jutierhalle as the venue for a Performing Arts Centre modeled after institutions like Kampnagel in Hamburg, FFT in Düsseldorf, HAU in Berlin and many more. They began applying pressure.

The city reacted inconsistently. While the Arts Funding Department signaled its support, the Urban Development Department started tearing town buildings a couple of blocks adjacent to the Jutierhalle. This left a huge urban desert, which was intended to shut down any discussion about the performing arts center. *The Verbascum Project* was an artistic intervention into this situation. Holzgethan and Neuninger gathered verbascum (or mullein) plants from various areas in Austria, including an abandoned factory site in Vienna, brought them to Munich and planted them around the Jutierhalle. They also distributed seedlings among the audience of a small-scale theater festival produced by PATHOS, an independent theater located in one of the remaining buildings of the area. People who decided to take home one of the seedlings were asked to plant them at any place they liked and send back information on the whereabouts of 'their' verbascum plant. Holzgethan and Neuninger received a variety of letters, pictures, photographs, and drawings, each of which contained a small 'story' about the seedling.

As the second part of the project, they assembled an installation in the DO TANK basecamp at Muffathalle Munich. It consisted of a 6x4-meter photograph which depicted nothing but soil, mostly consisting of sand, rock and a few scattered small plants. It was a bird's eye view of the Munich factory site. The photograph was not one single print of one single picture, but an assemblage of 240 individual shots of the whole 3x2-meter area which had been divided into equal sections. Visitors to the installation were invited to approach the images, lift them up and find information about one of the seedlings Holzgethan and Neuner had received. A fan mimicking natural wind circulation indicated that there was something to be found behind the photographs, as it moved the images slightly, up and down.

According to Holzgethan and Neuninger, verbascum is a highly flexible plant that usually grows in areas where there are only few rival plants due to a lack of nutrients and water. It takes each plant up to three years to blossom. Its seeds survive long periods of drought and are usually scattered over large areas, making mullein an active part of many ecosystems around the world. By distributing seedlings almost randomly via participants from multiple European cities and allowing them to plant their specimen wherever they liked, Holzgethan and Neuninger introduced a great deal of unpredictability about whether future colonies would develop successfully, how and where their seeds would spread in the future, if and to what extent they would come into contact with humans again etc. If one were to follow these individual (his-)stories in the future, one would soon be confronted with multiple complex and infinitely complicated paths to follow. In short, they used the plant as a potent metaphor for the state of public discussion surrounding the performing arts center in Munich and as a hint at the unpredictability of its outcome, whether as a theater production site or as something completely different. Showing the installation as part of the program of Munich's Spielart Festival only reinforced this context, and not just because the Festival directors Tilman Broszat, Gottfried Hattinger and Walter Delazer had long been advocates of the performing arts center plans.

However, the idea of telling the story of individual migrating plants is only hinted at in the project. More importantly, the focus lies on establishing a network of people, tied together by the fact that they agreed to 'adopt' a seedling and help distribute it somewhere else. The seedlings and their parent plants existed long before the installation, but were reframed by Holzgethan and Neuner as well as each participating visitor who decided to follow one, a few or all of the stories as they were presented in the installation. *The Verbascum Project* involved a series of acts of mediation, using human and human-plant interaction, technical devices (photographs, printers), cultural techniques (writing, drawing, growing plants, field measurement), transportation and communication networks (bikes, cars, trains, the postal system, theater festivals, artistic installations) and probably many more. Therefore, for a relatively short period of time during the DO TANK sessions at Spielart, *The Verbascum Project* gave a face to the heterogeneous community of potential theatergoers and practitioners in Munich. If the artistic practice envisioned in DO TANK successfully triggered new forms of collective experience, social significance or dialogue with exterior contexts, *The Verbascum Project* most clearly transcended the traditional boundaries of installation art or theater. More importantly, however, it raised awareness about these transgressions and embraced the logic of distribution so fundamental to digital media, albeit in a completely analog fashion. Thus, it also served as a reminder in the discussions about distributed aesthetics that, ultimately, art is not a self-contained and autonomous sphere, but rather a fundamental arena of social interaction, even beyond the community of spatially and temporally limited performances.

Both examples discussed in this article explore theater and theater studies' involvement in a wider public sphere of activity. What they have in common is that the theater fulfils the role of "the subject of debate; and as a communicator where it harnesses various media channels to broadcast itself and its messages."[8] Whether it is online teaching or an installation project dedicated to a political discourse on theater, they are not performances per se. However, as part of a public sphere of theater, they are inextricably tied to the institution of the theater. Its cultural capital gives them meaning, draws attention to them, and provides them with an audience as the basis for their respective social composition.

8 Balme: *The Theatrical Public Sphere*, p. ix.

Anhang

Kurzbiographien der Autorinnen und Autoren

Aristita I. Albacan is an independent theatre scholar and practitioner based in the UK. Her research interests are connected to intermediality, contemporary spectatorship, contemporary performance making processes (with a special focus on the experimental and the avant-gardes) and applied theatre, subjects on which she published several journal studies. She also specializes in Robert Lepage's theatre, on which she recently published the monograph *Intermediality and Spectatorship in the Theatre Work of Robert Lepage: the Solo Shows* (2016). She lectured in Theatre and Performance at the University of Hull (UK) between 2006 and 2015. Prior to that she was a visiting lecturer at University of Mainz (Germany) between 2003–2005. During her affiliation with the University of Hull, she initiated and led the Interdisciplinary and Collaborative Practices Research Cluster (2010–2013) and was a Director of Studies for Theatre and Performance (2008–2014). As a theatre practitioner, she has developed contemporary performances in various settings in Romania, Germany, the United States and the UK in the past 20 years.

Uta Atzpodien arbeitet als freie Dramaturgin. Mit Texten, Lesungen, Konzepten und Kunstprojekten erforscht sie gesellschaftliche und menschliche Prozesse. Ästhetische Impulse öffnen dabei Freiräume, um die Gesellschaft gemeinschaftlich mitzugestalten. Mit *Szenisches Verhandeln* (2005) promovierte sie über das zeitgenössische Theater in Brasilien. Seit über zehn Jahren lebt sie mit ihren Kindern in Wuppertal. Hier sind im Dialog mit der Stadtgesellschaft interdisziplinäre Projekte und Kooperationen entstanden, wie *LebensFluss(T)Räume. Bergische Biographien* (2012), *Lebe Liebe Deine Stadt. Tanz und Performance bewegen Wuppertal* (2015) und mit dem Wuppertal Institut als Träger die filmischen Porträts *Mensch:Utopia* (2016). In ihrer Studie *Kunst und was wir dafür wirklich brauchen* (2017) für das NRW Landesbüro Freie Darstellende Künste in Dortmund hat sie den Qualifizierungsbedarf freischaffender Künstler*innen erforscht.

Astrid Betz ist wissenschaftliche Mitarbeiterin im Memorium Nürnberger Prozesse, einer im Jahr 2010 eröffneten Daueraustellung im Nürnberger Justizpalast über den Nürnberger Prozess, die Nachfolgeprozesse und die Weiterentwicklung des Völkerstrafrechts in der Gegenwart. Von 1996–2000 war sie wissenschaftliche Mitarbeiterin des DFG-Forschungsprojekts „Theatralität und Kolonialismus" bei Christopher Balme. Seit 2001 arbeitete sie zunächst als Moderatorin und seit 2005 als wissenschaftliche Mitarbeiterin im Dokumentationszentrum Reichsparteitagsgelände. 2012 kuratierte sie hier die Sonderausstellung *Notre Combat. Un projet de Linda Ellia*, die künstlerische Kommentierungen einer französischen Ausgabe von Hitlers *Mein Kampf* beinhaltete. Seit 2012 konzipiert und betreut sie im Memorium Nürnberger Prozesse Veranstaltungsreihen und Fortbildungen für Multiplikatoren.

Peter M. Boenisch ist Professor of European Theatre und Direktor des Forschungszentrums European Theatre Research Network (ETRN) an der University of Kent in Canterbury, Großbritannien.

Chiara M. Buglioni ist freie wissenschaftliche Mitarbeiterin am Institut für Germanistik, Università degli Studi di Milano, Lehrbeauftragte am Seminar für Deutsche Sprache und Kultur, Università degli Studi dell'Insubria, und Lehrkraft für Deutsch als Fremdsprache.

Iris Cseke studierte Theaterwissenschaft, Neuere deutsche Literatur und Betriebswirtschaftslehre an der LMU München und schrieb dort im Rahmen des Promotionsprogramms ProArt ihre Dissertation über Protest, Kunst und Theater auf YouTube. Während der Promotion verbrachte sie einen DAAD-Forschungsaufenthalt in Budapest und Amsterdam und war als wissenschaftliche Koordination in einem interdisziplinären BMBF-Projekt am Department Kunstwissenschaften tätig Seit 2015 arbeitet sie am Wissenschaftszentrum Berlin für Sozialforschung im Bereich Digitalisierung und Gesellschaft.

Wolf Dieter Ernst studierte Angewandte Theaterwissenschaft in Gießen und promovierte 2001 an der Universität Basel mit *Performance der Schnittstelle. Theater unter Medienbedingungen*. Habilitation an der LMU München 2009 zur Diskurs- und Institutionengeschichte der Schauspielausbildung 1870–1930. Seit 2010 Professor für Theaterwissenschaft an der Universität Bayreuth. Zahlreiche Veröffentlichung zur Theorie, Geschichte und Ästhetik von Theater, Performance und neuen Medien.

Julia Glesner ist seit 2017 Professorin für Kultur und Management an der Fachhochschule Potsdam. Von 2006–2017 Leiterin Kommunikation und Marketing der Klassik Stiftung Weimar. Ab 2003 Persönliche Referentin/Leiterin Öffentlichkeitsarbeit am Theater Erfurt. Promovierte Theaterwissenschaftlerin. Studium in Mainz und Paris. Stipendiatin der Studienstiftung des Deutschen Volkes. DFG-Stipendiatin an der Hochschule für Gestaltung, Karlsruhe. Forschungsaufenthalte in Brisbane, Australien und als DAAD-Stipendiatin an der City University of New York. Publikationen im Bereich Theateranthropologie, Theater und Internet sowie Kulturmanagement. Lehrbeauftragte für Kulturmanagement an der Hochschule für Musik Franz Liszt in Weimar.

Alexander Jackob gab 2009 mit Kati Röttger den Sammelband *Theater und Bild. Inszenierungen des Sehens* heraus. 2012 promovierte er an der Universität von Amsterdam im Fach Philosophie zum Thema *Theater und Bilderfahrung. In den Augen der Zuschauer*. Zwischen 2008 und 2015 lehrte er dort zu Theater, Ästhetik und Musiktheater. Er forscht und veröffentlicht zu Fragen des Bildes zwischen historischen und aktuellen Medienereignissen.

Anja Klöck ist Professorin für Schauspiel an der Hochschule für Musik und Theater in Leipzig. Theaterarbeit in den Bereichen Regie, Schauspiel, Performance, Dramaturgie. Forschungs- und Publikationstätigkeit zur historischen Avantgarde, Schauspiel- und Darstellungstheorien seit der frühen Neuzeit, Theater und Politik, Cold War Studies und Gegenwartstheater.

Katharina Knüppel studierte Komparatistik, Romanische Philologie und Medien- und Kommunikationswissenschaft in Göttingen und Lausanne, bevor sie im Rahmen des Promotionsprogramms ProArt in München zu Samuel Becketts Nachwirken im Tanz und der bildenden Kunst des 21. Jahrhunderts promovierte. Sie ist im Programmbereich des Literaturhauses Freiburg tätig und arbeitet als freie Lektorin und Übersetzerin.

Nic Leonhardt ist gegenwärtig Associate Director und Senior Researcher im ERC-Projekt „Developing Theatre" an der LMU München. 2017 habilitierte sie sich an der LMU München mit einer Arbeit über *Theater über Ozeane. Vermittler transatlantischen Austauschs (1890–1925)*. 2015–2016 hatte sie die Gastprofessur für Inter Artes am Institut für Medienkultur und Theater der Universität Köln inne. 2010–2015 war sie Associate Director des DFG-Projektes „Global Theatre Histories", seit 2013 Leiterin des LMUexcellent-Projekts „Theatrescapes. Mapping Theatre Histories". Seit 2016 ist sie Co-Direktorin des Centres for Global Theatre History. Sie studierte Theaterwissenschaft und audiovisuelle Medien, Deutsche Philologie, Kunstgeschichte und Musikwissenschaft in Erlangen-Nürnberg und Mainz. Nach der Promotion zu *Piktoral-Dramaturgie. Visuelle Kultur und Theater im 19. Jahrhundert* (2007) in Mainz (IPP Performance & Media Studies) war sie für Forschung & Lehre an verschiedenen Universitäten und Hochschulen in Köln, Leipzig, New York City und Heidelberg. Zu ihren Forschungsschwerpunkten gehören Theater- und Mediengeschichte, Populärkultur, Globale Kulturgeschichte, Visual Culture, Urban Studies, Mode & Kostüm und Digital Humanities. Neben ihrer wissenschaftlichen Arbeit ist Nic Leonhardt regelmäßig als freie Publizistin für Print- und Online-Medien tätig.

Rashna Darius Nicholson is a postdoctoral fellow at the ERC-project "Developing Theatre" at the LMU, Munich. She completed her doctoral dissertation *The Theatre of Empire* under Christopher Balme's supervision in 2017.

Julia Pfahl ist wissenschaftliche Mitarbeiterin am Institut für Film-, Theater- und empirische Kulturwissenschaft (IFTeK) der Johannes Gutenberg-Universität Mainz. Studium der Theaterwissenschaft und Romanistik in Mainz und Lyon, Promotion an der LMU München, anschließend Schauspieldramaturgin am Hessischen Staatstheater Wiesbaden, 2008–2013 Koordinatorin des internationalen Promotionsprogramms „IPP Performance and Media Studies".

Kati Röttger ist Professorin für Theaterwissenschaft und seit 2007 Leiterin des Instituts für Theaterwissenschaft an der Universität von Amsterdam. Sie studierte Theaterwissenschaft, Germanistik und Philosophie an der FU Berlin und promovierte dort nach einem zweijährigen Forschungsaufenthalt in Kolumbien zum Thema *Kollektives Theater in Kolumbien*. Danach war sie u.a. an der LMU München und an der Johannes Gutenberg-Universität Mainz tätig, wo sie sich 2003 habilitierte. Sie hat zu einer großen Bandbreite von Themen publiziert, u.a. zu Gender, Dramaturgie und Bildpolitik. Ihr gegenwärtiger Forschungsschwerpunkt liegt auf Technologien des Spektakels im 19. Jahrhundert. Im Rahmen dessen arbeitet sie zur Zeit an einem Buchprojekt. Zuletzt gab sie zusammen mit Sruti Bala, Hanna Korsberg und Milija Gluhovic *International Performance Research Pedagogies: Towards an Unconditional Discipline?* (2017) heraus.

Constanze Schuler studierte Theaterwissenschaft, Allgemeine und Vergleichende Literaturwissenschaft und Kunstgeschichte an den Universitäten Mainz und Wien. Nach mehrjähriger Tätigkeit als Dramaturgin promovierte sie im Rahmen des DFG-Graduiertenkollegs „Raum und Ritual" an der Johannes Gutenberg-Universität Mainz mit *Der Altar als Bühne. Die Salzburger Kollegienkirche als Aufführungsort der Festspiele* (2007). Seit 2007 ist sie Akademische Rätin am Institut für Film-, Theater- und empirische Kulturwissenschaft (Bereich Theaterwissenschaft) in Mainz.

Sabine Sörgel received her PhD in Performance and Media Studies from Johannes Gutenberg University Mainz, where she lectured in theatre and dance until 2008. Her book *Dancing Postcolonialism – The National Dance Theatre Company of Jamaica* was published in 2007. From 2008–2012 she was Lecturer in Drama, Theatre and Performance at Aberystwyth University and a research fellow at the Interweaving Performance Cultures Research Centre Berlin in 2011. Since 2013 she is Senior Lecturer in Dance and Theatre at the University of Surrey. Her publications include the recent textbook *Dance and The Body in Western Theatre. 1948 to the Present* (2015) as well as several articles and book chapters on contemporary theatre and dance, cross-cultural corporeality, globalization and transnationalism.

Julia Stenzel ist seit 2012 Juniorprofessorin für Theaterwissenschaft an der Johannes Gutenberg-Universität Mainz. Studium der Dramaturgie, Komparatistik und Neueren deutschen Literaturwissenschaft an der LMU München, Promotion bei Christopher Balme 2007, danach PostDoc-Projekt zur szenischen Antikepolitik im Vormärz. Mitglied (seit 2011) und Sprecherin (seit 2016) im Jungen Kolleg der Bayerischen Akademie der Wissenschaften. Forschungsschwerpunkte: Theater und Medien, Theorien und Praxen der Historiographie, Kulturwissenschaft und Cognitive Science; Attisches Theater im Vormärz, Institutionalität und Medialisierung der Oberammergauer Passion.

Berenika Szymanski-Düll ist Akademische Rätin auf Zeit am Institut für Theaterwissenschaft an der LMU München. Sie studierte Dramaturgie, Slawische Philologie und Interkulturelle Kommunikation an der Bayerischen Theaterakademie August Everding und der LMU München. Im Anschluss promovierte sie zur Theatralität polnischer Oppositionsbewegungen der 1980er Jahre. Ihre Dissertation erschien 2012 unter dem Titel *Theatraler Protest und der Weg Polens zu 1989. Zum Aushandeln von Öffentlichkeit im Jahrzehnt der Solidarnosc*. 2011–2012 war sie als wissenschaftliche Mitarbeiterin an der Universität Bayreuth tätig. 2013–2015 war sie PostDoc in der Graduiertenschule für Ost-Südosteuropastudien (München/Regensburg). Sie ist Mitglied des DFG-Netzwerks „Aktionskunst jenseits des Eisernen Vorhangs" und des Centres for Global Theatre Histories. Seit 2016 hat sie die Schriftleitung von *Forum Modernes Theater* inne. Zu ihren jüngsten Publikationen gehört der gemeinsam mit Christopher Balme herausgegebene Sammelband *Theatre, Globalization and the Cold War* (2017).

Gero Tögl, Diplom-Dramaturg (LMU, 2009), PhD (LMU, 2015), was born 1984 in Graz, Austria. He worked as a dramaturge for PATHOS Munich (2004–2012), research fellow and post-doc for the "Global Theatre Histories" project (2010–2016). He taught at LMU, Bayerische Theaterakademie August Everding, and Schauspielschule Zerboni in Munich. Currently, he works for the Federal Arts Funding Department of the Federal State of Styria, Austria in Graz.

Christopher Vorwerk ist Kaufmännischer Leiter des Urban Nation Museum for Urban Contemporary Art in Berlin. Zuvor war er in leitender Tätigkeit in Marketing, Fundraising und Finanzverwaltung am Staatsballett Berlin, am Konzerthaus Berlin und beim Internationalen Literaturfestival Berlin tätig. Seine wissenschaftliche Ausbildung führte ihn nach Hildesheim, Utrecht, Berlin und München sowie als Gastwissenschaftler an die Yale University in den USA.

Meike Wagner ist Professorin für Theaterwissenschaft an der Universität Stockholm. Forschungsschwerpunkte: Medialität und Theater, Körperinszenierungen, Performance und zeitgenössisches Theater, Figurentheater, Theatertheorie, Theater des 18. und 19. Jahrhunderts.

Birgit Wiens ist derzeit Heisenberg-Fellow der Deutschen Forschungsgemeinschaft und Privatdozentin am Institut für Theaterwissenschaft der LMU München. 1998 Promotion ebd., danach Dramaturgin, Projektleiterin und Kuratorin u.a. am Bayerischen Staatsschauspiel und ZKM Karlsruhe. Lehraufträge an der HfG | Hochschule für Gestaltung Karlsruhe, 2004–2009 Professur für Theaterwissenschaft an der Hochschule für Bildende Künste Dresden. 2010–2013 Realisierung des DFG-geförderten Forschungsprojekts „Intermediale Szenographie" an der LMU München, 2013 Habilitation. Im Wintersemester 2013/14 und Sommersemester 2015 Vertretungsprofessur ebd. Zahlreiche Publikationen, u.a. zu Adolphe Appia, zur Schauspieltheorie der Goethezeit sowie zu Theaterarchitektur, Bühnenbild und Szenographie im Theater der Gegenwart; 2014 erschien die Habilitationsschrift *Intermediale Szenographie. Raum-Ästhetiken des Theaters am Beginn des 21. Jahrhunderts*. 2016 Durchführung der internationalen Konferenz „The Art of Scenography: Epistemes and Aesthetics" in Verbindung mit der Akademie der Bildenden Künste München (Prof. Katrin Brack) und dem Residenztheater.

Johann Zorn, geboren 1985 in Innsbruck, studierte Vergleichende Literaturwissenschaft, Philosophie und Musikwissenschaft an den Universitäten Innsbruck, Aix-Marseille und Zürich. Von 2011 bis 2015 forschte sie als Mitglied des von Christopher Balme geleiteten interdisziplinären Promotionsprogramms ProArt der LMU München mit Stipendien der Graduiertenförderung nach dem Bayerischen Eliteförderungsgesetz und der Fazit-Stiftung über Christoph Schlingensiefs letzte Bühnenarbeiten. Von 2012 bis 2016 war sie Lehrbeauftragte am Institut für Theaterwissenschaft der LMU München sowie an der Schauspielschule Innsbruck. Seit Oktober 2016 ist sie als Akademische Rätin auf Zeit am Institut für Theaterwissenschaft der LMU tätig.

Christopher Bryan Balme

Biografie

1957 geboren in Morrinsville, Neuseeland (Nordinsel)

1976–1981 Studium der Germanistik, Nordistik und Kulturanthropologie an der University of Auckland (1975–1976) und Germanistik und Drama an der University of Otago in Neuseeland sowie Germanistik, Anglistik und Theaterwissenschaft an der LMU München (1979–1981)

1984 Promotion in Germanistik, University of Otago, Neuseeland, über die Komödien von Ödön von Horvath (Titel: *The Reformation of Comedy, Genre Critique in the Comedies of Ödön von Horvath*, veröffentlicht 1985)

1985–1986 Stipendiat der Alexander von Humboldt-Stiftung am Institut für Theaterwissenschaft, LMU München

1985 wissenschaftliche Assistenz an der LMU München

1988 Herausgeber von *Das Theater von Morgen. Texte zur deutschen Theaterreform 1870–1920*

1990 Herausgeber von *Texte zur Theorie des Theaters* zusammen mit Klaus Lazarowicz

1993 Habilitation an der LMU München zum Thema *Theater im postkolonialen Zeitalter. Studien zum Theatersynkretismus im englischsprachigen Raum* (veröffentlicht 1995)

1994–1998 Professur für Theaterwissenschaft an der LMU München

1995 Veröffentlichung des Beitrags *Theater im postkolonialen Zeitalter* in der Reihe Theatron

1998–2004 Lehrstuhl für Theaterwissenschaft an der Johannes Gutenberg-Universität Mainz

1999 Veröffentlichung seiner Monographie *Decolonizing the Stage. Theatrical Syncretism and Post-Colonial Drama*

2001 Herausgeber des Bandes *Das Theater der Anderen. Alterität zwischen Antike und Gegenwart*

2002 Herausgeber von *Inszenierungen: Theorie – Ästhetik – Medialität. Ausgewählte Beiträge des Kongresses „Ästhetik der Inszenierung"* (Oper Frankfurt, 22. bis 26. März 2000) zusammen mit Jürgen Schläder, sowie von *European Theatre Iconography*, zusammen mit Robert Erenstein und Cesare Molinari

2003 Veröffentlichung seiner deutschsprachigen *Einführung in die Theaterwissenschaft* (mittlerweile in der 5. Auflage und in mehrere Sprachen übersetzt)

2004–2006 Lehrstuhlinhaber für Theaterwissenschaft in Mainz und Amsterdam sowie Herausgeber von *Beyond Aesthetics: Performance, Media, and Cultural Studies* im Jahr 2004

2006 Berufung auf die W3-Professor für Theaterwissenschaft an der LMU München sowie die Direktion des Instituts. Im selben Jahr erfolgt die Veröffentlichung von *Pacific Performances: Theatricality and Cross-Cultural Encounter in the South Seas*

2007 bis heute Herausgeber der Zeitschrift *Forum Modernes Theater*

2007–2010 Dekan der Fakultät für Geschichts- und Kunstwissenschaften der LMU München und von 2007–2009 Leiter des Forschungsprojekts „Networking. Zur Performanz distribuierter Ästhetik“. Das Forschungsprojekt war Teil des Sonderprogramms „LMU excellent“ und beschäftigte sich mit neuen medialen Erscheinungsformen

2008 Veröffentlichung von *Cambridge Introduction to Theatre Studies*

2009 Leiter des Projekts „Reformulierung der Antike. Arché und Kommentar in Antike-Inszenierungen des 19. und frühen 20. Jahrhunderts“ gefördert von „Bayern excellent“

2010 erhält er das Reinhart Koselleck-Projekt der Deutschen Forschungsgemeinschaft (DFG) über 5 Jahre für das Forschungsthema „Globale Theatergeschichte: Modernisierung und die Entstehung einer transnationalen Öffentlichkeit (1860–1960)“ (www.gth.theaterwissenschaft.uni-muenchen.de)

2011–2015 Präsident der International Federation for Theatre Research (IFTR), der weltweit größten theaterwissenschaftlichen Fachgesellschaft. Die Amtsübergabe fand anlässlich des IFTR-Weltkongresses „Tradition, Innovation, Community“ Anfang August 2011 in Osaka, Japan, statt. Christopher Balme löste damit den IFTR-Präsidenten Brian Singleton (Trinity College Dublin) ab. Unter Balmes Leitung als IFTR-Vizepräsident war die Theaterwissenschaft München im Juli 2010 eine Woche lang Gastgeber für den Kongress „Cultures of Modernity“

2012 Ablehnung eines Rufs an die FU Berlin im Februar 2012

2013 Fellow am Forschungskolleg „Interweaving Performance Cultures“ an der FU Berlin. Auftritt im Audio-Podcast der „Tonspur

	Forschung“ der LMU zu seinen Forschungsthemen „Theater und Medien“, „Theater aus interkultureller Perspektive“ sowie „Theater und Öffentlichkeit“
2013/14	Gastgeber der Ringvorlesung des Munich Doctoral Program for Literature and the Arts zum Thema „Mimesis“ sowie Betreuung des Forschungsprojekts „Geschichte des bayerischen Nationaltheaters“ zusammen mit Jürgen Schläder. Außerdem Veröffentlichung der Monographie *The Theatrical Public Sphere* (2014)
2015/16	Der erste theaterwissenschaftliche Massive Open Online Course (MOOC) „Theatre and Globalization“ startet unter der Leitung von Christopher B. Balme (https://www.coursera.org/learn/global-theatre)
2016	erhält er vom European Research Council (ERC) einen ERC Advanced Grant für sein Projekt „Developing Theatre: Building Expert Networks for Theatre in Emerging Countries after 1945“, das dem Aufbau des Theaters in den so genannten Entwicklungsländern nach 1945 gilt. Die Auszeichnung ist mit einer Förderung in Höhe von 2,1 Millionen Euro verbunden (www.developingtheatre.theaterwissenschaft.uni-muenchen.de). Im selben Jahr gründet er gemeinsam mit Nic Leonhardt das Centre for Global Theatre History, welches ein transnationales Forum für historische Theater- und Performanceforschung bietet und Forschungsinitiativen wie „Global Theatre Histories“ (DFG) und „Theatrescapes“ (LMU excellent) beinhaltet. Erstausgabe des peer-reviewed online-Magazins *Journal of Global Theatre History* (Herausgeberschaft mit Nic Leonhardt). Unter seiner Leitung gründet sich im selben Jahr auch das Forschungszentrum Institutionelle Ästhetik (inaes) am Institut für Theaterwissenschaft der LMU München, das die reziproke Dynamik zwischen Institution und Ästhetik im Bereich des Gegenwartstheaters untersucht (http://www.inaes.kunstwissenschaften.uni-muenchen.de/index.html).
2017	Leverhulme Gastprofessur an der Royal Central School of Speech and Drama an der University of London

Abbildungsverzeichnis